서주 국가의 지역정치체 통합 연구

서주 국가의 지역정치체 통합 연구

金正烈 著

서경문화사

:: 책머리에

　　1987년 가을 모교의 도서관 한편에서 머리를 싸매며 학부 졸업논문을
준비했던 때가 떠오른다. 그때 제출한 논문의 제목은 「前漢 武帝의 경제
정책 연구」였다. 어렸을 때 읽은 『삼국지연의』가 중국의 역사에 대한 나의
관심을 촉발시켰고 대학을 다닐 때도 중국사 강좌를 열심히 들었지만 그
것이 지금까지 내 업이 될 것이라고는 상상도 하지 못했다. 대학원에 진학
해서는 고대 사상사를 공부해 보려는 생각에서 董仲舒로 孟子로 전전하
였는데, 맹자를 공부하는 과정에서 서주시대의 宗法制에 관심을 가지게
되었다. 그때부터 지금까지 나의 연구는 줄곧 서주시대를 중심으로 한 중
국의 청동기문명 언저리를 오갔다.

　　행운인지 아니면 불행인지 모르겠지만 나는 두 개의 박사학위를 가지
고 있다. 그 하나는 2001년 모교인 숭실대학교에서 받은 것이고, 다른 하
나는 中國社會科學院 考古研究所에서 2007년에 취득한 것이다. 첫 번
째의 학위논문은 서주시대의 국가 지배체제의 형성에 관한 주제를 청동
기 명문을 주요한 소재로 하여 다룬 역사학적 탐구였으며, 두 번째의 그것
은 서주시대의 공동묘지를 출토자료에 입각하여 분석함으로써 당시의 사

회구조를 복원해 보고자 한 고고학적 연구였다. 어떻게 보면 실속 없이 학교만 오래 다닌 셈이지만, 우둔한 내가 그나마 중국사를 '연구'하는 학계의 끄트머리 어디쯤에 머물 수 있게 된 것은 어쩌면 다 그 실속 없음 때문일지도 모르겠다.

이 책은 나의 모교에 제출한 첫 번째 학위논문을 바탕으로 하여 구성된 것이다. 학위논문을 작성한 때로부터 이미 10년이 지났을 뿐만 아니라 당시의 내 연구 수준은 그야말로 어지간한 정도도 되지 않아, 그 논문을 다시 꺼내 볼 때마다 부끄러워 낯을 들 수 없는 지경이다. 당시에 내 논문을 검토하고 지도해 주신 여러 선생님들께서 얼마나 골치 아파 하였을지 생각하면 참으로 아득한 심정이다.

지금 그 부족한 논문을 다시 정리해서 한 권의 책으로 묶어 출판하게 되었다. 이 책을 출판하는 이유는 이 분야를 연구하는 선배나 후학들에게 참고용으로 읽히기를 기대해서라기보다는, 지금까지 내가 해온 작업을 회고하고 거기에서 나타난 문제를 보다 명확히 정리해서, 앞으로의 연구는 조금이라도 제대로 된 꼴을 갖추었으면 하는 어찌 보면 순전히 개인적인 바람 때문이다. 이 책을 출판하기 위해 왕년의 원고를 다시 정리하면서, 비록 짧은 시간이기는 했지만, 그 목적은 어느 정도 달성한 것 같기도 하다.

그러나 이 책은 숭실대학교에 제출한 당초 학위논문의 원형을 그대로 갖고 있지 않다. 일부는 학위논문 제출 이후에 진행된 유사한 관심의 연구 결과를 부분적으로 수용하여 개고하였고, 다른 일부는 원래의 논문에 없었던 것을 새로 추가하기도 하였다. 또 그 동안의 연구를 통해 오류가 있다고 판단된 부분은 삭제하였다. 따라서 이 책은 저본이 된 원래의 학위논문의 완전 수정판이라고도 할 수 있겠다. 원래의 저본을 그대로 살리는 것도 나름의 의미는 있겠지만, 동일한 문제 관심에서 진행된 근래의 연구 성과를 군이 배제하여 원형을 살리는 것이 어느 정도나 의미가 있을지 회의

적이었기 때문이다.

개고나 첨가의 근거가 된 연구 성과는 모두 논문의 형태로 학술잡지에 게재한 것인데, 그런 경우라 해도 책에서 일일이 그 전거를 주기하지는 않았다. 여기에서 그 내용을 밝히면, 이 책의 제2장은 「얼리터우를 넘어서-중국의 국가 기원에 대한 고고학적 탐색」(『한국고고학보』 60, 2006)의 내용 일부를 수정하여 보완하였으며, 제3장은 「諸侯와 邦君-금문 자료를 통해 본 서주 국가의 지배체제」(『東洋史學研究』 106, 2009)와 「기억되지 않은 왕들-서주시대의 지역정치체에 대한 연구」(『崇實史學』 25, 2010), 「橫北村과 大河口-최근 조사된 유적을 통해 본 西周時代 지역정치체의 양상」(『東洋史學研究』 120, 2012)에 근거하여 내용 일부를 보충하였다. 제4장은 「葉家山유적과 서주시대의 曾侯」(『崇實史學』 28, 2012)의 내용 가운데 일부를 다시 정리하여 첨가하였으며, 제5장은 원래의 학위논문에는 없던 부분으로 「西周의 監에 대하여」(『崇實史學』 17, 2004)를 약간의 수정을 더해 전재한 것이다.

수정과 보완을 통해 이 책의 내용에서 원본보다 다소 좋아진 부분이 있을지도 모르겠지만, 골조는 그대로 둔 외장공사에 지나지 않은 느낌으로, 원래의 부족감이 해소되기는 아무래도 미흡하다. 글을 마무리 할 때면 늘 느끼게 되는 자괴감을 말끔하게 떨쳐버리기에는 이번에도 어렵겠다는 생각이다.

부족하기 짝이 없는 저작이지만, 이 책이 만들어지기까지 많은 선생님들과 선배, 그리고 동료들의 도움이 있었음을 밝히는 것이 도리겠다. 모교인 숭실대학교에서 학부 때부터 지도해 주신 이재룡, 김문경, 고 임병태, 박은구, 유영렬, 김인중, 하정식, 최병현 선생님, 그리고 학위논문 심사에 참여해서 유익한 조언을 아끼지 않으신 이성규, 이성구 선생님, 중국 유학 시절 엄격하면서도 자상한 지도교수가 되어 주신 張長壽 선생님과 이방의 낯선 유학생을 친절하게 맞이하여 성심껏 지도해 주신 劉一曼, 楊泓,

殷瑋璋 선생님, 그리고 한학의 깊은 세계로 나를 인도해 주신 장재한 선생님께도 이 지면을 빌어 충심의 감사를 표한다.

학부시절부터 열심히 공부하라고 격려를 아끼지 않으신 최은주, 김동인, 김무중 선배님과 중국 유학 시절 항상 주변에 머물면서 관심을 아끼지 않은 나의 동료 金鎭順, 岳洪彬 학형에게도 고마움의 뜻을 전한다. 유학을 마치고 귀국했을 때부터 지금까지 세심한 배려와 함께 관심어린 비평을 베풀어주신 심재훈 선생님과 내가 지금 봉직하고 있는 동북아역사재단의 선배님과 동료 선생님들 모두에게도 그들이 내게 얼마나 큰 힘이 되었는지 말씀드리고 싶다. 그리고 이제는 이 세상을 떠나 하늘에 계신 두 분 부모님께는 어떻게 해서도 그 고마움을 다 표현할 수 없다. 나이 들어서까지 공부하느라 생전에 불효가 심했다.

부디 그렇길 바라지만, 이 책에서 조금이라도 볼 만한 부분이 있다면 그것은 나의 선생님들께서 베풀어주신 훈도와 동료들의 끊임없는 격려가 만들어 낸 것이다. 부족하거나 잘못된 부분이 있다면 그것은 온전히 나의 책임이며 앞으로도 끊임없이 보완하고 고쳐가도록 노력해야 할 숙제이다. 이 책에 수록된 도면을 정리해 준 후배 박경신, 이후석 선생에게 감사하며, 끝으로 난삽한 원고를 멋진 책으로 변신시켜 주신 서경문화사의 김선경 사장님과 편집부 여러분들께도 충심으로 감사의 뜻을 전한다.

2012년 10월 서울 동북아역사재단에서

金正烈

:: 차례

책머리에·4

| 제1장 |

서 론

漢 武帝 때(전156~전87)를 전후하여 생존한 司馬遷(전145 혹은 전135~전87)은 그의 『史記』에서 중국 最早期의 역사를 夏, 商, 周 등 세 왕조가 차례차례 흥기했다가 멸망한 이른바 '三代'의 교체사로 구성하였다. 기원전 11세기 후반의 어느 한 해'에 이 가운데 두 번째의 왕조 교체가 이루어졌다. 周 武王이 이끄는 '革命軍'이 지금의 河南 新鄕 인근으로 비정되는 牧野의 전투에서 商의 마지막 군주인 紂[帝辛]의 군단을 격파하고, 곧이어 紂가 자결함으로써 商 · 周 국가의 왕조 교체가 이루어졌다. 전쟁에서 승리한 周 왕실은 商 왕실을 대신해서 '天下'를 통치하게 되었다.

그런데 사마천은 周 왕실이 '천하'를 통치하였을 때, 그 통치의 방식이 자신이 살고 있는 시대의 그것과는 완전히 다른 내용의 것이었다고 생각했다. 그것은 그가 秦始皇 때 君臣 사이에 오고간 아래의 대화를 통해 秦 제국의 통치체제를 언급하는 과정에서 아래와 같이 설명되고 있다.

승상 王綰 등은 건의하였다. "諸侯들은 최근 정복되었습니다만, 燕, 齊, 楚는 그 거리가 멀어 (그 지역에) 王을 세우지 않으면 다스릴 수가 없습니다.

---

1 최근 중국 정부의 주도로 진행된 학술프로젝트인 夏商周斷代工程을 통해 비정된 周 武王의 克商年은 전1046년이나, 그 신뢰성에 대해서는 다양한 의문이 제기되어 왔으며, 周 武王의 克商年과 西周 諸王의 在位年數에 대해서는 여전히 많은 이견이 있다. 이 문제에 대해서는 夏商周斷代工程專家組, 『夏商周斷代工程1996—2000年階段成果報告』, 世界圖書出版公司, 2000; 朱鳳瀚 · 張榮明 編, 『西周諸王年代研究』, 貴州人民出版社, 1998; 김경호 등, 『하상주단대공정—중국 고대문명 연구의 허와 실』, 동북아역사재단, 2008 등 참조.

皇子들을 (그 지역의 왕으로 각각) 세우시기를 청하니, 허락하시길 바랍니다." 시황은 群臣들에게 이 제안을 논의하게 하였다. (群臣들이) 모두 찬성하였으나 유독 廷尉 李斯는 반대하면서 말하였다. "周의 文王, 武王은 일족의 子弟를 많이 봉건하였습니다. 그러나 그 후 후손들은 관계가 멀어지면서 마치 원수처럼 서로 공격하게 되었고, 제후들이 공벌하는 상황을 周의 天子도 금지할 수 없었습니다. … (정복지에 다시) 제후왕을 세우는 것은 옳지 않습니다." 시황은 다음과 같이 말하였다. "천하가 모두 전쟁에 끊임없이 시달렸던 것은 諸侯王들이 할거하고 있었기 때문이다. 이제 … 천하가 비로소 (통일되고) 안정된 마당에 다시 제후국을 세운다는 것은 (마치) 전쟁의 씨앗을 심는 것과 같다. 安息을 구한다고 해도 어찌 어렵지 않겠는가. 廷尉의 말이 옳다." (그리하여) 천하를 36개의 郡으로 나누고, 郡마다 守, 尉, 監을 두었다.[2]

위의 대화는 秦이 戰國을 통일한 이후 시황제와 군신 사이에 진행된, 새로운 제국의 통치체제를 어떻게 설계할 것인지를 주제로 한 저명한 토론을 묘사한 대목이다. 王綰은 秦은 도읍인 咸陽에서 멀리 떨어진 지역은 조정에서 직접 통치하기 어렵기 때문에 諸侯를 세워 통치하여야 한다고 주장하였다. 이에 대해 李斯는 周代처럼 '封建制'[3]를 시행하면, 훗날 제후국들 사이에 차차 갈등과 반목이 생겨 결국에는 천하가 다시 분열하게 될 것이라 예단하면서, 왕관 등의 주장에 극력 반대하였다. 진시황은

---

2 『史記』권6, 秦始皇本紀. "丞相王綰言, 諸侯初破, 燕齊荊地遠, 不爲置王, 毋以塡之. 請立諸子, 唯上幸許. 始皇下其議於群臣, 群臣階以爲便. 廷尉李斯議曰, 周文武所封子弟同姓甚衆, 然後屬疏遠, 相攻擊如仇讐, 諸侯更相誅伐, 周天子不能禁止. … 置諸侯不便. 始皇曰, 天下共苦戰鬪不休, 以有侯王 … 天下初定, 又復立國, 是樹兵也, 而求其寧息, 豈不難哉. 廷尉議是. 分天下爲三十六郡, 郡置守尉監."

3 이하 홑따옴표를 사용하여 표기하는 '봉건제'는 중국 西周시대에 행해진 諸侯 封建 및 그 제도를 표기하는 것으로, 따옴표를 사용하지 않고 표기하는 봉건제는 主從制와 知行制, 혹은 農奴制를 대표적인 내용으로 하는 중세 유럽의 법률적, 경제적 개념으로서의 봉건제를 표기하는 것으로 사용한다.

결국 이사의 의견에 동조하여 마침내 천하를 36개의 郡으로 나누고, 郡에 守, 尉, 監 등을 파견하여 이들을 통치하도록 하였다.

사마천에 따르면, 서주 왕실은 일족의 자제를 각 지역에 봉건함으로써 왕을 대리하여 각자의 봉지를 통치하도록 하는 통치체제를 채택하였지만, 시황제 때에 이르러서는 천하를 일정한 행정구역, 즉 郡으로 나누고 그곳에 조정에서 임명한 관료를 파견함으로써 정부가 온 천하를 직접 통치하는 통치체제를 선택하였다고 생각했다. 전자를 '封建制'라 하고 후자를 郡縣制라 한다면, 사마천은 周에서 秦으로 왕조가 교체됨에 따라 천하의 통치체제 또한 '봉건제'에서 군현제로 바뀐 것으로 이해하고 있었다고 할 수 있다.

사마천이 그렸던 서로 국가통치의 서로 다른 2가지 모델, 즉 '봉건제'와 군현제는 이후에도 전근대 내내 정부가 국가 통치를 위해 채택할 수 있는 유력하고 실질적이며 상호 대척적인 방안으로서 지식인들에게 논의의 대상이 되었다.

(封建制가 나은가 아니면 郡縣制가 나은가에 대한) 양단의 논의가 우열을 다투고 있지만, 무익한 논의를 하고 있는 것은 봉건제(의 장점)를 변론하는 자이다. 군현제는 2000년이나 계속되어 왔지만 바꿀 수가 없다. 古今과 上下가 모두 (그것을) 편안하게 생각하여 자연스런 흐름이 (그곳으로) 향하는데, 만약 (그것이) 이치에 맞지 않다면 어찌 그럴 수 있겠는가? … 옛날 제후가 대대로 나라[國]를 세습하고 이윽고 大夫도 이에 따라 관직을 세습했으나, 그 흐름이 반드시 지나치게 되는 바가 있었다. … 봉건이 철폐되고 選擧制가 행해지면서 守令이 제후의 권한을 장악하였지만 刺史, 牧, 督司, 方伯의 직임을 맡은 자는 비록 커다란 덕과 뚜렷한 공로가 있다고 해도 그 不肖한 자손을 비호하지는 않았다. … 그러므로 秦漢이래 천자는 고립되어 도와주는 자가 없고 나라의 수명[祚]은 商周처럼 길지 않았다. … 군현제는 천자에게 이로

운 것도 아니고 나라의 수명 또한 그 때문에 길지 않았지만, 천하를 위해 생각하면 그 해로움이 봉건제만큼 많지 않다[4].

위의 인용문은 明末淸初의 대학자인 王夫之(1619~1692)가, '봉건제'와 군현제 양자 가운데 어떤 것이 더 나은 통치체제인가에 대해 언급한 논설의 일부이다. 그 내용을 보면 전근대시대의 최후 단계인 명청시대에 이르기까지 '봉건제'와 군현제는 채택 가능한 국가 통치체제로 논의되었으며, 이 가운데 '봉건제'를 지지하는 측의 세력이 작지 않았던 것을 알 수 있다. 왕부지의 경우에는 '봉건제'의 가치를 그다지 높게 평가하지 않았는데, 그 이유는 '봉건제' 하에서 제후와 대부 등의 지배층이 대대로 그 직위를 세습함으로써 부패한 권력이 탄생할 가능성이 높았기 때문이다. 그는 군현제가 세습을 허용하지 않는 바로 그 점에서 '봉건제'보다 우월한 통치체제라고 생각했다.

물론 여기에서 王夫之의 생각이 옳은지 그른지를 물을 이유는 없다. 다만 중국의 전근대 지식인이 서주의 통치체제와 관련해서, 첫째 '봉건제'와 군현제를 국가 통치체제로서 상호 대척점에 위치한 방안이라 여겼고, 둘째, 주에서 선택한 것은 '봉건제'였지만, 진시황 때에 이르러서는 '봉건제'가 배제되고 군현제가 채택되었다고 생각하였으며, 셋째, '봉건제'의 요체가 주로 왕실의 일가에게 封地를 수여하고 봉지에 대한 세습적인 통치를 허용하는 것이라면, 군현제의 핵심은 일정하게 분할된 행정구역을 세습이 아닌 選擧를 통해 선발된 관료를 파견하여 통치한 일종의 직할통치체제

---

4 王夫之, 『讀通鑑論[上]』 권1, 秦始皇. "兩端爭勝, 而徒爲無益之論者, 辨封建者是也. 郡縣之制, 垂二千年而不能改矣, 合古今上下皆安之, 勢之所趨, 豈非理而能然哉 … 古者諸侯世國, 而後大夫緣之以世官, 勢所必濫也 … 封建毀而選擧行, 守令席諸侯之權, 刺史牧督司方伯之任, 雖有元德顯功, 而無所庇其不令之子孫 … 郡縣者, 非天子之利夜也. 國祚所以不長也, 而爲天下計, 則害不如封建之滋也多矣. …"

로 이해하고 있었다는 점은 기억해 둘 만하다.

시간이 흘러 '封建制'가 논의의 초점으로 다시 등장하게 된 것은 서구의 근대 학문이 도입된 1920년대 이후이다. 1927년 제1차 국공합작이 결렬되고 蔣介石의 南京政府가 탄생하면서 중국 공산당은 당면한 혁명의 과제와 목표를 어디에 설정할 것인지를 놓고 그 이론적 기반을 확보하기 위해 부심하였다. 그 결과 1928년에 개최된 중국공산당 제6차 대표대회는 당시의 중국 사회를 半植民·半封建社會로 규정하고, 당면한 혁명의 성격을 反帝·反封建을 목표로 한 자본주의계급 민주혁명이라 정의하기에 이르렀다. 그런데 이때 당시의 중국 사회를 반식민·반봉건으로 규정한 그것이 타당한가를 놓고 유명한 이른바 '社會史論戰'이 시작되었다[5].

논쟁의 핵심은 레닌에 의해 정식화 된 인류 역사의 보편적 사회발전론이 중국에도 적용될 수 있는지, 만약 적용될 수 있다면 당시의 중국을 봉건제사회 단계로 규정하여야 할 것인지 아니면 이미 자본제사회에 진입했다고 판단해야 할 것인지에 집중되어 있었다. 그것을 적용할 수 있다는 입장에서는 특히 봉건제·노예제사회가 중국 역사에서 구체적으로 체현된 시기를 두고 활발한 논의를 전개하였다.

이때, 이후 1949년 중화인민공화국의 성립 이래 중국 역사학계에 지대한 영향력을 행사하게 되는 郭沫若은 西周는 노예제사회, 春秋 이후는 봉건제사회에 해당한다고 주장하였고[6], 呂振羽는 周代에 중국 사회는 이미 봉건제에 진입하였다고 주장하면서 이 논쟁에 참여하고 있었다[7].

---

5 社會史論戰의 개요는 馮天瑜, 「中國社會史論戰中的兩種"封建"觀」, 『學習與實踐』 2006[2], pp.115~120; 謝保成, 「學術史視野下的社會史論戰」, 『學術研究』 2010[1], pp.86~96 참조.

6 郭沫若, 『中國古代社會研究』, 人民出版社, 1977. 이 책의 초판은 1930년 上海現代書店에서 간행되었다.

7 呂振羽의 견해는 『史前期中國社會研究; 殷周時代的中國社會』, 湖南教育出版社, 2009에 포함되어 출판된 『史前期中國社會研究』에서 볼 수 있으며, 이 책의 초판은 1934년 北京人文書店에서 간행되었다.

사회사논전은 1939년에 일단락되었다. 그렇지만 중화인민공화국의 성립과 더불어 마르크스주의 역사관이 중국사 이해의 공식적 지침으로서 확고한 위치를 차지하게 됨에 따라 이 논쟁에서 그 단서가 드러난 불씨가 언제라도 재연될 수 있는 여건이 마련되었다. 그것은 1950년 3월 19일 저명한 고고학자 郭寶鈞이 중국공산당의 문예지『光明日報』에 발표한「記殷周殉人的事實」를 계기로 하여 다시 점화되었다. 이 기고문은 商周시대의 殉葬에 관한 고고학적 知見을 간략하게 설명하는 것이었지만, 급기야 상주시대 피순장인의 성격을 어떻게 정의할 것인지에 대한 논란을 야기하고, 이것은 다시 중국에서 노예제사회와 봉건제사회의 상한과 하한을 각각 언제로 설정해야 할 것인지의 문제를 둘러싼 이른바 '고대사 시기구분 [古史分期]' 논쟁으로 확대되었다[8].

이 고대사 시기구분 논쟁에서 핵심적인 의제가 된 것이 바로 서주시대의 사회를 봉건제로 규정할지 아니면 노예제로 정의할지에 대한 것이었다. 봉건제로 규정하는 일파를 대표하는 范文瀾은 노예제와 봉건제사회를 구분하는 지표는 해당 사회에서 주도적인 위치를 차지하는 '생산관계'라고 전제하고 다음과 같이 주장한 바 있다. 첫째, 서주시대에는 天子가 모든 토지에 대한 최고의 소유권과 分封權을 장악하여 畿內의 토지를 卿·大夫에게, 畿外의 토지를 諸侯에게 분여하였다. 둘째, 서주시대의 주요 경작자는 奴隷가 아니라 農奴였다. 商代에는 대량의 殉葬이 발생하고 人身을 제물로 사용하는 일이 빈번하였지만, 서주시대에는 순장이 개별적 현상에 불과하고 인신이 제물로 사용된 현상도 보이지 않는다. 서주시대의 토지소유제와 주요 경작자의 신분을 두루 고려하면, 이 시대는 노

---

8 立湖,「中國古史分期問題討論槪述」,『歷史敎學問題』, 1983[2], pp.46~47 및 42; 王長坤 등, 「中國古代社會性質問題硏究綜述」,『唐都學刊』2005[5], pp.120~123.

예제사회라고 규정할 수 없으며, 봉건제사회로 보는 것이 타당하다[9].

范文瀾이 서주시대를 봉건제사회로 정의한 것은 '생산관계'와 '계급관계'에 근거한 것이다. 이것은 1920년대 '사회사논전'의 장에서 봉건제사회가 중국에도 존재하였다는 것을 확인하려 했던 일군의 연구자들에게서도 이미 나타났던 것일 뿐 아니라 지금도 중국학계에서 주도적인 위치를 차지하고 있는 입장이다[10]. 그렇지만 이 봉건제 개념은 사마천이나 왕부지가 주 왕조의 통치체제로 이해한 '봉건제'와는 완전히 다른 범주에 속하는 것으로, 생산관계에 의거하여 규정되는 사회형태를 가리키는 것이다[11].

그럼에도 불구하고 적어도 서주시대를 봉건제사회로 정의한 일군의 연구자에게 서주시대에 시행된 '봉건제'가 아무런 영향을 주지 않았다고 생각하는 것은 타당하지 않다. 왜냐하면 明治년간 (1868~1890) 일본에서 Feudalism의 譯語로 서주시대에 행해진 '봉건제'를 채택한 것은 본디부터 법률적 개념으로 정의되는 봉건제와 서주의 '봉건제' 사이에 상당한 유사성이 있기 때문이었다[12].

서구 중세에서 행해진 봉건제를 주로 법률적 측면에서 정의하면, 그것을 구성하는 2가지의 주요 요소는 知行制와 恩貸制인데, 실제로 지행제와 은대제는 서주의 '봉건제'에서도 유사한 내용을 볼 수 있다. 范文瀾과 같은 서주 봉건제사회론자가 이 시대를 봉건제사회로 판단한 근거 중에 周王이 모든 토지에 대한 최고의 소유권과 分封權을 장악하여 畿內·外의 토지를 臣僚와 諸侯에게 봉지로 수여한 사실을 꼽는 것을 보면, 마르

---

9 范文瀾, 『中國通史簡編』上, 河北敎育出版社, 2000, pp.32~44.
10 朱紹侯, 「中國古史分期討論與中國史硏究」, 『史學月刊』 1998[6], pp.2~6.
11 따라서 郭沫若과 같은 연구자가 서주시대를 노예제사회로 정의하면서도, 이 사회의 통치체제가 '봉건제'였다고 주장해도 전혀 문제될 것은 없었다. 郭沫若, 『十批判書』, 東方出版社, 1996, pp.11~44. 이 책의 초판은 1945년 간행되었다.
12 外村直彦, 『比較封建制論』, 勁草書房, 1991, pp.1~3 및 35~37.

크스주의적 역사 해석을 근거로 서주시대의 사회의 성격을 정의하고자 한 1920년대 이후 중국의 연구자들에게도 '봉건제'는 여전히 서주 통치체제의 핵심적 요소로 인식되고 있었음을 알 수 있다.

전후 일본에서 전개된 서주시대의 통치체제에 대한 연구의 내용은 중국의 경우와는 자못 다른 궤적을 그리며 전개되었다. 이 분야의 연구에서는 크게 2가지의 흐름이 형성되었는데, 그것이 바로 도시국가론과 읍제국가론이다.

전자는 貝塚茂樹, 宮崎市定 등에 의해 주도된 견해이다. 이들은 주로 문화사적 관점에 입각하여 상주시대부터 춘추시대까지의 국가를 도시국가로 파악하려 하였다. 宮崎市定에 의하면 전 세계의 고대사는 씨족제에서 출발하여 도시국가와 영토국가의 단계를 거쳐 대제국으로 이어지는 진화적 발전 단계를 경험하였으며, 중국의 경우라면 상대 후기부터 춘추시대까지가 도시국가의 단계에 해당한다. 도시국가론자들이 도시국가의 전형적인 모델로 상정한 것은 대체로 그리스, 로마 등 고전고대의 그것으로, 宮崎市定 역시 주로 춘추시대의 열국이 그리스, 로마의 고전적 도시국가와 유사한 구조를 가지고 있었다고 판단했다. 그가 보기에 춘추시대의 열국은 성곽을 갖추고 있는 그 외형적 형태뿐만 아니라, 성곽의 내부에는 참정권을 가지는 國人이 그 외부에는 주로 생산을 담당한 예속민인 庶人이 거주하는 사회적 구조 등도 고전고대의 도시국가와 매우 유사했다[13].

도시국가론은 일본에서뿐만 아니라 중국에서도 제기된 바 있었지만[14] 양국에서 모두 커다란 영향력을 미치지 못했다. 그 이유는 도시국가론이 입론의 근거로 삼은 제후의 '國'처럼 도시의 규모를 갖춘 취락은 극히 제한

---

13 宮崎市定, 「中國上代は封建制か都市國家か」, 『アジア史研究』 同朋社, 1957, pp.63~86.
14 侯外盧, 『中國古代社會史論』, 人民出版社, 1955, pp.143~205; 杜正勝, 「周代封建的建立」, 『中央研究院歷史語言研究所集刊』 52, 1982.

된 일부에 불과했으며, 그를 제외한 대다수의 취락은 자립적인 국가로 정의될 수 없는 상태에 있었기 때문이다. 그들은 자신보다 더 커다란 규모를 갖춘 취락의 지배를 받아야 했으며, 특히 상주시대의 경우에는 제후가 거주하는 '國'과 같은 대형 취락조차 그 상위에 위치한 상주 왕실의 지배를 수용해야 했다. 즉 당시의 모든 취락은 차별적인 위계 구조에서 불평등한 위치를 차지하고 있었으며, 그런 의미에서 당시의 모든 취락은 자립적이지도 평등하지도 않았다.

읍제국가론은 이와 같은 문제점을 극복하기 위한 유용한 대안을 제시하였다. 읍제국가론이 구상하는 상주시대 이후 춘추시대까지의 고대 국가는, 서로 다른 규모, 따라서 서로 다른 위계서열에 위치한 수많은 취락들이 지배와 복속의 연쇄적 상호관계로 구성된 일종의 취락 네트워크이다. 다소 도식적이긴 하지만, 松丸道雄은 이 취락네트워크의 말단에 위치하는 소규모 취락[邑]은 그 지역의 중심이 되는 중간적 취락에, 이 중간적 취락은 네트워크의 정점에 위치하는 대형 취락에 다시 예속되었다고 이해하였다. 그는 최말단의 취락을 屬邑, 최정점의 취락을 大邑, 그리고 양자의 중간에 위치하는 읍을 族邑이라 불렀다. 즉 상주국가는 이들 속읍—족읍—대읍 사이에 형성된 연쇄적인 지배와 복속관계로 구성되어 있었다는 견해이다[15].

松丸道雄에 따르면, 이들 서로 다른 서열에 위치한 3종류의 邑 가운데서 상주시대 국가의 기본 단위가 된 것은 바로 족읍이었다. 족읍은 씨족공동체에 의해 점유된 지역 중심취락으로, 주변에 상당한 수량의 소읍을 지배하면서 그보다 상위에 위치한 대읍에 대해 상대적으로 자립적인 성격을 가지고 있었다. 그런데 상주 국가에서 최고 위계에 위치한 상과 주 왕실, 즉 대읍이 족읍을 지배한 방식은 상과 주의 경우가 서로 달랐다. 상대에는

---

15 松丸道雄,「邑制國家の構造」,『岩波講座世界歷史[4]』, 岩波書店, 1970, pp.55~60.

대읍이 족읍과 의제적인 혈연관계를 구축하고 그들과 함께 상 왕실의 조상에 대한 제례를 공유하면서 이것을 매개로 하여 연합체적 성격의 국가를 건설하였다. 반면 周는 각 지역의 족읍에 제후를 파견하거나 혹은 통혼을 통해 족읍의 수장과 혈연관계를 구축하고, 이들에게 종법적인 유대관계의 존속을 요구함으로써, 이들을 국가적 질서 속에 포함시키려 하였다[16].

이처럼 周와 秦을 경계로 전자와 후자의 통치체제에 뚜렷한 변화가 나타났다고 생각한 사마천의 판단은 지금도 유효한 것으로 받아들여지고 있다. 다만 그 내용이 아래와 같이 좀 더 치밀한 형태로 정리되었을 따름이다. 그 내용은, 첫째 이와 같은 변화가 진시황 때에 이르러 돌연히 발생한 것이 아니라 춘추전국시대의 긴 시간적 범위에 걸쳐 점진적으로 일어났다는 것, 둘째 변화의 본질적인 내용은 씨족공동체적 취락이 분해되어 그 구성원 하나하나가 국가에 의해 개별적으로 지배되는 사회적 변화라는 것, 그리고 셋째 이른바 '군현제'는 이렇게 분해된 개인을 일정한 지역 단위로 편성하여 중앙정부가 직접 지배하기 위해 고안된 통치체제라는 것 등으로 요약할 수 있을 것이다.

이 경우 관심의 초점은 중국에서 군현제 국가의 성립의 과정을 이해하는 것이며, 서주의 통치체제는 군현제를 종착점으로 하는 변화의 시발점으로 설정되고, 시발점의 배경이 되는 경관의 핵심적 요소는 '봉건제'로 설정된다[17]. '봉건제'는 周王이, 대개의 경우 친족으로서의 혈연적 배경을 가진 제후에게 封地를 수여하고, 그들로 하여금 왕을 대리하여 그 封地를 통치하게 하며, 자손에게 그 권리를 세습할 수 있도록 하였다는 내용으로 구성되어 있다. 이것 역시 사마천에서 왕부지로 이어지는 전통 중국 지식

---

16 松丸道雄, 위의 논문, 1970, pp.80~99.
17 대표적인 것은 增淵龍夫, 「先秦時代の封建と郡縣」, 『中國古代の社會と國家』, 弘文堂, 1960; 西嶋定生, 『中國古代帝國の形成と構造』, 東京大學出版會, 1961.

인의 이해와 커다란 차이는 없다. 그것은 마르크스주의적 역사관으로 무장한 현대 중국학계의 역사 이해에서도 크게 다르지 않다. 그들의 관심이 비록 해당 사회의 성격을 경제사적 관점에서 어떻게 설정할 것인지에 대해 집중되었다고는 하나, 그 판단의 주요한 준거는 여전히 서주시대에 시행된 '봉건제'였다. 봉건제사회론자가 이 시대를 봉건제사회라고 정의한 핵심적 근거는 바로 이 시대에 '봉건제'가 시행되었다는 점에 있는 것이다.

물론 서주시대에 '봉건제'가 시행된 사실은 매우 중요하다. 그런데 서주의 '봉건제'가 중세 유럽의 경우처럼 군주와 신하 양자 간에 은총과 충성으로 매개되는 계약관계가 아니라, 혈연적 원리 즉 宗法制的 질서를 기반으로 하여 조직된 것이라고 중국적 특수성을 아무리 강조한다 해도, 서주시대의 '봉건제'에서 중세 유럽의 봉건제적 요소가 확인되는 이상 이 시대의 통치체제는 王과 諸侯 양자 간의 상호관계로 환원되어 버리고 만다. 그 상호관계는 지배자층 사이에 형성된 인적 결합을 핵심적인 요소로 하기 때문에, 서주의 국가 통치체제에 대한 연구 역시 주왕과 제후 쌍방의 결합 원리 및 양자 간에 설정된 권리와 의무의 내용이 무엇인지를 탐색하는 데 집중될 수 밖에 없다[18].

이런 경향은 일본학계의 연구에서도 마찬가지인 것으로 보인다. 宮崎市定은 서주시대에 다수의 도시국가가 병존하여 발전했다고 생각한 도시국가론자이지만, 그는 서주의 '봉건제'에 대해 다음과 같이 서술하고 있다.

신 정복지는 커다란 읍을 중심으로 하여 영주에게 수여되고 그것이 國이라 불렸지만 이 국의 영주는 주의 본국에 대하여 종속의 관계에 처하게 된다. 이것이 이른바 주의 封建制度라고 하는 것이다. 그러나 우리는 이 제도를 보

---

18 이와 같은 시각에 입각한 대표적인 연구성과로 伊藤道治, 『中國古代國家の支配構造−西周封建制度と金文』, 中央公論社, 1987를 꼽을 수 있다.

제1장 서론 23

다 잘 이해하기 위해 영주로 封建된 이른바 제후가 어떤 성격의 존재였을까를 검토할 필요가 있다. … 同姓諸侯는 本國에 대해 君臣이라기보다는 가족이었다. 만약 봉건제도가 엄밀한 군신관계를 전제로 하는 것이었다면 주의 봉건제도는 그 가족제도에 의해 크게 왜곡되어 있었다고 해야 할 것이다. 그것은 군신이라는 서약에 의해 성립되기 이전에 本家와 分家라는 宗支의 관계에 의해 먼저 규정되는 것이기 때문이다. 따라서 분가인 제후는 세대를 거치며 혈연관계가 멀어짐과 동시에 본국에 대해서는 결코 충실한 신하로서의 의무를 다하지 않게 되고 도리어 친속으로서의 자존심에서 그 특권만을 주장하려고 하는 것이다[19].

그는, 서주의 '봉건제'가 일견 주왕과 제후 사이에 구축된 지배와 종속의 관계인 것으로 보이지만, 그 관계를 지지하는 이면적 원리는 가족제도이기 때문에 양자는 결국 순수한 의미의 지배와 복속으로 규정될 수 없으며, 양자의 관계는 결국 家産의 분할과 같은 의미에서 분열적인 방향으로 수렴될 가능성을 본래부터 내포하고 있었다고 생각했다. 宮崎市定처럼 봉건제를 지배자 계층 사이의 형성된 상호관계라는 측면에 초점을 맞추어 이해한다면, 이런 시각에서는 주 왕실과 제후국 사이에 형성된 지배와 종속이 구체적으로 어떤 방법에 의해 실현되었는지에 대한 관심이 희박할 수밖에 없다.

반면, 읍제국가론은 서주시대 왕실과 제후 사이의 관계가 지배와 예속으로 구성된 일련의 연쇄망으로 이해하여 그것을 분열적인 시각에서 포착하는 데 동의하지 않기 때문에, 왕실과 제후 사이의 지배와 복속이 어떤 내용으로 구성되었는지에 대한 관심이 부족하였다고 할 수는 없다. 그럼에도 불구하고 이들 역시 사마천 이래의 전통적인 인식을 수용하여 '봉건

---

19 宮崎市定, 앞의 논문, 1957, pp.69~73.

제'의 특성을 서주 왕실과 제후 간의 종법적 유대관계로 환원시켜버리고 말았다. 松丸道雄은 서주 왕실이 족읍에 제후를 파견하거나 족읍의 수장과 통혼관계를 구축함으로써 혈연관계를 구축하고 이들에게 종법적인 유대관계의 존속을 요구함으로서 국가 지배체제를 구축하였다고 함으로써 서주의 통치체제를 주왕과 제후 사이의 상호관계로 해소하려는 자세를 드러내고 있다.

이상과 같은 지향을 가진 연구는 나름대로 풍성한 성과를 거두어들였음에도 불구하고, 동시에 다음과 같은 2가지의 문제를 야기했다. 그것은, 첫째 서주의 국가 통치체제를 왕실과 제후의 상호관계로 환원시킴으로써 서주 왕실이 국가 통치를 위해 어떤 정책을 채택하였으며 그것을 통해 어떤 통치체제를 구축하고자 하였는지, 이를테면 서주 왕실의 능동적인 역할에 대한 이해를 소홀히 다루어 왔다. 둘째, 왕과 제후 사이의 관계에 초점을 맞춤으로써 제후에게 분여된 지배의 대상 그 자체는 관심의 영역 밖으로 방기되어, 막연한 공간적인 범위로만 인식되었다. 즉 피지배대상에 관한 관심은 매우 희박했던 것이다.

서주 국가에서 최고의 권력은 왕에게 귀속되었으며, 왕은 자신이 통치해야 할 대상을 '봉건제'를 통해 통치하고자 했다면, '봉건제'의 성격이 어떤 것인지를 굳이 따져보지 않더라도 서주 왕실의 주도적이며 적극적인 역할이 차지한 비중은 충분히 짐작할 수 있다. 뿐만 아니라 통치는 통치하는 자의 의도에 따라 일방적으로 관철되는 것이 아니라 피통치대상의 성격과도 긴밀한 상관관계를 맺고 있다. 피통치대상이 가진 성격을 무시한 채 설정된 일방적인 통치는 바람직스럽지 않을 뿐만 아니라, 애초부터 현실의 장에서 성립될 수 없는 것이다.

위의 2가지 문제에 대해 관심을 기울인 것은 읍제국가론이 거의 유일하다. 읍제국가론은 상주국가의 기본 단위를 족읍에 두고, 이 족읍은 씨족공동체적 취락으로서, 주변의 소읍을 지배하면서 상주 왕실에 대해 자립적인 속성을 가지고 있었다고 파악하였으며, 상주 국가는 이들 족읍들이 연합하여 구성한 일종의 연합체적인 성격의 국가라고 정의하였다. 지배의 대상에 대한 고려에서부터 상주국가의 성격에 대한 인식에도 상당한 변화가 나타났다고 평가할 수 있다. 최근 李峰이 그의 저서에서, 지금까지 제시된 서주시대 국가의 성격에 대한 여러 학설 가운데 그 완성도가 가장 높은 것으로 평가한[20] 읍제국가론은 이런 측면에서 그 이전의 연구와는 차별성과 우수성을 지니고 있다. 그럼에도 불구하고 읍제국가론조차 중앙정부가 국가의 기본 단위인 족읍을 국가에 통합시키기 위해 어떤 역할을 했는지, 그들이 이런 목적을 달성하기 위해 채택한 방법은 무엇인지에 대한 논의를 본격적으로 발전시키지 못했다.

이 책의 출발점은 위와 같은 문제 인식이다. 이 책은 우선 읍제국가론이 제기한 것처럼 서주국가의 기본단위를 구성하는 것이 '族邑的' 존재라는 점에 대해 동의한다[21]. '족읍적' 존재라고 한 이유는 읍제국가론이 족읍에게 부여한 혈연적 속성에 대해 잠시 유보적인 태도를 취하고 싶기 때문이다. 족읍이 씨족공동체에 의해 점유된 지역의 중심취락이라고 할 때, 그 점유의 주체가 반드시 씨족공동체라고 할 수 있을지에 대해서는 의문이 있지만, 상주 국가를 구성한 기본 단위는 지역적 중심취락을 중심으로 하여 일정한 범위에 걸쳐 정치적 통합을 달성한 조직체라는 제한적 의미에서 읍제국가론이 제시한 족읍 모델을 채택하고자 하는 것이다. 다만 그 명

---

20 李峰, 『西周的政體—中國早期的官僚制度和國家』, 三聯書店, 2010, pp.269~302.

21 서주시대의 지역정치체에 대해서는 국내에서 활발하게 연구가 진행되고 있다. 沈載勳, 「상쟁하는 고대사 서술과 대안 모색: 『詩經』 "韓奕"편 다시 읽기」, 『東方學志』 137, 2007; 동, 「서주 청동예기를 통해 본 중심과 주변, 그 정치 문화적 함의」, 『東洋學』 51, 2012; 金正烈, 「邦君과 諸侯 —금문 자료를 통해 본 서주 국가의 지배체제」, 『東洋史學研究』 106, 2009; 同, 「기억되지 않은 왕들—서주시대의 지역 정치체에 대한 연구」, 『崇實史學』 25, 2010; 同, 「橫北村과 大河口—최근 조사된 유적을 통해 본 西周時代 지역 정치체의 양상」, 『東洋史學研究』 120, 2012.

칭은 '지역정치체'라 하였는데, 그 이유는 '족읍'을 구성하는 요소에서 씨족적인 성격을 유보할 필요가 있다는 위의 판단이 그 하나이고, '족읍'이라는 명칭이 주는 생경함을 피하기 위한 것이 그 둘이다.

이 책이 다루게 될 주요한 문제는 서주 국가의 기저에는 자율적 속성을 가진 상당수의 지역정치체가 존재하였고 서주 국가는 이들 지역정치체를 일정한 질서 하에 통합함으로써 성립된 국가라는 인식 하에, 서주 조정이 어떤 방식으로 이들을 통합하였으며 그렇게 구축된 국가질서를 유지해 나갔는지에 대한 것이다. 이를 해명하기 위해, 이 책에서는 서주 조정이 채택하였다고 생각되는 3가지의 통합 방식을 주요 연구 대상으로 설정하였다. 그 3가지는 서주의 '봉건제', 지역정치체와의 제휴, 그리고 지역정치체의 중앙정치 참여 등인데, 이 각각의 문제는 제3장, 제4장과 제6장에서 독립된 주제로서 검토될 것이다.

이밖에 제2장과 제5장에서는 위의 논의와 관련된 이를테면 보조적인 문제를 탐구할 것이다. 제2장에서 다루는 문제는 지역정치체의 형성과 서주에 선행한 상 국가의 통치체제에 관련된 것이다. 지역정치체의 성립에 대해서는 기원전 3000년기 신석기시대 후기의 고고학적 자료를 주된 논의의 대상으로 하였다. 이것은 우리의 주제보다 훨씬 앞선 시대의 것이지만 이 시대에 처음으로 등장하는 지역정치체는 중국 고대 지역정치체의 조형이며, 상대적으로 풍부하게 집적된 고고학적 정보를 통해 고대 중국의 지역정치체를 보다 상세하게 묘사할 수 있는 유효한 수단이 된다고 판단했기 때문이다. 이어서 상 국가의 구조와 상주교체기의 성격을 논하게 될 것이다. 여기에서는 신석기시대 후기에 등장한 초현기의 지역정치체가 이 시대에도 널리 존재하고 있었음을 입증하는 동시에 상 국가는 어떤 방법으로 이들 지역정치체를 통합했는지, 그리고 상 국가의 몰락과 서주 국가의 성장은 이들 지역정치체와 어떤 관계를 맺고 있는지를 검토하게 될 것이다. 그것은 상주 등 중국사의 가장 이른 단계에서 출현하는 왕조국가와 지역정치체 사이에 설정된 지배와 예속의 양상을 이해하기 위한 배경적 지식으로서, 서주 국가의 통치체제를 이해하는 데 적잖은 도움을 줄 것이다.

5장에서 다루게 될 문제는 서주의 한 職官인 監에 관한 것이다. 감을 논의하는 이유는 서주시대의 제후가 어떤 성격의 존재인지를 규명하기 위해 서주시대의 금문과 문헌자료에 공히 출현하는 監의 직무 내용을 검토할 필요가 있다고 생각했기 때문이다. 이 장을 통해서 감을 매개로 하여 왕실에 대한 제후의 예속의 정도를 새롭게 평가하고, 이를 바탕으로 서주시대의 관료적 속성을 더욱 분명하게 이해할 수 있을 것이다.

아래의 논의를 통해 서주 국가의 구조 및 통치체제에 대한 진일보한 이해에 도달하기를 희망한다.

제2장

지역정치체의 형성과 商 국가

이 장에서는 주로 중국 고대 지역정치체의 성립 과정과 '商周交替'
의 성격 등 2가지의 문제를 다룰 것이다. 먼저 기원전 3000년 경 신석기시
대 후기 이래 中國 지역정치체의 성립과정부터 논의를 시작하고자 한다.
이 책의 주제가 주로 西周시대의 정치적 현상에 관한 것임에도 불구하고,
시간적으로 그보다 약 2000년가량 앞서는 후기 신석기시대부터 논의를 시
작하는 것이 타당할지에 대해서는 의문이 있을 수 있다. 그러나 이 시기부
터 논의를 시작하는 것은 그 나름의 이유가 있다.

그것은 첫째, 중국의 신석기문화가 가지는 '다양성'에 주목할 필요가 있
다고 판단했기 때문이다. 중국 신석기문화의 지역적 전통이 보여주는 다
양성은 이후 고대 중국을 관류하는 기본적인 요소이며, 초기국가가 형성
되는 과정을 이해하기 위해서도 반드시 유념해야 할 문제이다. 그것은 이
책의 논의가 전개됨에 따라 차차 명백해 질 것이다. 둘째, 商·周 국가의
기층에 위치하는 지역정치체가 이때부터 성립되었다고 생각되기 때문이
다. 현대 중국 고고학이 보여주는 성과는 그와 같은 사실을 분명하게 입증
하고 있는 것으로 보인다. 따라서 신석기시대 최후 단계의 지역정치체는,
양자간의 상당한 시간적 거리에도 불구하고, 商·周 등 중국 초기 국가의
구조를 이해하는 데 유용한 수단으로 활용될 수 있다.

중국 신석기문화의 다양성과 지역정치제의 형성을 다루는 데 이어 다
루는 문제는 이른바 '상주교체'의 성격에 관한 것이다. 이른바 상주교체는
『史記』이래 商 왕조의 멸망과 周 왕조의 성립이라는 통치권력의 급속한
교체, 즉 일종의 '革命'으로 이해되어 왔다. 그러나 그 성격은 秦漢時代

이후의 왕조교체와는 판연히 다르다. 왜냐하면 商·周 국가의 구성 원리
는 秦·漢국가의 그것과는 확연한 차이가 있기 때문이다. 따라서 중국 초
기 국가에서 발생한, 왕조교체라는 후대의 술어로 표현된 그 사건이 무엇
을 의미하며 그 과정은 어떻게 진행되었는지를 이해하는 것은 서주국가의
지배체제를 이해하는 데 매우 유용한 배경 지식을 제공하게 될 것이다.

제1절
지역정치체의 성립과 광역적 통합의 전개

1. 新石器文化의 다양성

근년에 들어 중국 신석기문화의 발생과 전개에 대한 인식에 상당한 변화가 생겼다. 지금까지의 지배적 견해라면, 中原一元論과 전파론으로 요약할 수 있다. 黃河 중·하류 일대의 평원지대, 즉 中原에서 기원전 5000년경을 전후하여 선진적 신석기문화인 仰韶文化가 등장하였고, 이 앙소문화는 기원전 2500년경 난숙한 신석기문화인 龍山文化로 발전하여 갔다. 반면 중원을 제외한 다른 지역에서는 신석기문화가 자생하지도 못했으며 그 발전 또한 매우 더더서, 중원에서 전파된 앙소·용산문화의 수용과 자극 하에 비로소 성립하고 발전해 나갈 수 있었다는 것이 그 요지이다[1].

그러나 1980년을 전후하여 본격적으로 시작된 경제개발 과정에서 고고학적 조사의 범위가 중국 전역으로 확대됨으로써 자료의 지역적 편중 현

---

[1] 安志敏, 「中國文明起源于二里頭文化」, 『尋根』 1995[6].

상이 해소되고, 또 이들 자료에 대한 C¹⁴ 연대측정이 보편화되어 새롭게 축적된 자료의 시간적 위치가 분명해지면서, 종래의 판단과 자못 상충되는 몇 가지 사실이 분명해지게 되었다.

그것은 첫째 앙소·용산문화 등 중원의 신석기문화와는 전통을 달리하는 신석기문화가 중원 이외의 여러 지역에서 자생적으로 발생하였으며, 그 시기도 중원에 비해 뒤지지 않거나 오히려 더 빠를 수도 있다는 점, 둘째, 이들 서로 다른 지역적 전통 위에 발달한 여러 유형의 신석기문화는 각각의 지역에서 나름의 문화전통을 강고하게 유지하며 계승되고 발전하여 갔다는 점, 셋째, 그리하여 중국 신석기문화는 어떤 한 중심지역에서 발생한 문화의 전파를 통해서가 아니라, 다양한 지역에서 성장한 복수의 문화전통이 영향을 주고받는 과정을 통하여 발전하여 갔다는 점 등이 그 골자이다. 때문에 이제 중원일원론·전파론은 부정되고 다원론·상호작용론이 지배적 학설의 자리를 차지하게 되었다[2].

蘇秉琦·殷瑋璋이 중국 신석기문화를 ① 陝西·河南·山西 접경지구, ② 山東 및 그 인접 지구, ③ 湖北 및 그 인접 지구, ④ 揚子江 하류지구, ⑤ 남방지구, ⑥ 북방지구 등의 6개 '區'로 구분하고, 각 '區'에서 발전한 신석기문화가 독자적인 전통을 유지하면서 병행 발전하였다고 주장한 '문화구계유형론'이 가장 널리 알려진 하나의 사례이다[3]. 이들의 이른바 '區'는 고고학적 문화전통을 공간적으로 구분한 개념이다. 이들이 공간적 구분을 상정할 수 있었던 이유는 각 지역에서 연속적이거나 단속적으로

---

2 童博滿, 「新石器時代硏究の展開」, 唐代史硏究會 編, 『中國歷史學界の新動向』, 刀水書房, 1982, pp.14~19; 李成珪, 「中國文明의 起源과 形成−先史文化에서 商·周文明으로」, 서울大學校 東洋史學硏究室 編 『講座 中國史 I』, 知識産業社, 1989, pp.28~31; 岡村秀典, 「區系類型論とマルクス主義考古學」, 考古學硏究會 編, 『展望考古學 −考古學硏究會40周年紀念論集』, 考古學硏究會, 1995, p256.
3 蘇秉琦·殷瑋璋, 「關于考古學文化的區系類型問題」, 『文物』 1981[5], pp.10~17.

성장하고 발전한 여러 유형의 문화가 지역적 전통을 계승하여 갔다는 인식 때문이다. 蘇秉琦 · 殷瑋璋의 논지는 여러 가지 논란에도 불구하고 지금은 학계에 널리 수용되어, 그들이 말한 '區'를 어떻게 설정할 것인지에 대한 약간의 이견과 함께 嚴文明, 佟柱臣이나 飯島武次 등에게도 수용되었다[4].

[표 1]은 蘇秉琦 · 殷瑋璋가 제시한 지역 구분 위에 근년의 고고학적 조사 성과를 일부 수용하여 작성한 것이다[5]. [표 1]에서 보는 바와 같이 기원전 9000년기 이후가 되면 현 중국의 거의 모든 지역에서 신석기문화가 성립하였으며[6], 이후 각 지역에서 [표 1]과 같은 계보로 발전하여 갔다.

물론 각 '지역'의 계보가 보여주는 발전의 양상이 모두 동일한 것은 아니다. 이를테면 揚子江 하류 일대에서 번영한 松澤文化와 薛家岡文化처럼 선행문화를 모태로 성장한 문화가 다시 여러 갈래로 분기하기도 하고, 黃河 中 · 下流 일대의 후기 仰韶文化나 河南龍山文化 혹은 揚子江 중류 지역의 石家河文化처럼 문화권역 내부에서의 지역적 변이가 현저하여 다시 여러 하부 유형으로 세분해야 할 필요가 있는 경우도 있다. 그러므로

---

4 嚴文明, 「中國史前文化的統一性與多樣性」, 『史前考古論集』, 科學出版社, 1998, pp.8~13; 佟柱臣, 「中國新石器時代文化的多中心發展論−論中國新石器時代文化發展的規律和中國文明的起源」, 『文物』 1986[2], pp.16~30; 飯島武次, 『中國新石器文化研究』, 山川出版社, 1991, pp.318~333, 특히 pp.328~329의 표 참조

5 [표 1]를 작성하는 데 사용된 주요 조사 성과는 白壽彝 總主編 · 蘇秉琦 主編, 『中國通史』 2, 上海人民出版社, 1994; 文物編輯委員會, 『文物考古工作十年』, 文物出版社, 1990; 飯島武次, 위의 책 1991 등이다. 특히 蘇秉琦 · 殷瑋璋의 지역 구분 가운데 陝西 · 河南 · 山西 접경지구는 그 범위를 좀 더 확대하여 甘肅 · 靑海 등의 黃河 상류지역까지 포함시켰다. 그 이유는 이 지역의 신석기문화가 前者와 동일한 기원을 가지고 있다고 판단하였기 때문이다.

6 '南方지구'의 仙人洞 유적이나 甑皮巖 유적 등은 C[14] 연대 측정으로는 기원전 1만년경 혹은 그 이전까지 소급되며, 마제석기나 토기가 출토되는 것으로 보아 신석기문화에 속하는 유적이라 생각된다. 따라서 南方지역에서는 다른 지역보다 빨리 신석기문화가 등장하였을 가능성이 있다. 그렇지만 아직 그 연대관에 이의를 제기하는 연구자가 있고, 이후의 계승관계도 분명치 않기 때문에 일단 논의에서 제외하기로 한다.

[표 1] 중국 신석기 문화의 계보

지구 ＼ 연대		6,500	6,000	5,500	5,000
東北地區 黑龍江, 吉林 遼寧, 內蒙古 河北 각 일부				左家山 1期 文化 ———— 興隆窪文化 ————	
甘靑地區					
黃河中上流				老官臺 文化 (大地湾 1期文化)	
黃河下流			磁山文化 ———— 裵李崗文化 ————	北辛 文化 —	
楊子江下流					馬家浜 文化 — 河姆度 文化 —
楊子江中流		彭頭山類型		城背溪文化 ————	
東南地區 福建, 臺灣, 廣東, 海南, 廣西, 浙江, 江西, 湖南 南部					

	4,500	4,000	3,500	3,000	2,500	2,000

左家山 2期文化 —————— 左家山 3期文化
小珠山 下層文化 —————— 小珠山 中層文化 ———→ 小珠山 上層文化

富河 文化
紅山 文化(前期) —————— 紅山 文化(後期)
趙寶 溝文化 —————— 小河 沿文化

新樂 文化
上宅 文化   新開 流文化
偏保 子文化

馬家窯文化 —→ 牛山·馬廠文化 ＋ 牛山·馬廠文化
牛山類型   馬廠類型

齊家文化
客省莊文化

仰韶文化 半坡類型 —————— 仰韶文化 廟底溝類型 ——— 仰韶 文化 晚期
西王村類型   河南 龍山文化 諸類型
秦王塞類型
半坡晚期類型
大司空類型
海生不浪類型

后岡2期文化
王湾3期文化
三里橋類型
陶寺類型
客省莊2期文化
造律臺類型

後岡1期 文化 ——— 大汶口 文化 ———————————— 龍山文化
兩城鎮類型
城子崖類型

薛家崗文化
崧澤文化 —————— 良渚文化
良渚文化 城堆文化

石門皁市 下層類型 ——— 大溪文化 ——— 屈家嶺文化 ——————— 石家河 諸類型 —— 文化 青龍泉類型
季家湖類型
堯家林類型
石家河類型

西椎山 文化   石峽文化
蠱石山 文化   芝山岩文化
鳳鼻頭文化

[표 1]에서 보는 현재의 상황만으로도 중국 신석기문화의 전개는 대단히 복잡한 양상으로 조감되지만, 향후 고고학적 지식의 증가와 함께 더욱더 복잡한 양상을 노정할 가능성도 있다[7].

중국 신석기문화가 이처럼 다양한 양상 하에 전개된 것은 어떻게 보면 지극히 당연한 일이다. 현재의 중국은 거대한 면적의 정치적인 통합체로, 지역에 따라 상이한 자연적·인문적 환경을 가지고 있다. 이런 환경의 차이는 생활양식의 다양성으로 연결되었다[8]. 게다가 상호 인접하여 영향을 주고받은 주변문화의 성격이 상이한 데에서 말미암은 이를테면 접촉의 불균형성도 고려해야 한다[9]. 이 글의 목적이 그 다양성에 영향을 준 인문적·자연적 환경을 일일이 열거하여 설명하는 데에 있지 않기 때문에, 이 문제에 대해서는 더 이상 언급하지 않기로 한다. 다만 여기에서 확인하여 두고 싶은 것은 중국의 신석기문화가 다원적으로 기원하고, 다양한 지역적 전통 하에 발전하여 갔다는 점이다.

---

7 예컨대 飯島武次는 山東龍山文化를 2개의 文化類型으로 구분하였지만 李權生은 山東龍山文化를 5개의 시기로 시기구분하고, 각각의 시대마다 다시 2~5개의 문화유형을 설정하여 모두 17개의 문화유형으로 구분하였다. 유형 설정은 다분히 주관적인 것이긴 하지만, 현재의 고고학적 지식이 항상 부족하다는 점을 감안하면 발굴 자료의 중대와 함께 중국 新石器文化의 전개 양상이 좀 더 복잡한 모습으로 이해될 가능성도 크다. 李權生, 「山東龍山文化の編年と類型-土器を中心として」, 『史林』 75[6], 1992.

8 甲元眞之, 「長江と黃河-中國初期農耕文化の比較研究」, 『國立歷史民俗博物館研究報告』 40, 1992.

9 예컨대 河南龍山文化는 그 분포지역의 東北部에서 山東龍山文化 城子崖類型의 영향을 받아 河南龍山文化 後岡類型으로 전개되었다. 한편 河南龍山文化는 그 분포 구역의 南部에서 石家河文化와 상호 영향을 주고받으면서 또 다른 지역적 유형을 만들어내었는데, 韓建業은 龍山文化期 전기에는 石家河文化의, 후기에는 河南龍山文化의 역할이 주도적이었다고 한다. 韓建業은 특히 후기의 문화가 가진 개성을 중시하여 여기에 잠정적으로 '楊莊2期文化'라는 명칭을 부여하자고 제안하였다. 奕豊實, 「論城子崖類型與後岡類型的關係」, 『考古』 1994[5], pp.435~446; 韓建業, 「試論豫東南地區龍山時代的考古學文化」, 北京大學考古系 編, 『考古學研究(三)』, 科學出版社, 1997, pp.68~83 등 참조.

2. 城郭聚落의 출현과 지역정치체

신석기시대 후기에 들어 중국 전역에서 성곽취락이 속속 등장한다. 2003년 현재까지 발견된 이 시대의 성곽취락은 모두 62곳에 달하며[10], 그 대부분은 기원전 3000년기 이후, 특히 기원전 2500년 이래의 이른바 '龍山文化期'에 건설되었다. 중국 여러 지역에서 동시에 돌연 성곽 축조운동이 전개되었다고 해도 지나치지 않을 정도이다. 이들 가운데 황하 중·하류와 양자강 중·하류 지역에서 발견된 것을 가려 정리하면 아래의 [표 2]와 같다.

[표 2] 黃河, 揚子江 중·하류 지역 후기 신석기시대 성지 (＊추정치)

번호	유적명	문화유형	성지면적 (㎡)	제원(m)			성호	성내 주요 유구	비고
				평면	총장	저부폭			
1	河南 鄭州 西山	仰韶	31,000	타원		4-8	유	奠基坑	
2	河南 淮陽 平糧臺	河南龍山	34,000	정방	740	13	유	판축기단, 지상건물지, 배수시설, 요지, 제사갱	
3	河南 登封 王城崗	河南龍山	＊16,000	장방	＊600	4	무	판축기단, 지상건물지, 전기갱	
4	河南 輝縣 孟莊	河南龍山	120,000	정방	1400	14	유		
5	河南 郾城 郝家臺	河南龍山	33,000	장방		5	유	판축기단, 지상건물지	
6	河南 安陽 後崗	河南龍山	＊40,000			2-4	무	판축기단, 전기갱	
7	河南 新密 古城寨	河南龍山	167,000	장방	1635	9-40	유	판축기단, 지상건물지	

---

10 朱乃誠, 『中國文明起源研究』, 福建人民出版社, 2006, p.74.

번호	유적명	문화유형	성지면적(㎡)	제원(m)			성호	성내 주요유구	비고
				평면	총장	저부폭			
8	山西 襄汾 陶寺	河南龍山	2,800,000	근방	*6,600		무	판축기단, 지상건물지, 제단	확건
9	山東 章丘 城子崖	山東龍山	200,000	근방	*1,700	8-13	무		
10	山東 鄒平 丁公	山東龍山	110,000	근방	*1,300	20	유		
11	山東 壽光 邊線王	山東龍山	57,000	근방	*1,000	4-8	무	전기갱	확건
12	山東 臨淄 田旺	山東龍山	180,000	근방	*1,700	20	무		
13	山東 陽谷 景陽崗	山東龍山	380,000	장방	2,000	10-20	무	판축기단	
14	山東 滕州 尤樓	山東龍山	10,000	근방	400		유		
15	山東 五蓮 丹土	大汶口-山東龍山	250,000	불규칙	*1,700	12	유	판축기단, 지상건물지, 작방지	확건
16	山東 茌平 敎場鋪	山東龍山	400,000	타원	2,900	18-30	유	판축기단, 전기갱	
17	江蘇 連雲港 藤花落	山東龍山	140,000	장방	1,5202	1-25	유	판축기단, 지상건물지, 배수시설, 稻田, 전기갱	이중성곽
18	湖北 天門 石家河	屈家嶺-石家河	1,200,000	근방	*4,400	30-50	유	지상건물지	
19	湖北 江陵 陰湘城	屈家嶺-石家河	120000	장방	*2,000	20-27	유	판축기단, 지상건물지	
20	湖北 石首 走馬嶺	屈家嶺-石家河	78,000	타원	1,200	30-35	유	판축기단, 지상건물지	
21	湖北 荊門 馬家院	屈家嶺-石家河	240,000	장방	2,070	30-35	유	판축기단	
22	湖北 應城 門板灣	屈家嶺	200,000	장방	*1,900	40	유	院落址	

번호	유적명	문화 유형	성지면적 (㎡)	제원(m)			성호	성내 주요 유구	비고
				평면	총장	저부폭			
23	湖北 應城 陶家湖	屈家嶺-石家河	670,000	타원	*2,900	15-50	유		
24	湖南 澧縣 城頭山	屈家嶺-石家河	76,000	타원	*1,000	20	유	판축기단	
25	湖南 澧縣 鷄叫城	屈家嶺-石家河	150,000	근방	*1,540	40-60	유		확건

[표 2]에서 열거한 성곽취락 유적은 河南, 山東, 湖北, 湖南 등 여러 지역에 골고루 분포되어 있다. 축성에는 층층이 흙을 다져 쌓은 판축기법과 이질의 흙을 교대하여 어슷하게 쌓아올린 퇴축기법이 사용되었다. 평면 형태는 장방형이 대부분이지만 정방형이나 타원형 혹은 원형도 있다. 규모 역시 다양해서, 그 면적이 3만~7만㎡ 정도인 비교적 작은 것에서부터 陶寺의 경우[표 2]-8처럼 280만㎡에 달하는 초대형의 것도 있다.

이 시대의 城址에 주목하는 이유는 우선 성곽을 축조하기 위해 동원되었을 대규모의 노동력 때문이다. 성곽을 축조하기 위해서는, 소규모의 것이라 해도 상당한 정도의 노동력이 필요했을 것이다. 河南 淮陽 平糧臺[표 2]-2와 湖北 澧縣 城頭山 유적[표 2]-24은 열거된 성곽 가운데 비교적 작은 규모에 속하지만, 그렇다고 해도 전자의 경우 대략 4만㎡[11], 후자의 경우 대략 20만㎡ 정도의 흙이 축성에 필요했을 것으로 추산된다[12].

이들 성곽을 축조하기 위해서 어느 정도의 노동력이 필요했을 지에 대해서는 다양한 추산이 있다[13]. 여기에서는 그 가운데 비교적 보수적인 수

---

11 白壽彝 總主編 · 蘇秉琦 主編, 앞의 책, 1994, p.319.

12 岡村秀典, 「長江中流域における城郭集落の形成」, 『日本中國考古學會報』 7, 1997.

13 安金槐는 약 1000년 뒤인 商代 전기에 축조된 鄭州商城에 투여된 노동량을 분석하여, 1㎡의 흙을 채취하고 운반하여 다지기 위해 대략 15人日이 소요되었을 것이라고 추정하였다. 1956년부터 1957년까지 진행된 荊州大堤 공사에서 확인된 동일 공정의 노동 효율성은 0.5㎡/人日

치인 0.25㎡/人日을 기준으로 계산하면 平粮臺 성곽을 축조하기 위해서는 연인원 16만 명, 城頭山 성곽을 축조하기 위해서는 연인원 80만 명이 필요하다는 결론을 얻을 수 있다. 이 정도의 수치라 해도, 이 시대의 개별 취락이 감당할 수 있는 규모가 아니라 생각되지만, 平粮臺나 城頭山의 경우는 이 시기의 성곽 중에서도 비교적 소규모의 것이다.

뿐만 아니라, 축성과 같은 대형 토목공사를 수행하기 위해서는 적어도 몇 가지의 선결조건이 필요하다. 우선 대규모의 노동력이 확보되어야 하고, 이들을 일정하게 조직할 수 있는 행정력도 필요하다. 여기에는 체계화된 기획, 질서 있는 노동조직, 그리고 식량과 자재 등 가용자원의 확보 및 그 효율적 분배 등도 포함된다.

현재 대부분의 성곽 유적은 심각하게 훼손되었으며, 그 내부의 구조를 알 수 있게 전면 발굴된 사례도 없다. 따라서 이 시기의 성곽취락에 대해 우리가 알고 있는 지식은 매우 제한적이다. 그러나 어느 정도 조사가 진행된 성지 가운데 상당수에서는 같은 시대의 일반취락에서는 찾아보기 어려운 '특별한' 유구가 확인된다는 점에도 주목해야 한다. 여기에는 건물의 기단에 인간 희생을 매장한 구덩이[奠基坑], 대형 지상건물, 수공업 생산시설, 기타 경제력의 집중을 보여주는 다양한 흔적들이 포함된다[14]. 따라서 신석기시대 후기에 들어 출현한 성곽은 권력과 일정한 정치조직을 상정하지 않고는 납득하기 어렵다. 즉 성곽을 장악한 지도자를 정점으로 해서 일

이었다. 中村愼一은 일본의 傳仁德陵 축조에 대한 大林組의 계산에 의거하여 0.25㎡/人日이라는 추산을 제시한 반면 岡村秀典은 1㎡/人日이라는 수치를 제시하였다. 이 중 安金槐의 계산은 당시의 노동효율성을 지나치게 저평가한 혐의가 있는 반면, 岡村秀典의 것은 과도하게 고평가하였다. 중국 신석기시대의 토성 축조에 사용된 도구의 성능은 荊州大堤는 물론 鄭州商城이나 傳仁德陵의 그것보다는 훨씬 원시적이라 생각되기 때문이다. 安金槐, 「試論鄭州商代遺城址-隞都」, 『文物』 1961[4·5], p.77; 中村愼一, 「石家河遺跡をめぐる諸問題」, 『日本中國考古學會會報』 7, 1997, p.42; 岡村秀典, 위의 논문, 1997, p.34.

14 曲英杰, 「論龍山文化時期古城址」, 『中國原始文化論集』, 文物出版社, 1989, pp.267~273.

정한 영역에 대한 지배권을 행사할 수 있는 정치체가 등장하였을 가능성이 엿보이는 것이다[15].

그러나 석기를 생산도구로 사용하는 이른바 석기시기에 과연 이만한 규모의 대형 토목공사를 시행하는 것이 가능한 일일까? 성곽의 축성에 필요한 여러 가지 사회적, 경제적 조건은 인류가 '문명'의 단계에 진입한 후, 즉 금속기를 도구로 사용하게 된 이후에 비로소 충족되었다고 생각하는 것이 일반적인 견해이다. 따라서 이 시기의 성곽은 사회 발전의 결과로 이해할 수 없으며, 제사의례와 같은 공동체의 특수한 목적을 달성하기 위해 축조된, 사회 발전의 수준과는 어울리지 않는 이를테면 비정상적인 산물이라고 판단할 수 있는 여지도 있다. 이런 의문에 대답하기 위해서는 신석기시대 후기에 전개되기 시작한 일련의 사회변동을 폭넓게 검토해야 할 필요가 있다.

신석기시대 후기에 들어 관찰되는 중요한 사회·경제적 변화는 생산력 증대이다. 이것은 석제 농기구의 개량에서 뚜렷하게 나타난다. 이 시대에 들어 밭갈이, 김매기, 거두기 등 기능별로 세분화된 농기구가 제작되었으며[16], 水田 지역인 양자강 하류 일대에서는 쟁기[犂]까지 등장하였다[17]. 농업의 발달로 말미암아 인류의 식단은 거의 대부분 좁쌀[粟]과 기장[黍], 쌀[禾] 등의 곡물로 채워지게 되었다[18]. 이와 함께 가축 사육도 보편화되어 육류의 소비 또한 계획경제의 영역으로 들어오게 되었다[19]. 이로 말미암아 잉여생산물이 등장하고, 이것은 다시 전문적 수공업을 탄생시켰다. 정교

15 李學勤 主編, 『中國古代文明與國家形成硏究』, 雲南人民出版社, 1997, pp.46~70.
16 Kwang-chih Chang, 앞의 책, 1986, pp.234~294.
17 朱乃誠, 「太湖及杭州灣地區原始稻作農業的發展及其對文明起源的作用」, 上海博物館 編, 『長江下游地區文明化進程學術硏討會論文集』, 2004, pp.69~88.
18 蔡蓮珍 등, 「碳十三測定和古代食譜硏究」, 『考古』 1984[10].
19 袁靖, 「論中國新石器時代居民獲取肉食資源的方式」, 『考古學報』 1999[1].

하게 제작된 윤제 토기와 함께 옥기 · 칠기공예가 등장하고, 드물긴 하지만 원시적인 銅器 또한 간헐적으로 출현하기 시작하였다[20].

생산경제의 발달을 촉진한 인구의 증가였다. 이 시기의 급격한 인구증가는 취락의 개체 수와 취락 규모의 확대를 통해 확인할 수 있다. 예컨대 山西省 運城盆地 일대의 취락 개체 수는 이 시대에 약 250% 가량 증가했으며[21], 양자강 중류 澧陽平原의 증가율은 무려 500%에 달한다[22]. 이 500%라는 수치는 양자강 하류의 太湖와 杭州灣 일대 지역에서도 확인되는 것이다[23]. 인구의 증가와 함께 취락의 규모도 확장되었다. [표 2]에 열거한 성곽취락 가운데는 그 면적이 수십 만㎡에 이르는 취락이 드물지 않게 포함되어 있으며, 石家河유적과 陶寺유적처럼 100만㎡를 상회하는 면적을 자랑하는 취락도 나타나기 시작하였다.

생산력과 인구의 증가는 사회 내의 계층분화로 이어졌다. 계층분화는 2개의 차원에서 동시에 일어났다. 개별 취락사회 내부에서 일어난 그것이 하나라면, 취락과 취락 사이의 그것이 또 다른 하나이다. 양자는 물론 복합적인 상호과정의 과정으로 진행되었을 것이다. 이 시대의 계층분화를 가장 뚜렷하게 보여주는 것은 역시 무덤에 나타나는 고고학적 기록이다. 무덤의 규모나 葬具 유무, 그리고 부장품의 質과 量에 나타나는 차별적 양상에 관련된 증거는 계층분화를 가장 선명하게 보여주는 증거로 간주된다.

신석기시대 후기에 조영된 무덤은 이 시기의 사회가 이미 격렬한 계층분화를 경험하고 있었음을 시사한다. 우선 개별 취락 내부의 경우부터 살

---

20 嚴文明, 「中國文明起源的探索」, 『中原文物』 1996[1], p.12 ; 飯島武次, 앞의 책, 1991, pp.281~304.

21 中國社會科學院考古研究所山西隊, 「晉南考古調査報告」, 『考古學集刊』 6, 1989.

22 張弛, 「中國史前農業 · 經濟的發展與文明的起源-以黃河, 長江下游地區爲核心」, 北京大學中國考古學研究中心 · 北京大學古代文明研究中心 編, 『古代文明』 제1권, 文物出版社, 2002, pp.35~57.

23 朱乃誠, 앞의 논문, 2004, p.80.

펴보자.

山東 泰安에 위치한 大汶口유적에서는 大汶口文化 중·후기(전3500~
2400경)에 속하는 무덤 133기가 발굴되었다. 여기에는 118점의 부장품을
갖춘 M9나 214점의 유물이 부장된 M10과 같은 무덤도 있으며, 부장품이
5점에 미치지 못하는 무덤도 43기 포함되어 있다. 개별 무덤의 부장품 수
에 상당한 격차가 나타나는 것이다[24]. 이와 같은 양상은 대문구문화를 계
승 발전한 산동용산문화(c.2200-2000BC.)에서도 확인된다. 그 하나의 사
례가 山東 諸城 呈子유적이다. 이 유적에서 발견된 산동용산문화기의 무
덤은 모두 87기이다. 보고자는 장구의 유무와 부장품의 다과를 기준으로
무덤을 4類로 구분하였는데, 제1류부터 각각 5.7%, 12.6%, 20%, 62%의
비중을 차지한다. 제1류에 해당하는 M32는 木槨도 갖추었고 토기 18점,
猪下頜骨 13점, 獐牙 1점 등 모두 32점의 부장품을 수장하였다. 제2류에
속하는 M54는 장구는 없지만, 토기 10점과 獐牙 1점 등 총 11점의 부장
품을 수장하였다. 제3류에 속하는 M2는 장구가 없으며 부장품 역시 토기
2점에 불과하였으며, 마지막 제4류에 속하는 M18에서는 장구와 부장품이
일체 확인되지 않았다[25].

물론 이와 같은 현상이 산동용산문화 유적에서만 관찰되는 것은 아니
다. 山西 襄汾 陶寺에 위치한 陶寺유적은 河南龍山文化에 속하는 유적
이다. 유적의 전체 면적은 약 300만㎡에 달하며 그 가운데는 2,000㎡ 범
위 내에서 조사된 1,000기 가량의 무덤도 포함되어 있다. 보고자는 묘광

---

24 山東省文物管理處 · 濟南市博物館, 『大汶口』, 文物出版社, 1974. 大汶口의 무덤은 무 ·
中 · 晚期 등 세 시기로 구분되는데, 이것은 대개 大汶口文化 중 · 후기의 시간적 범위에 평
행하는 것이다. 그 중에서도 본문에서 언급하는 M9, M10과 같은 대형은 이 문화 후기의 것
이다. 中國社會科學院考古硏究所 편저, 『新中國的考古發現和硏究』, 文物出版社, 1984,
pp.89~91.
25 昌濰地區文物管理組 · 諸城縣博物館, 「山東諸城呈子遺址發掘報告」, 『考古學報』 1980[3],
pp.329~385.

의 면적을 기준으로 무덤을 대·중·소형 등 3종으로 구분하였는데, 부장품의 질과 양은 묘광의 면적에 비례한다. 대형으로 분류된 M3015는 木棺을 갖추고 있으며 토기 14점, 목기 23점, 옥·석기 130점 등 모두 178점의 부장품을 갖추었다. 대형 무덤에는 이처럼 목제 장구는 물론 100~200점의 부장품이 매장되었다. 부장품 가운데는 악어가죽으로 제작된 북[鼉鼓], 대형 石磬, 석제 혹은 옥제의 도끼[鉞], 石刀, 蟠龍紋이 그려진 토제盤 등과 다양한 형태의 칠기 등도 포함되어 있다. 한편, 중형으로 분류된 것은 대부분 목관을 갖추고 있으나 부장품이 크게 줄어든다. 대개 옥·석기를 위주로 1~2점에서 5~6점에 불과하다. 중형의 한 사례인 M3031에서는 石鉞과 石刀, 화살촉[鏃] 등 13점의 부장품이 출토되었다. 소형의 경우에는 대부분 장구가 없고, 부장품은 있다 해도 비녀[笄]가 고작일 뿐 대개 3점을 넘지 않는다.[도면 1²⁶]

산동 일대의 취락에서 大汶口文化 유적의 무덤에서부터 확인되기 시작하는 계층분화는 산동용산문화기에 들어서도 그대로 확인될 뿐만 아니라, 시간이 지날수록 현재화되어 간다. 예컨대 大汶口유적에서 조사된 133기의 무덤 중 아무런 부장품도 없는 무덤은 8기로 전체의 약 6%에 불과했으며²⁷, 5점 이하인 경우도 43기로 32.3%에 지나지 않아 부장품이 빈약한 무덤의 비중이 상대적으로 적다. 반면 呈子유적에서 이른바 '제4류'로 분류되는 무덤의 비중은 무려 62%에 달한다. 이런 과정은 산서에 위치

---

26 中國社會科學院考古研究所山西工作隊·臨汾地區文化局,「1978~1980年山西襄汾陶寺墓地發掘簡報」,『考古』1983[1], pp.30~42. 위의 보고에 제시된 중형 무덤의 도면은 M1364의 것이며, 소형 무덤의 사례는 도면이 없다. 이 글의 [도면 1]에 제시된 소형 무덤의 사례는 위 약보의 기준에 의거하여, 中國社會科學院考古研究所山西隊·山西省臨汾行署文化局,「山西襄汾縣陶寺遺址Ⅱ區居住地1999~2000年發掘簡報」,『考古』2003[3]에서 가져온 것이다.

27 8기 가운데서도 5기는 후대에 교란되었거나 아동묘 등으로, 이를테면 비정상적인 사례라 할 수 있다. 이것까지 감안하면 부장품이 없는 사례는 M128, 단 1기에 불과하다.

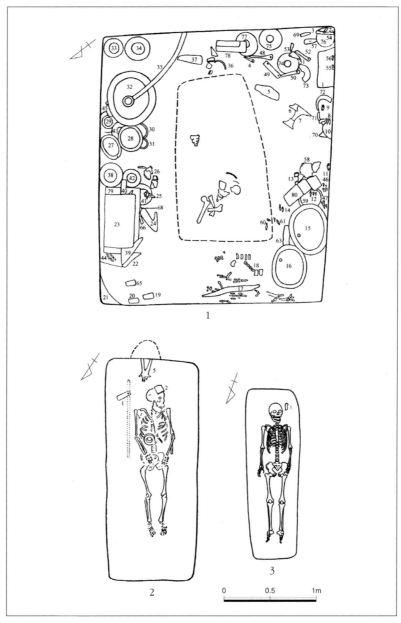

[도면 1] 陶寺유적 각종 무덤 평면도

1. 대형 2. 중형 3. 소형

한 陶寺유적의 경우에는 더욱 뚜렷하게 전개되었다고 생각된다. 이 유적의 무덤에서 대·중·소형이 차지하는 비중은 각각 1%, 12%, 87%이다. 시간의 경과와 함께 계층구조의 피라미드화가 현저하게 발달하여 간 것이다.

계층분화는 개별취락 내에서만 진행된 것은 아니다. 그것은 취락과 취락 사이에서도 동시에 진행되었다. 아래의 [표 3]은 山東 중남부 일대에 위치한 尹家城, 三里河, 呈子, 姚官莊, 西朱封 등 5곳의 유적에서 조사된 산동용산문화기의 무덤 규모를 비교하기 위해 작성한 것이다. 표의 세로축은 부장품의 개수, 가로축은 무덤의 평면 면적을 표시한다. 비교의 타당성과 객관성을 확보하기 위해 산동용산문화기에서도 그 후기에 속하는 성인 무덤 66기만을 가려 뽑아 정리하였다.

[표 3]이 제공하는 정보는 다음과 같다. 첫째, 三里河, 呈子, 姚官莊의 무덤은 모두 묘광의 평면 크기 5㎡ 이하, 부장품 30점 이하 구역의 낮은 규격에 위치한다. 三里河나 呈子의 것에서는 부장품의 수가 10개를 상회하는 것과 그렇지 않은 것 사이에 차이를 설정할 수 있으나, 姚官莊의 경우에는 부장품이 10개를 넘는 사례가 하나도 없으므로 전 2자와 후자 사이에도 일정한 차이를 볼 수 있다. 둘째, 尹家城에서 조사된 무덤 대부분은 앞의 세 묘지가 차지하는 구역, 즉 표의 좌하방에 중첩하여 분포하고 있지만, 이 권역을 벗어나 우상방에 위치하는 것도 상당수 있다. 다만 우상방의 최고 지점에 위치한 M15는 3인2차장으로 예외의 경우이다. 셋째, 西朱封의 무덤은 모두 3기에 불과하지만, 이들의 위치는 모두 표의 우상방에 집중되어 있다. 즉 西朱封의 3기는 묘광의 평면 크기나 부장품의 수 어느 측면을 보더라도 산동용산문화기 후기의 무덤 가운데서 최고의 위치를 차지한다.

[표 3]은 각각의 무덤군이 반영하는 각 취락 내부의 계층분화 상황, 나아가서는 각 취락의 서열을 보여주는 것으로 이해된다. 바꾸어 말하자면

[표 3] 山東龍山文化 후기 무덤의 규모

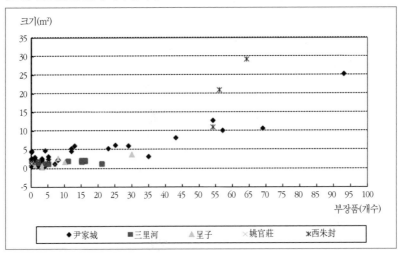

모든 무덤이 묘광과 부장품의 규모에서 최하의 범위에 위치한 姚官莊은 계층분화도 거의 진행되지 않았으며, 그 사회가 소유한 재부도 매우 빈핍한 상태에 머물러 있다. 반면 三里河와 呈子의 경우는 일정한 정도의 계층분화를 상정할 수 있으나 그 분화는 상대적으로 덜 발달하였다. 그 구성원 대부분은 묘광 면적 5㎡, 부장품 10점미만의 권역에 머물러 있으며, 극소수의 사람만이 거기에서 벗어나 있다. 반면 尹家城의 경우는 무덤의 규모가 표의 좌하방에서 우상방까지 골고루 분포하여 구성원의 계층분화가 보다 현저하게 진행된 것으로 보인다. 이 경우에는 상위부터 하위까지의 3~4단계에 걸친 계층이 존재하고 그 구성의 비율은 피라미드상을 보인다. 마지막으로 西朱封의 경우에는, 3기에 불과한 소수의 무덤이 묘광과 부장품의 규모에서 기타의 묘지를 압도하는 위치에 단절적으로 위치하고 있다. 즉 西朱封의 묘지는 사회의 공동체에서 이탈해 나간 최상위 계층을 위한 별도의 묘지이며, 그들과 사회공동체의 구성원 사이에는 건널 수 없는 계층적 차별이 존재한 것을 보여준다.

동시에 이 시기 山東 일대에서 발견된 姚官莊, 三里河, 呈子, 尹家城, 西朱封의 무덤은 취락과 취락 사이에 형성된 계층적 서열에서 각각 다른 위치에 존재한 취락을 대표하는 것으로 판단된다. 주목하여야 할 것은 姚官莊을 제외한 각 묘지에서 그 정도의 차이는 있더라도 모두 다소간의 계층분화 양상을 감지할 수 있지만, 이 중에서도 계층의 상위에 위치한 취락일수록 그 분화의 정도가 더욱 분명한 것이다. 이를테면 三里河나 呈子보다는 尹家城에서 계층분화가 더욱 발달하였는데, 이런 현상은 계층분화가 개별 취락 내부에서 뿐만 아니라 취락과 취락 사이에서도 복합적으로 진행된 결과, 재부가 상대적으로 상위 서열에 속한 취락의 특정한 사람에게 점차 집중되어 가고 있었음을 의미한다. 위에서 말하였듯이 西朱封 묘지의 무덤은 그 규모나 개체수를 보아 일반적인 취락의 구성원인 매장된 묘지라고 볼 수 없다면, 그것은 西朱封을 중심으로 하여 성립된 일정한 취락 간 질서의 최상위에 위치한 취락에서도 최상위를 점한 계층만을 위해 특별히 마련된 묘역이었을 것이다.

그런데 [표 3]은 각 취락의 내부에서, 그리고 취락간에 진행된 계층분화를 보다 선명하게 보이기 위해 어느 정도 조작된 것이다. 이들 유적은 모두 山東 경내에 입지하고 있지만 尹家城유적은 泗水縣에, 三里河유적은 膠州市에, 呈子유적은 諸城縣에, 姚官莊유적은 濰坊市에, 그리고 西朱封유적은 臨朐縣에서 각각 발견되었기 때문에, 이들이 취락이 하나의 사회적 통합체를 구성하고 있었던 것은 아닐 것이다. 그러나 이 시기에 들어 마치 [표 3]에서 보는 것과 같은 다양한 서열에 위치하는 여러 취락이 하나의 사회적 통합을 달성하고 있었음을 추정하게 하는 자료가 존재하지 않는 것은 아니다. 그 하나의 사례로 山東 日照市 일대에서 진행된 지표조사 결과에 나타나는 고고학적 기록을 검토해 보자[28].

---

28 中美兩城地區聯合考古隊, 「山東日照市兩城地區的考古調查」, 『考古』1997[4]; 同, 「山東

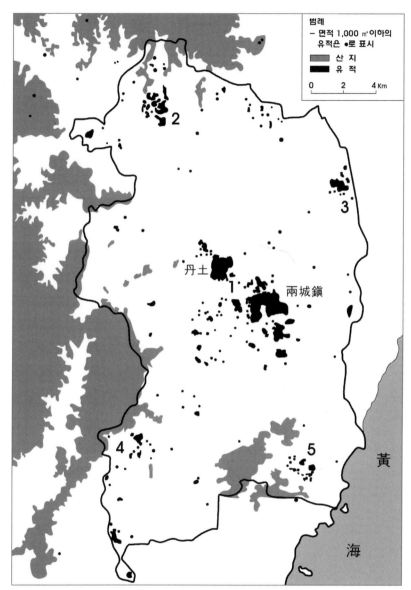

범례
— 면적 1,000 ㎡ 이하의
유적은 ●로 표시

산 지
유 적

0   2   4 Km

2

3

丹土

1

兩城鎮

4

5

黃

海

[도면 2] 山東 日照市 일대 山東龍山文化 유적 분포도

[도면 2]는 중국과 미국이 공동으로 구성한 조사대가 山東 동부 日照 兩城鎭 일대 약 400㎢의 공간 범위에서 수행한 정밀지표조사의 결과를 그림으로 표시한 것이다. 검은색으로 칠해진 지역이 지표에서 산동용산문화기 유물이 수습된 지역의 범위를 보여주는 것이다. 여기에서 유물이 수습된 지역 범위는 취락 등 유적이 존재한 흔적으로 인식된다. 물론, 수습 유물의 분포면이 실제 존재했던 유적의 면적과 반드시 일치하지는 않을 것이기 때문에, 양자 간에 어느 정도의 오차는 존재할 것이다.

조사지역 내에서 발견된 山東龍山文化의 유적은 모두 199곳에 달한다. 조사자들은 개별유적의 면적을 기준으로 지역 내의 모든 유적을 4개의 등급으로 분류하였다. 최상위에 있는 유적은 兩城鎭유적, 둘째 등급의 것은 丹土유적 각 1곳이며, 그 면적은 246.8만㎡와 130.7만㎡이다. 이 두 유적은 조사 범위의 중심부에 서로 인접하여 위치하고 있으므로 실제로는 하나의 유적일 가능성도 있다(도면 2-1). 셋째 등급과 최하 등급의 유적은 그 면적이 각각 52.1~10만㎡, 8.7~0.1만㎡의 범위에 속하는 것이다. 이들 각 등급의 유적은 일정한 패턴을 보이면서 조사지역에 분산되어 있다. 즉 셋째 등급의 유적은 兩城鎭과 丹土유적을 중심으로 해서, 동북과 서북, 동남, 그리고 서남에 중심부로부터 대개 비슷한 거리를 두고 위치해 있고(도면 2-2~5), 넷째 등급의 유적은 다시 셋째 등급의 유적을 중심으로 해서 그 주변에 산포되어 있다.

조사지역 내 유적군의 중심이 되는 兩城鎭·丹土유적은 그 존속기간이 山東龍山文化 전기부터 중기까지(전2600~2200경)로 동일하다. 인접한 두 유적의 상호관계에 대한 의문은 남지만, 이 두 유적에서는 유적의 등급에 걸맞은 유구와 유물의 발견도 보고되었다. 兩城鎭에서는 유적의 서쪽에서 두께 2-2.5m의 판축기단이 발견되었으며, 두 유적 모두에서 정교하게 제작된 蛋殼陶杯와 산동용산문화를 대표하는 수준의 옥기가 발견되었다. 그러나 무엇보다 주목되는 것은 丹土유적에서 발견된 전장 약 1,700m

의 성곽이다.

兩城鎭 일대 산동용산문화 유적의 분포 양상에서 확인되는 사실은 다음과 같다. 이 시기에 들어 일정한 지역 범위 내에 분포하는 취락과 취락 사이에 계층분화가 진행되었으며, 그 취락군은 하나의 구심적 통합을 달성하여 갔다[29]. 이 과정에서 서로 다른 위계에 위치하는 취락 사이에 규모의 차별이 생기기 시작하고, 그 중심지에는 통합의 정점에 위치하는 중심취락이 형성되었다. 중심취락에는 통합된 지역사회에 일정한 권력을 행사하며, 재부를 집적하고 그것을 재분배할 수 있는 권력자가 출현하였다. 兩城鎭과 丹土에서 발견된 단각도배와 옥기 등은 그들이 자신의 위신을 과시하기 위한 목적으로 사회적 재부를 투여하여 직접 제작하거나 교환을 통해 입수하였을 것이다.

취락 상호간에 형성된 통합의 움직임은 서로 다른 서열에 위치하는 취락 내부의 계층분화를 촉진하였다. 간략히 말해서, 기층취락에서는 대체로 계층분화가 진전되지 않아 서로 대등한 권리와 의무를 향유하는 구성원이 존재할 뿐이었다면, 기층취락의 구심점이 된 亞중심취락에서는 그들에게 일정한 정도의 권력을 행사하며 재부를 축적한 소수의 권력자가 출현하였다. 그리고 이 질서의 정점이 되는 중심취락에는 지역 사회의 권력자와 그에 봉사하면서 권력의 일부를 향유한 자, 그리고 해당 취락의 공동체를 구성하는 일반성원 등 다양한 계층이 성립하게 되었다. 姚官莊이나 三里河 혹은 呈子의 묘지는 어쩌면 기층취락의 그것에 가까울 것이며,

---

29 취락간의 구심적 통합은 역사적으로 다음의 과정을 거쳐 형성되었을 것이다. 자연 취락 가운데서 일부가 성장하여 주변의 취락을 아우르게 되고, 다시 그들 가운데 일부가 성장하여 해당 지역의 중심 취락으로 성장하며, 이러한 과정이 몇 차례 반복되어 결국 최상급의 취락이 등장한 것이다. 그것은 예컨대 屈家嶺文化의 澧縣 城頭山 성지이나 江陵 陰湘城 성지가 大溪文化期에 형성된 일반 취락이 확대·발전된 것을 통해 합리적으로 추정할 수 있다. 岡村秀典·張緖球 編,「湖北陰湘城遺址研究(Ⅰ)-1995年日中聯合考古發掘報告」,『東方學報』京都 69, 1996.

尹家城의 경우는 亞중심취락, 그리고 西朱封의 그것은 중심취락의 최고 권력자, 혹은 그보다 상위의 권력자의 그것에 해당될 것이다.

현재로서는, 중심취락의 권력자가 행사할 수 있는 권력의 정도가 '국가' 단계의 그것인지를 평가하기는 어렵다. 그러나 그 권력자는 적어도 적대적 세력으로부터 자신을 보호하기 위해 지역 구성원을 동원하고 사회적 재부를 집중하여 일정한 규모의 성곽을 수축할 수 있는 정도의 권력을 향유하고 있었다. 丹土에서 발견된 전장 약 1,700m의 성곽은 중심취락 자체의 역량만으로는 건설하기 어려운 규모의 것이라 판단되기 때문이다.

따라서 신석기시대 후기, 특히 용산문화기에 들어 황하와 양자강의 중·하류 일대, 그리고 그 밖의 여러 지역에서 활발하게 축조되기 시작한 성곽은 이 시기에 들어 현재화된 일련의 사회변동을 상징하는 결정체이다. 거기에는 생산력의 증가, 계층분화, 취락 간 서열화, 중심취락과 권력자의 등장이라는 일련의 흐름이 있다. 요컨대 후기 신석기시대의 성곽은 일정한 지역적 기반을 갖춘 '지역정치체'의 성립을 시사하는 것이다.

3. 지역정치체의 규모와 광역적 통합의 경향

지역정치체의 규모를 일의적으로 정의하는 일은 불가능하다. 왜냐하면 그것은 해당 지역을 둘러싼 자연적, 인문적 제반 환경의 다양성에 따라 얼마든지 달라질 수 있는 성격의 것이기 때문이다. 그럼에도 불구하고 이 시기 지역정치체의 규모에 어느 정도의 참고할 만한 범위를 상정해 볼 수는 있을 것 같다.

이 문제를 생각할 때 유용한 정보를 제공하는 것이 張學海의 연구이다. 그는 山東 지역에 분포하고 있는 용산문화기 취락유적을, 그 면적을 기준으로 하여, 1~2만㎡ 정도의 것을 3급 취락, 3~6만㎡ 정도의 것을 2급 취

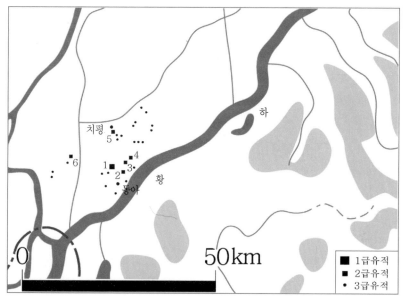

[도면 3] 산동 지역 龍山文化期 취락그룹의 사례(茌平 · 東阿그룹)
1. 敎場鋪 2. 王集 3. 大尉 4. 樂平鋪 5. 尙莊 6. 固坊堆

락, 그리고 그 이상의 규모를 가진 것을 1급 취락으로 분류했다. 이어 그
는 각 등급에 속하는 취락을 지도에 표시하고, 그 분포 상황을 고려하여
용산문화기의 취락에서 몇 개의 그룹[組]을 식별해냈다. 그가 식별한 그룹
은 모두 3개인데, 그 하나는 城子崖그룹, 다른 하나는 陽谷그룹, 그리고
나머지 하나는 茌平 · 東阿그룹(도면 3)이다[30].

그의 城子崖그룹에는 모두 41개의 산동용산문화기 취락유적이 포함
된다. 이 그룹에서는 城子崖가 1급 취락에 해당하고, 黃桑院, 馬彭, 小
坡, 牛官莊, 馬鞍莊, 季官莊 등이 2급 취락에 해당한다. 2급 취락은 城
子崖의 주변에 일정한 거리를 두고 위치하며, 이들 2급 취락 주위에는 다

---

30 張學海, 「試論山東地區的龍山文化城」, 『文物』 1996[12], p.42.

시 3급 취락이 산포되어 있다. 城子崖그룹의 1급 취락에 해당하는 城子崖유적에서는 면적 약 20만㎡ 규모의 성곽취락이 확인되었다. 荏平·東阿그룹(도면 3)에서는 모두 31곳의 취락이 발견되었다. 이 그룹에서는 敎場鋪가 1급 취락에 해당하며, 그 주변에 涸坊堆, 尙莊, 樂子鋪, 大尉, 王集 등의 2급 취락이 분포하고, 2급 취락의 주위로 역시 3급 취락이 펼쳐져 있다. 이 그룹의 1급 취락에 해당하는 敎場鋪에서는 40만㎡ 규모의 성곽취락이 발견되었다. 陽谷그룹은 19곳의 취락으로 형성되어 있는데, 景陽崗 1급 취락을 중심으로 皇姑塚, 王家莊 등의 2급 취락이 주변에 배치되어 있다. 景陽崗유적에서도 역시 면적 약 35만㎡의 성곽취락이 확인되었다.

이들 취락그룹은 그 1급 취락을 둘러싼 성곽의 규모로 보아, 兩城鎭을 중심취락으로 한 취락그룹과 유사한 규모의 지역정치체로 이해해도 좋을 것이다. 그렇다면 이들 산동지역 용산문화기 취락그룹이 점유한 면적은 어느 정도일까? 張學海에 따르면, 荏平·東阿그룹은 敎場鋪를 중심으로 하여 동서 약 25km 남북 약 45km 범위에 걸쳐, 城子崖그룹은 城子崖를 중심으로 하여 동서 약 50km, 남북 약 40km 범위에 걸쳐, 陽谷그룹은 景陽崗을 중심으로 하여 동서 약 35km, 남북 약 80km의 범위에 걸쳐 해당 그룹에 속하는 취락유적이 분포되어 있다[31]. 대략 1,125㎢~2,800㎢ 정도의 면적이다.

張學海가 산동 지역의 산동용산문화기 취락에서 식별한 취락그룹에서 1급 취락, 즉 해당 그룹의 중심취락에서는 모두 성곽이 확인되었다. 성곽의 전장은 [표 2]에서 보는 바와 같이 敎場鋪 2,900m, 城子崖 1,700m, 景陽崗 2,000m가량이며, 이 성곽에 둘러싸인 취락의 면적은 각각 40만㎡, 20만㎡, 38만㎡가량이다. [표 2]에 열거한 성곽취락의 규모를 간편하

31 張學海,「東土古國探索」,『華夏考古』1997[1], pp.60~72.

[표 4] 후기 신석기시대 성곽취락의 규모

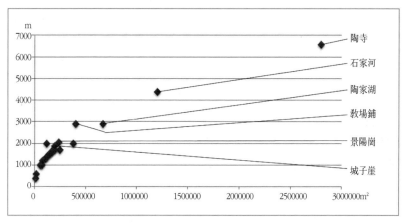

게 비교하기 위해 작성한 [표 4]를 보자. 표의 가로축은 취락 면적이며, 세로축은 성곽 전장이다. [표 4]를 보면, 이 시기의 성곽취락은 성곽 전장 3,000m, 취락 면적 약 50만㎡를 경계로 크게 2개의 그룹으로 구별되며, 양자 사이에는 그 규모에서 현격한 단절이 확인된다. 이처럼 외형적인 규모에 나타나는 뚜렷한 차이는 두 그룹에 속하는 성곽취락이 가진 힘의 크기와 나아가서는 그 성격에 내재한 차별적 속성을 암시하는 것으로 생각된다.

教場鋪, 城子崖, 景陽崗 등 위에서 언급한 3곳의 취락은 이 표에서 대체로 전장 3,000m, 면적 약 50만㎡ 이하 그룹의 최상위에 위치한다. 즉 산동용산문화의 지역정치체에서 중심적 위치를 차지하고 있는 성곽취락은 하위그룹의 최상위에 해당하는 규모인 셈이다. 鶴間和幸은 중국의 고대국가가 성립한 기반이 된 이를테면 '지역'은 세 단계를 거쳐 발전해 갔다고 하고, 그 첫 번째 단계에 해당하는 '제1의 지역'은 漢代의 縣정도 규모, 즉 縣城을 중심으로 해서 사방 약 40km, 약 1,600㎢ 전후의 면적이라 규정한 바 있다. 그에 따르면, 이것은 사람이 하루에 왕복할 수 있는 일상적 활동

범위이다[32]. 이 정도라면 그것은 張學海가 식별한 산동용산문화 취락그룹의 면적 1,125㎢~2,800㎢의 중간치에 근접한 수치이다. 이 수치는 張學海가 식별한 2개의 취락그룹 사이의 거리, 즉 景陽崗과 敎場鋪가 약 50km의 거리를 두고 떨어져 있는 것과도 대체로 합치한다[33].

이상의 논의에 근거하여, 용산문화기 지역정치체의 규모를 면적 약 2,000㎢를 전후, 여기에 약간의 가감이 더해진 정도의 범위로 상정할 수 있을 것이다. [표 4]의 하위그룹 가운데서 최고의 규모를 가진 성곽취락이 대개는 산동용산문화의 취락그룹 가운데 1급 취락과 유사한 규모를 상한선으로 한다는 점은, 이 시기의 지역정치체가 산동용산문화의 그것과 대체로 유사한 규모를 가지고 있었다는 사실을 암시하는 것으로 생각된다.

물론 용산문화기의 지역정치체의 규모가 모두 이 정도라고 단언할 수는 없다. 거기에는 이보다 소규모의 것도 있을 수 있다. 그런데 더욱 주목되는 것은 적어도 일부 지역에서 이미 이 정도의 규모를 훨씬 뛰어넘는 더 큰 단위로의 통합이 상정되는 유적도 확인된다는 점이다. 예컨대 [표 4]에서 최상위의 위치를 차지하는 石家河유적이나 陶寺유적과 같은 사례가 그에 해당한다. 거기에다 비록 성곽의 존재 여부를 단언할 수 없는 良渚유적과 같은 경우도 역시 그 사례의 하나로 추가할 수 있을 것이다.

石家河유적은 湖北 天門 石家河에서 북쪽으로 약 1km 가량 떨어진 지점에서 발견되었다. 석가하유적은 성곽 내외에 산포된 약 40여 곳의 유적으로 구성된 일종의 유적군이다. 석가하유적의 중심이 되는 성곽은 屈家嶺文化 후기에 건설되기 시작하여 石家河文化 전기에 최고의 전성기를 맞이한 다음, 그 후기에 들어 쇠퇴하기 시작하였다. 성곽은 평면 근방형의 구조로, 그 규모는 남북 약 1,200m, 동서 약 1,000m가량이다. 성벽

---

32 鶴間和幸, 「中華の形成と東方世界」, 『岩波講座 世界歷史』 3, 岩波書店, 1999, pp.45~47.
33 後藤健, 「山東省における新石器時代の集落-城址を中心として」, 『史觀』 139, 1998.

기단부의 폭은 약 30~50m가량이며, 약 80m 전후너비의 반자연적 성호가 성곽의 바깥쪽을 두르고 있다(도면 4).

성곽의 내외 지점에서 확인된 여러 유적 가운데 몇 지점의 조사 결과에 대해서는 비교적 상세한 보고가 있다. 성곽 내 서북쪽에 위치한 鄧家灣과 남쪽의 三房灣에서는 제사에 관련된 유적과 유물이 출토되었다. 鄧家灣에서는 다양한 형태의 통형 管에 돌기를 장식한 이른바 '管形器'가 수m 길이로 연결된 상태에서 발견되었는데[34], 조사자는 그것을 '거대한 陶祖의 형상'이라 표현한 바 있다[35]. 이 관형기가 출토된 등가만 H28, H59 회갱은 모두 屈家嶺文化期의 것이지만, 석가하문화기에 속하는 H304 회갱에서 는 이보다는 단순한 형태의 '陶缸'이 2줄로 나란히 연결된 채 발굴되었다. 또 이곳에서 조사된 H67, H69 회갱에서는 적어도 1만 여 점을 상회할 것으로 추정되는 토제 인형 및 동물상이 발견되었다. 한편 三房灣에서는 수십 만 점에 달하는 홍도배가 출토되었으며, 이들도 모두 石家河文化期에 속하는 것이다[36]. 출토 유구와 유물의 성격으로 보아 鄧家灣과 三房灣 일 대는 일반적인 주거지역이 아니라 모종의 祭典이 거행된 聖所였던 것으로 판단된다. 성곽 바깥 남쪽에 위치한 蕭家屋脊은 주거지와 무덤으로 구성된 복합유적으로 城下村이 남겨놓은 흔적으로 보인다[37].

陶寺유적(도면 5)은 山西省 襄汾縣 동북 약 6.5㎞ 지점에 있다. 1970년 대와 80년대에 걸쳐 대규모 발굴이 진행되어 약 1,300기의 무덤이 조사된 바 있지만, 이곳에서 성곽이 확인된 것은 2000년에 들어서의 일이다. 유적의 문화복합은 河南龍山文化의 한 하위유형인 陶寺유형으로 분류되기도

---

34 石家河考古隊, 『鄧家灣』, 文物出版社, 2003.

35 張緖球, 『長江中游新石器時代文化槪論』, 湖北科學技術出版社, 1992, p.229.

36 北京大學考古系 등, 「石家河遺址群調査報告」, 『南方民族考古』 第5輯, 四川科學技術出版社, pp.213~294.

37 石家河考古隊, 『蕭家屋脊』, 文物出版社, 1999.

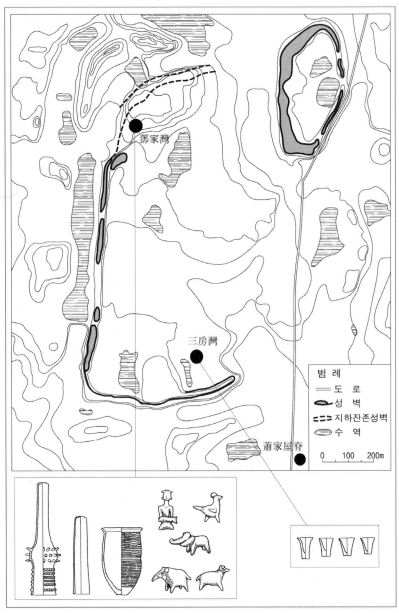

[도면 4] 석가하유적군과 제사유물

하고, 최근에는 이 유적을 표준유적으로 한 독립 문화유형을 설정하기도 한다. 이 유적에 최초로 성곽이 건설된 것은 전기지만, 중기(전2400-2200 경)에 들어 그 규모가 크게 확장되었다. 확장된 大城은 남북 길이 1,800m, 동서 폭 약 1,500m정도의 규모이다. 대성의 남쪽으로는 다시 면적 약 10 만㎡에 달하는 불규칙형 부속 성곽이 건설되었다[38].

유적에 대한 조사는 아직 보링과 시굴의 단계를 크게 벗어나지 못하고 있기 때문에, 성내·외의 유적 배치상황에 대한 이해가 충분하지 않다. 지금까지의 확인된 것은 대체로 아래의 세 가지이다. 첫째, 소성 남벽 부근 약 10만㎡에 걸쳐 판축기단군이 밀집해 있으며, 이곳에 정방형 혹은 장방형의 지상건물지가 집중되어 있다. 특히 그 동쪽에는 주로 대형 판축기단이 발견되는 반면, 서쪽에는 소형의 지상 주거지가 발견되는 것으로 보아, 양자에 거주하는 집단 사이에 신분적 차별이 있었던 것으로 보인다. 보고자는 이것을 하층귀족과 상층귀족의 거주지역이라 표현하였다. 둘째, 대성의 동남부 일대 약 1,000㎡의 범위에 걸쳐 단변 5~10m, 깊이 4~5m 가량의 말각 방형 혹은 방형의 곡물저장갱이 발견되었다[39]. 셋째, 남쪽의 부속성 내부에서 반원형의 3층 토대가 발견되었다. 토대의 반경은 약 22~25m 가량이며, 전체 면적은 약 1,400㎡이다. 3층의 토대 가운데 맨 위층의 토대에 7~8도의 간격으로 단면 반원형의 列柱가 설치되었는데, 이 열주는 日出 및 절기를 관측하는 데 사용한 것으로 보인다[40].

良渚유적은 浙江省 杭州市에서 서북으로 약 18km 가량 떨어진 瓶

---

38 中國社會科學院考古研究所山西第二工作隊 등, 「2002年山西襄汾陶寺城址發掘」, 『中國 社會科學院古代文明研究中心通訊』 5, 2003.

39 中國社會科學院考古研究所山西第二工作隊 등, 위의 보고, 2003; 中國社會科學院考古研 究所山西隊 등, 「山西襄汾陶寺城址2002年發掘報告」, 『考古學報』 2005[3].

40 中國社會科學院考古研究所山西隊 등, 「山西襄汾縣陶寺城址發現陶寺文化大型建築基 址」, 『考古』2004[2].

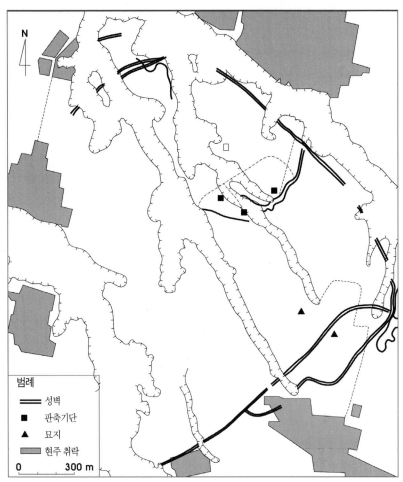

[도면 5] 陶寺유적 유구배치도

窯·良渚 2鎭에 걸쳐 분포되어 있다. 유적의 전체면적은 약 42㎢ 가량으로 주로 良渚文化 중기(전3000-2600경)의 유적 130여 곳이 이곳에 분포되어 있다. 전체 유적의 약 85% 가량은 臺地형의 토대이고, 그 대부분은 인공으로 수축된 것이다[41].

이 유적의 중심은 그 규모나 유적군 내의 위치를 막론하고 莫角山유적이다. 莫角山은 장방형의 인공 토대로서 현존 총면적은 약 30만㎡, 고도는 약 8m이다. 이 대형 인공 토대 위에 다시 大莫角山, 小莫角山, 烏龜山 등 3개의 소형 토대를 쌓았는데, 그 중 小莫角山 남부에서는 여러 줄의 柱洞이 가지런히 늘어서 있는 판축기단이 발견되었다. 주동 중 가장 큰 것은 직경이 90㎝가량 되므로 대형 지상건물의 흔적인 것으로 보인다. 莫角山의 서북쪽에서 약 150m가량 떨어진 곳에 인공 토대인 反山유적이 있다. 이 유적은 대체로 타원형으로 동서 약 150m, 남북 약 75m의 규모이다. 이곳은 원래 고대 제단으로 사용되다가 이후 묘지로 사용되었다고 추정된다. 이곳에서 발굴된 무덤은 모두 11기인데, 이들 무덤에서는 모두 1,200여 세트의 부장품이 출토되었다. 부장품의 약 90%는 玉器이고, 그 가운데는 정교한 조각으로 장식된 良渚文化 최고의 작품이 대부분 망라되어 있다[42].

莫角山의 동북쪽와 서북쪽에 각각 위치한 瑤山[43]과 滙觀山[44]에서도 反山과 유사한 구조를 가진 高臺 무덤군이 발견되었다. 두 유적은 자연 지세를 활용하여 수축한 高臺로 그 면적은 수백㎡에 달한다. 고대의 정상부는 중심부와 외곽을 서로 다른 색깔의 흙으로 표면 처리하여, 반산유적처럼 원래 제단으로 사용하였다고 추정된다. 瑤山에서는 12기의 무덤에서 (1기는 도굴) 모두 707세트, 滙觀山에서는 교란되지 않은 4기의 무덤에서 173세트의 부장품이 출토되었다. 출토 유물은 대부분 옥기이다. 한편 유

---

41 浙江省文物考古研究所, 『良渚遺址群』, 文物出版社, 2005.
42 浙江省文物考古研究所反山考古隊, 「浙江余杭反山良渚墓地發掘簡報」, 『文物』 1988[1].
43 浙江省文物考古研究所, 「余杭瑤山良渚文化祭壇遺址發掘簡報」, 『文物』 1988[1].
44 浙江省文物考古研究所·余杭市文物管理委員會, 「浙江余杭滙觀山良渚文化祭壇與墓地發掘簡報」, 『文物』 1997[7].

적군의 서북쪽에 위치하고 있는 塘山유적은 길이 약 4.3㎞, 폭 20~50m의 曲尺형 토축 담장이다. 자연 低丘를 연결하여 수축한 것으로서, 현재의 지표면으로부터 약 3~7m 솟아 있다. 이 담장은 북쪽의 산지와 200m의 거리를 두고 평행하게 건설되었으므로 일단 山洪에 대비한 장벽이라 생각하지만, 良渚유적을 둘러싼 성곽의 흔적일 가능성도 있다. 유적에서는 수공업 공방의 흔적도 발견되었다. 여기에는 良渚文化를 상징하는 玉器 공방의 흔적도 포함되어 있다. 塘山에서 발견되었다고 보고된 玉料, 옥기 제작공구와 잔여물은 玉琮 제작과 관련되었을 것이다. 그밖에 蛋殼黑陶와 土豆를 전문으로 제작한 공방 흔적도 長墳과 橫圩에서 조사되었다[45].

위에 언급한 3유적의 규모는 매우 인상적이다. 그것은 위의 [표 4]에 표시된 陶寺유적과 石家河유적의 위치를 보아도 금방 알 수 있지만, 이들 유적의 성곽이나 토대 등, 인공 건조물의 규모가 보여주는 몇 가지 수치를 들어보면 더욱 분명한 인상을 가질 수 있다. 먼저 石家河 성곽의 경우, 성곽을 둘러싼 성호를 굴착하기 위해서는 106.4만㎥의 흙을 파내야 하고, 성을 쌓기 위해서 87.6만㎥의 흙을 쌓아야 했다는 계산이 있다[46]. 한편 良渚유적의 莫角山 토대를 건설하기 위해서는 240만㎥의 흙이 필요하다는 추산도 있다[47]. 이 수치를 앞서 언급한 당시의 노동효율성으로 계산하면 각각 연인원 776만 명과 960만 명이 필요하다. 즉 매일 1만 명이 동원되어 1년 내내 쉼 없이 작업한다고 해도 약 2~3년의 시간이 투여되어야 완성될 수 있는 규모인 것이다. 게다가 良渚유적군에서 莫角山 토대가 차지하는 것은 그 일부에 지나지 않는다.

이들 유적이 보여주는 거대한 규모는 위에서 언급한 규모의 지역정치

---

45 浙江省文物考古硏究所, 앞의 책, 2005.
46 何駑,「史前古城與社會發展階段的關系」,『中國文物報』 2002년 11월 1일.
47 浙江省文物考古硏究所, 앞의 책, 2005, p.325.

[도면 6] 良渚유적군

1.瑶山 2.盧村 3.姚家墩 4.塘山 5.匯觀山 6.張家墩 7.反山 8.莫角山 9.長墳 10.沈家墳 11.廟村 12.橫圩里

체가 감당할 수 있는 것이 아니다. 바꾸어 말하면 지역정치체를 뛰어넘는 영역에 걸쳐 행사된 보다 강력한 권력과 재화의 집중 없이는 이처럼 거대한 규모의 토목공사를 상상하기 어렵다. 이처럼 지역정치체를 뛰어넘는 무엇을 생각할 때 주목하게 되는 것이 石家河유적에서 발견된 다량의 土偶, 土杯, 土祖 등과 良渚문화의 분포 권역에서 널리 확인되는 玉器, 특히 玉琮에 관련된 현상이다.

石家河유적의 鄧家灣과 三房灣 등지에서 발견된 屈家嶺文化~石家河文化期의 토우, 토배, 토조 등은 모두 제사에 사용된 일종의 제의용품이다(도면 4)[48]. 이와 같은 형태의 제의용품은 石家河유적 뿐만 아니라 屈家嶺文化와 石家河文化의 분포 지역인 지금의 湖北 일대에서 널리 발견되는 것이다[49]. 그것은 屈家嶺–石家河文化期에 걸쳐 양자강 중류 일대의 광대한 지역 내에 공통의 신앙과 제사의례가 존재하고 있었음을 의미한다. 石家河유적에서 막대한 양의 제의용품이 발견되는 것은 이곳에서 동일한 제의를 공유하는 수많은 사람이 운집하여 꾸준하게 제사의례가 진행되었음을 시사한다[50]. 즉 石家河유적은 신앙과 제의의 중심지였던 것이다. 한편, 石家河유적 조사에 참여한 張緒球는 湖北 일대에서 널리 발견되는 이들 제의용품이 모두 鄧家灣에서 생산되어 분배된 것이라고 한다[51]. 그의 말대로라면 石家河유적은 신앙과 제의의 중심지일 뿐만 아니라 제의 관련 물품을 생산하고 유통하는 중심지로서의 기능 또한 장악하고

---

48 嚴文明, 「鄧家灣考古的收獲」, 北京大學考古文博學院 편, 『考古學研究』 제5권[上], 科學出版社, 2003, pp.105~110.
49 任式楠, 1996, 「長江中游文明起源探索–以屈家嶺·石家河文化爲中心」, 中國社會科學院歷史研究所 編, 『華夏文明與傳世藏書』, 中國社會科學出版社, pp.252~284; 張緒球, 「長江中游史前城址與石家河聚落群」, 嚴文明·安田喜憲 主編, 『稻作·陶器和都市的起源』, 文物出版社, 2000.
50 岡村秀典, 앞의 논문, 1997; 嚴文明, 앞의 논문, 2003.
51 張緒球, 「石家河文化的陶塑品」, 『江漢考古』 1991[3], p.55.

있었을 것이다[52].

　岡村秀典은 石家河 성곽을 포함한 屈家嶺文化~石家河文化期에 병존한 양자강 중류 일대의 성곽취락 7기가 모두 남북 약 150km, 동서 130km에 달하는 범위 내에 분포하며, 그 규모는 성벽의 한 변이 1,000m 를 넘는 石家河, 500m가량인 陰湘城과 馬家院, 그리고 300m 남짓한 走 馬嶺, 鷄鳴城, 城頭山, 鷄叫城으로 계층차를 보이면서 배치되어 있는 것

[도면 7] 양자강 중류 일대 굴가령~석가하문화기 성지 분포도[53]

---

52 中村愼一,「石家河遺跡をめぐる諸問題」,『日本中國考古學會會報』7, 1997, p.46.
53 岡村秀典,「長江中流域たおけち城郭集落の形成」『日本中國考古學會會報』7, 1997, p.25 에서 전재.

에 주목하였다. 그는 이 시기 양자강 중류 일대의 취락을, 제1류의 거대 취락 석가하취락, 제2류의 석가하 이외의 성곽취락, 제3류의 성곽을 가지지 않은 일반취락으로 구분하고, 이들 여러 유형의 취락이 배치된 양상과 석가하유적의 제의중심지, 물자 생산과 유통의 중심지로서의 성격을 고려하여, 다음과 같은 결론에 도달하였다. 즉 석가하유적은 이곳을 정점으로 하는 계층적 질서 속에서 그에 종속하는 제2류 이하의 농업공동체가 정기적으로 제사를 지내는 장이며, 따라서 이곳은 양자강 중류 유역을 통합하는 질서의 정점에 위치한 政體의 핵심이 되는 맹아적 도시이다[54].

석가하유적이 양자강 중류 일대 제의의 중심지이자 제의 물품 생산과 유통의 중심지였다면 양자강 하류, 태호 일대에서 이 역할을 담당한 것은 양저유적일 것이다. 양저유적에서 반산, 요산, 화관산 등 고대 제단이 발견된 것은 이미 위에서 언급한 바 있다. 이 제단에서는 양저문화 최고 수준의 옥기를 부장한 무덤이 발견된다. 옥기 가운데 특히 琮, 璧, 鉞 등은 이 문화를 대표하는 위신재였던 것으로 생각된다[55]. 이들 양저문화의 옥기는 양저유적에서 뿐만 아니라 太湖를 중심으로 하는 반경 100㎞의 범위에 걸쳐 펼쳐지는 양저문화 권역에서 모두 확인되는 것이다. 그런데 양저문화 권역에서 발견되는 양저문화의 옥기는 그 재료의 질이나 양식 또는 문양에서 고도의 일치성을 보이고 있다. 따라서 이들 옥기는 어느 한 특정

---

54 岡村秀典, 앞의 논문, 1997, pp.33~35.

55 玉琮의 기능에 대해 혹자는 祭天의례의 도구라 하고, 혹자는 『周禮』春官 大宗伯의 "黃琮禮地"라는 기록을 근거로 祭地의례에 사용된 물품이라고 하지만, 그밖에도 다양한 견해가 있어 현재로선 분명한 결론을 내리기 어렵다. 다만 일종의 위신재로서 제의에 사용된 禮玉이라 추정하는 것에서는 차이가 없다. 玉鉞은 군사적 권한을 상징하는 위신재라고 해석하는 것이 일반적인 경향이다. 祭天說은 中村愼一,「中國新石器時代의玉琮」,『東京大學文學部考古學研究室研究紀要』8, 1989를, 祭地說은 張忠培,「良渚文化的年代和其所處社會階段－五千年前中國進入文明社會的例證」,『文物』1995[5] 참조. 기타의 견해는 安志敏,「良渚文化及其文明諸因素的剖析」,『良渚文化研究』, 科學出版社, 1999의 소개가 있다. 玉鉞에 대해서는 張忠培의 논문 참조.

집단에서 제작과 유통을 관리하고 있었던 것으로 추정된다[56].

이때 주목되는 것은 양저문화 권역의 최북단이라 할 수 있는 江蘇 江陰 高城墩유적에서 출토된 玉琮 1점이 良渚유적의 瑤山유적에서 발견된 다른 1점과 재료나 문양의 구성, 혹은 조각기술까지 매우 흡사하다는 점이다. 이 2점의 玉琮은 동일지에서 제작된 것이 분명한데, 그렇다면 그 제작지는 良渚유적 안의 어느 곳이었을 가능성이 높다. 高城墩유적의 규모는 良渚유적의 그것보다 훨씬 작기 때문에 이곳에서 옥기를 제작하여 良渚유적으로 분배하였을 가능성은 거의 없다. 앞에서 언급한 바와 같이 양저유적 내 塘山에서는 옥기제작장이 발견된 바 있으므로 고성촌유적의 옥종은 양저유적 내에서 제작되었을 것이다[57]. 즉 양저문화 권역 내의 옥기 제작과 유통을 양저유적에서 주도하고 있었던 것이다.

석가하유적, 도사유적, 양저유적 등에서 발견된 거대 인공구조물은 지역정치체를 뛰어넘는 권력과 재화의 집중을 보여준다. 단순한 비교이긴 하지만, 석가하문화 권역의 제2류 성곽취락인 馬家院 및 陰湘城의 규모가 산동의 丹土나 城子崖의 그것과 유사한 규모인 것을 감안하면, 石家河유적에서 볼 수 있는 거대 규모의 성곽취락은 지역정치체를 통합한 광역적 정치체에 의해 비로소 가능했을 것이다. 이들 광역적 정치체의 정점에 선 취락은 석가하유적이나 양저유적에서 관찰되는 바와 같은 제의와 제의 물자의 제작 및 유통을 장악함으로써 지역정치체의 통합을 유지했다. 陶寺유적의 경우에 아직 그와 같은 성격이 선명하게 부각되지 않았지만, 그 대성의 남측에 부속된 성곽 내에서 확인된 반원형의 祭壇은 이곳 역시 石家河나 良渚와 유사한 기능을 수행하고 있었을 가능성을 시사한다.

---

56 今井晃樹, 「良渚文化の地域間關係」, 『日本中國考古學會會報』 7, 1997, pp.95~98.

57 中村愼一, 「玉の王權－良渚文化期の社會構造」, 初期王權研究委員會編, 『古代王權の誕生』 I, 東アジア編, 角川書店, 2002, pp.186~200.

이들 광역적 정치체가 어느 정도의 사회발전 수준에 도달하였는지, 즉 '국가'의 단계에 도달했는지 아닌지에 대해서는 논란의 여지가 있다. 일반적으로 어떤 특정 사회가 국가의 수준에 도달하였는지 여부를 판단하는 기준으로 관료기구의 존재, 합법적 강제력의 존재, 사회의 통합기제로서의 지연관계 성립 등이 꼽힌다. 그러나 이상에서 살펴본 후기 신석기시대의 광역적 정치체는 말할 것도 없고, 이후 성립되는 중국의 초기국가도 이와 같은 정의에 부합되는 수준에 도달하였다고 단언할 수는 없다. 그것은 지금까지 진행되어 온 발굴조사의 성과가 부족한 데서 말미암은 바가 크겠지만, 본질적으로 위의 국가 개념을 중국에 적용하는 것에 내재한 문제도 있다. 이를테면 지연관계가 혈연관계를 대체하는 것을 국가 성립 여부를 판단하는 한 기준으로 삼는 것은, 적어도 중국의 경우에는 그다지 설득력이 없다는 지적도 있다[58].

따라서 후기 신석기시대에 출현한 광역적 정치체가 국가인지 여부를 묻는 것은 현재로서는 큰 의미가 없다. 그럼에도 불구하고 후기 신석기사회에 이르러 중국의 거의 모든 지역에서 일정 지역의 취락을 통합한 지역정치체가 널리 등장하고, 적어도 山西, 浙江, 湖北 등의 일부 지역에서는 그것을 뛰어넘는 광역에 걸친 정치적 통합이 달성되었다는 점을 확인해 두어야 할 필요가 있다. 왜냐하면 계층화된 취락 질서 속에 복수의 서열로 분화된 지배층을 창출하면서 거대한 토목공사를 기획하고 실천할 수 있는 강력하고 조직화된 권력을 갖춘 복수의 정치체야말로 이후 출현하는 중국의 초기국가, 商·周국가의 성격을 규정하는 중요한 한 배경이기 때문이다.

---

58 張光直, 「從商周靑銅器談文明與國家的起源」, 『中國靑銅時代』, 三聯書店, 1999.

제2절
商 국가의 구조와 성격

1. 商 국가의 지역 지배와 그 한계

商[59]은 그 존재를 분명하게 입증할 수 있는 중국 최초의 왕조국가이다. 河南 安陽 小屯村의 商代 후기 유적에서 출토된 갑골문을 통해, 『史記』 가 전하는 商왕조의 世系에 대한 기록이 대부분 사실이며, 小屯村유적이 商 후기의 정치적 중심지가 남겨놓은 산물, 즉 殷墟라는 것이 확인되었다. 商의 유적 가운데 가장 인상 깊은 것은 역시 小屯村의 은허유적을 꼽을 수 있지만, 1950년대 이래 조사되기 시작한 鄭州商城 역시 그에 못지 않은 규모를 자랑한다. 은허는 물론 정주상성도 모두 당시의 왕실이 위치한 국가의 통치 중심지였다고 생각된다. 일반적으로 왕실이 鄭州에 위치

---

[59] 한국학계에서는 殷이라는 명칭을 일반적으로 사용하나, 商이라 호칭하는 경우도 더러 보인다. 中國에서는 일반적으로 成湯의 건국부터 盤庚의 殷墟 천도까지를 商이라 하고, 盤庚 천도 이후 帝辛(紂)의 멸망까지를 殷이라고 한다. 그러나 그 전체를 商이라고도, 殷이라고도 혹은 殷商이라고도 불러 엄격하게 구분하지는 않는다. 이 책에서는 成湯의 건국부터 帝辛의 멸망에 이르는 왕조의 전 시기를 商이라 칭한다.

해 있었을 때를 전기, 殷墟에 있었을 때를 후기로 구분한다[60].

鄭州商城유적은 鄭州 구시가지 내에 위치한다. 성곽은 근장방형의 판축 토성으로, 전장이 6,960m이다. 기저부의 폭은 4.8m부터 32m까지 일정하지 않지만, 대체로 20m 전후이다. 성곽을 에워싸고 城壕가 굴착되었으며[61], 성곽의 바깥쪽에는 외성 즉 '郭'도 건설되었다[62]. 전국시대 이래 역대 왕조에서 鄭州는 하남의 요충으로 경영되었다. 때문에 수많은 사람들이 이곳에 계속 거주하여 왔으며, 지금도 鄭州 시가지가 유적을 뒤덮고 있다. 그래서 商代 유적에 대한 전면적인 이해는 아직 충분하지 않다. 그럼에도 불구하고, 이곳에 商城이 수축되어 있었을 때, 즉 商국가의 정치적 중심지가 이곳에 위치해 있었을 때에 이곳이 매우 번영한 도시였음을 분명하게 알 수 있다. 현재까지 확인된 주요 유적에는 성곽 내 동북부에 밀집되어 있는 대형 판축기단과 성외에 위치한 각종 수공업 工房, 그리고 성곽 안팎에서 두루 발견되는 주거지, 회갱, 무덤, 제사유적 등이 있다.

성 내 동북부의 주변 지역보다 약간 높은 구릉의 동서 약 1,000m, 남북 약 900m 범위, 즉 전체 성내 면적의 약 1/3에 달하는 지역에서 적어도 60

---

60 현재의 전·후기 시기구분은 매우 잠정적인 것이다. 출토자료에 근거하여 商文化를 시기구분할 때에는 河南 偃師市에 위치한 偃師商城유적의 성격을 어떻게 규정할 것인지에 따라 전·후기의 구분에 다소 차이가 있다. 중국학계에서는 偃師商城을 亳, 鄭州商城를 隞에 비정하는 견해도 있고, 鄭州를 亳에 비정하는 견해도 있어 지금까지 논란이 끊이지 않으며, 이에 관한 논저도 상당수 발표되었다. 이 문제에 대해서는 특히 中國社會科學院考古硏究所 편,『中國商文化國際學術討論會論文集』, 中國大百科全書出版社, 1998과 李伯謙 편,『商文化論集』上, 文物出版社, 2003 그리고 杜金鵬·王學榮 주편,『偃師商城遺址硏究』, 科學出版社, 2004 등의 책에 수록된 관련 논문들이 유용하다.

61 宋國定은 부분적으로 城壕가 개착되었다고 했지만, 정식 보고서에서는 성호가 성벽 바깥쪽을 일주하였으며 戰國時代이래 현재까지의 축성이나 도시 개발로 인해 파괴되었을 가능성이 크다고 판단하였다. 이에 대해서는 宋國定,「1985-1992年鄭州商城考古發現綜述」,『鄭州商城考古新發現與硏究 1985~1992』, 中州古籍出版社, 1993, p.52; 河南省文物考古硏究所,『鄭州商城-1953年~1985年考古發掘報告』上, 文物出版社, 2001, p.227 참조.

62 河南省文物考古硏究所,「鄭州商城外郭城的照查與試掘」,『考古』2004[3].

기 이상의 판축기단이 조사되었는데 대부분 지상건물의 기단이다[63]. 이들 판축기단의 전체적인 배치 상황은 아직 명료하게 파악할 수 없지만, 그 가운데 규모가 큰 것은 평면 면적이 2,000여㎡에 달하고, 작은 것은 100여㎡ 정도의 규모이다. 학계에서는 이 지역에 '宮殿區'가 있었을 것으로 판단한다. 한편 성곽 내 동북부 일대의 '궁전구'를 제외한 중부, 남부, 서북부의 광대한 지역에도 지상에 건설된 주거지(면)와 저장갱 또는 쓰레기 폐기갱으로 사용된 회갱 및 우물, 무덤 등 사람들이 거주한 흔적이 다수 산포되어 있다.

鄭州商城 내외에서는 이밖에도 二里岡, 銘功路西, 紫荊山北 등의 취락유적이 조사되었다. 그렇지만 특히 주목되는 것은 工房과 祭祀에 관련된 유적이다. 공방은 모두 성곽 밖에서 발견되었는데, 청동기, 토기, 골기 등을 제작한 4곳이 조사되었다[64]. 제사유적에는 제사장, 제사갱, 청동기매장 구덩이[窖藏坑] 등이 있다. 특히 성곽 서벽의 중북부 바깥쪽 300m 지점에서 발견된 杜嶺 張寨南街, 동벽의 남단 바깥쪽 54m 지점에서 조사된 向陽回族食品廠 등 2곳에서는 상당한 양의 청동예기가 출토되었다[65]. 전자에서는 方鼎 2점과 鬲 1점이, 후자에서는 모두 13점의 청동예기가 발견되었으며, 그 가운데 방정은 모두 높이가 80cm를 넘는 대형으로 같은 시기의 同類 유물 가운데서도 수위에 속하는 것이다[66].

은허는 河南 동북부의 安陽盆地에서 발견되었다. 1928에 정식으로 발

---

63 河南省文物考古研究所 編, 앞의 보고서, 2001, p.295.
64 河南省文物考古研究所 編, 위의 보고서, 2001에는 모두 5곳이라고 보고되었다. 그러나 人頭骨 공방이라 지목한 곳은 공방이 아니라 제사의례가 거행된 제사장으로 보아야 한다.
65 본문에서 언급한 2곳 이외에 西墻 南端 바깥쪽 50여m에 위치한 南順城街에서도 청동예기 매장 구덩이 1기가 발견되었다. 이곳에서는 청동예기 9점, 청동무기 3점과 다수의 토기가 출토되었다. 구덩이가 조영된 시기는 白家莊期와 殷墟文化期 제1기 사이로 추정되는데, 이때는 鄭州商城이 폐기된 이후의 시점에 해당한다. 河南省文物考古研究所 등, 『鄭州商代靑銅窖藏』, 科學出版社, 1999, pp.4~74.
66 河南省文物考古研究所 등, 위의 보고서, 1999, pp.75~76 및 86.

굴이 시작된 후 지금까지 계속 조사가 진행되고 있다. 유적의 전체 면적은
약 36㎢에 달하며, 洹北商城, 宮殿구역, 王陵구역을 축으로 하여 다량의
주거지와 무덤, 공방 등이 밀집해 있다. 卜辭가 새겨진 甲骨이 다량으로
출토된 것도 역시 이 은허이다. 유적의 중부를 관통하는 洹河를 기준으로
은허는 남부와 북부로 大別되며, 그 북쪽에는 환북상성과 왕릉구역 등이,
남쪽에는 궁전구역과 기타 유적이 분포되어 있다.

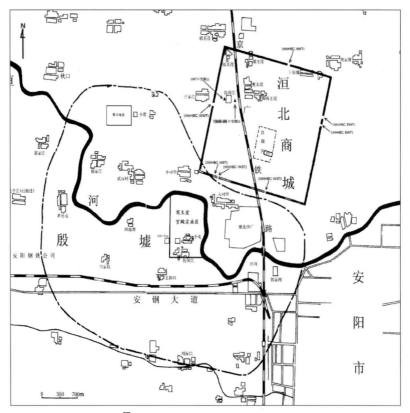

[도면 8] 은허유적 평면도 [67]

---

67 [도면 8]은 中國社會科學院 考古研究所의 岳洪彬선생께서 제공해 주셨다. 고마움을 표한다.

洹北商城은 근방형의 판축구조 토성으로, 남북 2,200m, 동서 2,150m, 전장은 약 8,700m에 달하는 대형 성곽이다. 동벽에서 지상으로 약 0.3m 가량의 墻體가 관측되지만, 동벽을 제외한 기타 3면에서는 지상부에서 성벽을 볼 수 없다. 城內에서는 판축기단, 주거지, 무덤 등이 확인되었다. 판축기단은 지금까지 모두 약 30여 기가 발견되었다. 대부분 양질의 흙으로 판축되었으며 모두 건물지로 추정된다. 기단 위에 세워진 건물 가운데 조사가 진행된 것은 1·2호 건물지이다. 1호 건물지의 규모는 동서 173m, 남북 85~91.5m로 지금까지 발견된 商代 건축물 가운데 최대 규모이다. 건물의 主殿은 9칸으로 구성되었다[68]. 洹北商城의 성벽과 성내의 대형 건축물은 二里岡文化期보다는 늦지만 殷墟에서는 가장 빠른 이른바 '中商文化期'에 건설된 것이다[69].

洹水 남쪽 殷墟유적의 중심이 되는 것은 小屯村 일대에서 발견된 궁전구역이다. 궁전구역은 모두 약 3만 6,000㎡ 범위에 분포하고 있으며, 배치상황과 건물의 구조에 입각하여 甲, 乙 丙, 丁 등 4개 그룹[組]로 구별된다. 궁전구역에서는 모두 54기의 판축기단과 甲骨·玉料가 매장된 구덩이, 제사에 관련된 유구 등이 조사되었으므로, 이 일대 지역은 거주와 제사 기능을 동시에 수행한 것으로 보인다. 건물기단 가운데 최대의 것은 乙8기단인데, 남북 길이 약 85m, 동서 폭 약 14.5m에 달한다. 이 궁전구역

---

68 中國社會科學院考古研究所安陽工作隊,「洹北商城的考古新發現」,『中國社會科學院古代文明研究中心通訊』5, 2003; 同,「河南安陽市洹北商城的勘察與試掘」,『考古』2003[5]; 同,「河南安陽市洹北商城宮殿區 I 號基址發掘簡報」,『考古』2003[5].

69 商文化에 대한 전통적인 편년은 前期, 즉 二里岡文化期와 後期, 즉 殷墟文化期로 구성된다. 그러나 이 兩大期의 문화 면모에 상당한 차이점이 있다고 생각하는 일군의 연구자들은 그 간극을 매우려는 논의를 진행하여 왔다. 최근에 唐際根은 이 이를테면 중간 계단을 '中商文化'로 명명하고, 상문화를 크게 3기로 대별하는 編年을 시도하였다 그러나 이른바 '中商文化' 편년의 근간이 되는 몇 개의 유적은 서로 멀리 떨어져 있고, 그 文化의 內容에도 다소의 차이가 있기 때문에 '中商文化'가 독립적인 문화기로 설정될 수 있을지에 대해서는 아직 이론의 여지가 있다. 唐際根,「中商文化研究」,『考古學報』1999[4] 참조.

내에서는 전장 650.9m에 달하는 배수시설도 확인되었다. 배수시설은 서로 연결되어 하나의 배수시스템을 구성하고 있다. 궁전구역의 서쪽과 남쪽에서 남북 길이 약 1,100m, 동서 길이 약 650m의 灰溝가 발견되었다. 이 회구는 궁전구역의 外圍를 감싸는 형태로 북쪽과 동쪽의 洹河와 함께 궁전구역을 방어하기 위한 해자로 사용된 것이라 추정된다.

왕릉구역은 洹水 북쪽, 侯家莊 일대에서 발견되었다. 여기에는 殷墟 최대 규모의 무덤과 제사에 관련된 각종 유존이 집중되어 있다. 왕릉구역은 1934년 가을부터 발굴되기 시작하였으며, 지금까지 墓道를 가진 무덤 13기와 미완성의 무덤 1기, 그리고 수천 기에 달하는 祭祀坑이 확인되었다. 왕릉구역은 무덤의 분포에 따라 다시 동·서 2구역으로 세분되는데, 西區에는 모두 9기의 대형 무덤이, 東區에는 모두 5기의 대형 무덤이 배치되어 있다. 이들은 모두 왕 및 왕실에 관련된 고급귀족이 매장된 곳이라 추정된다. 이곳의 무덤들은 모두 여러 차례 도굴되었으므로 출토 유물이 매우 빈약하다. 그럼에도 불구하고 일부 무덤에는 정치하게 제작된 일부 부장품이 남겨져 있었다. 이를테면 M1004에서는 牛方鼎과 鹿方鼎, 다량의 동제 투구와 창[戈矛]이, M1001에서는 대리석 조각 및 백색 토기 등이 출토되었다.

궁전구역의 주변에는 다수의 주거지와 묘지, 그리고 수공업 공방지가 배치되어 있다. 주거지에는 다양한 규모의 지상 및 반지하주거지가 발견된다. 주거지가 집중된 곳의 주변에는 묘지가 배치되어 있다. 지금까지 이들 묘지에서 발견된 무덤은 1만여 기를 상회한다. 각 묘지에는 묘도를 가진 대형 무덤과 규모가 작은 토광묘가 혼재되어 있다.

은허에서 조사된 수공업 공방에는 청동기, 골각기, 토기, 옥기 제작과 관련된 것이 있다. 지금까지 발견된 청동기 공방에는 小屯村 宮殿구역 내, 苗圃北地, 薛家莊南地, 大司空南地와 孝民屯 등 5곳이 있으며, 골각기 공방에는 小屯西地, 北辛莊, 大司空村, 鐵三路 등 4곳이, 토기 공방으로는 王裕口南地, 安鋼大道, 劉家莊北地 등 3곳이 있다. 이 가운데 孝民屯 청동기 공방유적은 그 면적은 5만㎡ 이상에 달하는 대규모 공방의 흔적으로, 청동기 제작에 관련된 전 공정 관련 시설과 유물이 확인되었다. 특히 F43호 주거지에서 출토된 容器類의 底范은 그 직경이 약 1.54m에 달하여, 이 공방의 생산능력을 짐작하게 한다.[70]

鄭州商城이나 殷墟에서 볼 수 있는 商 정치 중심지의 규모와 내용은 중국에서 발견된 그 이전 시대의 어떤 유적에서도 유례를 볼 수 없다. 侯家莊에서 확인된 추정 왕릉은 모두 도굴당하여 그 부장품의 규모를 알 수 없다. 그렇지만 小屯村 동남에서 발견된 M5호 무덤, 즉 '婦好墓'는 그 규모가 이들 추정 왕릉의 1/10에도 미치지 못함에도 불구하고 1,600점 이상의 방대한 부장품을 쏟아냈다[71]. 이것으로 미루어 이 시기 상 왕실이 소유한 부의 규모 또한 너끈히 짐작할 수 있다.

정주상성유적의 면적은 모두 25㎢가량이며, 은허유적의 넓이는 약 36㎢가량이다. 이들 유적은 유적 자체로도 이미 대형 도시유적이라 할 수 있지만, 그렇다고 해도 정주나 은허에서 발견된 성곽의 규모나 각종 무덤 및 기타 유구에서 출토되는 막대한 양의 부장품은 그 도시 자체에서 감당할 수 있는 규모가 아니다. 그것은 그보다 훨씬 광범위한 지역에 걸쳐 행사된 권력과 財富의 집중 없이는 설명이 불가능한 수준이기 때문이다.

그렇다면 商 국가의 권력이 지배력을 행사할 수 있는 지역 범위는 어

---

70 이상 은허 유적에 대해서는 中國社會科學院考古硏究所편, 『中國考古學─夏商卷』, 中國社會科學出版社, 2003, pp.284~304 참조.

71 婦好墓는 商王 武丁의 왕비 가운데 1인 '婦好'의 무덤으로 추정하는 것이 일반적이다. 婦好墓의 평면 크기는 남북 5.6m, 동서 4m이다. 이것은 侯家莊에서 발견된 추정 왕릉 가운데 하나인 M1004의 크기, 즉 남북 17.9m, 동서 15.9m에 비하면 그 1/10도 되지 않는다. 婦好墓에서는 440여 점의 청동기, 590점 이상의 옥기, 560점 이상의 골기, 70여점의 석기 등 총 1,600여 점의 부장품이 출토되었다. 中國社會科學院考古硏究所安陽工作隊, 「安陽殷墟五號墓的發掘」, 『考古學報』 1977[2], pp.57~98.

느 정도였을까? 이 문제에 대해서는 갑골문의 기록을 근거로 해서 商 후기 통치 영역을 연구한 몇 가지 연구를 참고할 수 있다. 그 가운데 하나인 陳夢家의 연구에 따르면, 商의 통치 영역은 북위 33에서 40도까지, 동경 112도에서 黃海와 渤海까지 이르는 범위이다[72]. 현재의 행정구역으로 보면, 山東, 河北, 河南 3개 성 전체와 安徽, 江蘇의 북쪽 일부가 포함되는 정도이다. 陳夢家의 견해는 嚴一萍[73]의 그것에 비하면 다소 소극적으로 보이지만, 張光直은 商의 영역을 이보다 더 좁게 생각하였다. 張光直은 商 후기, 즉 殷墟文化期의 商이 안정적으로 지배할 수 있었던 영역은 河南의 중·북부와 山東의 남서부에 불과했다고 평가하였다[74].

이처럼 商의 지배 가능 영역에 대해서는 다양한 견해가 있다. 그런데 甲骨文에 근거하여 商 후기 諸侯의 분포를 고증한 島邦男의 연구에 의거하면, 이 시기 商의 諸侯는 東으로는 山東 중부에서 淮水 유역까지, 서로는 山西 중·남부에서 陝西 중부까지, 남으로는 湖北 남부와 湖南 북부의 揚子江 중류 일대까지, 북으로는 河北 중부까지 분포되어 있었다[75]. 島邦男의 연구 결과를 보면 商의 지배 영역은 적어도 張光直의 평가보다는 다소 확대될 수 있는 여지도 있을 것 같다. 그러나 제후들이 분포한 지역과 상 국가의 지배 영역을 등치할 수 있는지는 의문이다. 甲骨文에는 상에 예속되지 않은 독립적 정치체인 '方'이 다수 등장하는데[76], 이들 方이 분포하는 지역은 하남 중·북부와 산동 남서부를 제외한 지역에서 대체로

---

72 陳夢家, 『殷墟卜辭綜述』, 中華書局. 1988, p.311.

73 嚴一萍은 商의 강역이 東으로는 山東 전체, 西로는 甘肅과 河套, 南으로는 湖北·湖南과 江西, 北으로는 熱河 유역에 달한다고 주장하였다. 嚴一萍의 설은 張秉權, 「卜辭中所見殷商政治統一的力量及其達到的範圍」, 『中央研究院歷史語言研究所集刊』 50[1], 1979에서 재인용.

74 張光直 저, 尹乃鉉 역, 『商文明』, 民音社, 1984, pp.271~286.

75 島邦男, 『殷墟卜辭研究』, 中國學研究會, 1958, pp.424~451.

76 貝塚茂樹, 『中國の古代國家』, 貝塚茂樹著作集 1, 中央公論社, 1976, p.86.

제후들의 분포 지역과 중첩한다[77]. 즉 은허와 그에 인접한 비교적 좁은 지역 외에서는 제후와 방이 혼재하고 있었던 것이다.

게다가 상대의 제후와 관련된 甲骨文을 검토하면 더욱 근본적인 문제와 마주치게 된다. 예컨대 張秉權은 상의 제후는 상 왕조를 보호하는 기능을 수행하기도 했지만, 때로는 반역을 꾀하기도 하여, 조정이 군대를 파견해서 이를 정벌하는 경우도 있었다고 하면서, "壬□日에 점을 쳐서 묻습니다. 雀으로 하여금 敉侯를 정벌하게 할까요"(합집 11.33072[78])라거나, "묻습니다. 王이 屯(로 하여금 亞侯를 정벌하게 하는데, [神의] 도움이 있을까요"(합집 10.32911) 등의 갑골문을 그 사례로 제시하였다[79]. 그가 인용한 사례 말고도 "癸□일에 점을 쳐서 묻습니다. 夐에게 명하여 先侯의 토지에서 새 경지를 개간하게 하려 하는데 좋을까요"(합집 4.9486)와 같은 사례도 있다. 개간이 정벌과 같은 군사적 행동을 의미하지는 않지만, 상 조정이 제후의 토지를 침탈한 것이라는 점에서는 정벌과 유사한 맥락에서 이해할 수 있는 사례이다. 이런 기록을 보면 상과 제후의 관계는 안정적이지 못하였으며 심지어는 그들 사이에 군사적 충돌이 일어나는 경우도 왕왕 발생하였음을 알 수 있다. 더욱이 敉侯, 亞侯 등과 유사한 존재는 殷墟에서 매우 가까운 곳에서도 확인할 수 있다. 하남 서부의 召나 盂가 그와 같은 경우이다.

召가 제후였는지는 확인할 수 없지만, 武丁期의 상 조정에서 召(의 수장)를 '西使'라고 부르고, 그는 조정의 명을 받들어 商의 戰役에 참가하는

---

77 島邦男, 앞의 책, 1958, pp.384~424.

78 이 책에서 인용하는 갑골문은 가능한 경우 中國社會科學院歷史硏究所編, 『甲骨文合集』 1~13책, 中華書局, 1978~1982를 기준으로 전거를 표기한다. '합집' 다음에 붙는 숫자는 권수와 일련번호를 의미한다. 즉 합집 11.33072는 『甲骨文合集』 제 11책에 수록된 일련번호 '33072'의 갑골문을 가리킨다.

79 張秉權, 앞의 논문, 1979, p.188.

등 양자는 친근한 관계를 유지하였다. 그런데 祖庚 · 祖甲期 이후에 召는 상의 지배에서 벗어나 '召方'이라는 명칭으로 불리게 되었으며, 이때부터 召方은 商과 적대관계에 서서 상과 자주 충돌하였다[80]. 盂는 河南 沁陽 부근에 위치해 있었다[81]. 이곳은 廩辛 · 康丁期 이래 왕실의 사냥터였으므로[82], 상 조정이 비교적 강력한 지배력을 행사했던 곳이다. 그러나 帝乙 · 帝辛期가 되면 盂는 상의 지배에서 이탈하게 된다. 이 시기의 갑골문에는 '盂方'이란 명칭이 등장하는데, 이 역시 상의 영향력에서 벗어나 자립성을 강화한 盂를 가리키는 것이다. 결국 이 우방도 상과 대립하는 관계에 서게 되었다. 帝乙 9년부터 약 1년에 걸쳐 진행된 상과 우방의 전쟁 관련 갑골 문은 그것을 입증한다[83].

이처럼 거대한 유적과 화려한 유물로 말미암아 대단히 넓은 지역에 걸쳐 거대한 왕조적 지배를 달성한 것으로 보이는 상이라 해도 그 지배력은 小屯의 殷墟를 중심으로 한 河南과 山東 일부의 좁은 지역을 제외하고는 의외로 상당히 취약하여, 지역과 시간에 따라 매우 불안정한 상태에 놓여 있었다. 그렇다면 이와 같은 상 국가의 취약성은 어디에서 비롯된 것일까?

2. 상대 지역정치체의 양상

商代에 이르러 中原 지역에서 번영한 상문화가 황하는 물론 양자강 중류 일대까지 점차 영향력을 확장하게 된 것은 출토 유물과 유적으로 미루

---

80 白川靜, 「召方考」, 『甲骨金文學論集』, 朋友書店, 1973, pp.171~185.
81 王國維, 「殷墟卜辭中所見地名考」, 『觀堂集林』 4, 別集 卷1, 中華書局, 1959.
82 陳煒湛, 『甲骨文田獵刻辭研究』, 廣西敎育出版社, 1995, p.47.
83 島邦男, 앞의 책, 1958, pp.414~415.

어 충분히 짐작할 수 있다. 鄭州와 小屯을 중심으로 하여 황하 중·하류 일대에서 발달한 상문화는 주변 지역을 향해 폭발적으로 확장하여 갔다. 대체로 상대 후기의 경우 小屯의 殷墟를 중심으로 대략 반경 600km에 걸쳐 상문화의 영향력이 파급된 것으로 평가되지만[84], 商의 문화적 역량이 이들 모든 지역에서 동일한 정도의 영향력을 행사한 것은 아니었다.

宋新潮는 상문화의 분포 범위를 평가하여, 정주·소둔을 중심으로 한 3개의 동심원을 그린 다음, 안으로부터 차례로 商文化中心區, 商文化亞區, 商文化影響區라 명명하였다. 그가 말하는 상문화중심구는 정주·소둔 등 상문화의 중심지역과 동일한 문화 양상이 확인되는 지역, 상문화아구는 상문화의 강한 영향을 특징으로 하지만 지역 문화전통도 보존되어 양자 간의 교류와 혼재 양상이 뚜렷한 지역, 그리고 상문화영향구는 상문화의 영향력이 현저히 감소하여 지역 문화전통이 주도적인 위치를 차지한 지역이다[85]. 물론 그도 문화 전파의 영향 정도를 동심원으로 구분된 3구역으로 나누어 일률적으로 평가한 것은 아니겠지만, 분명한 사실은 상문화의 중심지역 밖에 상문화와 신석기시대 이래의 지역 문화전통을 계승한 지역문화가 혼재하는 지역이 넓게 펼쳐져 있었다는 점이다.

예컨대 河北 藁城 臺西유적에서 조사된 상대 전·후기의 토기 가운데, 鬲, 豆, 尊 등은 정주·소둔의 것과 구별할 수 없을 정도로 유사하지만 鉢, 盆, 甗, 鼎 등은 양자 간의 차이가 커서 양자의 비율이 대략 반반이며, 청동기의 경우도 그 형태나 문양은 대체로 상문화 중심지의 것과 동일하나 羊匕首와 같은 유물에서는 북방 초원문화의 흔적도 발견할 수 있다[86]. 그리고 山東 濟南 大辛莊유적에서 출토된 상 전기의 토기는 그

84 岡村秀典, 「農耕社會と文明の形成」, 『岩波講座 世界歷史』 3, 岩波書店, 1999, p.97.
85 宋新潮, 『殷商文化區域硏究』, 陝西人民出版社, 1991, pp.200~202.
86 河北省文物硏究所, 『藁城臺西商代遺址』, 文物出版社, 1985,

형태가 정주의 것과 흡사하지만, 토기의 색깔이나 제작수법 등에서는 龍山文化를 계승한 岳石文化의 특색을 농후하게 보이고 있다. 또 이곳에서 출토된 청동예기에서도 용산문화 토기의 형태를 계승한 독특한 기형을 볼 수 있다[87]. 대신장에서 관찰되는 혼재적 문화전통은 상대 후기에도 이어져, 膠東半島를 제외한 산동의 거의 모든 지역에서 출토되는 상대 후기의 토기에서 은허에서는 볼 수 없는 현지의 문화전통을 확인할 수 있다[88].

상문화와 지역문화 전통의 혼재는 위에 언급한 사례에서만 확인되는 것은 아니다. 그것은 황하·양자강 水系의 거의 전 지역에서 관찰되는 보편적 현상이라 할 수 있다.

그런데 이처럼 상문화와 지역 문화전통이 혼재하는 양상이 매우 넓은 공간적 범위에서 관찰되는 이유는 무엇일까? 그것은 대체로 2가지의 경로를 거쳤다고 생각된다. 그 하나는 각 지역에 거주하는 현지민이 상문화를 수용하는 것이며, 다른 하나는 상문화의 담지자가 지방으로 진출한 경우이다. 그러나 문화 전파에는 대개 이 2가지 요인이 복합적으로 작용하는 경우가 대부분이다. 따라서 출토 유존을 통해 문화의 전파를 전자 혹은 후자의 경우로 분별하는 것도 용이하지 않다. 그럼에도 불구하고 아래에서 설명하는 몇 가지 사례에서는 이 가운데 어느 것이 주요한 경로로 기능한 것인지를 식별할 수 있다.

먼저 현지민이 상문화를 수용한 경우이다. 근년 발견된 江西 新干 大

---

87 宋新潮, 앞의 책, 1991, pp.75~77.
88 예컨대 山東 安邱 堌堆유적에서 출토된 商 후기의 토기편 가운데 사질회도가 차지하는 비율은 6.92%, 사질홍갈도 12.52%, 니질흑도 7.33%이지만 小屯에서의 그것은 각각 18.53%, 0%, 0.028%이다. 安邱 堌堆유적의 토기에서 사질홍갈도와 니질흑도가 차지하는 비중이 매우 높은 것을 알 수 있다. 이와 같은 경향은 山東半島를 제외한 山東의 거의 전 지역에서 관찰되는데, 이것은 岳石文化의 전통에서 말미암은 것이다. 王迅, 『東夷文化與淮夷文化研究』, 北京大學出版社, 1994, pp.23~27.

洋洲의 상대 후기 무덤은 贛江을 사이에 두고 저명한 吳城유적과 약 20㎞가량 떨어져 있다. 이 무덤은 1棺1槨을 갖춘 장방형의 토광묘이며, 동서 약 40여m, 남북 약 20m의 타원형 封土를 갖추고 있다. 곽실은 동서향으로 길이 8.22m, 폭 3.60m이다. 상대 후기에 해당하는 은허문화기 중기에 조영된 이 무덤에서는 모두 1,374점의 부장품이 출토되었고, 그 중에는 청동기가 475점 포함되어 있다[89]. 보고자는 이 무덤에서 출토한 부장품을 4종류로 분류하였다. 첫째는 '商式'으로 청동예기 16점과 약간의 병기 및 옥기가 이에 속한다. 둘째는 '혼합식'으로 상식의 기형과 문양을 가지고 있지만 약간의 변형과 가공이 보이는 것이다. 출토 청동예기 가운데 40점이 이에 해당하며, 이것은 전체의 약 67% 비중을 차지한다. 셋째는 '先周式'으로 이에 해당하는 유물은 병기 4점으로 매우 적은 편이다. 마지막 넷째는 '토착식'으로 기형과 문양에서 모두 남방 지역의 토착적 성격이 뚜렷이 관찰되는 것이다. 토착식으로 분류되는 것은 청동예기 4점, 청동악기 4점 등이지만, 兵器의 경우는 이 종류에 속하는 것이 대부분이다[90].

新干의 이 무덤에서 출토된 부장품은 이 무덤이 토착인들에 의해 조영된 것임을 분명히 보여준다. '융합식'과 '토착식' 청동기는 吳城文化의 토착 거주민이 제작한 것이기 때문에, '商式' 청동기가 왕왕 교역이나 전쟁 등을 통하여 입수되기도 하였지만, 대부분의 것은 현지의 토착민이 상문화의 그것을 모방하여 제조하였다고 생각된다[91]. 이것은 청동예기의 조합에서도 입증되는데, 이곳에서 출토된 청동용기에서는 은허에서 보편적으로 관찰되는 청동예기 조합, 즉 觚 · 爵조합을 볼 수 없다. 이것은 현지민

---

89 江西省博物館 등, 『新干商代大墓』, 文物出版社, 1997.
90 江西省博物館 등, 위의 보고서, 1997, pp.192~203.
91 彭適凡 · 楊日新, 「江西新干商代大墓文化性質芻議」, 『文物』 1993[7].

이 상문화의 영향을 받아 禮器를 제작하면서도 그것을 모방했을 뿐, 그 이면에 있는 禮制는 수용하지 않았음을 의미한다. 뿐만 아니라 무덤에서 공반 출토된 토기, 예컨대 鬲, 小口折肩罐, 나팔형 高圈足豆, 折肩尊, 盆, 傘形器蓋, 瓮, 盤, 鉢, 방추차 등은 모두 吳城文化의 전형적인 기형으로, 상문화의 그것과는 현저히 다르다[92].

475점에 달하는 청동기를 부장한 무덤을 조영할 정도라면, 상대 후기의 新干 일대에는 상당한 정도의 권력을 집중한 수장의 존재를 상정하지 않을 수 없다. 아마도 신간의 무덤은 지역 최고 권력자가 영면한 장소일 것이다. 그리고 그 부장품의 주류를 차지하는 것이 토착적인 성격의 것이고 보면, 피장자 역시 현지인이었을 것이다. 그런데 이렇게 신간에서 볼 수 있는 것과 같은 지역적, 토착적 권력자의 흔적으로 생각되는 유적은 이곳 말고도 陝西와 山西의 황하 양안에서 전개된 청동기문화 그리고 이른바 '先周文化' 등에서도 확인할 수 있다.

황하를 가운데 두고 서로 마주보는 산서와 섬서 중부 일대, 즉 산서의 永和, 柳林, 吉縣, 忻縣과 陝西의 淸澗, 綏德 일대에서 청동기가 출토된 상대 후기의 유적이 40여 곳 보고되어 있다. 이들 유적에서 발견되는 청동기에서는 재미있는 공통점이 보인다. 즉 출토 청동기는 크게 3종류로 구분된다.[93] 첫째, 기형과 문양이 은허에서 출토되는 것과 동일한 것으로, 이 유형은 觚, 爵, 罍, 鼎 등의 예기류에 많다. 둘째, 상문화에는 보이지 않는 기형과 문양이지만 그 형태에서 상문화의 영향을 읽을 수 있는 것이다. 이를테면 瓦棱紋簋, 帶鈴觚, 帶鈴豆, 斜方格雷紋壺, 饕餮紋提梁卣, 夔龍形觥 등이 이 유형에 속한다. 셋째, 방울[鈴]이나 동물도안이 장식된 병기 혹은 공구이다. 이들에 보이는 장식은 이른바 북방 초원지대의 것으

---

92 江西省博物館 등, 위의 보고서, 1997, pp.159~180.
93 宋新潮, 앞의 책, 1991, p.111.

로서, 주로 산서 북부, 내몽골 남부, 섬서 동북부에서 관찰된다[94]. 이들 가운데 가장 높은 비중을 차지하는 것은 셋째 종류이다. 따라서 이 지역의 청동기문화는 중원의 禮器와 북방 초원지대의 병기·공구가 공존하는 과도적 특성을 공유하고 있다고 할 수 있다.

이런 과도적 성격을 특징으로 하는 문화 권역의 중심부에서 근래 城址가 발견되었다는 보고가 있다. 섬서 淸澗 李家崖에서 발견된 이 토성은 상대 후기에서 西周 초기까지 사용되었다. 李家崖의 성곽은 동으로 황하와 약 4.5km 떨어져 있다. 성곽의 남·서·북 3면으로 無定河가 흐르며, 남과 북으로는 다시 100m 깊이의 단애가 가로막는 천연의 요해이기 때문에 실제 성벽을 쌓은 것은 동·서 양면 뿐이다. 이 중 동쪽 성벽의 길이는 원래 약 160m에 달하였을 것으로 추정되며, T자형으로 구축된 서벽은 동서 방향으로 뻗은 위쪽의 성벽이 약 151m, 남북 방향으로 뻗은 아래쪽의 성벽이 약 126m인 것으로 추정된다[95].

李家崖 성곽은 비교적 규모가 작기 때문에, 이것을 통해 해당 지역을 기반으로 한 수장의 존재를 상정하는 데 어려움이 있다. 그러나 이 지역에서 조사된 아래의 상대 후기 무덤에 주목한다면 그 어려움은 다소 해소될 여지가 있다. 산서 靈石 㫰介村에서 조사된 제1호 무덤은 묘광 개구부의 면적이 남북 3.84m, 동서 2.22m이며 하나의 槨 안에 3개의 棺이 배치된 독특한 구조이다. 제2호는 묘광 개구부의 면적이 동서 3.40m, 남북 2.20m인데, 하나의 곽 안에 2개의 관이 배치되어 있는 구조이다. 모두 부부합장묘라고 생각된다. 제1·2호 무덤에서는 모두 상당한 양의 청동기가 부장되었다. 제1호에서는 예기가 23점, 병기가 12점, '雜用器'가 6점이 출

---

94 陶正剛, 「山西出土的商代銅器」, 『中國考古學會第四次年會論文集』, 文物出版社, 1985, pp.57~64.

95 張映文·呂智榮, 「陝西淸澗縣李家崖古城址發掘簡報」, 『考古與文物』 1988[1].

토되었으며, 제2호에서는 예기 18점, 병기 47점, '잡용기' 4점이 발견되었다. 이들 무덤에서 출토된 청동기에서는 예기에서 중원문화의 영향, 병기 및 기타 유물에서는 초원문화의 영향이라는, 황하 양안의 산서·섬서 중부 일대에서 보았던 것과 동일한 경향을 발견할 수 있다[96].

정개촌에서 조사된 무덤 가운데서도 위에 언급한 2기는 그 부장품의 규모로 보아 역시 해당 지역 수장층의 것이라 생각된다. 그런데 이 수장들도 中原 지역에서 이주해 온 사람이었다고 생각되지 않는다. 그것은 첫째, 제1호 무덤의 구조가 상문화에서는 볼 수 없는 매우 독특한 것이라는 점, 둘째, 예기보다 실용성이 강하여 문화 속성을 평가할 때 보다 중시되는 병기에서 초원문화의 영향을 발견할 수 있다는 점, 셋째, 제1·2호 무덤에서 동일하게 보이는 4瓶 10爵의 예기 조합은 상문화에서 볼 수 없는 것이라는 점[97], 그리고 넷째, M1:35 簋의 바닥에 陽線으로 주조된 '노새'[騾]는 중원에서는 보기 어려운 것이라는 점 등으로 입증할 수 있다. 따라서 정개촌의 상대 후기 무덤은 초원문화와 상문화 쌍방의 영향을 받아 성립된 과도적 문화를 공유하는 지역에서 성장한 지역정치체의 존재를 보여주는 한 사례로 간주할 수 있다. 이가애에서 발견된 요새적 성격의 토성은 이 정치체를 배경으로 하여 출현할 수 있었을 것이다.

한편, '先周文化' 역시 유사한 범주에 속하는 것으로 이해할 수 있다. 이른바 선주문화란 '商周革命' 이전의 周族 문화를 의미한다. 이처럼 先周文化의 개념은 비교적 명료하지만, 그것을 고고학적 유존을 통해 식별해내는 일은 용이하지 않다. 왜냐하면 商 후기 關中지역에는 다양한 계통의 문화가 병존하였으며, 따라서 그 가운데 어떤 것을 先周文化로 볼 것인가에 대해서는 일찍부터 쟁론이 있었다. 근래에는 陝西龍山文化(혹은 '客省莊2期

---

96 山西省考古研究所·靈石縣文化局, 「山西靈石旌介村商墓」, 『文物』 1986[11], pp.1~18.
97 劉一曼, 「安陽殷墓靑銅禮器組合的幾個問題」, 『考古學報』 1995[4] 참조.

文化'라고도 한다)를 주체로 하고, 여기에 감숙에서 전개된 辛店·寺挂文化
와 중원의 商문화의 영향이 가미된 것이라는 견해가 우세한 것 같다[98].

선주문화를 배경으로 관중 중·서부지역에서 성장한 지역정치체에 대
해서는 재론할 필요가 없을 것이다. 그것은 고고학적 자료는 물론 문헌자
료에도 그 주체를 분명하게 가려낼 수 있는, 상왕조를 전복하고 중원의 주
인이 된 周가 그것에 해당하기 때문이다. 근래에 岐山 아래의 이른바 '周
原' 지역에서 본격적으로 전개되기 시작한 고고학적 조사[99]에 의하면, 늦
어도 武王의 증조부인 古公亶父가 섬서 寶鷄·岐山 일대에 거주하게 된
시기에 周는 이미 대형 지상건물, 갑골에 의한 占卜, 文字, 典冊 등의 문
명적 요소를 두루 가지고 있었음을 알 수 있다[100].

상대 후기의 갑골문과 周原에서 발견된 주의 갑골문을 종합하여 보면,
원래 주는 섬서 중부 지역에 위치한 '周方'이라는 독립국이었지만, 武丁
期의 어느 시점에 商에 복속하였다. 이때부터 주는 商王의 명을 수행하거

---

98 고고학적 유존을 통해 최초로 先周文化를 식별한 鄒衡은 선주문화가 聯襠鬲과 圓肩平底罐
을 표지유물로 하는 山西 太原 일대의 光社文化와 高領分襠鬲를 표지유물로 하는 甘肅의
辛店·寺洼文化가 융합하여 성립되었다고 주장했다. 그러나 鄒衡과 거의 동시에 先周文化
를 식별한 徐錫臺는 이와는 달리 先周文化가 陝西龍山文化(客省莊 II 期文化)에 가깝다는 결
론을 내렸다. 이후 관중지역의 발굴이 증가하면서 先周文化에 관련된 문제는 관중지역에 존
재하는 다양한 유형의 문화유형 가운데 어떤 것이 선주문화의 주체인지를 논의하는 단계로 진
입하였다. 尹盛平·任周芳은 聯襠鬲, 折肩·圓肩罐을 표지유물로 하는 鄭家坡類型은 陝
西龍山文化를 계승한 것으로서, 이것이 바로 先周文化의 주체라고 주장한 반면 盧連成은
辛店·寺洼文化를 계승한 高領分襠鬲, 雙·單耳罐을 표지유물로 하는 劉家類型이 先周
文化의 주체라고 주장한다. 근래 발표된 孫華의 연구를 보면 鄭家坡類型이 先周文化의 주
체라는 견해가 좀 더 많은 지지를 얻고 있는 것으로 생각된다. 鄒衡, 「論先周文化」, 『夏商周
考古學論文集』, 文物出版社, 1980; 徐錫臺, 「早周文化的特點及其淵源的探索」, 『文物』
1979[10]; 尹盛平·任周芳, 「先周文化的初步研究」, 『文物』 1984[7]; 盧連成, 「扶風劉家先
周墓地剖析—論先周文化」, 『考古與文物』 1985[2]; 孫華, 「關中商代諸遺址的新認識—査家
堡遺址發掘的意義」, 『考古』 1993[5].

99 陳全方, 『周原與周文化』, 上海人民出版社, 1988에 정리되어 있다.

100 張光直, 「夏商周三代の考古學から三代間の關係と中國古代國家の形成とを論ず」, 『中國
靑銅時代』, 平凡社, 1989, p.75.

나 상 조정이 주도하는 제사의례에 참여하기도 하였으며, 상왕 또한 주에 재앙이 없도록 기원하는 등, 商과 周는 친근한 관계에 있었다. 武乙期의 갑골문에 보이는 '周侯'라는 칭호는 주가 상의 제후로 임명된 적이 있다는 사실을 보여준다. 그러나 文丁期에 이르러 상이 주를 공격하는 등 양자의 관계는 급속히 악화되고, 결국 주의 武王이 상을 정벌하여 그를 전복하기에 이르렀다[101].

위에서 보아 온 바와 같이, 상이 은허를 중심으로 중원 지역에서 번영하고 있었을 때, 주변에는 지역의 문화전통을 배경으로 성장한 지역정치체가 발전하고 있었다. 본문에서 언급한 것은 섬서, 산서, 강서 지역에서 확인된 비교적 제한적인 사례에 불과하지만 지역정치체의 수와 분포 지역은 이보다 훨씬 많고 광범위하였을 것이다. 상 왕조의 점복기록에서 자립적 정치세력을 의미하는 '方'이 수십 례나 검출되는 것은 그 때문이다. 이들 지역정치체는 재지에서 상에 복속하지 않고 자립적 성격을 유지하거나 어쩌면 周가 그랬던 것처럼 상에 대한 복속과 이반을 반복하는 경우도 있었을 것이다. 상 국가는 본질적으로 이들 지역정치체와의 불안정한 상호관계의 질서 위에서 지역 지배에 임하고 있었던 것이다.

3. 商의 지역 진출과 '作邑'

상문화와 지역문화의 혼융이 나타나게 된 두 번째의 이유는 바로 商 문화인의 활발한 지역 진출로 말미암은 것이다. 그것은 상 국가의 불안정한 지역 지배를 보완하기 위해 왕조에 의해 적극적으로 시행된 지역

---

101 張光直, 「殷周關係の再檢討」, 『中國靑銅時代』, pp.148~150. 아울러 島邦男, 『殷墟卜辭硏究』, pp.409~413 참조.

지배거점 건설과 깊은 관계를 맺고 있다. 이런 움직임을 보여주는 대표적인 사례는 山西 夏縣 東下馮유적[102], 山西 垣曲 南關유적[103], 河南 焦作 府城유적[104] 그리고 湖北 黃坡 盤龍城[105] 등의 성곽취락이다.

　東下馮유적의 문화층은 6시기로 구분된다. 그 중 제1기부터 제4기까지는 二里頭文化 東下馮類型에 속하며, 제5기와 제6기는 각각 二里岡文化 하층, 상층에 속한다. 南關유적의 문화층 퇴적 상황도 비슷한 양상이다. 3기로 구분되는 문화층 가운데 제1기는 이리두문화 동하풍유형에 속하는 반면 제2·3기는 각각 이리강문화 하층과 상층에 속한다. 한편 府城유적의 문화층은 이리두문화, 이리강문화 하·상층, 서주문화, 漢文化

102　유적의 주요 부분인 二里頭·二里岡文化期의 유존에 대해서는 中國社會科學院考古硏究所 등, 『夏縣東下馮』, 文物出版社, 1988이 출간되었고, 廟底溝Ⅱ期文化와 龍山文化 유존에 대해서는 中國社會科學院考古硏究所 등, 「山西夏縣東下馮龍山文化遺址」, 『考古學報』 1983[1]에 별도의 보고가 있다.

103　中國歷史博物館考古部 등, 『垣曲商城 －1985~1986勘察報告書』, 科學出版社, 1996; 同, 「1988~1989年山西垣曲古城南關商代城址發掘簡報」, 『文物』 1997[10], pp.12~29; 同, 「1991~1992年山西垣曲商城發掘簡報」, 『文物』 1997[12], pp.4~15. 1992년 이후의 조사 상황은 아직 보고되지 않았으나, 그 개략적인 상황에 대해서는 中國考古學會編, 『中國考古學年鑑』, 文物出版社, 1995(pp.106~107), 1996(pp.105~106), 1997(pp.98~99), 1999(pp.121~123), 2000(pp.128~129) 등을 참고할 수 있다. 한편 근년 발표된 1편의 관련 논고에도 이전에 보고되지 않았던 관련 내용이 다소 포함되어 있다. 王月前·佟偉華, 「垣曲商城遺址的發掘與硏究－紀念垣曲商城發現20周年」, 『考古』 2005[11].

104　李德保·趙霞光, 「焦作市發現一座古城」, 『文物參考資料』 1958[4]; 楊貴金 등, 「焦作市府城古城遺址調査簡報」, 『華夏考古』 1994[1]; 袁廣闊 등, 「河南焦作市府城遺址發掘簡報」, 『華夏考古』 2000[2]; 同, 「河南焦作府城遺址發掘報告」, 『考古學報』 2000[4], pp.501~536; 岡村秀典 등, 「河南省焦作市府城遺址の硏究」, 『中國古代都市の硏究』, pp.37~76.

105　盤龍城유적은 1955년에 최초로 확인 보고된 후, 1960년대 이후 여러 차례 발굴 조사되었으며, 약보도 여러 차례 발표되었다. 藍蔚, 「湖北黃陂盤土城發現古城遺址及石器」, 『文物參考資料』 1955[4]; 湖北省博物館, 「1963年湖北黃陂盤龍城商代遺址的發掘」, 『文物』 1976[1]; 湖北省博物館 등, 「盤龍城1974年度田野考古紀要」, 『文物』 1976[2]. 최근에는 그 이후의 발굴 성과까지 함께 담은 정식보고서가 출간되었다. 湖北省文物考古硏究所, 『盤龍城－1963年~1994年考古發掘報告』 上·下, 文物出版社, 2001. 이들 보고 이외에 郭德維·陳賢一, 「湖北黃陂盤龍城商代遺址和墓葬」, 『考古』 1964[8]; 湖北省博物館, 「盤龍城商代二里崗期的靑銅器」, 『文物』 1976[2] 등에도 발굴 성과가 일부 소개되어 있다.

의 순으로 퇴적되어 있다. 즉 동하풍의 경우에는 제4기와 제5기 사이에서, 南關과 府城유적은 제1기와 제2기 사이에서 이리두문화가 종지되고 이리 강기의 상문화가 유입된 것이다[106].

그런데 이 4유적에서는 모두 이리두문화가 종지되고 새롭게 이리강기의 상문화가 유입된 시점에 성곽이 축조되었다. 동하풍유적의 성곽은 제5기에 축조된 것으로 현재 남벽의 길이만을 알 수 있을 뿐인데 그 길이는 약 440m 가량[107], 남관유적의 성곽은 제2기에 축조된 것으로 사다리꼴의 평면 구조에 전장은 1,470여m, 부성유적의 성곽은 이리강문화기에 수축된 것으로 평면 근방형, 전장은 약 1,100m에 달한다. 이들 성곽은 모두 판축구조의 토성이며, 성곽이 수축된 시점에 유입된 이리강문화의 양상은 이 시기 상문화의 중심지역인 鄭州의 그것과 거의 동일하다. 상문화의 중심지역인 정주와의 문화적 친연성은 盤龍城의 유적에서도 관찰된다. 반룡성에서는 이리강하층기에 축조된 전장 1,100m의 토성이 발견되었고, 성곽 안에서는 같은 시기의 대형건물 기단 F1과 F2가, 성 바깥의 樓子灣, 李家嘴 등지에서는 대형 무덤이 각각 발견되었다[108]. 반룡성에서는 동하풍 등과는 달리 성곽이 축조되기 이전의 선행 유적은 발견되지 않았지만, 성곽과 건물, 그리고 무덤의 구조뿐만 아니라 출토 토기, 청동예기, 옥기 등의 제작기술에서 정주의 그것과 고도의 일체성을 볼 수 있다[109].

위에 언급한 4유적에서 관찰되는 고고학적 기록은 매우 유사하다. 문

---

106 二里頭文化 東下馮類型이 夏 국가의 유존이라는 주장이 있지만, 여기에는 논란의 여지가 있다. 다만 분명한 점은 그것이 鄭州·安陽의 商문화와는 계통을 달리하는 문화라는 점이다. 二里頭文化는 河南龍山文化 王灣類型을 계승하여 발전한 것으로, 商文化는 하북 북부의 下七垣文化에서 발전한 것으로 간주된다. 李伯謙, 「先商文化探索」, 『慶祝蘇秉琦考古五十五年論文集』, 文物出版社, 1989, pp.280~293 참조.

107 中國社會科學院考古研究所 등, 앞의 보고, 1983.

108 湖北省博物館 등, 앞의 보고, 1976, pp.6~14.

109 湖北省博物館 등, 위의 보고, 1976, pp.14~15. 특히 청동예기에 대해서는 湖北省博物館, 「盤龍城商代二里岡期의青銅器」, 『文物』 1976[2] 참조.

화적 단절, 이에 때맞춘 이리강기 상문화의 돌연한 유입, 유입된 상문화가 보여주는 중심지역과의 문화적 친연성, 그리고 이때에 축조된 성곽 등이 그것이다. 이것은 이곳으로 유입된 상문화가 원래 이 지역에 거주하던 주민에 의해 수용된 것이 아니라, 상문화의 담지자들이 진출하면서 동반 수용된 것이었을 가능성이 높다는 사실을 의미한다[110].

이리강문화기의 성곽이 발견된 위의 4곳은 자연지리적인 측면에서 두 가지 공통점을 가지고 있다. 그 하나는 하천 주변에 건설되었다는 점이다. 특히 하천의 합류점 부근이 선택되었는데, 동하풍, 남관, 부성, 반룡성 등은 모두 주요 하천의 합류점 근처에 입지하고 있다. 이것은 성곽을 건설하는데 있어 무엇보다 교통의 편의가 중요 조건으로 고려되었음을 암시한다[111]. 다른 하나는 주변보다 약간 높은 구릉지 혹은 산맥과 평원이 교차하는 경사지를 선택하였다는 점이다. 고지는 넓은 시야를 제공함으로써 성곽 방어에 유리한 환경을 제공하며, 또한 하천 주변에 입지한 이들이 홍수 등의 자연재해를 피할 수 있는 방편을 제공하여 주었다.

자연환경 외에 해당 지역의 역사적 환경에도 주목할 필요가 있다. 특히 이들 성곽이 이리강문화기 이전 이미 취락이 밀집하여 분포한 지역에, 그것도 그들 취락 가운데서 가장 번영했던, 이를테면 해당 지역의 중심취락 위에 건설되었다는 점에 주목할 필요가 있다. 이것은 남관과 동하풍의 경우에서 확인되는 사실이다.

남관유적이 소재한 垣曲盆地에는 분지를 관통하는 4개의 비교적 커다란 하천이 있다. 1980년과 82년, 이 가운데 毫淸河 동안과 沈西河 서안 일대를 중심으로 지표조사가 진행되었다. 그 결과, 이 두 하천을 따라 이

---

110 王睿,「垣曲商城的年代及其相關問題」,「考古」1998[8], pp.88~90.
111 商 후기에는 이미 獨木舟의 단계를 지나 다수의 목판 부속으로 구성된 목판선이 등장하였으며, 이 목판선이 화물 운송에 사용된 흔적을 청동기의 도상기호에서도 확인할 수 있다. 席龍飛,「中國造船史」, 湖北敎育出版社, 2000, pp.12~28.

리두문화 유적이 2~3km 간격으로 분포되어 있고, 이 중 龍王崖, 豊村, 古城鎭 등지의 것은 그 유물산포면이 25~30만㎡에 달하는 것이 확인되었다. 즉 이리두문화기 이 지역에 상당한 수의 취락이 분포되어 있고, 그 가운데서도 몇몇 중심취락이 형성되어 있었던 것이다. 남관의 성곽유적은 이들 중심취락 가운데 하나인 古城鎭에서 발견되었다. 이곳에는 특히 성곽이 건설되기 직전인 이리두문화기에 사주에 환호를 두른 환호취락이 번영하고 있었다[112].

동하풍의 경우도 남관과 매우 유사한 역사적 환경을 가지고 있다. 동하풍유적이 위치한 산서 남부 運城盆地 일대의 지표조사 결과를 보면, 이 지역에는 앙소문화기부터 춘추시대까지의 유적이 두루 분포되어 있으며, 이리두문화기의 유적이 6곳, 이리강문화기의 유적은 11곳에 달한다. 일반적으로 이리두문화기의 유물 산포면은 5만㎡를 넘지 않고, 이리강문화기의 것도 夏縣 月牙保와 運城 瞶馬村 등 2곳이 약 6만㎡인 것을 제외하면 모두 5만㎡이하이다. 이에 반해 동하풍은 유적의 면적이 25만㎡에 달하여 다른 유적과의 규모 차이가 현격하고, 출토유물도 廟底溝文化Ⅱ期부터 이리강문화기까지 넓은 시간적 범위에 속하는 것이 모두 발견되었다. 특히 이리두문화기에는 동하풍에도 역시 환호취락이 건설되어 있었다[113]. 즉 동하풍 역시 남관과 마찬가지로 廟底溝文化Ⅱ期이래 이 일대의 중심취락으로 기능해 온 것이다.

한편, 부성유적이 입지한 焦作 일대의 역사적 환경은 아직까지 분명하지 않다. 이미 발표된 焦作 일대의 지표조사 자료[114]에는 이 지역에서 앙소

---

112 中國社會科學院考古硏究所山西工作隊, 「山西垣曲古文化遺址的調査」, 『考古』 1985[10]. 이밖에 佟偉華, 「商代前期垣曲盆地的統治中心-垣曲商城」, 『商文化論集』 下, 文物出版社, 2003, pp.455~458.

113 中國社會科學院考古硏究所, 「晉南考古調査報告」, 『考古學集刊』 6, 1989, pp.1~51.

114 中國社會科學院考古硏究所河南一隊 등, 「河南焦作地區的考古調査」, 『考古』 1996[11].

문화기 이래 상문화기까지의 유물이 확인된다고 기록되어 있지만, 이곳에 분포하는 유적에 대한 조사는 철저하지 않았던 것으로 보인다[115]. 입수할 수 있는 자료를 종합해서 유적의 분포상황을 재구성에 보면 이 지역에서 이리두문화기의 유물이 수습된 곳은 小尙, 郇封, 禹寺, 大司馬, 月季公園, 東石寺, 小麻村, 蘇藺村東, 北官莊 등 8곳에 달한다. 유적의 분포밀도는 남관이나 동하풍 일대에 비해 상대적으로 낮지만, 역시 이리두문화기에 상당한 인군이 거주한 지역이었던 것만은 분명하다.

이처럼 이전부터 인구밀도가 높은 지역의 중심취락을 성곽 건설의 대상지로 선택된 것에는, 해당 지역에 이미 형성되어 있던 취락간의 전통적 위계를 이용하여 해당 지역에 대한 지배를 관철하고자 하는 상 국가의 의도가 반영되어 있다.

曹兵武에 따르면 남관유적에 이리강문화의 성곽이 건설된 후에도 그 주변에는 여전히 이리두문화를 기반으로 한 취락이 존속하여, 남관의 성곽취락은 마치 문화적 섬과 같은 존재였다[116]. 이것은 남관의 성곽이 이리강문화인의 의도적 진출에 의해 건설된 것이었음과 상 국가의 해당 지역 지배가 이 지역에 존재하고 있던 전통적 질서를 이용한 것임을 보여주는 것이다. 이와 같은 지방 지배 거점의 건설은 상 국가의 잠재적 적대세력을 억제하고, 나아가 상 국가를 보호하는 데에도 유용하였을 것이다.

반면 盤龍城은 남관이나 동하풍 혹은 부성과는 상당히 다른 이색적인 환경에 위치하고 있다. 우선 다른 것들은 모두 황하수계에 속하는 하천 가

---

pp.31~45.

115 성곽이 발견된 府城유적에서 진행된 지표조사에서는 상문화기 이후의 유물만이 확인되었다고 보고되었으나, 실제 발굴 결과 상문화기의 퇴적층 아래에서 이리두문화기과 이리두문화기의 灰坑 17기가 발견되었다. 袁廣闊 등, 앞의 보고, 2000, pp.16~19.

116 曹兵武, 「從垣曲商城看商代考古的幾個問題-『垣曲商城 1985~1986年度勘査報告』讀後」, 『文物』1997[12], p.87.

에, 그리고 太行山에서 中條山으로 이어지는 산악과 평원의 교차지대에 건설되었지만, 반룡성은 유독 거기에서 멀리 떨어진 양자강 중류에 건설되었다. 게다가 반룡성이 건설되기 이전 이곳에 대형 취락이 번영했거나 혹은 그 인근에 대규모 인군이 거주했던 흔적도 발견되지 않았다.

이리강문화가 성립되기 이전, 중원 지역의 문화가 남방 지역에 끼친 영향은 미미하였다. 양자강 중류의 반룡성, 荊州 荊南寺유적 등 이리두문화기 혹은 이리두 · 이리강문화 교체기의 유적인데, 이곳에서 출토된 토기 가운데 이리두문화의 영향이 보이는 것이 있으나, 그것은 그 규모나 심도에서 대단한 것은 아니다. 예컨대 반룡성유적에서 이리두문화 제2기에서 제4기에 평행하는 문화층이 조사되었고(반룡성 제1기~제3기), 출토 토기에서 이리두문화의 그것과 유사한 기종을 볼 수 있지만[117], 여기에는 深腹罐, 圓腹罐 등 이리두문화의 전형적 취사기가 전무하거나 희소하다[118].

양자강 중류 지역에서 전형적인 중원 지역의 토기가 나타나기 시작하는 것은 이리강문화기에 접어들고 난 이후이다. 그 가운데 시간적으로 다소 앞선 銅鼓山[119]과 荊南寺유적[120]의 토기는 이리강문화 하층 제2기의 것이므로, 이즈음부터 이곳에 이리강문화의 본격적인 영향이 미치기 시작했음을 짐작할 수 있다. 특히 형남사유적의 이리강문화계 유물은 특정 유구에서만 집중적으로 출토되는 경향이 있으므로, 그 영향은 몇몇 이리강문

---

117 湖北省文物考古研究所, 앞의 보고서, 上, 2001, pp.468~493.

118 中國社會科學院考古研究所 編著, 앞의 책, 2003, pp.472~473. 뿐만 아니라 이리강문화의 標識的 토기인 鬲도 약간씩 보이지만 그 襠部에서 관찰되는 특징에 현저한 차이가 있어 이리강문화의 것과 동일 문화계통의 것은 아니다.

119 湖南省文物考古研究所 등, 「岳陽市銅鼓山商代遺址與東周墓發掘報告」, 『湖南考古輯刊』 5, 1989.

120 江陵 荊南寺유적의 문화 퇴적은 6개의 문화기로 분기되며 각 문화기에서는 二里頭文化 제4기부터 殷墟文化 제1기에 이르기까지의 中原系 문화의 지속적인 영향이 관찰된다. 그러나 이 유적에서 관찰되는 主流 문화는 이 지역의 선행 新石器文化, 즉 石家河文化를 계승한 재지문화이다.

화인의 이주를 통해 이루어졌으며, 그들이 끼친 영향력의 범위는 매우 제한적이었다고 판단된다[121].

이리강문화인의 진출은 시작되었지만 그들은 이 지역에서 어디까지나 이방인일 뿐이었으며, 이리강문화를 주체로 하는 유존은 기껏해야 고립적인 존재에 불과했다. 이 고립적 유적들 가운데 대표적인 것이 바로 반룡성이다. 반룡성에서 볼 수 있는 이리강문화의 요소는 이 지역 토착문화의 영향을 어느 정도 수용하기는 했어도 기본적으로는 전형적인 이리강문화에 속한다. 그러므로 반룡성의 성곽취락은 이리강문화인의 직접적인 이주를 통해 건설된 것이라는 데 연구자들 사이에 이견이 없다. 이리강문화기에 들어 이국적 환경 일색인 남방에 이리강문화인이 막 진출하기 시작하면서, 돌연 성곽을 갖춘 대형 취락이 건설된 것이다.

상문화의 담지자들이 이곳에 진출하여 반룡성을 건설한 이유는 銅料를 획득하기 위한 것이었다. 이것은 반룡성유적에 나타나는 몇 가지 특징적 현상을 통해 자연스럽게 유추된다. 반룡성유적의 특징 중 하나는 이곳에서 동에 관련된 유존과 청동예기가 유난히 많이 발견된다는 점이다. 이곳에서는 5곳에 달하는 동 제련장이 발견되었으며 청동예기를 부장한 무덤이 전체 무덤에서 차지하는 비중, 그리고 부장된 청동예기의 개체 수 또한 매우 높다. 또 반룡성의 楊家灣에서 발굴된 무덤 중 2기(PYWM11, PYWM12)의 이층대 위에서 坩堝와 陶缸 등이 발견된 것도 이 취락에 거주한 사람들이 동 제련에 종사하고 있었던 것과 관련된 현상이라고 해석할 수 있다. 이런 종류의 부장품은 중원 지역의 다른 무덤에서는 볼 수 없는 것이다[122].

뿐만 아니라, 반룡성이 위치한 곳은 중국의 최대 동 매장지에 매우 가깝

---

121 何努, 「荊南寺遺址夏商時期遺存分析」, 『商文化論集』下, 文物出版社, 2003, pp.531~539.
122 王勁 등, 「試論商代盤龍城早期城市的形態與特徵」, 『商文化論集』下, 2003, pp.528~529.

다. 화북평원의 서부 변연 지역에도 中條山과 같은 동광이 없는 것은 아니지만, 중국의 동광은 주로 양자강 유역에 분포해 있다. 즉 구리[銅], 주석[錫], 납[鉛] 광산의 주요 분포지는 湖北, 湖南, 江西, 安徽와 雲南 등지로, 그 가운데서도 양자강 중류지대는 매장량 최대의 동광대를 형성하고 있다. 게다가 이 지역의 동광 가운데 일부가 늦어도 이리강상층기에 開山되었다는 증거도 확보되어 있다. 江西 瑞昌의 銅嶺유적은 문화층과 및 출토 유물, 그리고 C¹⁴연대측정의 결과로 보아 이리강상층기에 개착되기 시작하였음이 분명하다[123]. 호북 동남부의 大冶에서 발견된 銅綠山유적[124]의 경우는 비록 문화층과 출토유물을 통해서 광산의 개산 연대를 알 수는 없으나, Ⅶ호 鑛體 2호 지점 채광유적에서 수집된 갱목 4점의 C¹⁴연대측정 결과는 모두 그 상한이 기원전 1500~1400년의 범위에 집중되어 있다[125]. 이 시간대는 바로 이리강문화기의 시간적 범위에 속한다. 동록산유적과 동령유적은 반룡성에서 동으로 약 100km 가량 떨어져 있을 뿐이다.

동령에서 이리강문화의 전형적 토기가 출토되고, 동록산이 이리강문화기부터 채굴되었으며, 이곳에서 멀지 않은 반룡성에서 청동기 주조와 관련된 자료가 집중적으로 발견된 것은 반룡성이 양자강 중류의 동광과 밀접한 관계에 있음을 시사한다. 이리강문화가 양자강에 도달한 다음 그 상류의 사천 방향으로는 진출하지 않고, 동광이 분포한 하류의 강서 방향으로만 제한적으로 진출한 것[126] 역시 반룡성에 성곽취락을 건설한 상 국가

---

123 劉詩中 등, 「江西銅嶺銅鑛遺址的發掘與研究」, 『考古學報』 1998[4].

124 黃石市博物館, 『銅綠山古礦冶遺址』, 文物出版社, 1999.

125 4점의 샘플이 보고되었다. 각각의 C¹⁴측정치(BP)와 樹輪校正연대(BC)는 다음과 같다. ① ZK-758: 3260±100, 1530~1325 ② WB80-44: 3150±80, 1424~1225 ③ BK94058: 3185±70, 1422~1263 ④ WB80-40: 3140±80, 1420~1220. 이에 대해서는 黃石市博物館, 위의 보고서, 1999, p.192.

126 楊權喜, 「湖北商文化與商朝南土」, 中國社會科學院考古硏究所 편, 『中國商文化國際學術討論會論文集』, 中國大百科全書出版社, 1998, pp.282~289.

의 의도를 친절하게 설명해 준다.

양자강 중류 일대에서 채굴된 동료가 鄭州 등의 상 중심지역에 유통되었을 가능성은 충분하다[127]. 중국에서 최초로 청동기가 등장하는 것은 대체로 기원전 3000년경[128]이며, 초기의 청동기는 刀, 錐, 環, 鏡 등 비교적 간단한 도구나 장신구 등이었다. 이후 이리두문화기에 들어서야 청동기의 종류는 무기, 용기, 도구, 장신구 등으로 다양해지고, 그에 따라 제조 공예도 상당히 발달한다. 그렇다고 해도 청동의 사용이 비약적으로 증가한 시기는 역시 이리강문화기이다. 청동예기가 광범위하게 보급된 것도 이 시기부터이고, 이때부터 지배층의 무덤에 청동예기가 보편적으로 부장되기

---

127 최근 金正耀 등이 이리두문화기부터 은허문화기까지 각 시기 중원 지역의 청동기 鉛同位體比를 분석하여 그 제작에 사용된 원료의 산출지를 밝히려는 연구를 진행하였다. 그들에 따르면 이리강문화기부터 은허문화 제2기까지는 '高放射性起源鉛'을 함유한 동료를 산출하는 광산이 주요한 원료공급지였다. 게다가 揚子江 상류의 四川 廣漢 三星堆의 제사갱 2기, 그리고 하류의 江西 新干의 商代 大墓에서 출토된 동료 역시 鄭州, 殷墟 등 황하 중류 일대에서 발견된 것과 동일한 광산에서 출토된 것이다. 그런데 이 高放射性起源鉛은 동록산이나 동령 등 호북 중부 지역의 동광에서는 보이지 않으며 雲南, 四川 등 지질구조가 복잡한 中國 서남지역에서 그와 가까운 성분의 동광을 찾을 수 있다. 그러나 中國 각처의 동광에서 산출되는 동료의 샘플이 아직 완비되지 않은 상태에서 서남지대가 그 동료의 산출지였다고 단정할 수도 없으며, 金正耀 등의 연구로는 銅의 산출지가 아닌 鉛의 산출지를 밝힐 수 있을 뿐이라는 이견도 있다. 또 양자강 중류 지역에서도 고방사성기원연이 산출되었을 가능성이 있다는 견해도 있다. 金正耀 자신도 이 고방사성기원연이 원래 동료에 포함된 것이었는지, 아니면 錫料에 포함된 것이었는지 분명하지 않다는 점을 인정하고 있다. 이상의 문제에 대해서는 金正耀, 「晚商中原青銅的礦料來源」, 杜石然 主編, 『第三屆國際中國科學史討論會論文集』, 科學出版社, 1990; 金正耀 등, 「江西新干大洋洲商代大墓青銅器的鉛同位素比值研究」, 『考古』1994[8]; 同, 「廣漢三星堆遺物坑青銅器的鉛同位素比值研究」, 『文物』1995[2]; 同, 「中國兩河流域青銅文明之間的聯系-以出土商青銅器的鉛同位素比值研究結果爲考察中心」, 中國社會科學院考古研究所 編, 앞의 책, 1998; 金正耀, 「中國古代文明をさぐる-鉛同位體比法による研究を中心に」, 馬淵久夫 編, 『考古學と化學をむすぶ』, 東京大學出版社, 2000; 同, 「論商代青銅器中的高放射性因鉛」, 『考古學集刊』 15, 2004; 秦潁 등, 「皖南古銅礦冶煉産物的輸出路線」, 『文物』2002[5]; 同, 「安徽淮北部分地區出土青銅器的銅礦來源分析」, 『東南文化』2004[1]; 彭子成 등, 「贛鄂皖諸地古代礦料去向的初步研究」, 『考古』1997[7] 등의 논고 참조.
128 朱鳳瀚, 『古代中國青銅器』, 南開大學出版社, 1995, pp.6~15.

시작하였다. 청동 유물 가운데 높이가 1m에 달하는 대형 기종이 제작된 것도 이때의 일이다. 따라서 이리강문화기에 들어서면서 동료의 수요가 급격하게 증가하였음을 상상하는 것은 어렵지 않다.

인적이 드물던 반룡성에 돌연 성곽취락이 출현한 것은 동료를 획득하기 위한 상국가의 계획적 진출과 무관하지는 않다. 그렇지만 상에게 필요한 자원이 금속에만 국한되지는 않았을 것이다. 정주나 소둔과 같은 대형 취락에는 출신과 계층을 달리하는 상당한 수의 인구가 집거하고 있었다. 게다가 특수한 기술을 보유한 장인집단이 거주하여 전업적 수공업 생산에 종사하고 있었다. 이 단계에 도달한 상국가의 사회가 폐쇄적이며 자급자족적 기반 위에서 기능하고 있었다고 생각할 수는 없다. 이리강문화기에는 이미 대형 성곽취락을 중심으로 한 어느 정도의 물자유통망이 구축되어 있었다고 판단하는 이유이다.

상대 후기의 갑골문에는 필요한 자원을 획득하는 방법에 관련된 기록이 보인다. 그에 따르면 상 국가가 자원을 획득하기 위해 채용한 방법에는 크게 두 가지가 있다. 그 하나는 공납이다. 공납은 조정에서 봉사하는 관료와 제후, 그리고 異邦에서 제공되었다. 갑골문에는 소[牛], 말, 양 등의 가축, 기장[黍], 보리[麥] 등의 곡물 및 소금 등 일상 식료품은 물론, 玉, 貝, 상아 등의 장식품, 점복용의 龜板, 그리고 그 이외의 각종 수공업생산품이나 野獸 등이 공납되었으며, 공납품의 수량이 상당한 정도에 달한 것이 기록되어 있다[129].

물자의 획득에 광범위한 유통망이 가동되고 있었던 것은 은허에서 발견된 몇몇 원거리 교역품에서 상징적으로 드러난다. 예컨대 玉器 제작에

---

129 商 후기의 공납에 대해서는 王貴民, 「試論貢・賦・稅的早期歷程–先秦時期貢,賦,稅源流考」, 『中國經濟史研究』 1988[1]의 pp.14~17; 楊升南, 「商代的財政制度」, 『歷史研究』 1992[5]; 彭邦炯, 「商國家的土地關係」, 『早期奴隸制社會比較研究』, 中國社會科學出版社, 1996, pp.158~167의 표 등을 참조.

사용된 玉料에는 新疆의 和闐玉, 遼寧의 岫岩玉, 河南의 南陽玉 등이 포함되어 있으며[130], '貨貝'라 불리는 조개껍질은 臺灣과 海南 등 중국 동남해안 일대에서 들어온 것이다. 그리고 점복에 사용된 구판은 安陽 주위에서 나지 않는 것으로, 여기에는 福建, 臺灣, 廣東, 廣西, 海南 등 남부해안 지대, 멀리는 동남아 일대에서 산출되는 것까지 포함되어 있다[131]. 이와 같은 원거리교역에는 직접적 교역보다는 중간 단계를 거친 유통망이 작동하고 있었을 것이다[132].

다른 하나는 상 왕조의 직접 경영인데, 주로 식료의 획득이 이것과 관련되어 있다. 식량은 공납을 통해 획득되기도 하였지만, 그밖에 상 왕실이 각지에 경작지를 직접 개간하여 그것을 직접 경영함으로써 확보하는 방법이 채택되기도 하였다. 이를 위해 商은 西, 京, 敦 등 殷墟에 가까운 지역뿐만 아니라 先侯, 黍侯 등의 제후, 나아가서는 羊方 등 方의 영역까지 광범위한 지역에 걸쳐 직접적인 농업경영을 시도하였다[133]. 이곳에서의 농경은 '衆人'이라 불리는 평민이나 농장 소재지 주변에 거주하는 예속 취락민의 집단적 노동에 의해 진행되었다[134]. 수확된 곡물은 殷墟로 운반되기도 하고 각지에 개설된 창고에 보관되기도 하였다. 갑골문에 자주 보이는 '省廩'이란 행위는 이들 곡물창고를 관리하는 의식이었는데, 이 廩은 '南廩'이나 '廩' 등 殷墟 주변에 위치한 것으로 추정되는 것도 있지만[135], 다른

---

130 中國社會科學院考古研究所, 앞의 책, 2001, pp.324~325.
131 貨貝와 龜版에 대해서는 中國社會科學院考古研究所, 위의 책, 2001, pp.402~403 및 p.443 참조.
132 商국가의 물자 유통에 대해서는 張光直 저, 毛小雨 역, 『商代文明』, 北京工藝美術出版社, 1999, pp.206~244에 자세한 설명이 있다. 이와 관련해서 江村秀典, 「王墓の成立とその祭祀」, 初期王權研究委員會 편, 앞의 책, 2003, pp.212~225도 참고.
133 이를테면 羊方은 山西省 北部 지역을 활동 무대로 삼은 異邦이었다. 李雪山, 『商代分封制度研究』, 中國社會科學出版社, 2004, pp.224~225.
134 張政烺, 「卜辭裒田及其相關諸問題」, 『考古學報』 1973[1], pp.109~117.
135 彭邦炯, 위의 논문, 1996, pp.142~147.

일부는 殷墟에서 멀리 떨어진 생산지 부근에 있는 것도 있다[136].

商에게 또 하나의 중요한 자원이었던 노예는, 일부 자발적인 공급 이외에 대개는 전쟁 등의 폭력적 수단을 통해 획득되었다[137]. 노예가 당시의 생산노동에서 차지한 위치는 지금 정확히 평가하기 어렵다. 그러나 적어도 상대 후기의 殷墟에서 행해진 각종 제사에서 필요로 한 인신 희생의 수만 해도 상상을 초월하는 양이었다. 1930년대에 들어 은허에 대한 본격적인 발굴 조사가 시작되었을 때, 조사자들에게 강한 인상을 준 것 중의 하나가 이곳에서 발견된 수를 헤아릴 수 없는 인신 공희의 흔적이었다. 예컨대 侯家莊의 왕릉구역 東區에서 진행된 5차례의 발굴을 통해 조사된 인신희생 갱은 932기에 달하였으며, 여기에서 채집된 人牲 표본은 3,460개체에 달했다[138]. 胡厚宣은 갑골문의 제사기록을 근거로 당시 제사에서 사용된 인신 희생의 수를 정리하였는데, 이에 따르면 현존하는 갑골문 가운데 인신 희생에 관한 기록을 가진 것이 1,350片, 여기에 기록된 人牲의 수는 1만 3,052인에 달한다[139]. 이 수치는 상대 후기 은허에서 사용된 인신 희생의 총량 중 일부만을 반영하고 있는데 지나지 않는 것이다.

이리강문화기의 商이 필요한 물자의 획득이나 유통이 어떤 방식, 어떤 규모로 이루어졌는지에 대한 물음에 대해서, 당시의 문자자료가 전무한 현재로서는, 구체적인 답은 구하기 어렵다. 그러나 각지에 건설된 성곽취락이 그것에 상당히 기여했음은 분명해 보인다. 동하풍유적에서 발견된 원두막형 창고군은, 그곳에 비축하고자 했던 것이 곡물이었는지 혹은 소금이었는지 단언할 수 없다고 해도, 반룡성의 청동원료처럼 정주를 향

---

136 王貴民, 「就甲骨文所見試說商代的王室田莊」, 『中國史研究』 1980[3].
137 姚孝遂, 「商代的俘虜」, 『古文字研究』 1, 中華書局, 1979, pp.337~390.
138 黃展岳, 『古代人殉人牲通論』, 文物出版社, 2004, pp.62~72.
139 胡厚宣, 「中國奴隸社會的人殉和人祭」 下, 『文物』 1974[8], pp.56~67, 72.

한 물자의 공급에 기여했을 것이다[140]. 교통의 편의를 십분 고려한 성곽취락의 입지 선택에는 물자의 수송 또한 고려되어 있는 것이다. 뿐만 아니라 남관에서 발견된 제사갱에서 인간 희생이 다수 발견되고, 그 가운데 부상의 흔적이 있는 자도 포함되어 있는 것은 이 일대에서 인간 희생을 획득하기 위한 폭력이 행사되고 있었음을 알려준다. 정주에서 진행된 경상적인 人牲 공희 의례에는, 상대 후기에 그러했던 것처럼, 남관 일대에서 획득된 포로가 제공되었을지도 모른다. 성곽으로 방어성을 높인 이리강문화의 성곽취락은 그 일대에 발생한 충돌을 시사하는 것이다.

상대 후기의 甲骨文에는 作邑 혹은 衷田 등에 관한 상당수의 기록이 있다. 作邑이란 문자 그대로 邑, 즉 취락을 건설한다는 뜻인데, 새로운 취락이 군사적 목적으로 건설되었는지 아니면 경제적 필요에 의한 것이었는지는 갑골문 기록을 통해서 분명히 알 수 없다[141]. 衷田은 새로이 경작지를 개간하는 것을 말한다[142]. 동하풍, 남관, 부성, 반룡성 등 상문화의 중심지역 밖에 위치한 이들 유적은 지리적 요충에 위치한 데다가 성곽까지 갖추었으므로 이방으로의 군사적 진출에 수반된 작읍의 사례일 것이라 생각된다[143]. 선행하는 토착문화의 취락 위에 세워진 작읍이었으므로 그것은 군사적 정복에 수반된 것이었을 것이다.

岡村秀典이 盤龍城의 경우를 예로 들어 말한 것처럼, 그것은 이리강문화기까지 꾸준히 진행된 중원문화의 팽창과 함께 황하 하류역과 양자강 중·하류역에 성장했던 지역적 정치공동체를 와해되고 거기에 상의 식

---

140 Li Liu and Xingcan Chen, "Cities and Towns: The Control of Natural Resources in Early States", Glenn Storey ed, *Population and Preindustrial Cities: A Cross-Cultural Perspective*, University of Alabama Press, 2001, p.26.

141 彭邦炳,「卜辭"作邑"蠡測」, 胡厚宣 외,『甲骨探史錄』, 三聯書店, 1982, pp.265~302 참조.

142 張政烺, 앞의 논문, 1973, pp.93~120; 王貴民, 앞의 논문, 1980, pp.57~72.

143 江鴻,「盤龍城與商朝的南土」,『文物』1976[2], pp.42~46; 王睿, 앞의 논문, 1998, pp.88~90.

민지배를 관철한 것이다[144]. 즉 이들 작읍에 관련된 유적은 상 국가가 지방 지배와 자원 획득을 위해 건설한 지역 거점의 흔적이다. 그것은 상 국가가 그 전기부터 이문화 지역에 지배의 거점을 설치하여 직접적인 지역 지배를 시도하였음을 보여주는 증거이다.

---

144 岡村秀典, 앞의 논문, pp.96~99.

제3절
商周革命의 여정

　周가 商을 전복하고 중원의 패권을 차지하게 되었음을 말하는 이른바 '商周革命'은 周와 商, 양군 사이에서 치러진 牧野의 전투를 통해 결정적으로 판가름났다. 牧野의 패전으로 말미암아 商왕조의 마지막 임금인 帝辛은 자살하고, 商 국가는 해체되었다. 그러나 商周革命은 牧野에서 치러진 이 건곤일척의 일전만으로 결정된 것은 아니었다. 牧野의 전투는 이 이전부터 시작되어 혁명 이후까지 오랜 시간에 걸쳐 진행된 周의 팽창운동 가운데 위치하는 가장 중요하긴 하지만, 그 과정에서 일어난 하나의 사건이라는 측면도 갖고 있다.

　『史記』에는 商周革命의 과정이 비교적 소상하게 기록되어 있다. 혁명은 武王에 의해 이루어졌지만, 司馬遷은 혁명의 공로가 상당 부분 武王의 아버지인 文王에게 있다고 했다. 그에 따르면 문왕은 자애롭고 현인을 존중할 줄 아는 이상적 군주였다. 그는 자신의 영토를 帝辛에게 바치면서까지 악명 높은 형벌인 炮烙之刑을 폐지해 줄 것을 요청했으며, 남몰래 선행을 거듭하여 제후들이 그에게 와서 분쟁의 조정을 요청할 정도였다[141]. 司馬遷은 이 평화애호적인 문왕과 악행을 일삼는 폭군 紂를 대비하면서 이때 이미 天命이 상에서 주로 옮겨졌을 것이라고 추측했다[146]. 文王의 선행은 후대 儒家가 미화한 것이 대부분이라 생각된다. 그러나 그가 하늘[天]로부터 지상의 통치에 대한 위임[命]을 받았다는 생각이 늦어도 西周 때에 이미 분명하게 존재했다. 고대 문헌자료[147]나 청동기 명문[金文][148]에는 이른바 '文王受命說'이 드물지 않게 나타난다.

그런데 周왕실의 一族이 분봉된 魯에서 春秋時代에 불려진 廟歌, 魯頌 閟宮에는 그들의 조상이 이룩한 이 위업을 노래하면서 克商을 향한 정치적 動向은 武王 때보다 훨씬 더 빨리, 일찍이 무왕의 증조부인 古公亶父 때부터 시작되었다고 회고한다[149]. 이들이 왜 고공단보 때부터라고 했는지에 대해서는 『史記』의 기록만으로는 분명히 알 수 없다. 『史記』에는 고공단보에 대해 그가 戎狄을 피해 일족을 이끌고 岐山 남쪽에 정착하였다는 것을 제외하고는 별다른 기록이 없으며, 그의 아들이자 文王의 아버지인 季歷에 대해서도 "古公이 남긴 道를 닦아 義를 행하는 데 열심이어서 諸侯들이 순종했다[150]"는 기록 이외에는 별다른 이야기를 전하지

---

145 『史記』 권4, 周本紀. "西伯乃獻洛西之地, 以請紂去炮格[烙]之刑, 紂許之. 西伯陰行善, 諸侯皆來決平."

146 『史記』 권4, 周本紀. "… 諸侯聞之曰, 西伯蓋受命之君."

147 『詩經』 大雅, 文王. "穆穆文王, 於緝熙敬止, 假哉天命, 有商孫子. 商之孫子, 其麗不億, 上帝旣命, 侯于周服."; 大雅 文王有聲. "文王受命, 有此武功, 旣伐于崇, 作邑于豊, 文王烝哉";『尙書』 康誥. "大若曰, 孟侯, 朕其弟小子封. 惟乃丕顯考文王, 克明德愼罰, 不敢侮鰥寡. 庸庸祇祇威威顯民, 用肇造我區夏, 越我一二邦, 以修我西土. 惟時怙, 冒聞于上帝 帝休. 天乃大命文王, 殄戎殷, 誕受厥命, 越厥邦厥民, 惟時敍. 乃寡兄勗, 肆汝小子封, 在妓東土"; 同, 君奭. "嗚呼. 君, 已曰時我. 我亦不敢寧于上帝命, 弗永遠念天威, 越我民, 罔尤違, 惟人. 在我後嗣子孫, 大弗克恭上下, 遏佚前人光在家. 不知天命不易, 天難諶, 乃其墜命 弗克經歷嗣前人恭明德. 在今予小子旦, 非克有正, 迪惟前人光, 施于我沖子. 又曰, 天不可信, 我道惟寧王德延, 天不庸釋于文王受命."

148 高山節也, 「西周國家における'天命'の機能」, 松丸道雄 編, 『西周靑銅器とその國家』, 東京大學出版會, 1980.

149 『詩經』 魯頌, 閟宮. "后稷之孫, 實維大王, 居岐之陽, 實始翦商."

150 『史記』 권4, 周本紀. "公季(季歷)修古公遺道, 篤於行義, 諸侯順之."

않는다.

그렇다면 고공단보 때부터 克商이 시작되었다는 魯頌 閟宮의 전승은 어떤 사실을 가리키는 것일까? 아래 [표 5]는 『竹書紀年』과 『史記』에 기록된 季歷부터 成王 때까지의 전쟁 기록을 정리한 것이다. 그런데 『竹書紀年』에는 『史記』에는 보이지 않는 季歷 때에 치뤄진 여러 차례의 전쟁기록이 보인다. 이 전쟁이 克商의 움직임과 관련을 맺고 있는 것이 아닐까? 『竹書紀年』에도 역시 古公에 대해 특기할만한 사실을 전하지 않지만, 그렇다고 해도 춘추시대 魯의 廟歌에서 고공단보 때부터 극상이 시작되었다는 찬양이 보이는 것을 생각하면 『竹書紀年』 쪽이 그나마 누락된 사실을 보존하여 전하는 것이 아닐까?

『詩經』 魯頌 閟宮을 실마리로 하여 『竹書紀年』의 기록을 살펴보면, 일찍이 季歷 때부터 周가 주변지역에 대한 적극적 팽창에 나선 것을 알 수 있다. 물론 『竹書紀年』의 신뢰성에 대해서는 의문을 갖는 시각도 있지만, 그러나 아래에 인용하는 『史記』 殷本紀의 기록을 통해 암시되고 있듯이 상대 후기에는 상과 주 사이에 상당한 긴장관계가 조성되어 있었던 것 같다. 기록은 商王 武乙에 관련된 짧은 일화이다.

帝 武乙은 무도하여 허수아비를 만들어 놓고 그것을 天神이라 부르면서 사람으로 하여금 허수아비를 조작하게 하고는 허수아비와 노름을 했다. 天神[허수아비]이 이기지 못하면 그것을 욕보였다. 가죽 주머니를 만들고 피를 가득 채운 다음 공중에 매달고 그것을 활로 쏘아 맞추며, 그것을 '射天'이라 하였다. 武乙은 河·渭 사이에서 사냥을 했는데, 갑자기 떨어진 벼락을 맞고 죽었다[151].

---

151 『史記』 권3, 殷本紀. "帝武乙無道, 爲偶人, 謂之天神, 令人爲行. 天神不勝, 乃僇辱之. 爲革囊盛血, 卬而射之, 謂之射天. 武乙獵於河渭之間, 暴雷, 武乙震死."

[표 5] 克商 전후기 周의 전쟁기사

	竹書紀年	史記	備考
季歷	伐程(3)	기록 없음	
	伐義渠(9)	〃	
	伐西落鬼戎(14)	〃	
	伐燕京之戎(16)	〃	
	伐余無之戎(18)	〃	
	伐始呼之戎(21)	〃	
	伐翳徒之戎(25)	〃	
文王	伐商(13)	〃	
	伐翟(28)	〃	
		伐犬夷 (戎)	『尙書大傳』
	伐密(43)	伐密須	『詩經』大雅 文王有聲
	取耆及邗(45)	敗耆國 伐邗	『詩經』大雅 文王有聲『尙書』 西伯戡黎
	伐崇(45)	伐崇侯虎	『詩經』大雅 皇矣
	伐昆夷	기록 없음	
武王	伐黎(3)	〃	
	伐殷(12)	伐紂	『詩經』大雅 大明
	滅蒲姑	기록 없음	
	成王伐殷(2)	〃	
	滅殷 伐奄 滅蒲姑(3)	伐淮夷 殘奄	『尙書』大誥
	伐淮(4)	滅唐(8)	
	伐戎(13)	기록 없음	

* ( )는 재위년도

商王 武乙의 天神 모욕은 천신에 대한 도전이었다. 天神 숭배가 주의 문화적 전통이었음을 감안하면[152], 천신에 대한 모독은 상과 주 사이의 갈

---

152 許倬雲,『西周史』, 三聯書店, 1994, pp.98~109 참조.

등을 종교적으로 각색한 것이라고 할 수 있다[153]. 그런데 무을이 천신을 모독한 결과는 그가 河·渭의 사이, 즉 주의 세력권에서 벼락에 맞아 죽은 것이다. 무을이라면 周로 따지면 季歷 때이다. 무을이 주의 세력권 내에서 죽었다는 전승은 이때에 이미 상과 주 사이에 상당한 긴장관계가 조성되어 있었음을 말하는 것이 아닐까?

『竹書紀年』에 따르면, 季歷 역시 결국 상왕 文丁에게 피살되고 말았다[154]. 이 기록의 행간에는 季歷에 즈음해서는 商과 周 사이에 첨예한 긴장이 조성되어 있었음이 나타나 있다. 商과 周 사이의 이와 같은 긴장이 조성된 이유는 周族의 팽창 때문이었을 것이다. 周의 黎 침공을 두려움에 떨면서 帝辛에게 보고하는 祖伊의 모습에서 商·周 사이의 갈등이 현재화 된 근본적 원인이 어디에 있었는지가 생생하게 드러나 있다[155]. 季歷 때에 이 정도의 긴장관계에 도달해 있었다면 周의 팽창은 이미 상당한 과정을 경과한 것이라고 추정해야 한다.

그것은, 기록으로 남겨져 있지 않지만, 아마도 古公亶父 때부터 본격화되었을 것이다. 魯頌 閟宮에 고공단보 때부터 실제로 상을 공격하기 시작하였다(實始翦商)고 전하는 것은 바로 그것을 의미한다. 고공단보 이래 진행된 周族의 군사적 진출은 季歷 때에 이르러서는 이미 양국을 상당한 긴장관계로 몰아넣었던 것이다. 周는 文王보다 더 이른 시기부터, 그리고 『史記』에 기록된 것보다도 더 많은 전쟁을 통해 점차 주변으로 팽창하여 가고 있었다는 사실을 읽어 낼 수 있는 것이다.

季歷의 뒤를 이은 이가 文王이다. 문왕 때에도 이러한 상황은 그대로

---

153 白川靜, 「西周史略」, 『金文通釋』7, 白鶴美術館, 1977, pp.12~16.
154 『竹書紀年』卷上. "周公季歷伐翳徒之戎, 獲其三大夫來獻捷, 王殺季歷."
155 『尚書』西伯戡黎. "西伯旣戡黎, 祖伊恐, 奔告于王曰, 天子, 天旣訖我殷命, 格人元龜, 罔敢知吉. 非先王不相我後人, 惟王淫戲用自絶. 故天棄我, 不有康食, 不虞天性, 不迪率典.…"

유지되었다. 『史記』는 문왕을 평화애호적인 군주로 그리고 있다. 평화애호자로서의 文王象은 후세 儒家에 의해 만들어진 것이겠지만 司馬遷도 이를 수용하였다. 그럼에도 불구하고, 司馬遷 또한 문왕이 치른 전쟁에 관한 몇 가지의 기록을 남기지 않을 수 없었다. [표 5]에 보이는 것처럼 犬戎, 密須, 耆, 邘, 崇 등을 정벌한 사건이 그것인데, [표 5]의 비고란에 보이듯이 이와 같은 사실은 지금도 그 전거를 확인할 수 있는, 漢代에 널리 유포된 문헌에 이미 기록된 사실이었으므로 司馬遷도 누락시킬 수 없었을 것이다.

그러나 『史記』에 있는 기록이 문왕대에 周에 의해 시도된 전쟁을 모두 다 전하는 것으로는 여겨지지 않는다. 이를테면 『竹書紀年』에 보이는, 文王이 商을 공격하였다거나, 翟과 昆夷를 정벌하였다는 기록은 『史記』에는 보이지 않는다. 이밖에 『韓非子』에는 "文王이 盂를 침략하고 莒를 이겼으며, 酆을 획득했다[156]"는 전승도 있다. 이중 盂는 [표 5]의 邘를 가리킬 가능성이 높지만 莒와 酆[157]은 『史記』는 물론 『竹書紀年』에도 관련 기록이 보이지 않는다. 또한 周原에서 발견된 상말주초의 周가 행한 점복 기록에는 '伐蜀'이라던지 '克蜀', 혹은 '征巢'처럼 문헌에 보이지 않는 정벌 기록도 보인다. 그 가운데 적어도 蜀 정벌에 관한 기록은 문왕 때의 것으로 생각된다[158]. 이렇게 보면 문왕의 팽창은 계력 때보다 한층 더 적극적이었으며, 계력 때에 발생했던 상과의 갈등이 다시 재연된 것은 놀라운 일이 아니다. 문왕이 商을 공격한 것과 紂가 문왕을 羑里에 구금한 것은[159] 양국

---

156 『韓非子』 권4, 難二. "文王侵盂, 克莒, 擧酆, 三擧事而紂惡之."
157 酆은 文王이 도읍했다고 하는, 灃水를 건너 鎬京과 서로 마주하는 酆이 아니라 杜預가 말한 "析縣南有豊鄕"의 酆이라 한다. 지금의 陝西 山陽縣에 해당한다. 楊寬, 『西周史』, 上海人民出版社, 1999.
158 陳全方, 『周原與周文化』, 上海人民出版社, 1988, pp. 124~134.
159 『史記』 권4, 周本紀. "崇侯虎讒西伯於殷紂曰, 西伯積善累德, 諸侯皆嚮之, 將不利於帝. 帝射乃囚西於羑里."

간의 치열한 공방이 계속되고 있었음을 알려준다.

그럼에도 불구하고 克商의 대세는 문왕 때에 이르러서는 돌이킬 수 없는 흐름을 탄 것으로 보인다. 文王受命說이 나온 것도 바로 이 때문이겠지만, 상을 정벌할 때 미리 약속하지 않고도 제후 800이 이 정벌에 참여하기 위해 盟津에 모였다던지[160], 문왕이 商의 叛國을 통솔하면서 紂를 섬겼다던지[161], 문왕이 천하의 '三分之二'를 소유하고서도 紂를 섬겼다던지[162] 하는 기록은 모두 文王 때의 상황을 다양한 각도에서 보여주는 기록이다.

商과 周 사이의 갈등은 결국 武王 때에 이르러 절정에 도달한다. 무왕 때 周는 商 정벌에 성공하였으며, 따라서 무왕에 관한 전승의 초점 또한 이 사건에 맞추어져 있다. 그것은 商과 周 사이에서 진행된 牧野의 대회전에 집약적으로 표현된다. 孟子에 따르면, 어진[至仁] 군대를 이끈 무왕이 이 전투에서 손쉽게 승리를 낚았다고 한다. 그러나 至仁의 군사로 不仁의 군사와 대적한 이 전쟁의 향배는 싸우기 전에 이미 정해져 있었다는 그의 말[163]은 아마도 교훈적으로 과장되었을 것이다. 전쟁은 치열했으며 장기간 이어졌다.

二月 旣死魄에서 닷새 째 되는 甲子일 아침 商과 싸웠다. 商王 紂를 죽이고 紂와 함께 악한 행동을 한 신하 100인을 사로잡았다. 太公望에게 명하여 方來를 방어하도록 했다. 丁卯일 望이 도착하여 (전쟁에서) 벤 목과 잡은 포로로 승전의 의례를 올렸다. … 呂他에게 命하여 越戲方을 정벌하게 하였다. 壬申일 (呂他가) 도착하여 (전쟁에서) 벤 목과 포로로 승전의 의례를 올렸

---

160 『史記』 권4, 周本紀. "不其而會盟津者, 八百諸侯."
161 『左傳』 襄公 4년. "文王帥殷之叛國, 以事紂, 唯知時也."
162 『論語』 권8, 泰伯. "三分天下有其二, 以服事殷, 周之德, 其可謂至德也已矣."
163 『孟子』 권14, 盡心下. "盡信書, 則不如無書, 吾於武成, 取二三策而已矣. 仁人無敵於天下, 以至仁伐至不仁, 而何其血之流杵也."

다. 侯來에게 命하여 陳에서 靡集을 정벌하게 하였다. 辛巳일에 (侯來가) 도착하여 벤 목과 포로로 勝戰의 의례를 올렸다. 甲申일 百弇이 虎賁과 함께 (필승의) 맹서를 하고 衛를 정벌하라는 명을 받고 (정벌을 마치고 돌아와서) 벤 목과 포로로 승전의 의례를 올렸다. 庚子일 陳本에게 磨을 정벌하라는 명령을 내렸으며 百韋에게 宣方을 정벌하라는 명령을 내리고, 新荒에게 蜀을 정벌하라는 명을 내렸다. 乙巳일 陳本과 新荒이 蜀과 磨에서 돌아와서 霍侯를 사로잡고, 艾侯·佚侯 및 小臣 46인을 포로로 한 것으로 승전의 의례를 행하였다. (이들은 각각) 戰車 300량과 800량을 노획하였으며 벤 목과 포로로 승전의 의례를 올렸다. 百韋가 도착해서 宣方을 사로잡은 것으로써 승전의 의례를 올렸다. (百韋는) 戰車 30량을 노획했다. 百韋는 厲을 정벌할 것을 명받고 (정벌에서 돌아와) 벤 목과 포로로 승전의 의례를 올렸다. … 武王께서 드디어 四方을 정벌하였는데, 憝國이 99국이며, 벤 머리는 10만 7,779인, 포로는 30만 230명이었다. 服國은 652국이었다.[164]

위의 인용문은 『逸周書』 世俘解의 일부분이다. 여기에는 商의 정벌에 나선 군단이 牧野의 전투에 이어 다시 越戲方, 靡集, 衛, 磨, 宣方, 蜀을 향하여 속속 파견된 것을 전하고 있다[165]. 商의 여세가 잔존하였기 때문이었을 것이다. 이 글은 "武王께서 드디어 四方을 정벌하였는데, 憝國이 99

---

164 『逸周書』 권4, 世俘解. "越若來二月旣死魄, 越五日甲子朝, 接于商, 則咸劉商王紂, 執天惡臣百人. 太公望命禦方來, 丁卯 望至, 告以馘俘. … 呂他命伐越戲方. 壬申至, 告以馘俘. 侯來命靡集于陳. 辛巳至, 告以馘俘. 甲申, 百弇以虎賁誓, 命伐衛, 告以馘俘. …庚子, 陳本命伐磨. 百韋命伐宣方, 新荒命伐蜀. 乙巳, 陳本命新荒蜀磨, 至, 告禽霍侯, 俘艾侯佚侯小臣四十有六. 禽禦八百有三百兩, 告以馘俘. 百韋至, 告以禽宣方, 禽禦三十兩. 百韋命伐厲, 告以馘俘. …武王遂征四方, 凡憝國九十有九國, 馘魔億有十萬七千七百七十有九. 俘人三億萬有二百三十. 凡服國六百五十有二."

165 楊寬은, 越戲方은 河南 鞏縣 동남, 陳은 河南 淮陽, 衛는 河南 滑縣, 磨은 河南 禹縣, 宣方은 河南 長葛 동북, 蜀은 河南 新鄭 서남, 厲는 河南 鹿縣 등으로 비정했다. 楊寬, 앞의 책, 1999, pp.97~100.

국이며, 벤 머리는 10만 7,779인, 포로는 30만 230명이었다. 服國은 652국이었다"는 인상적인 기록으로 끝난다. 일찍이 貝塚茂樹는 이 글의 사료적 가치를 높게 평가하면서, 주 무왕이 정복한 국가에는 憝國, 즉 정벌을 받아 완전히 해체된 국과 服國, 즉 정벌을 받기 이전에 주의 정벌에 복속한 국가가 모두 포함되어 있었다고 했다[166].

결국 상 정벌에 성공한 武王은 얼마 후 곧 사망했지만, 그를 계승한 成王 때에 周에 때 이른 위기가 찾아왔다. 成王 때에 일어난 반란이 그것이다. 이 반란에 대해서『尚書』大誥에는 다음과 같은 기록이 보인다.

아아! 나는 너희들 여러 邦[多邦]과 너희들 御事에게 널리 알리노라. 불행하게도 하늘은 우리 家에 재앙을 내리시어, 조금도 사정을 두지 않으셨다. …文王께서는 나에게 보배로운 큰 거북을 남겨주셨다. (그것으로) 하늘의 命을 점치고 앞으로 나아가 명을 받드니 이렇게 말씀하셨다. '서쪽에 커다란 재앙이 있을 것이며 서쪽의 사람들은 편안하지 못할 것이니, 그것은 이미 시작되었다.' (멸망한) 殷의 작은 군주는 감히 그의 王業을 (회복하고자) 획책하였다. 하늘이 위엄을 내리시어 우리에게 어려움이 있어 백성들이 편안하지 못하다는 것을 알고는, '내가 왕업을 회복하리라' 하고 우리 周邦에 반기를 들었다. … (지금) 나에게 커다란 일이 생겼으나 이 일은 좋은 결과로 끝날 것이며 내가 친 점괘에도 길하다고 한다. 그러므로 나는 나의 우애로운 邦君, 尹氏, 여러 士[庶士]와 御事들에 이르노라. '나는 길한 점괘를 얻었다. 나는 너희들 여러 邦[庶邦]과 함께 저 殷의 반란을 일으킨 예속민[臣]을 정벌할 것이다[167].

166 貝塚茂樹, 『中國の古代國家』, 貝塚茂樹著作集 제1권, 中央公論社, 1976, p.205.
167 『尚書』大誥. "王若曰, 猷, 大誥爾多邦, 越爾御事. 不弔, 天降割于我家, 不少延. … 寧王遺我大寶龜, 紹天明, 卽命曰, 有大艱于西土, 西土人亦不靜, 越玆蠢, 殷小腆, 誕敢紀其絞. 天降威, 知我國有疵, 民不康, 曰予復, 反鄙我周邦. … 我有大事, 休, 朕卜幷吉. 肆予

이때의 반란은 成王이 어린 나이에 즉위하고 周公이 섭정하게 되자, 周公의 왕위 찬탈을 염려한 管叔과 蔡叔이 商 왕실의 후예인 武庚祿父 및 동방의 淮夷와 함께 반란을 일으킨 이른 바 삼감의 난과 관련을 맺고 있다. 반란은 3년에 걸친 周公의 동방 원정으로 천신만고 끝에 진압되었다[168]. 이 반란이 진압된 이후 周 왕조는 드디어 안정을 찾아, 成王과 康王의 治國 40년 동안 전쟁 없이 안정을 구가했다고 한다[169]. 武王의 붕어를 틈타 일어난 반란은 충성스런 周公에 의해 진압되고, 이 한 차례의 거대한 위기가 종결된 이후에 극적으로 평화의 시대가 도래하는 것이다.

그러나 이러한 이야기는 후세 유가에 의해 극적으로 미화한 또 하나의 허구이다. 周의 정복전쟁은 이 사건으로 종식되지 않았다. 우리는 周代의 金文에서 이와는 상충되는 기록을 적잖이 발견할 수 있다. 예컨대 成王期

告我友邦君, 越尹氏庶土御事曰, 予得吉卜, 予惟以爾庶邦, 于伐殷逋播臣…"
168 『史記』권4, 周本紀. "成王少, 周初定天下, 周公恐諸侯畔周, 公乃攝行政當國. 管叔蔡叔群弟疑周公, 與武庚作亂, 畔周. 周公奉成王命, 伐誅武庚管叔, 放蔡叔. 以微子開代殷後, 國於宋. 頗收殷餘民, 以封武王少弟封爲衛康叔 … 召公爲保, 周公爲師, 東伐淮夷, 殘奄, 遷其君蒲姑. 成王自奄歸, 在宗周, 作多方"; 同, 권33, 魯周公世家. "其後成王旣崩, 成王小, 在強葆之中. 周公恐天下聞武王崩而畔, 周公乃踐阼代成王攝行政當國. 管叔及其群弟流言於國曰, 周公將不利於成王. … 管蔡武庚等果率淮夷而反. 周公乃奉成王命, 興師東伐, 作大誥. 遂誅管叔, 殺武庚 放蔡叔. 收殷餘民, 以奉康叔於衛, 封微子於宋, 以奉殷祀. 寧淮夷東土, 二年而畢定. 諸侯咸服宗周."; 『竹書紀年』卷下. "武王元年 … 武庚以殷叛, 周文公出居于東. 二年, 奄人徐人及淮夷入于邢以叛 秋大雷電以風, 王逆周文公于郊, 遂伐殷. 三年, 王師滅殷, 殺武庚祿父, 遷殷民于衛, 遂伐奄滅蒲姑. 四年 … 王師伐淮夷, 遂入奄."; 『逸周書』권5, 作雒解. "武王克殷, 乃立王子祿父, 俾守商祀, 建管叔于東 建蔡叔霍叔于殷, 俾監殷臣. 武王旣歸, 成歲十二月崩鎬, 肂于岐周. 周公立, 相天子, 三叔及殷東徐奄及熊盈以略. 周公召公, 內弭父兄, 外撫諸侯, 九年夏六月, 葬武王於畢. 二年, 又作師旅, 臨衛政殷, 殷大震潰 降辟三叔, 王子祿父北奔, 管叔經而卒, 乃囚蔡叔于郭凌. 凡所徵熊盈族十有七國, 俘維九邑." 大保簋와 禽簋의 명문 역시 같은 사실을 전하는 것으로 생각된다. 집성 8.4140, 大保簋. "王伐录子, 歖厥反, 王降征令于大保, 大保克敬, 亡譴. 王造大保, 易休余土 用玆彝對令"; 집성 7.4041, 禽簋. "王伐楚侯, 周公某, 禽祝. 禽又殷祝, 王易金百鍰, 禽用作寶彝."
169 『史記』권4, 周本紀. "成康之際, 天下安寧, 刑措四十餘年不用."

의 令簋(집성 8.4301[170])에는 남방의 楚伯을 정벌한 기록[171]이 있으며, 같은 시대의 厲侯玉戈에는 역시 大保가 주도한 南國 정벌기사가 보이고[172], 中氏諸器에는 또 다른 남방 정벌의 기록이 있다. 中氏諸器에 나타나는 남방 정벌은 湖北 북부 지역에서 전개된 것으로 보인다. 이어 康王期에 들어서도 사정은 별반 다르지 않았다. 유명한 小盂鼎(집성 5.2839)에는 獫狁과의 격렬한 전쟁 기록이 전하며, 白懋父諸器에는 동방 대원정[173]과 북정[174]에 관련된 기록도 보존되어 있다. 白川靜의 평가에 따르면 이와 같은 周의 팽창과 이에 따른 정복전쟁은 穆王 때까지도 계속되었다. 周의 팽창은 이 이후에 서서히 정지되는 것이다.

商周交替의 역사는 後代로 전승되는 과정에서 미화되거나 왜곡된 부분이 있다. 그것은 진면목은 오랜 시간동안에 걸친 周의 팽창과 그에 수반되는 정복 전쟁으로 점철되어 있다. 이와 같은 움직임 시작된 것은 일찍이 고공단보 때부터이며, 이후 穆王 때에 이르기까지 8세대에 걸친 길고긴

---

170 이 책에서 인용하는 商周 청동기 명문[金文]은, 일부 신출자료 등의 예외를 제외하고 모두 中國社會科學院考古硏究所 편, 『殷周金文集成』 제1~16책, 中華書局, 1984~1994를 기준으로 그 전거를 표기한다. '집성' 다음에 붙는 숫자는 권수와 일련번호를 의미한다. 즉 '令簋(집성 8.4301)'의 경우라면 『殷周金文集成』 제8책에 수록된, 일련번호 '4301'의 금문을 가리키는 것이다.

171 "隹王于伐楚白 才炎. 隹九月, 旣死霸丁丑, 作冊矢令宜于王姜. 姜商令貝十朋臣十家鬲百人. 公尹白丁父兄于戌, 戌翼, 嗣乞. 令敢扬皇王宝, 丁公文報, 用頜後人享. 隹丁公報 令用奉屡于皇王, 令敢扬皇王, 用作丁公寶簋, 用障史于皇宗, 用鄕王逆受, 用廏寮人. 婦子後人永寶. 隹冊."

172 白川靜, 『金文通釋』 1[下], 白鶴美術館, 1966, pp.789~790. 厲侯玉戈의 명문은 두 가지가 전해지는데, 同一器의 異釋인지 원래 別器인지는 분명하지 않다. 『陶齋古玉圖』에 수록된 것을 a로, 『金文分域篇』에 기록된 것을 b로 표시하면, 그 내용은 다음과 같다. a. "六月丙寅 王才豊 令大保省南國 帥漢造官南 令厲侯辟用 □走百人"; b. "六月丙寅 王才豊 令大保省南國 帥漢征邑南 令厲侯保資貝十朋走百人."

173 집성 8.4238, 小臣誺簋. "茲, 東夷大反. 白懋父以殷八自征東夷. 唯十又三月, 遣自鬐自, 述東阺, 伐海眉. 雫厥復歸, 才牧自. 白懋父承王令, 易自達征自五齵馬. 小臣誺薎曆, 眔易貝, 用作寶彝."

174 집성 15.9689, 呂行壺. "唯四月白懋父北征 唯還 呂行捷孚貝 厥用作寶障彝."

여정이었다. 周의 革命은 이처럼 오랜 시간에 걸쳐 점진적으로 이룩된 것이다.

그런데 이것은 상 국가의 지배체제를 생각하면 오히려 당연한 일이 아닐까? 앞 절에서 살펴본 바와 같이 상 국가는 지역정치체와의 불안정한 상호 관계를 기초로 하여 성립된 것이다. 상 조정은 복속과 이반을 반복하는 지역정치체와 지배와 피지배의 관계를 구축하기도 하고, 때로는 지역에 지배거점을 구축하여 그들을 통치하기도 하였다. 즉 상 국가의 지배는 그와 지역정치체 사이에 맺어진 개별적인 상호 관계를 중첩함으로써 구성된 것이었다. 그러므로 상 국가의 중심지인 殷墟를 정벌하고 帝辛을 죽음으로 몰아넣은 사건은, 상 조정을 중심으로 구축된 이와 같은 상호관계망의 정점을 파괴한 것에 지나지 않았다. 그러나 그 정점이 파괴되기 이전에 이미 그 상호관계망은 해체되어 가고 있었다. 殷墟를 공략하여 그 정점을 파괴했을 때 상호관계망의 재편은 피할 수 없는 일이 되었지만, 그렇다고 해서 그것으로 모든 일이 끝난 것도 아니었다.

그러므로 周 국가의 지배체제는 商을 중심으로 한 상호관계망을 파괴되어 가면서 동시에 성립되어가는 이중적이며 동시진행형의 것이었다. 바꾸어 말하면 고공단보 이래 진행되기 시작한 주의 팽창운동은 商을 중심으로 한 관계망을 周를 중심으로 한 새로운 것으로 재편하여 감으로써 완성을 향하는 오랜 과정이기도 하였다. 이 과정이 8세대에 걸쳐 점진적으로 진행된 후 일단락된 것은 전혀 놀라운 일이 아니다.

그렇다면 周는 해체된 새로운 왕실과 지역정치체의 관계망을 어떻게 구축하여 갔으며, 그것은 어떤 내용으로 구성되어 있을까? 이제 이 문제를 탐구하는 것이 바로 周 국가의 지배체제 성립을 해명하는 핵심적인 과제가 될 것이다.

西周 封建의 내용과 성격

封建이라 하면 우선 사회구성체로서의 '封建制'를 떠올리게 된다. 이 '封建'이란 술어는 중국의 고대 문헌 『左傳』에서 비롯된 것이지만, 이 것이 근대 학문의 도입기에 중세 유럽의 사회 형태를 규정하는 개념인 'feudalism'의 역어로 채택하면서 약간의 혼선이 발생하였다. 예컨대 1920 년대 이래 일군의 역사가들이 '봉건'을 'feudalism'의 역어로 사용하는 데 그 치지 않고, 'feudalism'으로 규정되는 사회 형태─법률적 해석 혹은 경제적 해석을 막론하고─가 고대 중국에도 존재했다는 주장을 제기하고, 그에 대 해 다른 일군의 연구자가 반대하면서 저 유명한 '社會史論戰'이 한동안 전개된 것이 그 대표적인 사례이다[1]. 먼저 밝혀둘 것은 이 장에서 다루게 될 '봉건'은 그와 무관한 어떤 것이라는 점이다.

아래에서 살펴보게 될 봉건은 서주시대에 周王에 의해 시행된 특정한 행위를 가리키는 것이다. '封建制'는 전근대 중국의 지식인들 사이에서, 이를테면 국가가 양자택일적인 방식으로 채택할 수 있는 일종의 지방통 치체제로 해석되어 왔으며, 그 양자택일의 대척점에 위치한 것이 바로 秦 의 始皇帝에 의해 완성되었다고 하는 郡縣制이다. 이때 '봉건제'는 宗法 制라는 혈연적 원리에 따라 封土를 수여받은 諸侯가 자신에게 수여된 영 지를 통치하고 그것을 적장자에게 승계하며, 이 제후들이 은총과 충성이 라는 상호관계에 입각하여 주왕과 함께 '天下'를 '共治'하는 통치체제를 가 리키는 것이다. 이것은 황제가 자신이 임명한 관료를 일정한 공간적 단원

---

1 羅新慧, 「說"西周封建論"」, 『學習與探索』 2011[3], pp.247~251.

으로 구획된 행정구역에 직접 파견하여, 통치자의 일원적 통치원리를 관철하는 군현제와 대비되는 것으로 관념화되었으며, 그로 말미암아 원심적 속성을 가진 분권적 지방통치체제로 이해되었다.

사실 서주의 '봉건'을 이처럼 해석하는 오래된 관념은 지금도 커다란 영향력을 행사하고 있다. 근년에 이루어진 서주 봉건 연구는, 제후의 봉지가 조정의 국가전략적인 필요에 따라 체계적으로 선택되었다거나, 혹은 봉건을 통해 상 왕조를 구성한 주요 씨족 집단을 제후에게 분여함으로써 새로운 지연적 집단을 창출할 것을 목적으로 하였다는 점을 강조하는, 이를테면 기술적 해석에 치우치는 경향이 있다[2]. 그럼에도 불구하고 그 근저에는 여전히 제후는 주왕에게 일정한 공간 영역을 分與받아 이를 통치하는 주왕의 대리자이자 협력자라는 이미지가 강고하게 존재하고 있다. 이 장에서 주로 다루고자 하는 것은 이와 같은 봉건 해석의 타당성과 그 한계이다.

이를 위해 가장 먼저 시도하고자 하는 것은 이 시대에 주왕이 행한 봉건이라는 행위를 분석적으로 살펴보는 것이다. 즉 주왕이 제후를 봉건했다고 할 때, 그 행위가 어떠한 내용으로 구성되어 있는지 이해하는 것이다. 이것을 위해 아래에서는 특히 2가지 문제에 초점을 두고자 한다. 그하나는 봉건의 내용이다. 이것은 주왕이 제후를 봉건할 때 무엇을 수여하였는지에 대한 비교적 간단한 질문이다. 왜냐하면 봉건이라는 행위를 구성하는 기본적인 내용은 주왕이 제후에게 '제후가 되라'는 명령을 내리고, 그와 동시에 무엇인가를 수여하는 것으로 구성되어 있기 때문이다. 또 다

---

2 伊藤道治, 「姬姓諸侯封建の歷史地理的意義」, 『中國古代王朝の形成』, 創文社, 1975, pp.247~284; 許倬雲, 『西周史』, 三聯書店, 1994, pp.119~128 및 142~150; 楊寬, 『西周史』, 上海人民出版社, 1999, pp.373~394; 李峰 저, 徐峰 역, 『西周的滅亡−中國早期國家的地理和政治危機』, 上海古籍出版社, 2007, pp.78~90; 同, 『西周的政體−中國早期的官僚制度和國家』, 三聯書店, 2010, pp.47~54 및 231~268.

른 하나는, 물론 전자와 무관하지 않지만, 왜 봉건을 하였는가에 대한 질문이다. 그것은 周王이 '제후가 되라'고 명할 때 그 명령이 의미하는 바가 무엇인지를, 특정한 봉건이 행해진 역사적 배경과 함께 이해하는 것이다.

제1절
고대 문헌에 보이는 봉건

　우선 봉건의 내용부터 검토해 보자. 봉건의 문제를 생각할 때 도움이 되는 자료로 가장 유명한 것에는 『左傳』 定公 4년에 기록된 魯, 衛, 唐(晉) 봉건 기사[3], 『詩經』 大雅 崧高에 보이는 申伯의 謝 入封에 관한 송가[4], 그리고 다른 하나는 宜侯夨簋(집성 8.4320) 등의 금문자료 등이다. 이 가운

---

3 『左傳』 定公 4年. "昔武王克商, 成王定之, 選建明德, 以蕃屛周. 故周公相王室, 以尹天下, 於周爲睦. 分魯公以大路大旂夏后氏之璜封父之繁弱, 殷民六族, 條氏徐氏蕭氏索氏長勺氏尾勺氏. 使帥其宗氏, 輯其分族, 將其類醜, 以法則周公. 用卽命于周, 是使之職事于魯, 以昭周公之明德. 分之土田陪敦祝宗卜史備物典策官司彝器, 因商奄之民, 命以伯禽, 而封於少皞之墟. 分康叔以大路少帛綪茷旃旌大呂, 殷民七族, 陶氏施氏繁氏錡氏樊氏饑氏終葵氏. 封畛土略, 自武父以南, 及圃田之北境. 取於有閻之土, 以共王職, 取於相土之東都, 以會王之東蒐. 聃季授土, 陶叔授民. 命以康誥, 而封於殷墟. 皆啓以商政, 疆以周索. 分唐叔以大路密須之鼓 闕鞏沽洗, 懷姓九宗, 職官五正. 命以唐誥, 而封於夏墟, 啓以夏政, 疆以戎索. 三者皆叔也, 而有令德, 故昭之以分物."
4 『詩經』 大雅. 崧高. "亹亹申伯, 王纘之事, 于邑于謝. 南國是式. 王命召伯, 定申伯之宅, 登是南方, 世執其功. 王命申伯, 式是南方, 因是謝人, 以作爾庸. 王命召伯, 徹申伯土田, 王命傅御, 遷其私人. 申伯之功, 召伯是營, 有俶其城, 寢廟旣成. 旣成藐藐, 王錫申伯, 四牡蹻蹻, 鉤膺濯濯. 王遣申伯, 路車乘馬, 我圖爾居, 莫如南土, 錫爾介圭, 以作爾寶, 往近王舅, 南土是寶."

데 宜侯矢簋 등의 금문은 절을 바꾸어 살펴보기로 하고, 여기에서는 우선 『좌전』과 『시경』 등 두 고대 문헌의 전승을 살핀다. 두 기록에서 주왕은 제후를 봉건하면서 [표 6]과 같은 항목으로 구성된 사여품을 수여하였다. 두 경우 공히 그 物目은 器物과 사람[人], 그리고 土地로 구성되어 있다.

[표 6] 문헌사료에 보이는 封建賜與

物目 / 諸侯		『左傳』 定公 4년			『詩經』 崧高
		魯	衛	晉	謝
器物	儀禮品	수레[大路] 깃발[大旂] 활[繁弱] 옥기[璜] 제기[彝器]	수레[大路] 깃발[少帛] 깃발[綪茷] 깃발[旃旌] 악기[大呂, 종]	大鼓[악기] 闕鞏[갑옷] 沽洗[종, 악기]	路車[수레] 말[馬] 圭介[옥기]
	實用品	備物 典策			
사람 [人]	移住民	殷民六族 祝·宗·卜·史 官司	殷民七族	懷姓九宗 職官五正(?)	私人
	土着民	商奄의 民			謝人
土地	少皥之墟	殷墟	武父의 남쪽~圃 田의 북쪽 有閻의 땅 相土의 東都	夏墟	謝

[표 6]에서 보는 것처럼 器物은 의례용의 물품이 주를 이루고, 魯의 경우에만 여기에 備物과 典策 등 실용적인 물건이 포함되어 있다. 의례용 물품은 수레, 깃발, 무기, 악기, 옥기, 예기 등으로 구성되었지만, 4제후의 사례마다 수여된 품목이 각각 달라서 '大路(車)'라는 수레를 제외하면 동일한 물건이 없다. 원래부터 이런 차이가 있었던 것인지, 아니면 전승의 과정에서 혼란이나 누락이 생긴 것인지는 분명하게 알 수 없다. 노후에게 수여된 비물과 전책도, 거기에 다소의 실용성이 있더라도, 역시 제후의 권

위를 상징하는 물건으로 간주할 수 있으므로, 제후에게 수여된 물건은 모두 제후의 권위를 확인하기 위해 제공한 것이라 할 수 있다.

다음은 사람이다. 제후에게 분여된 사람은 다시 이주민과 토착민으로 구분할 수 있다. 예컨대 '殷民六族'과 같은 商의 유민이나 傅御로 하여금 이주시키도록 명령한 私人은 이주민이며, 商奄의 民이라든지 懷姓九宗 혹은 謝人 등은 토착민에 해당한다. 그런데 이들 사람의 구성 역시 물건의 경우처럼 각각의 사례마다 약간의 편차가 존재한다. 즉 魯와 謝의 경우에는 토착민과 이주민이 모두 포함되어 있는 반면 衛에 분여된 殷民七族은 토착민인지 이주민인지 단언하기 어렵다. 왜냐하면 衛의 봉지는 商의 직할구역이었을 것이라 추정되기 때문이다.

晉의 경우, 懷姓九宗은 토착민이지만[5] 職官五正이 토착민인지 아니면 이주민인지가 분명하지 않다. 이주민이라 해도 이들은 관리이기 때문에 殷民六族이나 私人과는 전혀 다른 성격의 사람들이다. 따라서 魯·謝와는 달리 晉에는 제후에 수종한 소수의 사람들 말고는 이주민이 없다고 할 수 있다. 한편 토착민과 이주민이 모두 포함되어 있는 魯와 謝의 경우도 차이가 있다. 즉 謝의 경우 이주민은 私人이라 기록되어 있어서 이들이 魯의 殷民六族처럼 씨족집단을 단위로 하여 수여된 자들이었는지 여부가 분명하지 않다. 한편 魯의 경우에는 이주민에 祝, 宗, 卜, 史와 官司 등의 관리도 포함되어 있다.

토지는 衛를 제외한 3사례에서 모두 少皞之墟, 夏墟, 謝 등 하나의 지점 혹은 지명만 명시되어 있다. 반면 衛의 경우에는 '武父의 남쪽부터 圃田의 북쪽'이라고 하여 그 남쪽 경계와 북쪽 경계가 표시되어 있다. 衛에는 이밖에도 '有閻의 땅'과 '相土의 東都'가 수여되었다고 한다. 이것 또한 다른 경우에서는 보이지 않는 독특한 내용이다. 杜預는 有閻의 땅을 '朝

---

5 楊伯峻, 『春秋左傳注』 4, 中華書局, 1990, p.1539.

宿邑', 相土를 '湯沐邑'이라 하는데[6], 朝宿邑은 제후가 천자를 朝見할 때 머무는 숙소를 의미하고[7] 湯沐邑은 天子가 巡狩하여 泰山에 제사를 지낸 때 扈從하는 제후가 住宿하는 거처를 말한다[8]. 그런데 왜 衛의 경우에만 조숙읍이나 탕목읍이 명시되었는지는 언급되어 있지 않다.

봉건의 목적에 대해 『좌전』 정공 4년은 "周의 울타리를 삼은 것[以蕃屏周]"이라 하고 『詩經』 崧高는 "남방을 다스리기 위한 것[南國是式]"이라 한다. 모두 추상적인 표현이지만, 정공 4년의 울타리[蕃屏]란 말은 같은 『좌전』의 僖公 24년[9]이나 昭公 26년[10] 등의 기록에도 출현한다. 울타리를 만들었다는 표현이 周를 보호하는 방어적인 장막을 건설하였다고 해석할 수 있다면, 봉건이 주 왕실이 새로 정복한 지역의 반란을 진압하고 주변 이족의 침략을 방지하기 위해 행한 것이라는 견해[11]는 이 울타리의 의미를 좀 더 구체화한 것이다. 『시경』 崧高는 물론 韓奕에도 제후가 봉건되면서 성곽이 건설되었다는 기록[12]이 있는데, 이것 역시 그와 같은 맥락에서 이해할 수 있다.

이상에서 『좌전』과 『시경』 등 고대 문헌에 나타나는 봉건을 검토하여 보았다. 봉건이란 행위의 내용은 주왕이 제후에게 의례용 물품과 사람 그리고 봉지를 수여하면서 제후가 되라고 명령하는 것이다. 의례용의 물품은 수레, 깃발, 옥기, 악기, 무기 등으로 구성되었으며, 이들 물품은 모두 제후임을 상징하는 물건일 것이다. 사람은 이주민과 토착민이 포함되어 있

---

6 伊藤道治, 앞의 책, 1987, pp.90~91.
7 『公羊傳』 桓公 元年. "許田者何. 魯朝宿之邑也. 諸侯時朝乎天子, 天子之郊, 諸侯皆有朝宿之邑焉."
8 『公羊傳』 隱公 8年. "邴者何, 鄭湯沐之邑也. 天子有事于泰山, 諸侯皆從, 泰山之下, 諸侯皆有湯沐之邑焉."
9 『左傳』 僖公 24년. "昔周公弔二叔之不咸, 故封建親戚以蕃屏周."
10 『左傳』 昭公 26年. "昔武王克殷, 成王靖四方, 康王息民, 幷建母弟, 以蕃屏周."
11 白壽彝 總主編, 徐喜辰 등 주편, 『中國通史』 3, 上海人民出版社, 1994, pp.294~304.
12 『詩經』 大雅 韓奕. "博彼韓城, 燕師所完 …."

으나 모든 사례가 다 그런 것은 아니다. 물론 제후가 봉건된 현지에는 어디에나 토착민이 있었을 것이기 때문에, 이주민만 기록되었다 해도 결국에는 이주민과 토착민이 모두 포함되었다고 이해할 수 있을 것이다. 토지는 대개 하나의 지점만이 적시되어 있으나, 衛의 경우에는 일정한 지역 범위를 가리키는 내용이 포함되어 있다. 봉건의 목적은 주의 울타리를 삼기 위한 것이라는 점에서 『좌전』의 기록은 모두 일치한다.

위의 기록을 통해 주의 봉건은 토지와 사람의 분여와 지배, 군사적인 요새 건설 등의 두 가지의 목적을 가진 것이라는 결론을 내릴 수 있다. 그러나 이와 같은 이해는 아직 검증을 필요로 한다. 위에서 살펴본 魯, 衛, 晉의 봉건 사여에 관한 기록만 해도, 魯의 경우에는 사람에 관한 내용이 자세한 반면 衛의 경우에는 토지에 관한 기록이 자세하여 양자에 일정한 편차가 보인다. 의례용의 물건 역시 모든 경우가 일치하는 것은 아니다. 晉을 제외한 나머지 경우에 모두 '大路'라 하는 수레가 포함되어 있는 것이 공통적이지만, 서주의 금문에서 제후의 책명에 수레가 수반된 사례는 서주 중기 이후에야 비로소 나타난다. 또 衛에 관련된 것으로 등장하는 조숙읍이나 탕목읍이 주대에 실제 존재하였던 흔적도 아직 발견되지 않았다.

이와 같은 혼란은 『좌전』이나 『시경』 등 고대 문헌에 보이는 봉건 관련 기록이 주대의 것을 원형 그대로를 전하지 않을 가능성도 있음을 암시한다. 『좌전』의 경우는 말할 것도 없거니와, 『시경』이 설립된 때도 빨라야 서주 후기 이상 소급하기 어렵다[13]. 그러므로 이들 자료가 서주의 봉건상을 얼마나 사실에 가깝게 그대로 전하고 있는지에 대해서는 의문의 여지가 있을 수 있다. 이를테면 衛가 처음 봉건되었을 때 '有閻의 땅[土]'이나 '相土의 東都'를 받았다고 한 것은 춘추시대의 衛가 영유의 정당성을 확보하

---

13 白川靜, 『詩經硏究』, 朋友書店, 1981.

기 위해 주장한 것에서 비롯된 것이라고 보아야 할 것이다. 이처럼 고대 문헌의 신뢰성이 가진 문제는 자료의 절대량 부족이라는 본질적 결함과 맞물려 주 봉건에 대한 이해에 오히려 장애가 될 가능성도 있다.

제2절
宜侯夨簋에 보이는 봉건의 양상

    자료의 양과 신뢰성을 동시에 제고할 수 있는 것은 청동기 명문, 즉 금문 자료이다. 현재까지 발견된 봉건 책명 관련 내용이 기록된 서주시대 금문은 모두 6점이다. 아래에서 먼저 이들 가운데 2점의 내용을 상세히 검토하여 보고자 한다. 먼저 다루게 될 것은 宜侯夨簋(이하 '의후측궤'라 함)이며 다른 하나는 燕侯克罍·盉이다. 이 두 사례를 선택한 것은 6점의 봉건 관련 금문 가운데 이 2점이 봉건 책명과 직접 관련된 내용을 담고 있기 때문이다.

    의후측궤(도면 9)는 1954년 江蘇 丹徒縣에서 경작 중인 농부가 발견하였다. 출토 당시 부주의한 취급으로 일부 파손되었기 때문에 지금 그 명문의 일부분은 缺失되어 버렸다[14]. 그럼에도 불구하고 이 유물은 서주시대의 '봉건' 책명을 가장 구체적으로 전하는 동시사료이기 때문에, 지금 서주의 봉건에 관한 지식은 상당 부분 의후측궤의 명문에 의존하고 있다[15]. 명문

---

14 江蘇省文物管理委員會, 「江蘇省丹徒縣煙墩山出土的古代靑銅器」, 『文物參考資料』 1955[5], p.58~62.
15 陳夢家, 「宜侯夨簋和他的意義」, 『文物參考資料』 1955[5]; 同, '宜侯夨簋', 「西周銅器斷代」

의 내용을 우리말로 옮기면 아래와 같다.

(가) 四月 丁未일, 王께서는 武王과 成王께서 개척하신 商의 鄙를 돌아보시어 東國의 鄙에까지 도달하셨다. 王께서는 宜에 임하시어 宗社로 들어가셔서 南向하셨다. 王께서는 虔侯 矢에게 명하시어 다음과 같이 말씀하셨다. (나) "宜에 侯하도록 하라. ① 너에게 鬯 한 통과 商鬲 하나, □, 붉은색 활 하나, 붉은색 화살 100, 검은색 활 10, 검은색 화살 1,000개를 하사한다. ② 땅을 하사한다. 그 川은 3百□, □은 12□, 宅邑 35, 그리고 □은 140이다. ③ 宜에 있는 王人 17姓을 수여한다. 鄭의 7伯과 그(에게 배속된) 鬲 1,050夫, 그리고 宜의 庶人 6□6夫을 수여한다." (다) 宜侯 矢은 왕의 은총을 널리 알리기 위해 虔公인 父丁의 제기를 만든다[16].

의후측궤는 굽다리[圈足]가 높고 기벽이 곧은 四耳簋로, 기형은 서주 전기의 양식이다. 또 명문에 "武王과 成王께서 개척하신 商의 鄙"라는 말이 있으므로 成王 이후, 즉 康王期의 유물일 가능성이 높다. 즉 의후측궤의 명문은 강왕이 商의 외곽지대[17]를 '省'하고, 그 동쪽의 외곽지대에 있는 宜에 도달했을 때, 그 지역의 토지신을 모시는 聖所인 社에서 측을 의후로 봉건한 내용을 담고 있다. 명문의 내용은 (가) 의후를 봉건한 책명의례의

上, 中華書局, 2004, pp. 14~17.; 陳邦福, 「矢簋考釋」, 『文物參考資料』 1955[5]; 郭沫若, 「矢簋銘考釋」, 『考古學報』 1956[1]; 唐蘭, 「宜侯矢簋考釋」, 『考古學報』 1956[2]; 白川靜, 「宜侯矢簋」, 『金文通釋』 1[下], 白鶴美術館, 1966.

16 집성 8.4320. "隹四月辰才丁未, [王]省斌王成王伐商圖, 征省東或圖. 王立于宜, 入土, 南卿. 王令虎侯矢曰, 緐, 侯于宜, 易鬯鬱一卣, 商□一□, 彤弓一, 彤矢百, 旅弓十, 旅矢千, 易土, 厥川三百□, 厥□百又卅□, 厥宅邑卅又五, 厥□百又卅, 易才宜王人十又七生, 易奠七白, 厥鬲千又五十夫, 易宜庶人六百又□六夫. 宜侯矢敢王休, 作虎公父丁障彝."

17 '외곽지대'는 명문의 '圖'를 옮긴 것이다. 圖에 대해서는 '그림' 즉 地圖라는 설과 邊鄙, 즉 외곽지대라는 설 등 두 가지 설이 있다. 이 책은 후자의 견해를 채택하였다. 그 이유에 대해서는 杜正勝, 「周代封建的建立」, 『中央研究院歷史語言研究所集刊』 52, 1982, p.497 참조.

[도면 9] 의후측궤와 그 명문

경과, (나) 의후 측에 대한 강왕의 책명문, 그리고 (다) 王의 은총에 대해 의
후 측이 감사의 뜻을 적어 이를 칭송하는 이른바 '對揚文' 등 크게 3부분으
로 구성되어 있다.

1. 의후에 대한 봉건 사여

의후 측은 주왕에게 "宜에 侯하라"는 책명을 받고, 이어 왕으로부터 ①
의례용의 물품, ② 토지 그리고 ③ 사람을 수여받았다. 의례용의 물품은
矩으로 조미된 鬱鬯酒, 商이라는 형용사가 붙은 세발솥[鬲] 하나, 그리고
적색과 흑색이 칠해진 활과 화살 등으로 구성되어 있다. 앞의 2가지는 제
사용 물품이며, 그 나머지는 무기이다. 서주시대에 주왕이나 기타 가신을
거느린 군주가 그 신하를 새로 어떤 관직에 임명하거나 職司의 변경을 명
령하는 '책명'의 의례에서, 임명자는 피임명자에게 그가 맡게 된 새로운 직
무를 상징하는 물건을 사여하는 것이 통례였다[18]. 따라서 의후에게 제사용
물품과 무기를 수여한 것은, 그것이 의후의 직무에 가장 잘 부합되는 물건
이기 때문이었을 것이다. 이렇게 보면 宜侯의 직무는 제사와 군사에 관련
된 것이었을 가능성이 높다[19].

고대 사회는 그들이 공통으로 신앙하는 신령에 대한 숭배를 집단의 결
속과 통합을 유지하기 위한 가장 중요한 방편으로 취급했다. 의후측궤의
명문에 따르면, 의후에게 수여된 사람에는 3종류가 포함되어 있다. 의후
에게 울창주와 商鬲 등의 제사용 물품을 수여한 것은 의후에게 그 인적
집단의 통합을 유지하기 위한 제사권을 수여한 것을 의미한다. 제사권을

---

18 伊藤道治, 앞의 책, 1987, p.124.
19 陳漢平, 『西周冊命制度研究』, 學林出版社, 1985, pp.220~221, 255~257 및 273~275 등.

수여하는 행위는 한편으로 일종의 통치권을 분여한다는 의미로 이해해도 좋을 것이다. 한편 의후에게 무기인 활과 화살을 준 것은 그에게 군사에 관련된 권한을 주었음을 의미한다[20]. 이 시대에 무기가 군사권을 상징하는 물건으로 이해되고 있던 것은 宣王期에 제작된 虢季子白盤의 명문을 통해 분명하게 알 수 있다.

十二月 正月 初吉 丁亥日에 虢季子白은 보배로운 盤을 만든다. 크고 빛나는 (나) 子白은 戎狄을 크게 정벌하여 四方을 경영하였다. 玁狁을 洛水의 동쪽에서 크게 정벌하였다. 500의 머리를 베고 50의 포로를 잡아 먼저 宗周로 돌아왔다. 굳세고 굳센 子白은 (전쟁에서) 벤 (戎狄의) 머리를 王에게 바쳤다. 왕께서는 子白에게 크게 의례를 베푸셨다. 王께서는 周廟에 도착하셔서 宣에서 饗禮를 베푸셨다. 왕께서는 이렇게 말씀하셨다. "크게 빛나고 빛나리라". 왕께서는 乘馬를 내리셨다. 이것으로 王을 보좌하라고. 弓, 彤矢, 旗央, 鉞 등을 내리셨다. 이것으로 蠻方을 정벌하라고[21].

위의 金文은 子白이라는 자가 洛水의 북쪽으로 침공해온 玁狁을 성공리에 정벌하고 宗周로 귀환하여 獻捷의 예를 올렸을 때, 왕이 그 공로를 치하하여 포상한 것을 내용으로 하고 있다. 그 문장의 끝에는 "왕, 乘馬를 내리셨다. 이것으로 王을 보좌하라고. 弓, 彤矢, 旗央, 鉞 등을 내리셨다. 이것으로 蠻方을 정벌하라고"라 한다. 여기에서 子白에게 준 활과 화살

---

20 예컨대 『禮記』 王制는 諸侯에게 弓矢를 사여하는 것의 의미를 다음과 같이 설명한다. "諸侯賜弓矢然後征, 賜斧鉞然後殺, 賜圭瓚然後爲鬯, 未賜圭瓚, 則資鬯於天子."

21 집성 16,10173. "唯十又二月正月初吉丁亥, 虢季子白作寶盤. 不顯子白, 武戎工, 經維四方, 博伐厰犹, 于洛之陽, 折首五百, 執噣五十, 是以先行. 趄趄子白, 獻戜于王, 王孔加子白義. 王各周廟宣, 爰鄉. 王曰白父, 孔顯又光, 王易乘馬, 是用左王, 易用弓彤矢其央, 易用戊, 用政蠻方."

등의 무기는 蠻方의 정벌에 관한 군사적인 권한을 상징한다. 그러므로 宜侯에게 하사된 활과 화살의 의미 역시 그와 유사할 것이다. 서주시대 금문 가운데는 위의 虢季子白盤 이외에도 小盂鼎(집성 5.2839), 不娶簋(집성 8.4328) 등에서 弓矢를 수여한 사례를 볼 수 있다. 小盂鼎의 주인공인 盂는 王令을 받들어 鬼方을 정벌한 이후 獻捷의 禮에서 弓矢를 받았으며, 不娶簋의 주인공인 不娶는 洛水를 넘어 周原으로 침공한 玁狁을 격퇴한 공로로 弓矢를 받았다. 어느 경우에나 弓矢의 수여는 군사적 직무와 깊은 관계를 가지고 있었다[22].

이어 의후에게 수여된 것은 토지이다. 수여된 토지는 모두 4가지의 항목으로 구성되어 있다. 즉 3百□개의 '川', 12□개의 '□', 35개의 '□邑', 140개의 '□'이 그것이다. 유물의 파손으로 말미암아 내용을 알 수 없는 글자 대부분이 이곳에 집중되어 있으므로, 지금 이들 항목 가운데 확인할 수 있는 것은 '川'과 '宅邑' 2가지 밖에 없다.

먼저 설명이 필요한 것은 주 조정이 제후를 봉건할 때, 그에게 '영토'로 인지될 수 있는 일정한 면적의 封地를 수여했는지에 대한 문제이다. 앞서 인용한 바 있는『좌전』성공 4년의 기사에는 康叔을 衛에 봉건할 때의 사정을 전하여, "土略을 封畛하여, 武父의 以南부터 圃田의 북쪽까지 미치게 하였다"고 한다. 여기에서 '略'은 경계를, '畛'은 두둑을 의미하므로 이 구절의 내용은 위후에게 수여된 봉지가 "武父 이남, 圃田 이북"의 경계를 가지고 있다는 뜻이다. 伊藤道治는 이 같은 경계 표시가 지금의 시각에서 보자면 무척 막연하지만, 서주 금문 혹은『좌전』에는 일반적으로 이런 방

---

22 弓矢가 군사적 행동 어떠한 상징성을 가지고 있는지에 대해서는『史記』권4, 周本紀에 보이는 다음의 전승을 참고할 수 있다. "遂入, 至紂死所, 武王自射之, 三發而後下車, 以輕劍擊之, 以黃鉞斬紂頭, 縣大白之旗. 已而至射之嬖妾二女, 二女皆經自殺, 武王又射三發, 擊以劍, 斬以玄鉞, 縣其頭小白之旗."

식으로 영토를 표시하였다 한다[23].

그러나 衛를 봉건한 서주 전기에 四至가 규정된 '영토'가 있었다고 생각되지 않는다. 위에서 朝宿邑이나 湯沐邑에 대해 말했던 것처럼, 衛의 봉건 기사에는 후대에 부가된 내용이 있다. 그러므로 위의 봉지가 일정한 공간범위로 구성된 '영토'를 형성했다고 하는 기록도 신뢰할 수 없다. 오히려 제후에게 수여된 '영지'는 특정한 지점이나 비교적 작은 공간적 범위를 가리키는 '단위'들로 구성되었다고 생각하는 것이 타당하다. 의후측궤의 토지에 관련된 4항목은 모두 그런 단위이다. 그러나 그 가운데 2가지는 지금 알 수 없고, 알 수 있는 것은 나머지 2가지, 즉 '川'과 '宅邑' 뿐이다. 그렇다면 川과 宅邑이 뜻하는 것은 무엇일까?

川은 원래 河川을 의미한다. 그런데 이 하천은 '지점'이나 '비교적 작은 공간적 범위'를 지시하기에 적당하지 않은 지물이다. 따라서 일찍부터 이 川이 하천을 가리키는 것이 아니라, '川'을 가차자로 사용한 다른 어떤 것이라는 이해가 있어왔다. 이를테면 郭沫若은 '三百□川'의 '川'은 '甽'을 가차한 것이라 하였다. 그는 이어 '百' 다음의 缺字를 '萬'이라 추정하고, 문제의 이 구절을 '300萬 甽'이라고 해독했다.『漢書』食貨志에 "一畝 三甽"이라는 기사가 있으므로[24], 300萬 甽은 1만 畝의 토지로 환산된다. 郭沫若의 견해는 그의 '노예제사회론'을 입증하기 위한 증거를 의후측궤에서 찾으려는 시도에서 비롯된 것인데, 그것은 이어지는 '宅邑'(郭沫若은 '宅'을 식별하지 못했다)에 대한 해석으로 이어진다.

의후측궤의 명문에는 川에 이어 의후에게 35개의 '宅邑'과 무엇인지 알 수 없는 어떤 것 140개를 수여했다는 내용이 보인다. 郭沫若은 여기에서

23 伊藤道治,「西周'封建制度'考」,『中國古代王朝の形成』, 創文社, 1975, pp.230~231.
24『漢書』권24, 食貨志[上]. "后稷始甽田, 以二耜爲耦, 廣尺深尺曰甽, 長終畝, 一畝三甽, 一夫三百甽, 而播種於甽中." 甽은 畎과 同字이다.

보이는 '35'와 '140'이라는 2개의 숫자에 주목하였다. 왜냐하면 양자 사이에는 1:4의 비율이 존재하고 있으며, 이 '1:4'라는 비율은 매우 중요한 의미를 갖는다고 그는 이해했기 때문이다. 그것은 『周禮』小司徒에 기록된 다음의 기사와 관련이 있다.

토지를 구획하여 그 田野를 井과 牧으로 나눈다. 九夫로 井을 만들고 四井으로 邑을 만든다. 四邑으로 溝를 만들고 四溝로 甸을 만든다. 四甸으로 縣을 만들고 四縣으로 都를 만든다. 地事에 任하게 하여 貢賦를 납부하게 한다.[25]

郭沫若은 위에 인용한 小司徒에 보이는 '四井으로 邑을 만든다(四井爲邑)'가 바로 의후측궤에 보이는 1:4의 비율을 해석할 수 있는 열쇠라 생각했다. 즉 의후에게 수여된 것은 140개의 井으로 구성된 35개의 邑이 되는 것이다. 郭沫若은 의후측궤의 토지 수여 기록이 당시에 井田制가 실시된 것을 입증하는 자료라고 하고, 정전제는 서주 노예사회를 지탱하는 토지제도라 주장하여[26] 의후측궤를 통해 그의 노예사회론을 입증할 수 있다고 생각했다.

郭沫若의 견해가 매우 흥미로운 것은 사실이지만, 그것은 서주시대에 정전제가 존재했다는 것을 입증해야 하는 더욱 까다로운 문제를 야기했다. 간단하게 말하면, 지금 이 시대에 생산노예제가 시행되었다고 믿는 연

---

25 『周禮』권2, 地官, 小司徒. "乃經土地, 而井牧其田野. 九夫爲井, 四井爲邑. 四邑爲丘, 四丘爲甸. 四甸爲縣, 四縣爲都. 以任地事, 而令貢賦."

26 郭沫若, 『十批判書』東方出版社, 1996, pp.20~39. 그의 井田制는 『孟子』滕文公 상에 보이는, 王土思想에 입각한 '八家共耕'의 井田制가 아니라, 노예 노동을 착취하고 감시하기 위한 방편으로서의 정전제이다. 郭沫若에 의하면 정전제는 노예들에게 골고루 일정한 면적의 경지를 할당함으로써 그들의 근면과 태만을 쉽게 비교하고, 작업 속도가 느린 노예를 색출하여 독책하기 위해 고안된 것이다.

구자는 거의 없는 것 같다.

본래, 서주시대에 정전제의 그것 같은 정연하게 구획된 경작지가 존재하였을 가능성은 없어 보인다. 따라서 唐蘭과 馬承源 그리고 최근에 그들의 견해를 계승한 李峰 등은 '川'을 '甽'이 아닌 '圳'의 가차자라 이해하고, 그것을 '관개수로로 둘러싸인 경지'라고 해석하였다[27]. 즉 '三百□川'은 300여 '圳'으로서, 의후에게 수여된 것은 관개수로로 둘러싸인 300여 개의 단위 경작지라는 의미이다. 이 해석은 郭沫若의 엄격하게 구획된 경지라는 해석을 포기하고, 관개수로로 둘러싸인, 일정한 크기는 아니지만 헤아릴 수 있는, 단위 경지 300여 곳이라는 해석이라는 점에서 다소 유연한 견해이다.

그러나 여기에도 문제는 있다. 현재 서주시대의 토지구획 및 측량 방식에 대한 지식이 매우 부족하긴 하지만, 서주시대에 토지를 수여하거나 교환 혹은 매매할 때에 단위로 사용된 것은 '田'이다. 이 '田'이 과연 어느 정도의 면적인지, 아니면 본래부터 일정한 면적을 가진 것인지 아니면 육안으로 식별할 수 있는 단위 경작지라는 의미인지에 대해서는 아직 뚜렷한 결론이 없다. 다만 서주 중기경에 제작된 五祀衛鼎(집성 5.2832), 曶鼎(집성 5.2838), 格伯簋(집성 8.4263), 卯簋蓋(집성 8.4327), 九衛盉(집성 15.9456) 등 적지 않은 금문에서 '田'이 토지 교환 및 증여의 단위로 사용되었다. 이런 상황에서 의후측궤의 경우만 토지의 단위를 '圳'로 하였다면, 그것은 언뜻 납득하기 어렵다.

뿐만 아니라 위에 든 오사위정 등 5사례는 모두 서주 중기 이후, 당시로서는 인구의 집중지인 관중 일대의 상황에서 나온 것이다. 즉 중기 이후 周의 대외적 팽창은 정지되고 그에 따라 관중 지역의 토지는 좀 더 세밀하

---

27 唐蘭, 앞의 논문, 1956, p.80; 馬承源, 『商周靑銅器銘文選』 3, 文物出版社, 1988, p.35; 李峰, 앞의 책, 2010, p.237.

게 분할되어야 할 필요가 있었으며, 그에 따라 일정한 단위의 토지를 구획할 필요가 생긴 것이다. 그러나 의후측궤의 경우는, 아래에서 좀 더 자세히 설명하겠지만, 이제 막 周의 판도에 편입된 商의 외곽지대[鄙]인 宜를 무대로 한 것이다. 이곳에 서주 중기 이후의 관중 지역과 동일한 상황을 상정하기는 어렵다. 그런 의미에서 唐蘭 이래의 이 설은 그럴듯하기 해도 현실성이 떨어진다. 따라서 지금 의후측궤의 '川'에 대한 무리한 해석은 잠시 피하는 것이 좋을 것 같다.

'宅邑'은 宅은 '거처'를 의미한다. 서주 금문에 용례가 많지 않지만 何尊(집성 11.6014)에서 그 용례를 볼 수 있다. '邑'은 서주 전기의 康侯簋(집성 7.4509)에 商邑, 같은 시기의 臣卿鼎(집성 5.2595)에서 '新邑', 후기의 散氏盤에 '井邑'(집성 16.10176) 등, 그 용례를 볼 수 있고, 『尙書』에는 新邑[28], 大邑[29] 등의 辭例도 있다. 어느 경우에나 邑은 사람이 집거하는 聚落이라는 의미로 사용되었으며[30], 특별히 그 규모와 기능에 따라 명칭을 달리하지 않았다. 따라서 의후측궤의 宅邑은 '사람이 거처하는 취락'이라는 의미로 이해해도 문제는 없다. 즉 의후에게 부여된 토지에 35개의 사람이 거주하는 취락이 포함되어 있는 것이다.

이상에서 살펴본 바와 같이, 의후에게 부여된 토지는, 사방의 경계가 분명하게 정의된 공간 범위가 아니다. 의후측궤는 그것을 '川'(지금 그 내용을 분명하게 알 수 없지만)이나 宅邑 등 영역 속에 포함된 지물로 표시하였

---

28 『尙書』召誥. "若翼日乙卯, 周公朝至于洛, 則達觀于新邑營. 越三日丁巳, 用牲于郊牛二. 越翼日戊午, 乃社于新邑, 牛一羊一豕一. 越七日甲子, 周公乃朝用書, 命庶殷侯甸男邦伯."

29 『尙書』武成. "肆予東征, 綏厥士女, 惟其士女, 匪厥玄黃, 昭我周王. 天休震動, 用附我大邑周. 惟爾惟神, 尙克相予, 以濟兆民, 無作神差."

30 松丸道雄, 「殷周國家の構造」, 『岩波講座世界歷史』 4, 岩波書店, 1970, pp.55~60. 또한 邑의 구조에 대한 연구로는 伊藤道治, 「邑の構造とその支配」, 『中國古代王朝の形成』, 創文社, 1975가 있다.

을 따름이다. 거기에는 郭沫若이 그랬던 것처럼 일정하게 구획된 농지가 포함되어 있지 않다. 제후에게 부여된 경계의 표시는 현재의 시각으로 보면 지표에서 인식되는 지물을 이용하며 사방의 경계가 분명하지 않은 막연한 범위를 가리키는 데 지나지 않았다.

의후에게 수여된 세 번째의 대상은 사람이다. 의후측궤는 사람을 수여하는 부분을 ③ "宜에 있는 王人 17姓을 수여한다. 鄭의 7伯과 그(에게) 배속된 鬲 1,050夫, 그리고 宜의 庶人 6□6夫을 수여한다"라고 기록하고 있다. 위의 제1절에서 살펴본 魯, 衛, 晉, 謝 등의 경우처럼 제후에게 수여된 인적 집단을 토착민과 이주민으로 구별할 수 있다면, 宜侯에게 수여된 사람도 토착민인 王人과 庶人, 그리고 이주민인 鄭 7伯과 鬲 등으로 나누어 볼 수 있을 것이다. 먼저 토착민 가운데 王人부터 살펴보자.

郭沫若은 『尙書』 君奭篇에 보이는, "때문에 殷의 제사의례는 (돌아가신) 군주를 하늘에 配享하여 오랜 세월을 거쳐 왔도다. 하늘[天]도 賢臣을 殷王에게 보내주어 (돕게 하니) 商의 百姓과 王人은 아름다운 덕으로써 근심을 풀어주지 않는 자가 없도다[31]"라는 기사에 의거하여, 서주 초에 멸망한 商의 貴族을 王人이라 칭하였다고 했다. 그에 따르면, 이들은 상이 멸망한 후에 노예와 같은 처지에 있었기 때문에 의후에게 수여될 수 있었다[32]. 郭沫若의 이를테면 이 '王人卽奴隸說' 역시 그의 서주노예제설과 같은 관련을 맺고 있다. 즉 제후에게 노예가 수여됐다는 말이다. 그러나 멸망한 상의 귀족이 모두 노예가 된 것도 아니겠지만, 더욱 문제가 되는 것은 그의 사료 선택이다. 위 군석편의 기사는 商의 盛代를 회고하는 내용이어서, 그 내용에서 도무지 '멸망한 商'을 연상해낼 수 없기 때문이다.

白川靜도 郭沫若과 유사한 견해를 제기했다. 우선 그는 『詩經』 崧高

---

31 『尙書』 君奭. "殷禮陟配天, 多歷年所, 天惟純佑命, 則商實百姓王人無不秉德明恤."
32 郭沫若, 앞의 논문, 1956, p.8

의 다음 구절에 주목한다.

王께서 申伯에게 명령하시길 남쪽의 나라에 법도를 펴고, (그 곳에 살고 있는) 謝人을 거느려, 너의 庸을 삼으라고 하시었도다. 王께서는 召伯에게 말씀하시어, 申伯의 土田을 徹하게 하시고, 王께서는 傅御에 명령하시어, 그 私人을 옮기게 하셨다[33].

그에 따르면 申伯이 봉건될 때 傅御라는 사람을 통해 옮기게[遷] 한 王의 私人이 바로 王人이다[34]. 주의할 것은 그가 말하는 私人의 '私'는 公私라 할 때의 私가 아니다. 白川靜에 의하면, 私의 古義는 '쟁기[耜]'이며 여기에서 '경작자'라는 의미가 파생되었다[35]. 따라서 그가 왕인을 '왕의 私人'이라 했을 때의 의미는 곧 '왕실에 속한 경작자'라는 뜻이다. 그는 이들의 신분을 郭沫若처럼 노예라 단정하진 않았으나, 왕실의 농장에 예속된 사람으로 이해하는 점에서는 큰 차이를 볼 수 없다.

그러나 그의 주장에는 王人이 왜 하필 '王室의 私人'이어야 하는가에 대한 설명이 없다. 아마도 그가 이렇게 주장하는 이유는 의후가 봉건된 宜가 왕실의 농장이라는 전제를 가지고 있기 때문일 것이다. 그러나 周의 판도에 편입된 지 얼마 되지 않은, 주 왕실의 입장에서 보면 최외곽의 변경인 宜 지역이 왕실의 농장으로 경영될 이유는 없다. 뿐만 아니라 제후가

---

33 『詩經』 大雅 崧高. "王命申伯, 式是南方, 因是謝人, 以作爾庸. 王命召伯, 徹申伯土田, 王命傅御, 遷其私人."

34 白川靜, 앞의 책, 1966, pp.547~549.

35 私는 禾와 厶耜로 이루어진 會意文字이다. 『說文解字』에는 耜자가 없지만, 원래 私와 耜는 좌변만 다를 뿐 통용되는 글자이다. 『說文解字』에 "私姦邪耶"라 한 것은 나중에 생긴 뜻으로서 그 원래의 훈고는 아니다. 厶耜라는 뜻에서 '耜를 사용하는 자'들을 私라 하고, 여기에서 一轉하여 농업에 종사하는 자를 私라 하였을 것이라고 생각된다. 따라서 私는 농부를 뜻하는 것이다. 白川靜, 앞의 책, 1981, p.296.

왕실의 농장을 감독하는 기능을 했다는 것도 제후의 역할을 고려했을 때 타당해 보이지 않는다.

반면 唐蘭이 시도한 해석은 사료적 근거가 명확하다. 그는『춘추』僖公 29년에 보이는 "王人과 陳人, 宋人과 함께 … 翟泉에서 盟하였다"에 보이는 王人이 바로 의후측궤에 보이는 왕인이라고 하고, 왕인은 '王國의 사람[人]'을 의미한다고 해석하였다[36]. 그렇다면 '왕국의 사람'이란 무슨 의미일까? 周의 통치 범위를 다소 넓게 잡는다면 '왕국의 사람'이 포함하는 범위는 지나치게 넓어질 것이며, 그렇다면 그것은 칭호로서의 의미를 상실하여 천하의 모든 백성이라는 의미가 될 것이다[37]. 그것은 陳人, 宋人 등과 병렬되는 '왕인'에 대해서는 그다지 적당한 해석으로 보이지 않는다. 따라서 唐蘭 자신은 '왕국의 사람'이 누구를 가리키는지 밝히지 않았지만, 그것은 아마도 伊藤道治처럼 '周族'이라는 의미[38]로 이해한 것일 가능성이 높다.

甲骨文이나 金文에서 '某人'이라고 할 때의 '某'는 출신 씨족명이나 지명인 것이 상례였기 때문에 '王'이 周族이나 周地를 가리키는 것이 입증될 수만 있다면 王人을 周族이라 판단할 수도 있겠다. 그런데 여기에도 문제는 있다. 왜냐하면 갑골문이나 금문에서 '王'이 '商'이나 '周'를 의미하는 지명이나 씨족명으로 사용된 경우가 없기 때문이다. 그러므로 王人은 곧 周族이라는 견해 또한 성립되지 않는다.

王人의 의미를 이해하기 위해 우선 확인해 두어야 할 것은 王人의 '王'이 人의 내용을 제한하는 한정사로 사용되었다는 점이다. 따라서 '王'이 이런 용법으로 사용될 때는 어떤 의미인지를 추적하면 왕인의 의미도 자

---

36 唐蘭, 앞의 논문, 1956, p.81.
37 『詩經』小雅, 北山의 "普天之下, 莫非王土, 率土之濱, 莫非王臣"이 바로 그런 의미이다.
38 伊藤道治, 앞의 책, 1987. p.102.

명해 질 것이다. 서주 금문에서 왕인이라는 어휘는 의후측궤 외에도 智鼎 (집성 5.2838)이 있지만, 거기에도 王人의 의미를 파악할 수 있는 단서가 없다. 그런데 서주 금문에는 王人처럼 王을 한정사로 사용한 '王臣'의 용례가 있다. 王臣의 경우에는 王의 의미를 짐작할 수 있는 또 다른 실마리가 있는데 그것은 바로 中方鼎의 명문이다.

13월 庚寅일, 王께서는 寒에 계셨다. 왕께서는 大史에게 명령하여 땅을 수여하게 하였다. "中은 福의 사람으로 來朝하여 武王에게 사여를 받아 臣이 되었도다. 지금 너(中)에게 福土를 수여하니 너의 采地를 삼도록 하라." 中은 왕의 아름다운 명령을 선양하여 (그것을) 父乙牆에 기록하노라, 唯臣尙中, 臣□□[39].

명문은 周王이 南國을 정벌하기 위한 출정지에서 中이 라는 자에게 福土를 采地로 수여한 것을 기록하고 있다. 이 가운데 "武王에게 사여를 받아 臣이 되었도다"는 부분에 주목해 보자. 이 부분은 원문에는 "賜于武王作臣"이라 되어 있다. 中은 武王에게 무엇인가를 수여받고 그 은총을 계기로 주군과 신하의 관계를 맺게 되었다. 여기에서 王이 의미하는 바는 바로 그러한 '관계'이다. 즉 王은 '왕과의 관계'를 표현한다. 그러므로 王臣이란 말은 '臣', 즉 왕에게 臣屬했다는 의미로서, 王에게 예속되어 王에 봉사하는 신하라는 의미를 갖게 되는 것이다. 그렇다면 만약 그 주군이 王이아닌 다른 사람이었다면 똑같은 원리로 '누구누구의 臣'이라 하여 王 대신에 다른 글자가 들어갈 수도 있었을 것이다. 그런 용례로는 예컨대 九年衛鼎(집성 5.2831)에서 裘衛에게 臣屬한 자를 '衛臣'이라 표기한 것을 꼽

---

[39] 집성 5.2785, 中方鼎. "隹十又三月庚寅, 王在寒, 王令大史兄福土, 中福人, 入史賜于珷王作臣, 今兄女福土, 作乃采. 中對王休. 令牆父乙障, 唯臣尙中, 臣□□."

을 수 있다.

주의하여야 할 것은 中方鼎에서 王과 신속관계를 맺어 臣이 된 中이 周族이 아니었다는 점이다. 中은 명문에 나와 있듯이 원래 褍에 거주하여 在地에 기반을 가지고 있으면서 周의 세력 확장에 따라 새롭게 周王의 지배를 받아들여 臣屬한 자였다. 그러므로 王臣의 王은 출신 씨족과는 무관하고, 王과 특정한 관계를 맺었다는, 王과의 '관계'에 초점이 맞추어져 있는 것이다. 의후측궤의 王人 또한 그런 의미에서 王을 冠稱하였을 것이다.

王人이라 할 때의 人은 臣을 포괄하는 보다 넓은 범위의 '사람'을 지칭하지만, 臣보다는 예속도가 떨어지는 사람이다. 따라서 王人은 王에게 복속하기를 맹세하고 王의 통치를 받아들인 사람이라는 의미가 된다. 宜侯에게 사여된 王人은 '宜에 있는 王人'이라 하였으므로 宜에 거주하고 있었던 자들이었다. 그리고 이들은 17姓이라는 단위로 의후에게 분여된 것을 보아 알 수 있듯이 氏族을 단위로 파악되는 자들이었다. 이런 사정을 고려하면, 이들은 원래 宜에 거주하고 있던 토착민으로 周의 영역이 이곳까지 확장되자 周王에의 복종을 맹세했던 자들이었다. 그들은 씨족조직에서 해체되어 개별적으로 지배되는 노예는 아니었을 것이며[40], 씨족조직을 그대로 유지하면서 생활한 자들이었다. 즉 주왕은 측을 宜侯로 봉건함과 동시에 그에게 토착 씨족의 지배권을 부여한 것이다.

宜侯에게 수여된 두 번째의 토착민은 '庶人'이다. 명문에는 '宜의 庶人'이라 하여 '宜'자 만을 冠稱하였다. 王人의 경우에는 그것을 '在宜'라고 표현하였으니 약간 차이가 있다. 그러나 전자는 후자에서 '在'를 생략한 것이라고 보아도 무방하다. '庶人'은 의후측궤 외에 서주 전기의 大盂鼎

---

40 堀敏一, 『中國古代の身分制－良と賤』, 汲古書院, 1987, 제1장, 「中國における奴隷制の起源」 참조.

(집성 5.2837), 중기의 裘衛盉(집성 15.9456)에 등장하지만, 용례가 많지 않다. 서인의 '庶'는 '여럿[多]'이라는 뜻이지만, 서인이라고 할 때에는 그것이 '신분'을 가리키는 호칭인지 아니면 '직능'을 가리키는 호칭인지 분명하지 않다.

庶人에 대한 문제에서 주목해야 할 것은 庶人이 개인을 단위로 하여 의후에게 수여되었다는 점이다. 그것은 이들이 성인남자를 의미하는 '夫'로 헤아려지고 있었다는 사실에서 추론된다. 王人이 '姓', 즉 씨족집단을 단위로 헤아려진 것을 생각하면 양자에는 뚜렷한 차이가 있다. 따라서 이들에 대한 지배의 방식 역시 王人과 달랐을 것이다. 서인의 성격을 생각할 때 참고가 되는 또 다른 정보로 大盂鼎(집성 5.2837)의 명문을 꼽을 수 있다. 大盂鼎에는 '馭로부터 庶人까지의 人鬲(人鬲自至馭于庶人)'이라는 기록이 있다. 이것을 보면 庶人은 人鬲의 범주에 포함되는 자들이었다. 아래에서 설명하는 것처럼, 鬲은 '명부에 실린 자'들이며, 따라서 특정한 직무에 복역하도록 규정된 자들이었다. 그렇다면 서인 역시 명부에 등재되어 개별적인 지배를 받는 특정 직무 종사자로 이해할 수 있다.

王人과 庶人이 토착민이라면, '奠(鄭) 7伯과 그[厥] 鬲'은 이주민에 해당한다. 鄭은 그들의 출신지를 의미한다. 이들은 '伯'과 '鬲'으로 구성된 집단이며, '伯'은 '우두머리[長]'라는 뜻으로 이 집단의 영수를 의미하는 것이 분명하지만, '鬲'이 어떤 성격의 사람인지에 대해서는 아직 분명하지 않다.

尙志儒는 鬲이 지명이며 동시에 씨족명이라 이해했다[41]. 이 해석을 취한다면 鬲은 '鬲 출신의 사람' 혹은 '鬲族의 사람'이란 의미가 된다. 대체로 상주시대에 지명과 씨족명은 일치하는 것으로 알려져 있기 때문에 이 2가지 해석은 결국 동일한 내용이다. 그러나 이 견해는 성립되지 않는다. 그

---

41 尙志儒, 「試論西周金文中的人鬲問題」, 『西周史硏究』, 陜西人民出版社 2, 1984.

런 경우라면 '鬲'이라고 표기할 것이 아니라 '鬲人'이라 표기되어야 할 것이 때문이다. 의후측궤의 경우에는 '鄭 7伯과 그[厥] 鬲 1,050부라고 하였으므로, 鄭 출신인 7伯과 鬲의 관계가 명시되어 있을 뿐, 鬲을 지명으로 보아야 할 이유가 없다.

鬲을 어떻게 이해할 것인지에 대해 특히 주목해야 할 것은 '1,050'라는 鬲의 숫자가 우연한 것으로 보이지 않는다는 점이다. 의후측궤 이외에도 역시 같은 시기에 제작된 大盂鼎(집성 5.2837)의 "너에게 夷䣄王臣 13伯과 人鬲 1,050夫를 사여한다(易夷䣄王臣十又三伯, 人鬲千又五十夫)"라고 하여 '1,050'이라는 숫자가 출현하기 때문이다. 이것은 1,050이라는 숫자가 우연하게 나온 것이 아님을 의미한다. '1,050'이라는 숫자가 무엇인가의 의미를 지니고 있다면, 그것이 의미하는 바는 鄭의 7伯과의 상관관계에서 힌트를 얻을 수 있을 것 같다. 鄭 7伯과 鬲은 각각 고립된 존재가 아니라 서로 연관된 관계에 있기 때문이다. 이것은 대우정의 경우도 마찬가지이다. 大盂鼎의 人鬲 1,050夫는 夷䣄王臣 13伯과 한 짝을 이루어 盂에게 수여되었다.

白川靜은 鄭의 7伯과 鬲 1, 050부 사이에 1:150의 비율관계가 보이는 것을 발견했다. 양자 간에 정수로 구성된 상관관계가 보이는 것이다. 그러나 대우정의 경우에는 13:1,050이어서, 양자의 관계는 1:80.76이 된다. 의후측궤처럼 伯과 鬲 사이에 일정한 배수관계를 볼 수 없는 것이다. 그러나 이 경우에도 굳이 1:80.76의 관계에 있다고 말하는 것보다는, 1:75의 관계에서 1伯이 부족하다고 생각하는 것이 더 그럴듯할지도 모른다. 후자의 경우라면 1,050夫는 대우정에서는 1:75, 의후측궤에서는 1:150이 된다. 75나 150은 모두 15의 배수이다[42].

의후측궤나 대우정에서 보는 것처럼 鬲은 '夫'를 단위로 계산되는 자이

---

42 白川靜, 앞의 책, 1966, pp.549~551.

다. 즉 성인 남성 개인이 계산의 단위가 된 것이다. 이들은 王人처럼 집단을 단위로 하여 수여되지 않고 개인을 단위로 하여 의후에게 수여되었다. 郭沫若은 이 '夫'가 戶를 대표하는 '夫'이기 때문에 宜侯에게 주어진 것은 실제로는 '戶'였을 것이라고 주장하였다[43]. 그러나 금문에서 戶를 가리킬 경우에는 '家'라는 용어를 사용하기 때문에[44] 그렇게 생각해야 할 필연적인 이유는 없다. 그러면 개인을 단위로 수여된 鬲은 도대체 어떤 성격의 사람일까?

鬲은 원래 세발솥의 일종으로 음식을 익히는 食器이다. 그러나 의후측궤의 鬲은 사람이기 때문에 이 뜻으로는 의미가 통하지 않는다. 따라서 이 경우에는 우선 가차의 가능성을 살펴보아야 한다. 이때 주목되는 것이 鬲이 歷과 통용된다는 점이다. 鬲은 『說文解字』에 䰜이라고도 쓰이고, 『漢令』에서는 䰛으로 썼다. 즉 鬲과 䰛은 통용될 수 있었던 것인데, 이 䰛은 다시 같은 音의 歷과도 통용될 수 있다[45]. 이렇게 해서 鬲은 歷과 통용될 수 있는 글자로서, 『尙書』 大誥의 "嗣無疆大歷服"이 魏三體石經에는 "嗣無疆大鬲服"이라 쓰인 것에서 실제 그렇게 쓰이기도 했다는 것을 입증할 수 있다[46]. 그렇다면 鬲의 뜻을 파악하기 위해서 歷의 자해를 추적해 보는 것이 유용한 방편이 될 것이다.

孫詒讓은 『周書斠補』에서 『逸周書』 世浮解에 "武王께서 드디어 四方을 정벌하였는데, 憝國이 99국으로 벤 머리[馘歷]는 10만 7,779인이며 포로는 30만 230명이었다. 服國은 652국이었다(武王遂征四方, 凡憝國九十

---

43 郭沫若, 앞의 논문, 1956, p.9.
44 白川靜, 앞의 책, 1966, p.551. 金文에서 '家'가 사용된 여러 가지 용례에 대해서는 楊寬, 「釋 "臣"和"鬲"」, 『考古』 1963[12], pp.668~670 참조.
45 貝塚茂樹, 「金文に現われた鬲の身分について」, 『中國古代の社會制度』, 中央公論社, 1977, p.37.
46 楊寬, 앞의 논문, 1963, p.669.

제3장 西周 封建의 내용과 성격 143

有九國, 馘麿億有十萬七千七百七十有九. 俘人三億萬有二百三十. 凡服國六百五十有二)"는 기사에 나오는 '麿'을 해설하여, "생각건대 麿과 歷은 同聲의 假借字이다. (여기에서 麿은) 執俘된 馘의 명부를 의미한다[47]"고 설명하였다. 즉 孫詒讓은 麿과 歷이 통용되었으며, 그것은 '名簿'를 의미한다고 해석한 것이다. 이어 그는 다시 歷에 대해 보다 상세한 설명을 이렇게 덧붙인다.

『周禮』 遂師에 '抱麿'이라는 기사가 있다. 鄭注에 말하기를 '麿은 適歷執綍者名'이라 한다. 『禮記』 月令 季冬에는 '宰에게 명하여 卿大夫부터 庶民까지 土田의 數를 歷하게 한다'고 하고, 그 주석에 '歷은 次와 같다'고 한다. 또 『禮記』 郊特牲에는 '그 車賦를 簡하고 그 卒伍를 歷한다'는 기사가 있는데, 그 주석에는 '簡과 歷은 算具를 진열하는 것을 의미한다'고 한다. 아마도 名數를 기록한 장부[簿書]는 모두 歷이라 하였을 것이다.[48]

즉 麿과 歷은 동성의 가차자이며, 그 뜻은 '名數를 기록한 장부'라는 것이다. 그런데 『逸周書』 世俘解의 歷을 '장부'라고 할 수는 없다. 만약 그렇게 하면 武王이 사방을 정벌하여 얻은 것은 포로의 수급이 아니라 '수급의 수를 기록한 장부'가 되고 말기 때문이다. 그러므로 貝塚茂樹는 그 해석에 약간의 변형을 주어 歷은 '장부에 실리는 身分의 사람'을 의미한다고 하고, 그것은 바로 奴隸라 했다. 그러나 장부에 기록되는 자와 노예의 '신분'을 등치하는 것은 곤란하다. 왜냐하면 위에서 살펴본 '歷'에서는 어떠한 '身分的' 규정도 발견할 수 없기 때문이다. 다만 '명부에 실리는 자'라는 정도의 의미라면 그것으로 충분하다고 생각한다. 즉 鬲[歷]은 '명부에 실리

47 貝塚茂樹, 앞의 책, 1977, p.36에서 재인용.
48 貝塚茂樹, 위의 책, 1977, p.36에서 재인용.

는 자'를 의미하는 것이다[49].

鬲은 15의 배수로 하여 구성된, 성인 남성을 단위로 하여 파악된 자들이었으며, 명부에 등재된 자들이었다. 鬲에서 보이는 이와 같은 요소는 이들이 일정한 조직을 갖춘 집단이었다는 사실을 암시하는 것으로 생각된다. 그렇다면 이들은 무엇을 목적으로 한 자들이었을까? 그에 대한 해답은 15의 배수로 구성된 그들의 조직 방식에서 찾을 수 있을 것 같다.

殷墟유적에 대한 제13차 발굴 때, 궁전구역 乙組 宗廟 유존의 앞쪽에서 일군의 제사갱이 확인되었는데, 흥미롭게도 이들은 일정한 군사조직과 작전부대의 편성 그대로 배열되어 있었다. 그 가운데 '北組'는 전차대와 隨從 보병으로 이루어진 편제인데, 여기에는 전차가 5乘 배치되어 있고, 각 전차 마다 15인의 步兵이 배치되어 있었다. 이것을 보면 상대에는 전차 1승과 15인의 보병이 작전부대의 최소 편성 단위였으며, 5승으로 구성된 1隊에는 모두 75인의 보병이 배속되어 있었음을 확인할 수 있다[50]. 이것은 淸代에 金額이 『求古錄』 禮說 「軍制車乘士卒考」에서 周代의 兵制를 해설하여 전차 1승 당 15인의 步卒이 수종했다고 한 것과 합치되는 숫자이다. 시대의 변천에 따라 군대의 편성 방식은 달라지지만, 상대 후기에는 이와 같은 구성이 작전부대의 기본 편제였으며, 서주 전기에도 이와 같은 편제는 그대로 계승되었을 가능성이 높다[51]. 당시 전차부대의 기본 편제는 15, 75 나아가서는 150의 보병을 필요로 한 것이다.

---

49 『說文解字』는 歷의 자해가 "過也, 傳也"라 하며, 『爾雅』는 "數也"라 한다. 즉 歷은 '經歷'이라는 의미의 歷과 '歷數'라는 의미의 歷 두 가지의 뜻을 가지고 있었다. 위에서 설명한 歷의 자의는 후자에서부터 파생되었을 것이다.

50 北京大學歷史系考古敎硏室商周組 편저, 『商周考古』, 文物出版社, 1979, pp.76~79.

51 陳恩林, 『先秦軍事制度硏究』, 吉林文史出版社, 1991, p.51; 劉殿 主編, 『中國古代軍制史』, 軍事科學出版社, 1992, pp.63~64. 이들 연구에서는 西周의 병제는 戰車 1승당 15인의 步卒 이외에 10인의 甲士가 추가로 배치되어 1승 당 25인이 되는 편대가 당시 작전부대의 기본 단위였다고 한다.

이상에서 의후에게 수여된 봉건사여물의 내용을 검토하였다. 봉건과 함께 의후에게 수여된 사여물은 의례용의 기물과 사람 그리고 토지로 구성되었다. 이것은 『좌전』 정공 4년이나 『시경』 숭고가 전하는 魯, 衛, 晉, 謝 등의 경우와 동일하다. 그러나 의후측궤의 명문에는 문헌사료에서 볼 수 없는 몇 가지 주목할 만한 특징도 있다. 그것은 첫째, 의례용의 유물은 제사용품과 무기만이 사여되었다는 점이다. 이것은 서주 중기 이후 책봉의례가 번잡해지기 이전의 소박한 형태로, 제후에게 주어진 본질적인 권한이 제사와 전쟁에 있었음을 보여주는 것이다. 둘째, 의후에게 수여된 토지는 川이나 邑 등 封地 안에 포함된 주요 지물로 표시될 뿐, 그 봉지의 범위가 일정한 공간적 영역으로 지시되지 않았다. 셋째, 사람은 토착민과 이주민 두 종류의 사람이 수여되었다. 이것은 이미 문헌사료에서 확인할 수 있었던 내용이지만, 의후측궤는 그것보다 좀 더 자세하다. 토착민은 周王에게 王人과 庶人 두 종류가 있다. 왕인이 씨족을 단위로, 서인이 개인을 단위로 부여되었다는 점은 양자의 그 존재 양상에서 일정한 차이가 있었음을 암시하지만, 그 내용은 분명하지 않다. 그것은 庶人에 관련된 정보가 부족한 데서 말미암은 것이다. 이주민은 鄭의 7伯과 鬲 1,050夫가 있다. 이들은 전차부대를 구성한 군단으로 판단된다. 이것은 문헌사료에서는 볼 수 없었던 것이다.

2. 의후의 봉건 배경

의후가 봉건된 배경은 의후측궤의 명문 전반부를 통해 추정할 수 있다. 이 부분을 여기에 다시 옮기면 "四月 丁未일, 王께서는 武王과 成王께서 개척하신 商의 鄙를 순시하여[省] 東國의 鄙에까지 도달하셨다. 王께서는 宜에 임하시어 宗社로 들어가서서 南向하셨다. 王께서는 虞侯 矢에게 명하시어 다음과 같이 말씀하셨다. "宜에 侯하도록 하라 …"는 내용이다.

의후에 대한 봉건은 武王과 成王이 개척한 商의 鄙, 즉 외곽지역을 康王으로 추정되는 周王이 순시[省]하는 과정에서 이루어졌다. 원문의 '省'을 '순시하다'로 옮겼는데, 省이란 행위는 어떤 지역에 가서 주술적인 힘을 보임으로써, 그 지역에 대한 지배를 강화하는 행위였다고 해석된다[52]. 또한 省은 또한 武威를 보이면서 지배 지역을 순찰하는 행위이기도 했다. 후대의 용어를 빌어 표현하자면 巡狩 혹은 巡撫의 의미에 가까울 것이라 생각된다[53]. 특히 서주시대에 행해진 이 '성'은 왕왕 전쟁으로 연결되었다. 예컨대 中方鼎[54]과 中甗[55]에 의하면 서주 전기, 成王이 虎方을 정벌하기에 앞서 中으로 하여금 南國을 '省'하게 한 사례가 있고, 商代의 小臣艅犧尊에도 商王이 人方을 정벌하기에 앞서 夒社를 省하게 한 기록도 있으며[56], 아래에서 언급하게 될 서주 후기의 晉侯蘇編鐘에서 주왕의 遹省이 夙夷와 匔城에 대한 공격으로 이어진 것 등에서 빈번하게 확인된다. 뿐만 아니라 昭王期에 제작된 𩛥鐘에는 다음과 같은 기록도 있다.

王께서는 文王과 武王께서 경영하신 강토를 순시[遹省]하시었다. 南國의 服子가 감히 우리 땅을 침략하여 약탈하였다. 왕께서 그를 정벌하시어 그(남국의 복자)의 都를 정벌하니, 服子가 감히 화평을 구하여 와서 昭王을 알현하였다. 南夷와 東夷 26邦이 함께 왕을 알현하였다 …[57].

---

52 白川靜, 『金文の世界－殷周社會史』, 平凡社, 1971, p.30.
53 白川靜, 『字統』, 平凡社, 1994, pp.496~497.
54 집성 5.2751, 中方鼎. "唯王令南宮, 伐反虎方之年, 王令中先, 省南國, 貫行 …"
55 집성 3.949, 中甗. "王令中先, 省南國, 貫行, 執庄才㞷, 史兒至以王令曰, 余令女史大小邦 …"
56 집성 11.5990, 小臣艅犧尊. "丁巳, 王省夒土, 王賜小臣艅夒貝, 唯王來征人方, 唯王十祀又五彡日."
57 집성 1.260, 𩛥鐘. "王肇遹省文武京堇疆土, 南國艮子敢陷虐我土, 王臺伐其至, 戡伐厥都, 子迺遣閒來逆邵王, 南尸東尸具見廿又六邦 …"

鈇鐘에서는 주왕의 遹省이 남국복자의 都에 대한 정벌로 이어졌고, 그 결과 南國服子는 南夷와 東夷 26邦을 거느리고 昭王을 찾아와 화평을 구하였다. 이 명문에서 26邦이라고 할 때의 '邦'에 대해서는 다음 절에서 좀 더 상세히 설명하기로 하거니와, '省'에 이은 무력 정벌은 각 지역에 존재한 이들 지역정치체와의 갈등이 폭력적인 형태로 현재화한 것이었다. 위에서 본 中甗에는 成王이 中으로 하여금 南國을 순시하게[省] 하였을 때, 순시 도중인 中에게 兒라는 사람을 보내어 大·小'邦'에 사행하게 하였다는 기록도 있다. 이것 역시 鈇鐘과 유사한 상황을 연상하게 한다. 결국 주왕이 행한 '성'이라는 행위는 해당 지역에 대한 주 조정의 지배력이 불안정한 상태에서 이루어진 것이라 할 수 있다. 의후에 대한 봉건 역시 선왕이 개척하였지만, 아직 주의 지배력이 안정적인 단계에 도달하지 못한 宜에 제후를 입봉시켜 이 지역에 대한 지배력을 강화하고자 한 목적 하에 이루어진 것이다.

또 다시 주목해야 할 하나의 사실은 의후가 이곳에 처음으로 봉건된 제후가 아니라 다른 지역에서 宜라는 지역으로 移封되었다는 점이다. 그것은 의후측궤의 내용을 통해 추정되는 것이다. 즉 周王은 측을 의후에 봉건하는 책명의례를 거행하면서 그를 '虞侯 矢'이라 불렀다. 그리고 虞侯인 측은 책명의례가 끝난 후 왕의 은총에 감사하고, "宜侯 矢은 왕의 은총을 널리 알리기 위해 虞公인 父丁의 제기를 만든다"고 말로 명문을 마무리했다. 즉 책명의례 이전에는 虞侯라 호칭되던 자가 책명의례 이후에는 스스로를 宜侯라 부른 것이다. 바꾸어 말하면, 宜侯는 자신의 아버지를 계승하여 虞侯의 직임을 수행하다가, 康王의 동방에 대한 무력시위 과정에서 그를 수행하고, 이윽고 先王 때에 새로 개척된 宜 지역에 이르렀을 때 왕으로부터 의후가 되라는 명령을 받게 된 것이다.

의후가 봉건된 宜가 지금의 어디에 해당하는지에 대한 단서는 아직 찾을 수 없다. 그런데 宜가 江蘇 蘇州 일대에서 멀지 않은 곳이라 추정하는 견해가 있다. 그것은 의후측궤의 출토 지점과 이 책에서 '虔'이라 釋讀한 글자를 '虞'로 해독한 데서 말미암은 견해이다. 의후측궤는 江蘇 丹徒縣의 고대 무덤에서 출토되었다. 구체적인 지점은 縣治에서 약 30km 떨어진 양자강 남안인데, 상식대로라면 의후측궤가 출토된 이 지점이 宜侯의 봉지일 가능성이 높다. 唐蘭은 宜侯가 이봉되기 이전의 봉지였던 곳을 虔이 아니라 '虞', 즉 '吳'로 해독한 것[58]은 의후측궤가 발견된 위치와 무관하지 않다. 왜냐하면 丹徒縣은 춘추시대 吳國이 위치해 있었던 江蘇 蘇州에 인접해 있기 때문이다. 요컨대 唐蘭은 의후는 원래 吳에 봉건되어 있다가 거기에서 가까운 현재의 丹徒縣 인근으로 이봉되었다고 주장하는 것이다.

그런데 의후측궤의 출토 정황[59]을 보면 문제는 그렇게 간단하지 않다. 의후측궤가 출토된 유구는 土墩墓인데, 土墩墓는 양자강 하류 지역에서 良渚文化 高臺 제단의 전통을 이어받아 청동기시대에 유행한 이 지역 특유의 무덤양식으로 알려져 있다[60]. 서주시대 중원 지역의 기본 묘제인 토광묘와는 현격히 다른 구조인 것이다. 게다가 의후측궤와 함께 출토된 11점의 청동기에는 기형이나 문양으로 보나 특유의 지역적 요소가 농후하게 관찰될 뿐만 아니라 의후측궤보다 시대가 한참 내려오는 춘추시대의 것까지도 포함되어 있다[61]. 이런 사정을 감안하면 의후측궤가 출토된 무덤은 의후 측 본인의 것이 아니며 그 후예의 것도 아니었던 것 같다. 따라서 지금은 알 수 없는 무엇인가의 사정으로 의후측궤가 이 지역의 유력자에게

58 唐蘭, 앞의 논문, 1956 참조. 근년 국내에서도 이에 동의하는 論考가 발표된 바 있다. 李明和, 「吳立國과 靑銅文化」, 『梨花史學硏究』 22, 1995.

59 江蘇省文物管理委員會, 앞의 보고, 『文物參考資料』 1955[1], p.58.

60 文物編輯委員會 편, 『文物考古工作十年 1979-1989』, 文物出版社, 1990, pp.105~108 및 121~124.

61 中國社會科學院考古硏究所 편저, 『新中國的考古發現和硏究』, 文物出版社, 1984, pp.262~264.

흘러들어가게 되었다고 추정하는 것이 옳다.

唐蘭의 주장은 의후측궤 본문의 虞자가 명료하지 않은 것에도 그 원인이 있다. 의후측궤는 발견 당시에 이미 상당히 부식되었을 뿐만 아니라 일부 파손되기도 하여 그 명문에 분명하지 않은 부분이 많다. 그러나 陳夢家와 郭沫若, 伊藤道治가 해당 글자를 虞이라 읽고, 白川靜은 虎로 읽는 데에는 다 그 나름의 이유가 있다. 명문의 탁본을 보면 제4행의 첫 자와 마지막 행의 네 번째 글자가 문제의 글자인데(도면 9), 이 자에는 虞자를 구성하는 요소인 '口'가 보이지 않는다. 따라서 이 글자를 虞로 읽는 것은 타당하지 않다. 게다가 의후측궤가 출토된 丹徒가 과연 宜인지조차 의문이라면 역시 虞(吳)로 해독하는 것은 무리이다. 양자강 하류 일원을 상의 동쪽 외곽지대라고 표현했을 가능성은 없다.

의후의 '의'를 현재의 어떤 곳으로 특정하는 것은 현재로서는 불가능하다. 따라서 이 문제는 여기에서 더 이상 다루지 않기로 한다. 여기에서는 다만 宜는 측의 초봉이가 아니라 이봉지였다는 사실을 다시 한 번 기억해 두기로 한다.

제3절
燕侯의 봉건과 그 배경

1986년 北京市 房山區 琉璃河유적에서 M1193호 무덤이 발굴되었다. M1193은 묘광의 네 모서리에 폭 좁은 溝를 하나씩을 개설한 대형 무덤으로서 서주시대의 다른 무덤에서 그 유례를 볼 수 없는 대단히 특이한 구조를 가지고 있다. 그러나 이 무덤이 더욱 주목되는 이유는 여기에서 출토된 유물 때문이다. 이 무덤은 이미 도굴 당하여 대부분의 부장품은 없어져 버렸지만 罍, 盉, 觶 각 1점 등 3점의 청동예기가 잔존하고, 이 가운데 燕侯克罍와 盉의 뚜껑과 구연부에 각각 명문이 새겨져 있다[62]. 이제 燕侯克罍 · 盉 명문을 검토함으로써 燕侯의 封建에 관한 몇 가지 문제를 검토할 차례이다.

연후극뢰 · 화는 그 내용으로 보아 대개 成王期에 제작된 것으로 추정된다. 연후극뢰 · 화의 뚜껑과 구연부에서 발견된 명문은 그 내용은 완전히 동일하며, 다만 그 行款과 字體에 약간의 차이가 있을 뿐이다(이하 '연후극뢰'로 약칭함). 명문의 내용은 다음과 같다.

---

[62] 琉璃河考古隊, 「北京琉璃河1193號大墓發掘簡報」, 『考古』 1990[1], pp20~31.

[도면 10] 연후극뢰와 그 명문 1. 燕侯克盉 2. 燕侯克罍 3. 燕侯克罍 명문

(카) 王께서 말씀하셨다. 太保여. 明祭를 지내고 閼祭를 지내어 너의 主君에게 祭享하였도다. 나는 너의 祭享에 크게 보답하여, 克으로 하여금 燕에 侯하게 하노라. (나) 羌, 馬, 虘, 雩, 馭, 敓를 관리[事]하라. (다) 克은 燕으로 가서 有嗣와 함께 入土하였다. 寶障彝를 만든다[63].

명문은 모두 6행 43자로 그리 길지 않지만, 그 내용은 燕侯가 봉건된 사정을 전하는 것으로서 西周 봉건의 양상을 이해하는데 적잖은 도움이 되는 것이었으므로 즉각 연구자들의 주목을 받게 되었다. 발견 이후 즉시 명문을 해독하기 위한 좌담회가 개최되어 10명의 전문가가 의견을 개진하였으며[64] 殷瑋璋, 陳平, 張亞初 등은 전문적인 해석을 발표한 바 있다[65]. 여기서도 먼저 봉건 사여에 관한 내용부터 살펴보기로 하자.

1. 연후에 대한 봉건 사여

연후의 봉건과 함께 연후에게 부여된 것은 위에 인용한 명문의 (나)에 해당하며, (다)도 그와 어느 정도 관련이 있는 것으로 생각된다. 우선 (나)에는 "羌, 馬, 虘, 雩, 馭, 敓를 관리[事]하라"고 되어 있는데, 이것은 燕侯에게 6개의 씨족 집단을 수여한 것으로 이해된다. 그것은 무엇보다 명문의 羌,

---

63 琉璃河考古隊, 위의 보고, 1990. p.25. "王曰, 太保 隹乃明乃鬯, 享于乃辟. 余大對乃享, 令克侯于匽. 事羌馬虘雩馭敓. 克匽入土眔有嗣. 用作寶障彝."
64 記者,「北京琉璃河出土西周有銘銅器座談紀要」,『考古』1989[10], pp.953~960. 여기에는 殷瑋璋, 蘇秉琦, 張長壽, 陳公柔, 王世民, 李學勤, 張亞初, 劉雨, 杜迺松, 劉起釪 등의 해석이 소개되어 있다.
65 殷瑋璋,「新出土的太保銅器及其相關問題」,『考古』1990[1], pp.66~77; 陳平,「克罍 · 克盉銘文及其有關問題」,『考古』1991[9], pp.843~854; 張亞初,「太保罍 · 盉銘文的再探討」,『考古』1993[1], pp.60~67.

馬, 虘, 雩, 駿, 散 등은 모두 갑골문에서 지명으로 사용된 용례가 있기 때문이다.

羌은 羌方의 근거지 羌이다. 羌方은 武丁부터 帝辛에 이르기까지 商에 적대한 方國인데, 親商的인 沚族과 충돌할 것인지 여부가 자주 卜問된 바 있다. 합집 3.6057에는 方이 沚의 西鄙에 침공한 사건이 전해진다. 方은 陝西 북부 일대에 위치해 있었으므로 方이 공격한 沚 또한 섬서의 북동, 商都인 安陽의 서북에 위치하였을 것이다. 따라서 沚에의 침입이 우려된 羌方 또한 그에 인접한 곳으로서, 대체로 安陽의 서북방에 위치하였으리라 추정된다[66].

馬는 갑골문에서 일반명사, 즉 '말'이라는 뜻 사용되는 용례, 씨족명으로 쓰인 용례 그리고 多馬 · 先馬 등 말에 관련된 관리의 이름에 사용되는 용례 등이 있다[67]. 지명으로 사용된 용례로는 "乙卯일에 점칩니다. 爭이 묻습니다. 王께서는 … 馬와 羌을 정벌 …"(합집 3.6624), "辛巳일에 점칩니다. □이 묻습니다. 王께서 馬로 가지 않아야 할까요?"(합집 4.8208), "癸巳일에 점칩니다. 馬로 갈까요? 三十"(합집 7.20790) 등이 있다. 이 가운데 합집 3.6624에서 商王이 정벌할지 여부가 貞卜된 羌은 위의 羌方일 것이다. 여기에서 馬와 羌에 대한 정벌 여부가 동시에 정복되었으므로 馬는 羌方에 인접하여 위치하였음이 분명하다. 따라서 馬도 安陽의 서북쪽에 위치한 것으로 비정된다[68].

虘는 제1기와 제4기, 그리고 제5기의 甲骨文에서 商에게 정벌당하는 적국으로 등장한다. 島邦男은 虘가 虡와 同字로서, 그곳은 葵丘의 동남방, 東夷 땅이라고 하였으나[69] 아래에 인용하는 합집 12.36528反의 기록을

66 島邦男, 『殷墟卜辭研究』, 中國學研究會, 1958, p.404 및 437.
67 姚孝遂 주편, 『殷墟甲骨刻辭類纂』 중책, 中華書局, 1992, pp.624~627.
68 島邦男, 앞의 책, 1958, pp.408~409.
69 島邦男, 위의 책, 1958, pp.372~373 및 pp.419~420.

보면 오히려 섬서 북쪽, 安陽의 서북쪽에 비정하는 것이 타당할 것이다.

乙丑일에 王이 점쳐서 묻습니다 … 侯田으로 하여금 虘方, 羌方, 纏方, □方을 冊하게 하고 나도 侯田을 따라 함께 四封方을 征伐해도 좋을까요?

侯田은 諸侯를, '冊'은 冊告의 의식을 말한다. 원래는 巫祝的인 말을 의미했는데, 여기에서는 虘方 등 4方과의 전쟁에 앞서 행한 蠱禮의 뜻으로 사용되었다. '四封方'의 封은 영토의 경계 표시를 뜻하는 것이지만, 封으로 경역이 표시된 국가, 즉 '邦'과 같은 의미로도 사용되었다. 그러므로 四封邦은 그 앞에 나오는 虘方, 羌方, 纏方, □方 등의 4개의 方을 가리킨다. 합집 12.36528反의 요지는 商王이 여러 제후들에게 虘方 등 4方에 대해 開戰禮를 행하게 하고, 상왕도 제후들과 함께 4方을 정벌할 것인지 여부를 점친 것이다. 그런데 虘方과 함께 정벌 대상으로 거론된 방국 가운데 羌方이 있으므로 虘方 역시 강방에 인접한 곳에 있었다고 생각된다. 그렇다면 虘도 섬서의 북쪽에 위치하였을 것이다[70].

雫는 지금 지명으로 사용된 용례를 찾아볼 수 없다. 그러나 雫는 도상 기호도 사용된 용례가 있다[71]. 도상기호에 대해서는 이 책의 제6장에서 자세히 언급하겠지만, 씨족의 표지로서 지명에서 유래한 경우가 많다. 연후 극뢰 명문에서는 그 앞과 뒤의 글자가 모두 지명인만큼 雫 또한 지명으로 보는 것이 타당하다. 陳公柔는 雫는 곧 '邢'라 하였다. 그는 『左傳』僖公 24년, "邢, 晉, 應, 韓은 武王의 후손이다"라는 기사에 붙은 杜預의 주

---

[70] 楊樹達은 갑골문의 虘를 『詩經』皇矣편에 보이는 徂와 같은 곳으로 보았다. 皇矣에 "密人不恭, 敢距大邦, 侵阮徂共"는 기록이 있는데, 여기에서 大邦은 周를 가리키므로, 楊樹達의 견해에 따르면 虘는 陝西 岐山縣 부근에 비정된다. 楊樹達, 『積微居金文說‧甲文說』, 再版, 甲文說 卷下, 1974, pp.45~46.
[71] 郭寶均, 「1950年春殷墟發掘報告」, 『中國考古學報』5, 1951, 도판 45.

석, 즉 "河內 野王縣 西北에 邗城이 있다"는 기록을 인용하여 이 기사에 보이는 邗가 바로 명문의 雩를 가리키는 것이라고 하였다. 하내 야왕현은 지금의 河南 沈陽縣에 해당한다[72]. 한편 殷瑋璋은 雩는 甲骨文에 보이는 '盂', 즉 盂方이라 하였지만, 그 위치로는 역시 沈陽을 꼽았다.

馭에 대해서 陳公柔는, 馭는 御와 同字로 甲骨文의 御方과 통한다고 하였다. 殷瑋璋도 문헌자료와 금문에서 御와 는 통용된다고 하면서 王國維가 "馭는 옛 御자로 御方은 아마도 옛 중국인이 西北의 外族을 부르는 이름이었을 것이다"라고 설명한 것을 인용하여, 馭를 西北의 外族이라 추정하였다[73]. 이들의 주장처럼 御와 馭는 그 발음이나 의미에서 서로 통용되므로 같은 지역을 가리킬 가능성이 높다. 그러나 갑골문에는 馭를 지명으로 사용한 사례가 있는 한편 御를 지명으로 사용한 용례 또한 있기 때문에[74] 양자는 서로 다른 지역을 지칭하였을 가능성도 있다. 따라서 馭의 위치는 지금 분명하게 밝힐 수 없다.

역시 地名으로 사용된 바가 있다. 散는 합집 4.9791에서 㠯과 함께 풍년이 들 것인지 여부가 貞卜되기도 하고[75], 㠯과 함께 舌方에게 공격받는 경우도 있었다. 앞서 말했듯이 舌方은 섬서 북부에 있었으므로 散도 이 부근에 비정할 수 있다. 島邦男에 의하면 지금의 山西省 蒲縣으로 추정되는 甫에서 黃河를 따라 북으로 13일 걸리는 거리에 散가 있다. 이곳은 역

---

72 楊伯峻은 이 기사의 주석에서, 王國維가 大·小盂鼎이 陝西 郿縣에서 출토된 것을 근거로 大·小盂鼎의 작기자인 盂의 封地가 陝西 郿縣이라 주장한 說을 소개하고 있다. 아마도 이곳이 邗일 가능성이 있다고 생각한 듯하다. 상주시대에는 개인명과 씨족명이 동일한 경우가 많으므로 참고할만한 견해라고 생각된다. 楊伯峻, 앞의 책, 1990, p.422; 王國維, 「鬼方昆夷撮狁考」, 앞의 책, 1959, 권13.

73 陳公柔, 앞의 좌담회 발언, 1989, p.954; 殷瑋璋, 앞의 논문, 1990, p.68.

74 예컨대 합집 10.31997의 "…在馭允…"에서는 馭가 지명으로, 합집 7.20451의 "己卯卜, 王令御方"에서는 御가 지명으로 각각 사용되었다.

75 합집 4.9791. "散不其受年."

시 섬서의 서북쪽에 해당한다[76]. 뿐만 아니라 서주 共王代에 제작된 史牆盤의 명문에는 다음과 같은 기록도 보인다.

전통을 잘 계승하신 文王께서는 비로소 지극히 훌륭하고 화합된 정치를 행하시니, 上帝께서는 커다란 德과 도움을 주시었다. (文王께서는) 上下를 잘 어루만져 萬方을 다 받으셨다. 곧고 굳세신 武王께서는 四方을 通征하시며 殷의 畋民을 征伐하시어 영원토록 두려움이 없게 하시었다. 虘 · 散를 치시었으며 尸 · 童을 정벌하셨다… [77].

史牆盤의 명문에서 武王이 虘 · 散 그리고 尸 · 童을 정벌하였다 하여 虘와 散를 함께 거론하고 있으므로 虘와 散는 서로 인접한 곳에 있었다고 생각된다. 위에서 살펴본 바와 같이 虘方이 섬서의 북쪽 일대에 있었다면, 또한 섬서 서북 일대에 위치한 것으로 추정할 수 있다.

이상에서 살펴본 것처럼 羌, 馬, 虘, 雩, 駮, 散 등은 모두 지명으로 사용된 용례가 있다. 그렇다면 이 6개의 지명은 燕侯 克과 어떤 관계가 있을까? 먼저 생각해 볼 수 있는 것은 燕侯에게 사여된 봉지였을 가능성이지만 현실성이 떨어진다. 연후의 '燕'이 지금의 어느 곳에 해당하는지에 대해서 일찍이 北京說, 薊縣說, 淶水縣說 등 여러 가지 견해가 있었다[78]. 그러나 대부분의 燕侯관계기가 北京 부근에서 출토되었을 뿐만 아니라, 최근에는 燕侯克罍 · 盉가 北京 琉璃河유적에서 출토됨으로써 서주 전

76 島邦男, 앞의 책, 1958, pp.379~381 및 pp.385~388.
77 집성 16.10175, 史牆盤. "曰古文王, 初戮龢于政, 上帝降懿德大甹, 匍有上下, 迨受萬邦. 㝬圉武王, 通征四方, 達殷畋民, 永不巩, 狄虘散, 伐尸童 …"
78 北京說은『史記』燕召公世家 史記索隱에, 薊縣說은『史記』周本紀 史記正義에, 淶水縣說은『太平寰宇記』에 각각 보인다. 이상 諸說은 李學勤, 「北京 · 遼寧出土靑銅器與周初的燕」,『考古』1975[5], pp.278~279 참조.

기의 燕은 北京 근처 유리하에 위치한 것이 확인되었다. 6개의 지명 가운데 비록 雩와 駿 등 2곳은 그 구체적인 위치를 알 수 없지만 나머지 4곳은 모두 섬서 북쪽이므로 북경과는 거리가 멀다. 따라서 이들 지명이 연후의 봉지를 의미한다고 생각되지는 않는다.

그렇다면 다음의 가능성은 이들 지명을 모두 연후의 봉건에 수종한 사람, 즉 6씨족의 사람들로 보는 것이다. 상주시대에는 어떤 지역과 그 지역에 거주하는 씨족 및 그 씨족의 구성원이 동일한 명칭으로 불리는 것이 상례였으므로, 이들 지명이 씨족명으로 사용되었다고 보아도 하등 이상할 것이 없다. 예컨대 羌은 羌族이라는 씨족을 지칭할 때나 그들이 거주한 지역을 가리킬 때나 모두 사용되었다. 馬 역시 지명은 물론 씨족명으로도 사용되었다. 따라서 연후극뢰의 명문에 등장하는 6개의 지명은 모두 씨족명으로 사용된 것이라 생각된다. 즉 "羌, 馬, 虘, 雩, 駿, 敭를 관리[事]하라"는 주왕의 명령은 이들 6개의 씨족을 연후에게 수여한다는 의미이다.

이들 6씨족의 본거지는 주로 섬서 북쪽이었던 만큼, 이들은 새로 燕에 이주하게 된 이주민이었을 것이다. 『左傳』 정공 4년의 봉건기사에도 '殷民 6族'의 이주민이 있었으며, 의후측궤에도 鄭 7伯과 그 鬲 1,050夫의 이주민이 있었다. 宮本一夫는 燕侯克罍가 발견된 琉璃河 무덤군의 부장품을 분석하여, 이 무덤군이 연후와 그 일족, 연후를 수종한 자, 商系의 유민으로 연후를 따라 入植한 자, 재지의 유력씨족 등의 무덤으로 구성되었다는 결론을 얻었다.[79] 이 가운데 燕侯克罍에 나오는 6개 씨족은 연후를 따라 이곳으로 이주한 이주민들에 해당할 것이다.

연후극뢰의 명문에 나타나는 봉건 사여는 이상의 6씨족이 전부이다. 그 뒤로 이어지는 ㈐의 "克은 燕으로 가서 有嗣와 함께 入土하였다"는 내용으로 이어지지만, 이것은 봉건 사여와는 직접적인 관련이 없는 내용이다.

---

79 宮本一夫, 「琉璃河墓地からみた燕の政體と遼西」, 『考古學硏究』 46[1], 1999.

그렇다면 연후에 대한 봉건 사여는 위의 6개 씨족이 전부였을까? 그렇지는 않을 것이다. 왜냐하면 연후극뢰의 문면에는 기록되어 있지 않지만, 연후에게는 所封地와 그곳에 거주하는 토착민에 대한 지배도 당연히 허용되었을 것이며, 그것은 명문 ㈐부분에 보이는 '入土儀禮'에서 상징적으로 표현되었다고 여겨지기 때문이다.

有嗣는 서주 중기 이후의 금문에 자주 나타나는 三有嗣의 有嗣와 같다. 三有嗣는 嗣土, 嗣馬, 嗣工을 말한다. 이들의 職掌에는 차이가 있지만 모두 백성과 토지를 관리하는 자들이다. 명문에는 단지 有嗣라고만 하였으므로 그 有嗣가 이 중 무엇이었는지는 분명하지 않다. 어쩌면 三有嗣의 職掌이 분리하기 이전에 이들의 기능이 통합되어 있었던 원시적인 형태의 관리였을 가능성도 있다. 아무튼 크게 보아서는 토지와 백성을 관리하는 연후의 속관이라고 보아 큰 문제가 없을 것이다.

다음으로 '入土하였다'고 할 때의 '入土'에 대해서는 약간의 설명이 필요하다. 入土의 '入'은 갑골문이나 금문에서는 出入과 納入의 두 가지 의미로 사용되었다. '土'는 추상적인 의미의 땅을 의미하기도 하지만 그런 추상화된 의미에 앞서 토지신을 제사하는 성소, 즉 社를 뜻하기도 하였다. 土가 땅을 의미하건 혹은 社를 의미하건 그것은 납입의 대상이 될 수는 없으므로, 연후극뢰의 入은 '들어가다'란 의미이다. 또 들어간다고 하면 土는 社로 보는 것이 옳다. 땅으로 들어갈 수는 없기 때문이다. 그러므로 入土란 入社, 즉 社로 들어갔다는 뜻이다.

그런데 社에 들어갔다는 것은 어떤 의미일까? 入社란 갑골문이나 금문에서 그 유례를 볼 수 없으므로 그 의미를 이해하는 데 다소 어려움이 따른다. 그런데 『尙書』 召誥에는 그 의미를 이해하는데 도움이 되는 기사가 있다. 그것은 召誥의 첫머리에 周公이 成周, 즉 洛邑을 건설하면서 행한 일련의 儀禮에 관한 기록인데, 이 부분을 옮겨보면 다음과 같다.

3일째가 되는 庚戌일, 太保는 商의 遺民을 거느리고 洛水 북쪽에서 각종 건물이 자리 잡을 곳을 조성했다. 5일째가 되는 甲寅일에 그 조성 공사가 완료되었다. 그 다음날인 乙卯일 아침 周公이 洛邑에 도착하여 新邑의 조영 상태를 두루 둘러보았다. 다시 사흘이 지난 丁巳일에 祭天의 郊祭를 올렸다. 소 2마리를 희생으로 올렸다. 그 다음날인 戊午일에 新邑에서 社제사를 올렸다. 희생으로 소 1마리와 양 1마리, 그리고 돼지 1마리를 올렸다.[80]

洛邑은 현재의 洛陽이다. 周는 商을 정벌한 다음 동방의 넓은 지역을 통치하기 위해 낙양에 신도시를 건설했다. 인용문에 보이는 '新邑'은 새로 건설한 취락이라는 의미이다. 『尙書』召誥의 기록은 바로 成王 때에 행해진 洛邑의 건설공사에 관한 기록이다. 소고에 따르면 召公이 낙읍 건설 공사에 착수한 다음, 周公이 이곳으로 와서 郊祭와 社祭를 올렸다. 郊祭는 제천의례, 社祭는 토지신에 대한 제례이다. 낙읍 건설과 함께 이곳의 토지신에게 제사를 올린 것은, 그들이 이제 이 지역에 정착하여 이 지역을 소유하게 되었음을 의미하는 상징적인 행위일 것이다. 후대의 社가 국가와 국토의 신성한 권위를 상징하는 성소로 정착하게 되는 것을 보면 社에서의 제례는 지역의 영유권 장악과 관련된 행위였다고 추정된다.

연후가 社로 들어간 것도 마찬가지의 의미이다. 이것은 주공이 낙읍에서 행한 社祭와 같은 행위로, 연후가 연에 入封하면서 이 지역에 대한 영유권을 장악하였음을 확인하는 의례였다. 封地의 지배권에 관련된 의례는 그 지역의 社에서 행해지는 것이 상례였던 것으로 보인다. 앞에서 살펴본 宜侯의 경우에도 그에 대한 책명의례는 宜의 宗土, 즉 社에서 거행

---

80 『尙書』召誥. "越三日庚戌, 太保乃以庶殷, 攻位于洛汭. 越五日甲寅, 位成. 若翼曰乙卯, 周公朝至于洛, 則達觀于新邑營. 越三日丁巳, 用牲于郊, 牛二. 越翼曰戊午, 乃社于新邑, 牛一羊一豕一."

되었다. 연후에게 수여된 봉건 사여 기록은 자세하지 않지만, 入土儀禮가 보여주는 상징성에 입각하여 연후에게 해당 지역의 영유권이 수여되었음을 추론할 수 있다. 그렇다면 그 범위와 내용은 연후극뢰의 명문에 보이지 않지만, 이 지역의 토지와 거주민에 대한 지배권도 당연히 연후에게 수여되었을 것이라 생각된다.

2. 연후 봉건의 배경

연후극뢰가 발견되었을 때 가장 먼저 관심의 초점이 된 문제는 이 청동예기를 제작한 자, 즉 명문에서 연후로 임명된 자가 누군가 하는 것이었다. 이것은 곧 명문의 ㈎ 부분을 어떻게 이해할 것인가 하는 문제와 관련된다. 명문의 ㈎는 "王께서 말씀하셨다. 太保여. 明祭를 지내고 嘼祭를 지내어 너의 主君에게 祭享하였도다. 나는 너의 祭享에 크게 보답하여, 克으로 하여금 燕에 侯하게 하노라"고 번역하였는데, 이 번역문에서 보면 연후로 봉건된 자는 '克'이라는 사람이다. 그런데 이 부분의 원문, 즉 "王曰, 太保. 隹乃明乃嘼, 享于乃辟, 余大對乃享. 令克侯于匽(燕)"에 대해 또 다른 해석을 제시하는 연구자도 있다.

殷瑋璋은 서주시대의 관직 임명, 즉 책명의 내용을 기록한 금문에서는 왕의 임명사인 '命詞'가 핵심적인 내용을 차지하는데, 이때 命詞의 첫머리에 호명되는 사람이 피책명자가 된다는 점을 지적하였다. 의후극뢰의 명문에는 그 첫머리에 "王께서 말씀하셨다. 太保여 …(王曰, 太保 …)"라 기록되어 있으므로, 燕侯로 책봉된 자는 당연히 太保여야 한다는 것이다. 따라서 그는 위의 인용문에서 강조점으로 표현한 '克'은 人名이 아니라 조동사인 '能'의 의미로 해석해야 하며, 명문의 해당 부분은 "(太保로 하여금) 燕에 侯할 수 있도록 하여"라 번역해야 한다고 주장하였다.

이와 같은 견해는 『史記』에 太保 召公奭이 燕侯로 初封된 자라고 분명하게 기록되어 있는 것을 염두에 둔 것이라 생각된다.

殷瑋璋이 상정하는 정형화된 내용의 책명금문이란 것은 책명의례가 집행된 시간[紀時], 의례가 행해진 장소와 참여한 관리[冊命儀禮], 주왕의 관직 임명사[職事], 관직 임명에 따른 예물 수여[賜與], 피책명자가 책명 때에 행한 의례적 행위[受命儀禮], 피책명자가 수명을 기념하기 위해 만든 제기[作器] 등의 내용으로 구성되는 것이 원칙이다[81]. 그러나 이와 같은 정형화된 책명금문이 성립되는 것은 서주 중기 이래라는 것도 기억해야 한다. 이 시기에 들어서야 서주 사회가 안정되기 시작하고, 책명의례도 정형화되며 그에 따라 책명금문도 일정한 형태를 갖추게 되는 것이다[82]. 실제로 아래에 인용하는 서주 전기경의 책명금문을 보면, 이때에는 일정한 형식이 아직 갖추어져 있지 않았던 것을 알 수 있다.

ⓐ 羌鼎

羌에게 명하여 車官을 담당하게 하셨다. 羌, 君命을 제기에 □□하여 文考인 宮叔의 䵼彝를 만든다. 영원토록 나의 보배로 할 것이다"[83].

---

81 吉本道雅, 「西周冊命金文考」, 『史林』 74[5], 1991. 吉本는 40점의 책명금문을 검토하여, 책명금문의 내용에서 빠질 수 없는 요소는 紀時, 冊命儀禮, 命詞(吉本은 '職事'라 한다), 賜與, 受命儀禮, 作器 등 다섯 요소이며, 命詞 항목은 오히려 왕왕 생략된다고 하였다. 그런데 '명사'가 생략되기도 한다는 것은 피책명자를 관직에 임명하는 것이 기록되지 않았다는 의미가 아니라 師毛父簋에 "六月 旣生覇 戊戌일. 아침. 왕께서는 大室에 이르셨다. 師毛父가 (정해진) 위치로 나아가고, 邢伯이 부축하였다. 內史가 冊命하였다. (왕께서는) 赤市를 사여하셨다. 王의 은총을 널리 알려 寶簋를 만든다. 만년토록 자자손손 영원히 寶用하라"라고 되어 있는 것처럼 구체적인 職事가 명시되어 있지 않다는 의미일 뿐이다. 즉 분명하게 밝혀지는 않지만 무언가의 관직에 임명되었다는 사실은 분명히 기록되어 있는 것이다. 더욱이 그가 취급한 40점의 책명형식금문 가운데 命詞나 그에 준하는 내용이 기록된 것이 36점에 달한다. 따라서 命詞는 책명금문을 구성하는 기본적 내용이라 간주해야 한다.

82 白川靜, 앞의 논문, 1977, pp.81~84.

83 집성 5.2673, 羌鼎. "令羌死車官. 羌□□君命于彝, 用作文考宮叔䵼彝, 永余寶."

ⓑ 榮簋

三月. 王께서 榮과 內史에게 令하여 井(邢)侯의 職事를 보좌하라 하셨
다. 臣 3品, 州人·東人·享人을 하사하셨다. 절하여 머리를 조아리고 천자
께서 내려 주신 그 順福을 하였다. 上下帝를 잘 섬겨 周와 함께 영원하기를,
追孝하여 廟祀를 잘 받들기를, (그리하여) 福盟을 계승하며 영원토록 천자의
신하되기를 맹세하노라. 王命을 기록하여 周公을 제사하기 위한 제기를 만
드노라[84].

ⓐ 羌鼎은 成王期, ⓑ 榮簋는 成康之際에 제작된 것이다. 羌鼎을 만
든 羌은 '君'으로부터 車官으로 임명되었으며, 榮鼎의 榮은 周王에게서
邢侯의 職事를 보좌하도록 임명되었다. 이 두 사람은 周王이나 혹은 그
의 上司인 '君'으로부터 일정한 관직에 임명되어 그것을 기념하기 위해 각
각의 제기를 만들었다. 이 점에서 위의 ⓐ와 ⓑ는 모두 책명금문의 범주에
속한다.

그런데 이들 금문의 내용은 후대의 전형적인 책명금문보다 훨씬 간단
하다. 이를테면 가장 이른 시기의 것으로 생각되는 ⓐ 羌鼎은 '命詞'와 '作
器' 등 2항목으로 그 내용이 구성되었으며, 그보다 다소 늦은 시기의 榮簋
는 '三月'이라는 간단한 '紀時'와 함께 '命詞' 및 '賜與', 그리고 '受命儀禮'
등의 내용이 포함되어 있다. 전형적인 책명형식금문은 대체로 위와 같은
과정을 통해 성립되었을 것이라 생각된다. 즉 초기에는 命詞와 作器 등의
내용에서 출발하여 점차 紀時, 賜與 및 受命儀禮 등 기타의 내용이 추가
되어 가는 것이다. 따라서 책명금문에서 가장 시원적이며 핵심적인 내용

---

84 집성 8.4231, 榮簋. "隹三月, 王令榮眔內史曰, 輔邢侯服. 易臣三品, 州人東人享人. 拜稽
首, 魯天子宥厥順福, 克奔走上下帝, 無冬令于有周, 追考對不敢家, 邵朕福盟, 朕臣天子,
用冊王令于周公彝."

이 되는 것은 다름 아닌 '命詞' 및 '作器' 등의 2가지 항목이라 할 수 있다.

그런데 전형적인 책명금문이 성립하는 서주 중기 이전의 '命詞'는 위의 두 금문에서 확인할 수 있는 것처럼 '어떤 이가 아무개에게 명하여 어떠어떠한 직무를 맡게 하였다[某命(令)某 云云]'는 양식으로 간단하게 기록된다. 연후극뢰의 명문은 成王期, 즉 서주 전기에 만들어진 것으로서, 명문의 내용을 보아도 아직 전형적인 책명금문이 정착하지 않은 시대의 것이다. 따라서 연후극뢰의 경우 책명금문의 핵심적인 내용에 해당하는 것은 그 命詞에 해당하는 부분이며, 이때 명사는 "克으로 하여금 燕에 侯하게 하노라[令克侯于燕]"의 부분이 된다.

다음 절에서 보다 자세하게 살펴보겠지만, 封建 관련 금문, 예컨대 앞의 의후측궤에는 측을 虍에서 宜로 이봉하면서 "王令虍侯曰 侯于宜"라 하였으며, 麥尊에는 邢侯의 封地를 井(邢)으로 옮긴 것을 "王令辟邢侯, 出矿, 侯于邢"이라 하였다. 두 사례 모두 '令' 다음에 被封者가 기록되어 있으며, 그 뒤를 이어 '侯于某'라 하여 그 任地가 명시되어 있다. 따라서 '令克侯于匽'의 克도 人名으로 보는 것이 옳다. 즉 연후극뢰의 명문에서 연후로 임명된 자는 소공석이 아니라 克이라는 인물이다.

그렇다면 극을 연후로 임명하는 책명금문의 앞머리에서 극 본인이 아니라 태보, 소공석이 언급된 이유는 무엇일까? 소공석과 극은 어떤 관계에 있었을까? 연후극뢰의 명문에는 태보 소공석과 克 양자의 관계에 대한 직접적인 언급은 없다. 다만 극이 연후로 봉건된 이유에 대해서 명문은 "太保여. 明祭를 지내고 嘗祭를 지내어 너의 主君에게 祭享하였도다. 나는 너의 祭享에 크게 보답하여, 克으로 하여금 燕에 侯하게 하노라"고 하였다. 즉 克을 연후로 봉건한 것은 소공석의 공로에 보답하기 위한 것이었다. 이것을 보면, 이 양자는 권리와 의무를 승계, 이양할 수 있는 혈친의 관계에 있었을 가능성이 매우 높다.

연후극뢰와 유사한 발상은 『詩經』에서도 볼 수 있다. 춘추시대 魯의 廟

歌인 魯頌의 閟宮篇은 魯侯 伯禽의 봉건을 다음과 같이 노래한다.

王께서 말씀하셨다. 叔父여! 당신의 元子를 세워서 魯의 諸侯로 삼나니, 당신의 거처를 크게 열어 周室의 방패되게 하노라. 魯公에게 명하여 동쪽의 諸侯가 되게 하고, 山川을 주시며 土田과 附庸을 내리셨다[85].

閟宮에서 말하는 王의 叔父는 周公, 魯公은 魯의 시봉자인 伯禽이다.[86] 王은 伯禽을 노후로 봉건하였지만, 詩에서는 그를 伯禽보다는 周公의 元子가 봉건되었다고 하여 伯禽이 周公의 원자인 것이 강조되었다. 『史記』魯周公世家가 魯에 봉건된 것은 周公이었지만 실제로 封地로 나가 제후의 직임을 담당한 자는 伯禽이라고 기록한 것[87]은 『詩經』의 전승을 합리적으로 재해석한 것이라 생각된다. 『史記』周本紀와 燕召公世家에는 소공석이 연후로 就封하였다고 기록되어 있지만 그와는 다른 전승도 전해지고 있었다. 연소공세가의 "소공석을 北燕에 봉건하였다"는 기사에 대해 『史記索隱』은 "역시 元子로 封地에 나아가게 하였다(亦以元子就封)"고 하여 실제로 연후가 된 자는 召公의 元子라는 설을 소개하고 있다. 연후극뢰의 기록은 『사기색은』이 전하는 전승의 가치를 높게 평가하게 한다. 즉 소공석의 공로에 대한 보답으로 연후에 봉건된 극은 소공석의 아들이었을 것이다.

극이 소공석의 아들이었다는 점은 연후의 봉건 배경을 이해하는 데 매우 중요한 사실이다. 소공석은 『尙書』에서 庶邦家君과 함께 周公에게 神

---

85 『詩經』魯頌 閟宮. "王曰叔父, 建爾元子, 大啓爾宇, 爲周室輔, 乃命魯公, 俾侯于東, 錫之山川, 土田附庸."
86 白川靜, 앞의 책, 1981, pp.363~376.
87 『史記』권33, 魯周公世家. "封周公且於少吳之墟曲阜, 是爲魯公, 周公不就封 … 於是(周公)卒相成王, 而使其子伯禽代就封於魯."

幣를 수여하기도 하고, 周王과 庶殷에게 天命이 바뀌었음을 선언하기도 하며, 康王의 繼位의례를 주관하기도 한 神官으로서, 때로는 新都 洛邑의 위치를 택정하는 卜者로서 그 모습을 전하고 있다[88]. 소공성은 주공에 비견할 수 있는 주 조정의 중신이었다[89]. 그런데 서주 전기의 정치사에서 소공석이 행한 역할 가운데 보다 주목해야 할 한 가지는 그가 서주 초기에 商系의 諸族이 일으킨 반란을 진압하는데 혁혁한 무공을 세운 전사였다는 점이다.

지금 燕侯가 직접 제작하였거나 혹은 燕侯의 賞賜를 받고 그것을 기념하기 위해 제작한 청동기가 다수 전해진다. 그 가운데서도 청동예기 가운데서 그 출토지점을 알 수 있는 것을 가려 정리하면 [표 7]과 같다[90].

[표 7]의 청동예기 가운데 2, 3, 10, 11, 13은 燕侯가 직접 제작한 것이며, 나머지는 燕侯의 賞賜를 받은 자가 그것을 기념하기 위해 제작한 것이다. 1의 富鼎에는 燕侯라는 이름이 직접 나오지 않지만 그 내용은 富이 燕에서 侯에게 賞을 받은 것이므로 燕侯관계기인 것이 분명하다. 그리고 5의 復鼎에는 "侯께서 復에게 貝 3朋을 하사하였으므로"라고 하고, 6의 攸簋에도 "侯께서 …"라고 하여 2器 모두 그들에게 은총을 베푼 侯가 누구인지 분명하게 나타나 있지 않지만, 5의 復鼎은 4의 復尊과 동일인

---

88 『尙書』召誥. "太保乃以庶邦冢君, 出取幣, 乃復入錫周公, 曰拜手稽首 旅王若公, 誥告庶殷 越自乃御事."; 同. "嗚呼, 皇天上帝, 改厥元子玆大國殷之命, 惟王受命 無疆惟休, 亦無疆惟恤, 嗚呼曷其, 奈何不敬."; 同. "惟太保, 先周公相宅, 越若來三月惟丙午朏, 越三日戊申, 太保朝至于洛, 卜宅 厥旣得卜, 則經營."; 康王之誰. "王出在應門之內, 太保率西方諸侯, 入應門左, 畢公率東方諸侯, 入應門右 皆布乘黃朱 … 太保曁芮伯, 咸進相揖 皆拜手稽首, 曰敢敬告天子, 皇天改大邦殷之命, 惟周文武, 誕受羑若, 克恤西土."

89 『尙書』君奭. "今在予小子旦, 若游大川, 予往 曁汝奭, 其濟, 小子同未在位, 誕無我責, 收罔勖不及, 考造德不降, 我則嗚鳥不聞, 矧曰其有能格."

90 [표 7]를 작성하기 위해 다음의 자료를 참고하였다. 北京市文物硏究所, 『琉璃河西周燕國墓地 1973-1977』, 文物出版社, 1995; 琉璃河考古隊, 앞의 보고, 1990; 陳夢家, 『西周銅器斷代』, 上, 中華書局, 2004, pp.94~98.

[표 7] 燕侯관계기와 그 出土地

	器名	시대	출토지	명문
1	富鼎	成·康	山東 梁山	佳(唯)九月, 旣生霸辛酉, 才燕, 侯易貝金, 揚侯休, 用作召伯父辛寶彝. 萬年. 子子孫孫永寶用. 大保.
2	燕侯克罍	西周 前期	北京 房山區 琉璃河	王曰, 太保, 佳乃明乃鬯, 享于乃辟. 余大對乃享, 令克侯于匽. 事羌馬虘雩. 克匽入土眔有. 用作寶彝.
3	燕侯克盉	〃	〃	〃
4	復尊	〃	〃	燕侯賞復冂衣臣妾貝 用作父乙寶彝 □.
5	復鼎	〃	〃	侯賞復貝三朋 復用作父乙寶彝 □
6	攸簋	〃	〃	侯賞攸貝三朋 攸用作父戊寶彝 啓作棋
7	伯矩高	〃	〃	才(在)戊辰 燕侯易(錫)伯矩貝 用作父戊寶彝
8	圉方鼎	〃	〃	休朕公君 燕侯易(錫)圉 貝 用作寶彝
9	堇鼎	〃	〃	燕侯令堇饙太保于宗周, 庚申太保賞堇貝, 用作太子癸寶□. □.
10	燕侯旨鼎 1	成·康	北京 부근	燕侯至初見事于宗周, 王賞旨貝二十朋, 用作姒寶彝
11	燕侯旨鼎 2	成·康	北京 부근燕侯旨作父辛	
12	賏侯□盉	?	北京 부근(蘆溝橋?)	燕侯易(錫)亞貝 作父乙寶彝. 亞賏侯疑.
13	燕侯盂	成·康	遼寧 喀左縣 馬厰溝	燕侯作旅盂.

에 의해 제작된 것이며, 復尊에는 그가 燕侯에게 상을 받은 것이 기록되어 있으므로 復鼎 역시 燕侯의 下賜를 기록한 것이 분명하다. 6의 攸簋도 復尊·鼎과 함께 琉璃河유적에서 출토되었으므로 燕侯의 賞賜를 기록한 것이라 추정된다.

위에서 본 것처럼 燕侯가 제작하였거나 혹은 燕侯의 賞賜를 기념하여 제작한 청동기는 지금까지 山東의 梁山, 北京의 琉璃河, 遼寧의 馬厰溝 등 3유적에서 출토하였다. 燕侯의 封地가 현재의 北京 인근 유리하인 이상 北京 일대에서 대부분의 연후관계기가 출토되는 것은 당연하다. 그런데 山東 梁山과 遼寧 馬厰溝에서 연후관계기가 출토한 것은 어떤 이유일까?

[표 7]의 1, 즉 宭鼎은 이른바 '梁山七器' 가운데 하나이다. 양산칠기는
山東 梁山에서 함께 출토된 7점의 청동예기를 부르는 것이다. 이들은 淸
道光(1821~1850) 혹은 咸豊(1851~1861)년간에 출토되었다고 전해진다[91].
宭鼎의 명문을 우리말로 옮기면 다음과 같다.

> 九月 旣生霸 辛酉일, 燕에서 侯가 宭에게 貝와 金을 하사하셨다. 侯의
> 은총을 널리 선양하여 召伯父辛을 제사하기 위한 寶彝를 만든다. 宭이여.
> 만년도록, 子子孫孫 영원히 보배롭게 사용하라.

명문은 이 燕侯에게 貝와 金을 하사받은 것을 기념하여 召伯父辛을
위한 祭器를 만들었다는 사실을 전한다. 양산칠기에는 宭鼎 이외에도 小
臣艅尊, 大保鼎 1·2, 大保簋, 伯宭盉, 大史友甗 등이 있다. 이 가운
데 商末에 제작된 것으로 추정되는 小臣艅尊을 제외하면 나머지는 모두
成·康王期에 제작된 것이다. 작기자를 보면 大保鼎1·2와 大保簋는 大
保가 제작한 것이며, 宭鼎과 伯宭盉는 모두 이 제작한 것이다. 宭에 대해
서 혹자는 소공 석의 아들이라고 하고 혹자는 소공 석과 같은 항렬의 인
물이라고 하지만 확인할 수 없다.[92] 다만 宭鼎이나 伯宭盉는 모두 召伯父
辛을 제사하기 위해 제작된 것인데, 명문의 소백부신은 召公과 관련이 있
는 자가 아닐까 추측된다. 뿐만 아니라 宭鼎과 伯宭盉 역시 모두 소공석
이 제작한 물건과 함께 출토되었으므로 역시 召公 일가인 것이 분명하다.
특히 宭鼎은 宭이 燕侯에게 貝와 金을 하사받은 것을 기록하였는데, 이때
宭에게 상품을 수여한 燕侯가 소공석의 후예인 것이 확실한 만큼 宭과 燕

---

91 陳夢家, 앞의 책, 2004, p.96~97.

92 陳平, 『燕史紀事編年會按』上冊, 北京大學出版社, 1995, pp.151~175 참조.

侯는 역시 일가에 속하는 사람이다. 즉 庶鼎의 명문은 庶이 一家인 燕侯에게 賞賜받은 것을 기록한 것이다.

그런데 燕侯의 일가인 召公과 이 제작한 청동예기가 산동 양산에서 출토된 이유는 무엇일까? 召公의 출신에 대해서는 다소의 논란이 있지만[93] 산동 양산이 그들의 故地는 아니었을 것이기 때문에 적어도 召公 가계의 일부가 양산으로 이주한 것은 확실하다. 그렇다면 그들은 왜 山東으로 이주한 것일까?

武王이 商都 安陽을 정벌함으로써, 섬서 長安 일대의 鎬京에 위치한 周를 정점으로 하는 새로운 지배질서가 동방에서 구축되기 시작하였다. 이 과정이 순탄한 것은 아니었지만, 특히 성왕 초에 일어난 반란은 周가 맞이한 최초이면서 최대의 위기였다. 『史記』 周本紀에는 건국 초에 무왕이 죽어 성왕이 어린 나이에 즉위하였으므로 주공이 섭정하게 되었으며, 이때 商의 옛 王畿를 감독하기 위해 파견된 管叔, 蔡叔 등이 周公을 의심하여 武庚祿父(이하 '祿父'라 칭한다)[94]와 함께 반란을 일으키고 주공이 나서서 이를 진압했다고 한다[95]. 『尙書』 大誥는 이때 반포된 誥命이다.

아아! 나는 너희들 여러 邦[多邦]과 너희들 御事에게 널리 알리노라. 불

---

93 『史記』등의 문헌기록에 의하면 召公은 武王의 동생으로 周族이다. 그러나 白川靜은 이를 부정하고, 召公의 召族은 周와는 別族으로 원래 河南 서부의 河內 지역에 거주하였다고 주장하였다. 白川靜, 「召方考」, 『甲骨金文學論集』, 朋友書店, 1973, pp.171~178.
94 『史記』는 '武庚祿父'를 1인으로 간주하고 있으나, 武庚과 祿父를 각각 별개의 사람이라고 보는 견해도 있다. 白川靜은 武庚이 舊商의 王畿에서 管·蔡 二叔과 함께 반란을 일으켰으며, 祿父는 奄君 薄姑의 권유로 반란을 일으켰다고 한다. 두 반란은 서로 관련된 것이기는 해도 반란 그 자체는 별개의 것이었다는 주장이다. 이 견해에 대해 臺灣의 葉達雄도 동의를 표한다. 白川靜, 앞의 책, 1981, p.77; 葉達雄, 『西周政治史研究』, 明文書局, 1982, pp.30~36. 이 책에서는 『史記』등의 舊說을 따른다.
95 『史記』 권4, 周本紀. "成王少, 周初定天下, 周公恐諸侯畔周, 公乃攝行政當國. 管叔蔡叔群弟疑周公, 與武庚作亂畔周. 周公奉成王命, 伐誅武庚管叔, 放蔡叔."

행하게도 하늘은 우리 家에 재앙을 내리시어, 조금도 사정을 두지 않으셨다. … 文王께서는 나에게 보배로운 큰 거북을 남겨주셨다. (그것으로) 하늘의 命을 점치고 앞으로 나아가 명을 받드니 이렇게 말씀하셨다. "서쪽에 커다란 재앙이 있을 것이며 서쪽의 사람들은 편안하지 못할 것이니, 그것은 이미 시작되었다." (멸망한) 殷의 작은 군주는 감히 그의 王業을 (회복하고자) 획책하였다. 하늘이 위엄을 내리시어 우리에게 어려움이 있어 백성들이 편안하지 못하다는 것을 알고는, "내가 왕업을 회복하리라" 하고 우리 周邦에 반기를 들었다. … (지금) 나에게 커다란 일이 생겼으나 이 일은 좋은 결과로 끝날 것이며 내가 친 점괘에도 길하다고 한다. 그러므로 나는 나의 우애로운 邦君, 尹氏, 여러 士[庶士]와 御事들에 (다음과 같이) 이르노라. "나는 길한 점괘를 얻었다. 나는 너희들 여러 邦[庶邦]과 함께 저 殷의 반란을 일으킨 예속민[臣]을 정벌할 것이다."[96]

　　大誥에 의하면 '殷의 작은 군주'가 반란을 일으키자, 周公은 이를 정벌하고자 하여 난색을 표하는 庶邦君 등을 간곡히 설득하고 있다. 대고에 전하는 이 대규모 반란은 일어난 그대로의 사실을 전한다고 생각된다. 이 반란을 진압하기 위해 치러진 전쟁에 관한 기록이 당시의 금문에서도 다수 확인할 수 있기 때문이다. 이 전쟁에 관련된 금문 가운데서는 특히 아래의 두 사례가 주목된다.

　　ⓒ 왕께서 彔子 聖을 정벌하셨다. (그가) 반란을 일으키자 王께서 太保에게 정벌하라는 명령을 내리셨다. 太保는 공경하여 잘못됨이 없었다. 王께서

---

96 『尚書』大誥. "王若曰, 猷, 大誥爾多邦, 越爾御事. 不弔, 天降割于我家, 不少延. … 寧王遺我大寶龜, 紹天明, 即命曰, 有大艱于西土, 西土人亦不靜, 越玆蠢. 殷小腆, 誕敢紀其敍. 天降威, 知我國有疵, 民不康, 曰予復, 反鄙我周邦. … 我有大事, 休, 朕卜幷吉. 肆予告我友邦君, 越尹氏庶士御事曰, 予得吉卜, 予惟以爾庶邦, 于伐殷逋播臣."

는 太保에게 徃하여 余土를 내리셨다. 이를 기념하기 위해 제기를 만들고 (이상의 내용을) 명문을 새기노라[97].

ⓓ 王께서 崣侯를 정벌하셨다. 周公이 謀하고 禽이 祝하였다. 禽이 敃祝하였으므로 王께서 金 100守을 내리셨다. 禽은 (이것을 기념하기 위해) 보배로운 제기를 만든다[98].

ⓒ 大保簋는 역시 양산칠기 가운데 하나로서 소공 석이 만든 것이다. 銘文의 요지는 彔子 聖이 반란을 일으키자 周王(成王)이 그에게 정벌하라는 명령을 내렸고, 그것이 성공적으로 종료되어 王이 余土를 수여하였으므로, 이를 기념하기 위해 제기를 만들었다는 것이다. 彔子 聖은 바로 祿父 그 사람이다[99]. ⓓ 禽簋의 작기자 '禽'은 문장 중에 周公과 함께 등장하므로 나중에 魯侯로 봉건된 伯禽이라 생각된다[100]. '某(謀)'와 祝, 그리고 敃祝은 군사행동에 수반된 의례로 여겨지지만 무엇을 의미하는지 자세하지 않다. 이 명문의 요지는 주왕이 崣를 정벌하였을 때 伯禽에게 등의 공로가 있어 주왕이 金 100守을 하사하였으므로 그것을 기념하기 위해 제기를 제작하였다는 것이다.

陳夢家에 따르면, ⓓ에서 피정벌지로 언급된 崣은 蓋며, 이 글자는 奄과 同聲이므로 奄을 가리킨다고 한다. 奄은 '在魯', '兗州 曲阜 奄里' 혹은 '淮夷之北' 등으로 비정되는데[101], 曲阜와 '在魯' 그리고 '淮夷之北'은

---

97 집성 8.4140, 大保簋. "王伐彔子聖, 戲厥反, 王降征令于大保, 大保克芍亡遣, 王徃大保, 易休余土, 用兹彝對令."

98 집성 7.4041, 禽簋. "王伐崣侯, 周公某禽祝, 禽又敃祝, 王易金百守, 禽用作寶彝."

99 白川靜, 『金文通釋』 1 [上], 白鶴美術館, 1964, pp.58~68.

100 陳夢家, 앞의 책, 2004, p.27~29.

101 『説文解字』 "奄周公所誅 奄國在魯"; 『括地志』(『史記正義』 周本紀 引) "兗州曲阜奄里 卽奄國之地也"; 『史記集解』 "來國在淮夷之北." 이상 모두 陳夢家, 위의 책, 2004, p.28에서 재

서로 모순하지 않으므로 모두 같은 지역을 가리키는 것으로 생각된다. 즉 奄은 지금의 산동 曲阜市 부근에 위치한 고국이다. ⓓ에는 周王이 지금의 태산 동록에 해당하는 奄을 정벌한 것과 周公과 그의 아들 伯禽이 이 정벌에 참여한 사실이 기록되어 있는 것이다. 『史記』에 반란 진압의 주역이 주공이라 하고, 그의 아들 백금이 정벌한 蓋가 록보의 반란에 참여한 奄이라 기록되어 있기 때문에, ⓓ의 명문 역시 록보의 반란과 관련된 금문인 것을 알 수 있다. 『尙書大傳』에 록보에게 반란하도록 권유한 자가 바로 奄君과 薄姑였다고 하는 것은 사실일 것이다[102].

위의 두 금문은 成王期에 祿父가 꾀하였다고 하는 반란이 실제 일어난 사건이었음을 입증하는 동시에, 이때의 반란과 그 진압과정에 대해 고대 문헌이 전하는 소식 이외에 다음과 같은 정보를 추가할 필요가 있다는 것을 시사한다. 즉 祿父와 管叔, 蔡叔 등이 획책한 서주 초기의 이 거대한 반란은 商의 정치적 중심지였던 小屯의 은허 일대 즉 지금의 하남 북부는 물론 산동의 태산 동록에 걸친 화북평원 일대의 매우 광범위한 지역에서 동시에 전개되었으며, 이를 진압하기 위한 전쟁에는 주공뿐만 아니라 그의 아들인 백금, 그리고 성왕과 소공 등 周 조정의 수뇌부가 총동원되었다.

富鼎이 발견된 梁山은 지금의 山東 梁山縣이다. 이곳은 奄의 소재지로 비정되는 산동 곡부에서 직선거리로 약 80km 정도 떨어진 곳이다. 周公을 따라 奄君의 정벌에 참여한 주공의 아들 백금은 결국 곡부에 봉건되었다. 양산칠기가 소공 석 일가에 의해 제작된 것이라면, 그것이 양산에서 출토된 것에는 백금과 유사한 사정이 내재한 것으로 추정할 수 있다. 즉 소공 일가의 이 록보에 의해 획책된 이 반란을 진압하는 과정에서 그곳까

인용.

102 『尙書大傳』. "武王死, 成王幼, 管蔡疑周公而流言, 奄君蒲姑謂祿父曰, 武王旣死矣, 成王尙幼矣, 周公見疑矣, 此百世之時也, 請擧事. 然後祿父及三監叛."

지 진출하고, 거기에 자신의 일가를 남겨놓은 것이다.

『逸周書』作雒解에 따르면, 반란의 영수인 록보는 소공 석의 토벌을 받아 북쪽으로 도망하였다 한다[103]. 이 전승이 사실 그대로를 전하는 것인지, 그리고 작락해가 말하는 북쪽이 과연 어느 곳을 가리키는 것인지에 대해 참고할 수 있는 자료는 아직 없다. 그러나 화북평원, 특히 반란의 본거지가 된 은허 일대에서 보자면 그곳에서 북쪽은 바로 河北 일대이다. 소공 석과 그의 일가가 피신하는 록보를 계속 추적하였다면, 그 종착역이 바로 北京 인근 지역이었을지도 모르겠다.

그러나 소공 일가가 록보를 추적하였는지 여부가 사실이 아니라고 해도, 周의 세력이 이 과정에서 북경 일대의 화북 평원의 북단까지 진출해야 할 현실적인 필요가 있었다.

北京은 태항산맥과 연산산맥이 교차하는 산악과 평원의 교차지역으로 화북평원의 북쪽 장벽이 형성되는 곳이다. 商이 은허에 정치적 중심지를 경영하고 있던 상대 후기가 되면 북경을 중심으로 한 하북 중·북부 일대에서 이른바 북방 초원문화의 영향력이 파급되기 시작하는 것이 뚜렷하게 감지된다. 이때가 되면 이 지역에서 高領鬲이나 북방계 청동단검 등 북방 초원문화의 특징을 갖춘 유물이 현저히 증가한다. 이런 양상은 하북 중·북부 일대에서만 제한적으로 나타나는 것이 아니라, 섬서와 산서 북부 등 전체 화북지역의 북쪽 沿線에서 공통으로 나타나는 현상이다. 북방계 주민의 남하운동이 본격적으로 시작된 것이다. 뿐만 아니라 이 시점을 전후하여 하북 중·북부 일대에는 북방 초원문화를 배경으로 하여 일정한 지역에 영향력을 행사한 수장이 등장한 흔적도 확인할 수 있다.

대표적인 사례가 북경 平谷 劉家河에서 발견된 상 후기의 무덤이다.

---

103 『逸周書』 卷48, 作雒解. "二年又作師旅 臨衛政殷 殷大震潰 降辟三叔 王子祿父北奔 管叔經而卒 乃囚蔡叔于郭凌."

여기에서는 도합 16점에 달하는 청동예기와 무기, 장신구 등을 포함한 상당한 양의 청동 유물이 출토되었다[104]. 이 중 方鼎, 圓鼎, 鬲, 甗 등의 취사구와 爵, 卣, 斝, 盉, 罍, 瓿 등의 청동예기는 전형적인 상 후기의 중원 양식이지만, 금제 귀걸이나 팔찌 등의 무기와 장신구 등은 전형적인 북방의 물건이다. 아마도 이 무덤의 주인공은 북방계의 인물로서 商의 청동예기를 다양한 수단을 통해 입수한 것으로 추정된다. 북방계의 이주민들은 대체로 농경을 위주로 한 기존의 거주민과 적대적인 관계에 처해 있었던 것으로 생각된다. 이 시기에 토기 등을 비롯한 기층 상문화 요소의 분포지역은 남쪽을 향해 후퇴하는 양상을 보인다[105].

성왕기에 화북평원 일대에서 일어난 대규모의 소요사태는 북방계 이주민의 활동공간을 열어주어, 이 지역의 혼란을 크게 증폭시켰을 가능성이 매우 크다. 그것은 연후가 이 지역에 진출한 이후에도 이 지역에서의 혼란이 쉽게 종식되지 않았던 것을 통해 짐작된다. 이를테면 연산산맥 이북, 大凌河 유역의 魏營子文化 분포 권역에서 燕으로부터 약탈한 청동예기가 빈번히 출토되는 것[106]이나, 연후의 봉지인 유리하유적이 토성으로 둘러싸인 방어형의 취락으로 건설된 것은 모두 이와 관련된 현상이다[107]. 연후관계기의 하나인 [표 7]의 13, 燕侯盂가 북경과 산동 양산이 아닌 遼寧 喀左의 馬廠溝유적에서 출토된 것도 북방계에 의한 약탈의 소산이다. 연후의 봉건지로 북경 일대의 유리하가 선택된 것은 화북평원 일대의 혼란을 진정시키기 위한 선택이었을 것이다.

요컨대 연후가 북경 인근에 진출하여 여기에 봉건된 것은 成王期 祿父

---

104 北京市文物管理處, 「北京平谷縣發現商代墓葬」, 『文物』 1977[11], pp.1~7.

105 韓建業, 『北京先秦考古』, 文物出版社, 2011, pp.104~115.

106 김정열, 「요서 지역 출토 상·주 청동예기의 성격에 대하여」, 이청규 등, 『요하유역의 초기 청동기문화』, 동북아역사재단, 2009.

107 劉緒·趙福生, 「琉璃河遺址西周燕文化的新認識」, 『文物』 1997[4].

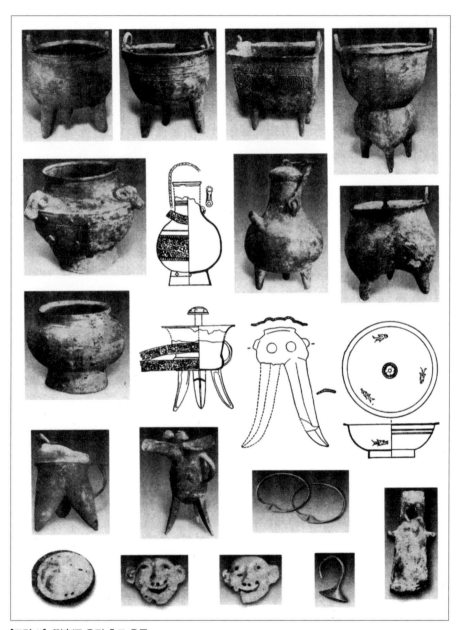

[도면 11] 劉家河 유적 출토 유물

에게서 시작된 商系 제 세력의 대규모 반란을 진압하고, 하북 중·북부 일대의 혼란을 종식시켜 주의 지배력을 관철하려는 시도에서 말미암은 것이다. 이 전역에 주도적으로 참여한 소공 일가의 청동기가 산동과 북경 일대, 그리고 멀리 요령에서 동시에 출토되는 이유도 그 때문이다.

제4절
제후의 기능과 봉건의 성격

위에서 고대 문헌과 금문에 보이는 서주시대의 봉건에 대해 살펴보았다. 문헌이나 금문을 막론하고 검토된 모든 사례에서 공히 확인할 수 있는 것은, 봉건이란 행위의 내용은 주왕이 제후에게 의례용 물품과 사람 그리고 봉지를 수여하고 제후가 되라고 명령하는 것이며, 그것은 주의 지배 영역 확장을 직접적인 배경으로 하고 있다. 이것은, 서주의 지배 영역 확장에 따라 주왕이 제후를 특정 지역에 入植하여 해당 지역의 토지와 백성에 대한 지배를 허용함으로써, 주왕과 제후가 천하를 분할하여 共治한 것이라는 서주 봉건에 대한 전통적인 인식과 크게 다르지 않다. 다만 이상의 논의를 통해서 좀 더 분명해진 사실이 있다면, 그것은 제후의 영지가 일정한 영역이 아닌 다소 막연하게 지시되었다는 것, 그리고 제후와 함께 봉지로 향한 이주민 가운데는 일정한 규모의 군사조직이 포함되었다는 것 정도일 것이다.

그러나 의후측궤나 연후극뢰 등 서주 전기의 금문에 기록된 봉건의 양상에서는 서주의 봉건을 이처럼 이해하는 것에 약간의 문제도 따르는 것도 읽어낼 수 있다. 예컨대 연후극뢰에서는 연후에게 수여한 봉지와 사람이 분명하게 명시되어 있지 않다. 만약 봉지와 사람이 봉건의 핵심적인 내용이었다고 하면, 책명 기록에서 이것이 빠져 있는 것은 대단히 의아하다. 연후극뢰의 명문은 연후의 봉건에서 봉지와 사람이 그다지 중시되어 있지 않다는 느낌을 준다.

뿐만 아니라 의후측궤의 명문에 따르면, 宜侯인 측은 원래 虔侯였다. 즉 虔에서 宜로 이봉된 것인데 그렇다면 여기에도 문제가 있다. 만약 봉건이 제후에게 토지와 사람을 수여하고 일정한 지역에 대한 통치권을 주는, 이를테면 제후에게 영주적 성격을 부여하는 행위라면, 봉지의 변경은 제후는 물론 周 조정의 지역통치체제에도 불가피하게 일정 정도의 혼란을 가져다주었을 것이다. 따라서 이봉은 주 조정의 입장에서는 매우 바람직스럽지 않은 일이었을텐데도 불구하고 이봉이 왜 실시되었을까? 어쩌면 이봉은 개별적이며 예외적인 일에 지나지 않았던 것은 아닐까?

이 절에서는 이와 같은 의문을 가지고 서주 봉건의 이면을 보다 심층적으로 천착할 생각이다. 이제 시야를 조금 더 넓혀 의후측궤나 연후극뢰 이외의 서주시대의 제후 관련 금문을 두루 검토함으로써 제후의 역할과 기능을 살펴보도록 하자.

1. 이동하는 제후

의후측궤에 보이는 이봉이 의후에게서 일어난 개별적이며 예외적인 일이 아니었다는 것은 명백한 사실로 보인다. 어쩌면 이봉은 서주시대의 제후에게서는 빈번히 일어났을 가능성조차 있다. 그것은 아래에 인용하는 제후 봉건 관련 금문에서 어렵지 않게 살펴볼 수 있는 현상이다.

ⓔ 覞公은 妻인 姚를 (제사하기?) 위한 簋를 만든다. 왕이 易(唐)伯으로 하

여금 晉에 侯하도록 명한 때. (모)왕의 28년. ◁▷[108].

ⓕ 王께서는 나의 군주인 邢侯에게 명하여 矿에서 나와 邢에 侯하게 하였다. (그 후) 2월에 (邢)侯께서는 周에서 見事의 의례를 행하셨는데, 허물이 없으셨다. (邢侯께서는) 王과 함께 豐京으로 가서서 彡祀를 올리셨다. 그 이튿날 王께서는 壁雝에서 배에 오르셔서 大豐의 의례를 행하셨다.…(邢)侯의 作冊인 나 麥은 군주이신 (邢)侯에게 동[金]을 하사받았다. 麥은 이것을 기념하기 위해 보배로운 祭器를 만들고 이것으로 (邢)侯의 출입을 받들며 (邢侯의) 아름다운 命을 밝히고자 하노라. 천자께서 (나의) 군주이신 (邢)侯에게 아름다운 명을 내리신 해[年]. 자자손손에 이르기까지 영원히 그침이 없으며 덕을 완성하며 많은 神의 가호가 함께 하기를, (邢侯)의 명령을 잘 수행하기를 (기원하노라)[109].

ⓖ (모)왕의 8월 丙午일, 왕께서는 𨼘侯에게 명하여 다음과 같이 말씀하셨다. "너의 할아버지와 아버지를 계승하여 𨼘에 侯하라. 너에게 秬鬯 한 통[卣] … 을 하사하니, 밤낮을 가리지 말고 일에 힘써, 나의 명을 廢하지 말라." 晨은 크게 절하고 머리를 조아려 감히 왕께서 내려주신 은총을 크게 선양하여 나의 아버지이신 瀕公의 사당에 비치할 제기를 만든다. 자손들이여! 만년토록 영원히 보배롭게 사용하라[110].

---

108 朱鳳瀚, 「公簋與唐伯侯于晉」, 『考古』 2007[3], pp.64~69. "覒公作妻姚簋, 遘于王令易伯侯于晉, 隹王卅八祀. ◁▷."

109 집성 11,6015, 麥尊. "王令辟井侯出矿, 侯于井, 雩若二月, 侯見于宗周, 亡, 徝王婐葊京, 彡祀, 雩若翌日, 才壁雝, 王乘于舟, 爲大豐 … 乍冊麥易金于辟侯, 麥揚, 用乍寶尊彝, 用㺇侯逆造, 氒明令. 隹天子休于麥辟侯之年鑄, 子子孫孫其永亡冬, 冬用造德, 妥多友, 享旋走令."

110 집성 5,2816, 伯晨鼎. "唯王八月, 辰才丙午, 王命𨼘侯白晨曰, 𦥑乃祖考, 侯于𨼘, 易女秬鬯一卣 … 用夙夜事, 勿廢朕命. 晨拜頴首, 敢對揚王休, 用作朕文考瀕公宮尊鼎. 子孫其萬年永寶用."

ⓗ (모왕의) 42년, 5월 기생패 乙卯일, 왕께서는 康穆宮에 계셨다. … 왕께서는 이렇게 말씀하셨다. "… 내가 예전 長父를 □하여 楊에 侯하게 하고 너에게 명하여 長父를 안정[奠]하게 하였는데, 훌륭하게도 너는 그 師를 안정시켰다. 너는 능히 너의 祖考를 본받아 玁狁을 정벌하여 …"[111].

　지금까지 발견된 서주의 봉건에 관련된 금문은 모두 6편이다. 위에 열거한 4편의 금문은 위에서 이미 인용한 의후측궤와 연후극뢰를 제외한 그 나머지이다. ⓔ의 覞公簋는 홍콩의 개인 소장품인데 최근 朱鳳瀚에 의해 소개되었다. 기형이나 명문의 내용으로 보아, 成王期에 제작된 것으로 보는 견해가 우세하다[112]. 이 유물은 覞公이라는 자가 死去한 부인 姚氏를 위해 만든 것이지만 이 簋가 제작된 시점에 관계된 기록에서 晉侯의 봉건에 관련된 사실을 전하고 있다. ⓕ의 麥尊은 馬承源 등에 의하면 康王期의 것이라 하나[113] 분명하지 않고, 서주 전기의 유물인 것은 확실하다. 麥尊은 역시 제후에 대한 책명을 전재한 것은 아니다. 이것은 邢侯의 책명의례에 참여한 형후의 속관 麥이 제작한 것으로, 책명의례에서 모종의 역할을 담당한 맥이 그 공로로 말미암아 형후에게 賞賜를 받고 그것을 기념하기 위해 제작한 것이다. 그렇지만 그 첫머리에는 형후에 대한 왕실의 책명 내용이 기록되어 있다.

　ⓖ 伯晨鼎은 傳世器이므로 출토지점이 분명하지 않다. 馬承源 등은 孝王 때의 것으로 간주하니[114] 대체로 西周 중기 후반의 것이다. 이 유물

---

111 陝西省考古研究所 등,「陝西眉縣楊家村西周靑銅器窖藏」,『考古與文物』, 2003[3], pp.3~12. "隹冊又二年五月旣生覇乙卯, 王才周康穆宮 … 王若曰 … 余肇□長父侯于楊, 余令女奠長父, 休女克奠于厥師, 女隹克井乃先且考兵玁狁 …."
112 朱鳳瀚, 앞의 논문, 2007; 彭裕商,「覞公簋年代管見」,『考古』2008[10], pp.57~61; 李伯謙,「公簋與晉國早期歷史若干問題的再認識」,『中原文物』2009[1], p.49.
113 馬承源 主編, 앞의 책, 1988, pp.46~48.
114 馬承源 主編, 위의 책, 1988, pp.226~227.

은 瑁侯 伯晨이 諸侯로 책명된 것을 기념하기 위해 만든 것이다. 명문은 伯晨으로 하여금 侯의 직임을 맡게 하고 秬鬯 한 통을 비롯한 약간의 사여품을 하사한 내용으로 구성되어 있다. 伯晨이 瑁侯가 된 瑁의 구체적 위치는 분명하지 않다. ⓗ 42年 逨鼎은 2003년 陝西 眉縣 楊家村에서 출토된 27점의 청동예기 가운데 포함된 것이다. 여기서는 모두 25행 280자에 달하는 장편의 명문이 확인되었지만 ⓗ에서 인용한 것은 그 중의 일부분이다. 명문의 형식은 逨라는 자가 周王으로부터 어떤 관직에 임명된 것을 기록한 책명금문이지만, 이 명문에는 그가 楊侯인 長父의 속료가 되었던 일을 전하면서, 楊侯의 봉건에 관한 일을 언급하고 있다[115].

이상 의후측궤와 연후극뢰를 포함하여 6편의 금문 가운데 책명을 받은 제후가 직접 그 사실을 기록한 것은 ⓖ밖에 없지만, 그것을 제외한 다른 금문에서도 제후의 책명에 관련된 정보를 확인할 수 있다. 흥미로운 것은 6편의 명문 가운데서 무려 3편이 제후의 이봉에 대한 사실을 확인할 수 있으며, 그들 모두가 서주 전기의 작품이라는 사실이다. 의후가 虔에서 宜로 그 봉지를 옮긴 것은 위에서 이미 적었으며, ⓔ에서는 唐伯이 唐에서 晉으로, ⓕ에서는 형후가 矿에서 邢으로 이봉된 사실이 기록되어 있다.

司馬遷은 晉侯의 봉건에 관한 사실을 기록하여, 晉의 始封者는 成王의 동생인 叔虞이며 그가 봉건된 곳은 처음에 唐이라 불렀으나, 그의 아들인 燮父 때에 이르러 그 이름을 진으로 바꾸었다고 한다[116]. 그러나 그의 기록은 오류이다. 진의 초봉자인 숙우는 처음 唐(易)에 봉건되었으나 나중에 晉으로 그 봉지를 옮긴 것이다. ⓔ는 그 사실을 "왕이 易(唐)伯으로 하여금 晉에 侯하도록 명한"이라고 분명하게 기록하고 있다. ⓕ의 경우에도

---

115 李零, 「讀楊家村出土的虞逨諸器」, pp.16~27, 『中國歷史文物』, 2003[3]; 董珊, 「略論西周單氏家族窖藏靑銅器銘文」, 『中國歷史文物』 2003[4], pp.40~50.
116 『史記』 권39, 晉世家. "晉唐叔虞者, 周武王子而成王弟. 初…唐叔子燮, 是爲晉侯."

"王께서는 나의 군주인 邢侯에게 명하여 에서 나와 邢에 侯하게 하였다"
고 하여 邢侯의 원래 봉지는 矿였으며, 나중에 邢으로 이전한 것임을 밝
혔다.

이처럼 서주 시대의 제후 가운데는 봉지를 이전한 경우가 적지 않았다.
陳槃과 顧桐高는 고대 문헌에 근거하여 각각 20개와 71개의 제후국이 이
봉을 경험하였다는 통계를 제시한 바 있다[117]. 위의 제후 관련 금문을 보면
이봉은 서주 전기에 특히 빈번히 발생한 것으로 생각된다.

그와 관련된 문제로 함께 주목해 보아야 할 것은 이봉의 가능성을 안고
있는 제후에게는 봉지와 사람이라는 이를테면 영주적 성격의 구성 요소가
상대적으로 덜 중요하게 인식되었을 가능성도 있다는 점이다. 서주 중기
의 ⑧ 伯晨鼎을 보면 그가 䣄侯에 봉건되면서 토지와 사람에 대한 언급
을 하지 않고, 주왕에게서 의례용의 물품을 수여받은 사실만을 나열하고
있다. 그의 경우는 祖考를 계승한 襲封의 사례이기 때문에 토지와 사람에
대해 따로 언급할 필요가 있었을지도 모른다. 그렇다고 해도 燕侯의 경우
는 초봉된 제후였음에도 불구하고 그의 토지에 대한 언급은 일체 없으며
사람의 경우에도 그와 함께 현지에 도착한 이주민만이 기록되어 있을 뿐
이다. 이렇게 보면 제후에게 토지와 사람은 봉건이라는 행위의 핵심적 요
소로 이해되지 않았을 가능성이 농후하다.

그에 반하여 위의 서주 전기나 후기를 막론하고 봉건 관련 금문 6편에
빠짐없이 언급된 것이 있다. 그것은 왕이 제후를 봉건했을 때 행한 책명의
선언으로서, '某地에 侯하라[侯于某]'는 내용으로 간단하게 표현된다. 즉
의후측궤의 경우에는 '宜에 侯하라', 연후극뢰에는 '匽에 侯하라', ⓔ 覒公
簋에는 '昜(唐)伯으로 하여금 晉에 侯하도록', ⓕ 麥尊에는 '邢에 侯하게
하였다', ⑧ 伯晨鼎에는 '䣄에 侯하라', ⓗ 42年逨鼎에는 '楊에 侯하게 하

---

117 許倬雲, 『西周史』, 三聯書店, 1994, pp.150~154에서 재인용.

고'라고 기록된 것이 그것이다.

책명에서 가장 중요한 것은 당연히 어떤 사람을 어떤 직관에 임명하는 책명의 말이겠지만, 그것은 제후의 경우에도 차이가 없다. 즉 제후를 제후답게 하는 것은 거기에 부수된 각종 사여의 내용이 아니라, 제후를 侯로 임명하는 바로 그것이다. 제후 책명에 관련된 6례의 금문에서 그 선언이 빠짐없이 기록된 것은 시기를 막론하고 제후 봉건의 핵심은 역시 '侯하라'는 所與의 직임에 있는 것이며, 이것이 바로 제후 책명의 핵심이라는 사실을 환기시켜 주는 것이다. 따라서 제후의 성격을 생각할 때 가장 주목해야 할 것은 제후의 책명금문 가운데서 그 職司에 관한 내용을 담은 '侯于某'의 부분이 될 것이다.[118]

그렇다면 제후에게 부여된 '侯'는 도대체 무엇을 의미하는 것일까? 『說文解字』에 侯는 "春饗 때에 쏘는 화살의 과녁이다. 人과 厂을 구성 요소로 하며 베[布]를 펴 놓은 모습이다. 화살이 그 아래에 있다"라고 해설되어 있다[119]. 侯는 활쏘기의 과녁이라는 말이지만, 이런 해설은 서주시대의 제후에게는 그다지 적절하지 않아 보인다. 왜냐하면 위에 인용한 금문에서 侯는 모두 동사로 사용되었기 때문이다. 후는 무엇인가의 행동을 가리키는 말인 것이다.

于省吾에 따르면, 侯는 원래 候와 同字이며, 候는 나중에 생긴 分化字이다. 그의 말대로 侯와 候가 통용된 사례는 고대 문헌에서 드물지 않게 볼 수 있다. '候'는 『說文解字』에 '살펴보는 것이다(伺望也)'라 하여 '관

---

118 이 '侯于某'는 서주 금문뿐만 아니라 문헌 사료에서도 그 흔적을 찾아볼 수 있다. 이를테면 『詩經』魯頌 閟宮은 伯禽을 魯에 봉건하였을 때의 상황을 "왕께서 말씀하셨네. 숙부여! 당신의 元子를 세워 노에 侯하게 하라. 네 기반을 크게 넓혀 주실을 보좌하라(王曰叔父, 建爾元子, 俾侯于魯, 大啓爾宇, 爲周室輔)"라고 노래했다. 『左傳』정공 4년에 전하는 봉건과 동일한 사건을 전하면서도, 시대가 다소 앞서는 『詩經』쪽은 '侯于某'에 초점을 두고 있는 점을 주목할 필요가 있다.

119 許愼, 『說文解字』권5[下]. "侯, 春饗所射侯也. 從人從厂, 象張布, 矢在其下."

찰하다', '관망하다'는 뜻으로 해석되어 있다. 裴錫圭는 『尙書』 禹貢에 보이는 '侯服'의 僞孔傳에 "侯는 살펴보는 것이다. 척후하여 직무에 종사하는 것이다(侯, 候也, 斥候而服事)"는 구절을 인용하여 侯는 곧 候로 척후하는 것을 의미하며, 諸侯는 원래 변경에서 척후하는 무관을 가리키는 것이었다고 하였다. 白川靜은 侯의 본의는 활과 화살로 행하는 侯禳의 의례를 뜻하며, 外服의 변경에서 '侯禳守護'에 임하는 자를 侯라 하였다 한다. '侯禳'은 『周禮』 春官 肆師에 보이는 "祝과 함께 罍과 郊에서 侯禳한다(與祝侯禳于罍及郊)" 할 때의 후량으로, 賈疏에는 '侯'는 善祥을 맞이하는 (迎)것, 禳은 殃氣를 털어내는(袚)것을 말한다고 한다. 이 경우에 侯는 '맞이하다'는 의미로 해석되는데, 이 역시 관망하다는 뜻과 통하는 부분이 있다[120].

이처럼 훈고학적 고증을 통해 '侯'에서 '관망하다', '척후하다'는 의미를 확인할 수 있다면, 그것은 '某地에 侯하라'고 할 때의 동사 '후'의 의미, 즉 제후의 직무에 대한 일단의 실마리를 제공해 줄 수 있을 것이다. 그렇다면 '관망하다', '척후하다'는 것은 현실의 세계에서 이루어지는 어떤 행위를 가리킬까? 그것이 과연 서주의 금문에 나타나는 제후의 구체적인 활동을 통해 검증될 수 있을까?

2. 周의 '天下'

일찍이 貝塚茂樹는 商代 후기의 商人들이 그들의 세계를 자신들이 거

---

120 이상 諸家의 견해에 대해서는 朱駿聲, 『說文通訓定聲』, 中華書局, 1984, p.349; 于省吾 主編, 『甲骨文字詁林』 3, 中華書局, 1996, pp.2542~2545 ; 白川靜, 『字統』, 平凡社, 1993, p.296 참조.

주하는 '大邑(혹은 天邑)'과 동서남북의 四方, 이렇게 둘로 구분하는 이분법적 사고를 가지고 있었음을 간파한 바 있었다[121]. 그들이 지금의 하남 安陽 小屯의 殷墟에 위치한 商 왕조의 후기의 정치적 중심지를 大邑, 혹은 天邑이라 올려 부른 것은 자신들이 거주하는 바로 그곳이 천하의 중심이라고 생각하였기 때문이다.

이처럼 지상의 공간을 이분하여 생각하는 사고방식은 周人들에게도 그대로 계승되었다. 周人은 天下가 '周邦'과 '四方'으로 구성되어 있다고 간주했다. 穆王期의 彔伯戝簋蓋(집성 8.4302)에는 周王이 彔伯 戝의 조상이 周왕실에 끼친 공로를 추억하면서, "아아, 彔伯 戝이여! 너의 조상은 周邦에 공로가 있어 四方을 개척함으로써 天命을 크게 밝혔으며, 너는 (조상의 功業을 잘) 계승하여 (그것을) 실추시키지 않았다"라는 구절이 보인다. 여기에는 周人이 商人과 마찬가지로 '周邦'과 '四方'을 대칭적인 관계로 이해하고 있음이 드러나 있다. 뿐만 아니라 夷王期에 제작된 大克鼎에는 다음과 같은 문구도 등장한다.

克은 말하노라. 위대한 나의 할아버지 師華父께서는 마음을 잘 다스리셔서 일을 차분하고 편안하게 계획하시며, 그 덕을 맑고 깨끗하게 하셨다. 그리하여 (그 주군) 共王을 받들어 지키고 王家를 다스리고 백성에게 은혜를 베풀 수 있었다.… (그리하여) 지금의 天子께서는 明哲하시며 神을 밝게 섬기시어늘 나의 위대한 할아버지 師華父를 기억하였으므로 克을 王服에 참여하도록 하시어 王命을 출납하게 하셨으며 많은 은총도 내리셨다. 크고 위대하신 천자여! 萬年토록 無疆하시어 周邦을 보호하여 다스리시며, 四方을 통치하시기를 …[122].

121 貝塚茂樹, 앞의 책, 1977, pp.72~79.
122 집성 5.2836, 大克鼎. "克曰, 穆穆朕文祖師華父, 悤䜣厥心, 㝮静于猷, 盅哲厥德, 肆克龏

문장의 말미에서 克은 자신에 대한 주왕의 은총에 감사하면서 天子, 즉 주왕의 복록을 축원하였다. 그 축원의 내용은 "萬年토록 無疆하시어 周邦을 보호하여 다스리시며, 四方을 통치하시기를 …"이다. 이 경우에도 周邦은 四方과 상대되는 위치에서 언급되고 있다. 즉 위에 인용한 彔伯㭣簋蓋나 大克鼎에서 지상의 공간은 周邦과 四方, 이렇게 둘로 구분되어 인식된 것을 알 수 있다. 그런데 이 양자는 단순하게 서로 분리된 관념적 영역이라고 이해된 것만은 아니었다. 이를테면 大克鼎에 분명히 나타나듯이 周邦은 주왕에 의해 보호되어야 할 것이었던 반면, 四方은 그가 통치하여야 할 대상으로 간주되었다. 周人에게 주방과 사방은 서로 다른 성격의 공간이었으며, 그 가운데 四方은 周邦에 의해 통치되어야 할 대상으로 규정된 것이다.

그렇다면 周邦이 통치하여야 할 '四方'이라는 영역은 어떤 것이었을까? 아직 양자의 경계가 어떻게 설정되는지에 대한 분명한 해답은 없다. 다만 周人들에게 사방은 주방의 대극에 위치한 공간으로 인식되었다고 해도 그저 막연한 물리적 차원의 공간으로 생각된 것은 아니다. 그들에게 저 '사방'이라 하는 공간은 수많은 周邦이 아닌 다른 '邦'[他邦]에 의해 점유한 영역이기도 했다.

懿王 때에 제작된 㝬鐘에는 㝬에 대한 책명의 글이 실려 있는데, 그 중에 "옛 것을 잘 계승하신 文王께서는 비로소 지극히 훌륭하고 조화로운 정치를 행하시니, 上帝께서는 큰 덕을 내려주시고 도움을 주셨다. (그리하여) 文王께서는 四方을 널리 소유하시고 萬邦을 두루 받으셨던 것이다[123]"는 구절이 보인다. 이 명문이 이해하는 바에 따르면, 文王이 사방을 소유

保厥辟龏王, 諌辪王家, 叀于萬民 … 天子明哲, 顆孝于神, 巠念厥聖保祖師華父, 勵克王服, 出內王令, 多賜保休, 不顯天子, 天子其萬年無疆, 保辪周邦, 畯尹四方 …"
123 집성 1.251, 㝬鐘. "曰古文王, 初盭龢于政, 上帝降懿德大甹, 匍有四方, 匐受萬邦 …"

한 것은 동시에 (하늘[天]로부터) 만방을 두루 수여받은 것이기도 했다. 주왕의 사방 소유는 바로 '하늘로부터 만방을 수여받은 것'으로 인식되고 있었던 것이다.

그런 관점에서 보자면 周人들에게 천하는 주방과는 별개의 '邦'으로 가득 매워져 있는 공간이었다. 거슬러 올라가면, 周 역시 그런 '邦' 가운데 하나에 지나지 않았을 것이지만, 양자 간에 차이가 있다면, 그것은 이제 周가 '소유하게' 된 이 '천하'에서 周邦은 萬邦의 중심에 위치한 邦이었고 하늘의 명[天命]을 받아 만방을 다스리게 된 邦이었다는 데 있을 것이다.[124] 『詩經』 大雅, 文王에 보이는 "周는 비록 오래된 邦이지만 그 命이 새롭다(周雖舊邦, 其命維新)"라는 말은 바로 그것을 가리키는 것이다. 『尙書』 召誥에서 召公이 "하늘이 이미 大邦 殷의 命을 종지시켰다"고 선언하고[125], 『尙書』 大誥에서 周公이 "우리 周邦에 반기를 든" 殷을 정벌하기 위해 "너희들 여러 邦[庶邦]"의 협력을 부탁한다는 간곡한 말 속에서 우리는 천하에 가득한 수많은 邦[庶邦]과 그에 상대하는 위치에 있는 周邦이라는 周人의 자의식을 관찰할 수 있다.

그렇다면 천하에 가득 차 있다고 이해된 '邦'은 무엇일까? 『說文解字』 '邦'조에 "邦은 나라[國]"라는 해설이 있다. '나라'라 하면 다소 추상적일 수도 있으나, 그 규모와 관계없이 일정한 영역에 걸쳐 통치권을 행사하고 또 어느 정도의 통치조직을 갖춘 정치체는 모두 邦이라 할 수 있었을 것이다.

邦은 中甗(집성 3.949)이나 駒父盨(집성 9.4464)에 '大小邦'이라 표현된 것에서 알 수 있듯이 규모가 다양하였으며, 豆閉簋(집성 8.4276)에서 시사

---

124 집성 16.9899, 盠方彝에는 周王의 책명을 받은 盠이 주왕에게 바치는 叚辭에서 "…盠曰, 天子不叚不基, 萬年保我萬邦 …"이라 축원한다. '만년토록 우리 萬邦을 지키소서![萬年保我萬邦]'라는 말에 그런 생각이 잘 드러나 있다.

125 『尙書』 召誥. "曰 … 天旣遐從大邦殷之命."

되는 것처럼 일정한 관료조직을 운용하기도 하였다[126]. 물론 邦에는 그 방을 통치하는 군주가 있었는데, 五祀衛鼎(집성 5.2832)의 '邦君 厲', 靜簋(집성 8.4273)의 '虢叔師의 邦君', 義盉簋(집성 15.9453)의 '방군', 文盨[127]의 '남쪽의 邦君', 班簋(집성 8.4341)의 '邦冢君' 등에 보이는 邦君 혹은 邦冢君은 모두 邦의 통치자를 가리키는 호칭이다. 이들은 주왕에 의해 지시된 특정한 직무를 수행하기도 하고 주왕이 개최한 의례적 활쏘기[射禮]에 참여하는 등 주에 친밀한 일면을 보이기도 했지만, 때로는 군사력을 동원하여 주 조정에 대한 반란을 책동하는 등 적대적인 면모도 드러내었다.

왕께서는 이렇게 말씀하셨다. "아아! 師袁아! 淮夷는 옛날 우리에게 布帛을 공납하는 臣이었는데 지금 감히 그 (공납을 제공하던) 무리[衆]로 하여금 일에 종사하게 하지 않고 그것을 관리하던 자들이 반란을 일으키도록 책동하여 우리의 東國이 (나를) 따르지 않게 하였다. 지금 나는 너에게 명하니, 齊師, 釐, 釐, 棼, 尸, 左右虎臣을 이끌고 회이를 정벌하여 그들의 邦獸[酋], 즉 冉, 翏, 鈴, 達을 없애버리도록 하라." 師袁은 …[128].

위에 인용한 師袁簋는 서주 후기의 某王 때에 淮夷가 일으킨 반란을 師袁으로 하여금 진압하게 했을 때 제작된 것이다. 여기에는 주왕이 師袁에게 淮夷 지역에서 일어난 반란을 진압하도록 명하면서 그 정벌의 대상이 되는 '邦酋' 4인의 이름을 일일이 열거한 것이 보인다. 이 '邦酋'는

---

126 豆閉簋에 보이는 '邦君의 嗣馬와 弓矢[邦君馬弓矢]'는 邦君에게 소속된 '嗣馬'와 '弓矢'라는 직무에 종사하는 자라는 의미이다. 이것은 방군의 配下에 일정한 관료조직이 있었음을 보여주는 사례이다.

127 李學勤, 「文盨與周宣王中興」, 『文博』 2008[2].

128 집성 8.4313, 師袁簋. "王若曰, 師袁. 淮尸繇我員畮臣. 今敢博厥衆叚, 反厥工吏, 弗速東蔵. 今余肇令女達齊帀員釐棼尸左右虎臣正淮尸, 卽貿厥邦獸, 曰翏曰冉曰鈴曰達師袁."

'방의 우두머리'라는 의미이지만, '酋'에는 폄하의 뜻이 있다고 생각되므로, 周邦이 자신에게 적대한 방의 우두머리를 멸시하여 부른 호칭이었다고 생각된다. 師袁簋의 邦은 周邦에 대해 적대적인 행위를 책동함으로써 주의 진압을 받게 되었는데, 이들은 위에 인용한 鉄鐘(집성 1.260)에서도 볼 수 있다. 이상은 지역적 기반을 근거로 하여 성장한 서주시대의 邦들은 상황에 따라 周邦에 대해 복속의 태도를 취했지만 본질적으로는 그의 영향력 아래에서 벗어나려는 원심적 성격을 가지고 있었음을 보여주는 사례이다.

이와 같은 邦의 속성은 아래에 인용하는 2편의 금문에서도 분명하게 볼 수 있다.

① (某)王의 9년 9월 甲寅일, 왕께서는 益公에게 명하여 眉敖를 정벌하게 하셨다. 益公이 (원정을 마치고 돌아와) 보고하였다. 2월, 眉敖가 와서 알현하고 공납을 바쳤다. 己未일 왕께서는 中에게 명하여 歸乖伯에게 가죽옷[狳裘]을 전하게 하였다. 왕께서는 다음과 같이 말씀하셨다. 乖伯이여! 나의 크게 빛나는 조상 文王과 武王께서는 大命을 받으셨다. 너의 조상은 先王을 잘 보필하고 他邦으로부터 (周王을) 보좌하여 大命(의 실현)에 공로가 있었다. (그리하여) 나 또한 享邦을 窕하지 않았다. 너에게 가죽옷을 하사하노라. 乖伯은 小裔邦을 잊지 않으신 天子의 은혜에 拜手稽首하노라. 歸夆은 감히 천자의 크나큰 은총을 널리 선양하기 위해 皇考인 武乖幾王의 祭器를 만드노라. 이것으로 宗廟에 효도하며 새벽부터 저녁까지 흠향하며 여러 벗들과 婚媾에게 孝하여, 아름다운 복록과 영원한 수명, 그리고 자손의 번창을 기원한다. 歸夆이며 萬年토록 사용하여 날마다 宗室에 배향하라.[129]

---

129 집성 8.4331, 乖伯簋. "益公征眉敖, 益公至, 告. 一月, 眉敖至, 見. 獻貴. 己未, 王命中致歸乖白狳裘. 王若曰, 乖白. 朕不顯且文武, 應受大命, 乃且克來先王, 異自也邦, 又帝于

ⓙ 왕의 정월 庚寅일, 왕께서는 이렇게 말씀하셨다. 아아, 彔伯 戜이여! 너의 조상은 周邦에 공로가 있어 四方을 개척함으로써 天命을 크게 밝혔으며, 너는 (조상의 功業을 잘) 계승하여 (그것을) 실추시키지 않았다. (그러므로) 너에게 울창과 검은 기장으로 만든 술, 청동 수레(장식), 장식된 가죽으로 덮은 수레 옆 횡목[較], 장식된 붉은 가죽으로 덮은 수레 앞 횡목[軾], 붉은 색으로 속을 댄 호랑이 가죽 覆笭, (수레에 다는) 청동제 종, 장식된 수레 몸통과 차축을 연결하는 끈, 청동제 장식 고리, 장식이 있는 수레 몸통과 끌채의 연결 끈, 말 4필, 말의 고삐와 재갈 장식을 사여한다. 戜은 감히 절하고 머리를 조아리며, 천자의 크고 빛나는 은총을 드러내기 위해 아버지 釐王을 제사하기 위한 보배로운 제기, 굽그릇[簋]을 만드노라. 나는 만년토록 영원히 보배롭게 사용할 것이며, 자자손손 장차 이 은총을 본받을 것이다[130].

ⓙ 괴백궤는 共王期의 것이다[131]. 명문의 내용은 周王이 益公에게 眉敖를 정벌하게 하였을 때, 그 戰役에서 乖伯이 공을 세웠기 때문에, 주왕은 그것에 대한 감사를 표시하고 괴백을 표창하였다는 것이다. 그런데 괴백을 표창하는 의전의 자리에서 주왕은 "너의 조상은 先王을 잘 보필하고 他邦으로부터 (周王을) 보좌하여 大命에 공로가 있었다"고 칭찬하였다. 주왕이 '大命'이라 말한 것은 곧 '天命'으로 周邦이 大邑 商을 대신해 천하를 통치하게 된 것을 말하기 때문에, 괴백의 조상은 상주혁명의 과정

大命, 我亦不肯享邦, 易女犯裘, 乖白撲手稽首天子休, 不肆小裔邦. 歸夆敢對揚天子不魯休, 用作朕皇考武乖幾王障簋, 用好宗朝, 享娶夕, 好佣友雩百諸婚遘, 用旂屯彔永命魯壽子孫, 歸夆其萬年日享于宗室."

130 집성 8.4302, 彔白戜簋盖. "隹王正月, 辰才庚寅, 王若曰, 彔白戜, 自乃且考, 有爵于周邦, 右闢四方, 叀酉天令, 女肇不家. 余易女秬鬯卣, 金車, 桒幬軚, 桒酉朱虢鞃, 虎冟窠裏, 金甬, 畫聞, 金厄, 畫轉, 馬四匹, 鋚勒. 彔白戜敢拜手頭首, 賛覶天子不顯休, 用作朕皇考釐王寶障簋. 余其永萬年寶用, 子子孫孫其帥帥井, 受玆休."
131 馬承源 主編, 앞의 책, 1988, p.140.

에서 무엇인가 큰 공로를 세웠을 것이라 추정된다. 이와 같은 주왕의 찬사에 대해 괴백은 "小裔邦을 잊지 않으신 天子의 은혜"를 언급하면서, 주왕의 은총을 널리 선양하기 위해 돌아가신 아버지 '武乖幾王'을 위한 祭器를 만든다고 말한다. 주왕이 괴백의 조상이 세운 공업을 상찬하면서 "타방으로부터 공로를 세웠다"고 하여 괴백의 '소예방'이 周邦과는 다른 별개의 방[他邦]이라는 것을 인정한 것이나, 괴백이 주왕의 은총에 감사하고 자기 스스로를 '小裔邦'이라 부르면서도 자신의 아버지를 '武乖幾王'이라는 王의 尊號로 칭하였다.

ⓘ의 乖伯처럼, 자신의 아버지를 王이라는 존호로 부른 사례는 ⓙ 彔白或蓋에서도 볼 수 있다. 이 유물은 『攈古錄金文』(3.2.15)에 명문만 전해지는 傳世器로 실물은 지금 볼 수 없다. 명문은 모두 11행 112자에 달하는데, 명문의 글자체를 보아서는 서주 중기경의 것이다. ⓙ는 彔伯인 或의 조상이 주 왕실에 끼친 공로를 회상하고 이 지금 그 일을 잘 계승하고 있음을 치하하며 동시에 앞으로도 잘 계승하여 갈 것을 당부하는 周王의 말, 이와 함께 전해진 주왕의 사여품, 그리고 그것을 기념하여 이 행한 축원의 말 등으로 그 내용이 구성되어 있다.

ⓙ에서는 彔伯이 따로 '邦'에 대해 언급하지 않았지만, 주왕이 "너의 조상은 周邦에 공로가 있어 四方을 개척함으로써 천명을 크게 밝혔으며"라고 하여 '周邦'을 상대화하여 표현한 것이나 록백이 자신의 아버지를 '釐王'이라 부른 것에서 그 역시 괴백처럼 스스로를 주방과는 별개의 한 邦으로 간주하고 있었다고 생각된다. 록백 역시 자신의 아버지를 '이왕'이라는 존호로 불렀다는 점에서 여전히 자신의 방을 주방과 별개의 위치에서 인식하고 있었다고 추정할 수 있는 것이다.

이처럼 주의 '천하'는 주방과 사방으로 구성되었으며, 그 사방에는 무수히 많은 邦이 존재하고 있었다. 이들 방은 그 규모에 따라 대소의 차이가 있었지만, 일정한 행정조직과 관료조직을 운용했던 것으로 생각된다. 周

代의 금문에 보이는 이들 邦은 周邦에 복종하면서도 동시에 자립적인 속성을 가지고 있었는데, 특히 자신을 周邦과는 별개의 邦으로 인식하고 자신의 통치자를 王이라는 존호로 부르기도 했다는 점에서 보면, 자립적인 지향을 가진 일종의 정치체였다고 할 수 있다. 이들은 상황에 따라서는 언제든 주에 이반할 가능성을 내포하고 있었으며, 실제로 그와 같은 일이 종종 발생하기도 하였다. 周의 天下는 천하의 소유를 자임하는 周邦과 그 영향력 아래에서 자립적 지향을 가진 정치체[邦]으로 가득 찬 四方이 공존하는 천하였다고 할 수 있다.

3. 제후의 기능과 주의 봉건

서주 전기에 제작된 矢令方尊에는 周의 公子인 明保가 모종의 임무를 맡아 成周로 가서 취임했을 때의 사정을 전한다. 여기에 다음과 같은 기록이 있다.

> 8월 甲申일, 왕께서는 周의 公子 明保에게 명하여 三事와 四方을 맡아 다스리게 하고 卿事寮를 배속하여 주셨다. … 10月 月吉 癸未일, 明公은 아침에 成周에 도착하셔서 명령을 내리셨다. (먼저) 三事의 令을 내리셨다. 卿事寮, 諸尹, 里君, 百工 등에게 모두 (명령을) 내리셨다. 諸侯인 侯, 甸, 男에게는 四方의 令을 내리셨다. (명령을) 모두 내리셨다 …[132].

---

132 집성 11,6016, 矢令方尊. "隹八月, 辰才甲申, 王令周公子明保, 尹三事四方, 受卿事寮 … 隹十月月吉癸未, 明公朝至于成周, 令舍三事令, 眔卿事寮, 眔者尹, 眔里君, 眔百工, 眔者侯侯田男, 舍四方令, 旣咸令 …"

明保는 성주에 도착하여 아마도 자신이 맡은 모종의 직무와 관련된 훈령을 하달하면서, 그것을 三事의 令과 四方의 令으로 구분하여 반포하였다. 이때 '四方'의 令을 받아야 할 것으로 지목된 대상은 諸侯였다. 위에서 언급한 것처럼 周人에게 四方은 '萬邦의 공간'으로 인식되어 있었다. 그렇다면 주 조정이 제후의 직무로서 기대한 주요한 역할은, 그것이 전부였다고 할 수 없을지는 몰라도, 四方에 산포되어 있는 萬邦에 대한 일로 대표될 수 있는 것이었다. 그렇다면 이 사방의 만방과 관련된 제후의 직무에는 어떤 것이 포함되어 있을까?

먼저 제후가 邦에 대한 周 조정의 통치에서 중간기지의 역할을 담당했던 것을 볼 수 있다. 서주 후기의 작품인 駒父盨의 다음 기록을 보자.

> (某)王의 18년 정월. 南仲邦父는 駒父에게 명하여 南諸侯에게 가서 高父를 이끌고서 南淮夷를 시찰하게 하셨다. 공헌품을 징수하고 役을 과징하며 夷의 풍속을 바로잡도록 하셨다. (夷는) 이에 대하여 감히 공경하며 두려워하지 않은 자 없어, 나를 맞이하여 알현[見]하였다. (나는) 공헌을 거두어 들였으며 역을 과징하였다. 내가 淮에 이르자 크고 작은 邦이 감히 王命을 따르지 않은 자 없었다. 4월, 蔡로 돌아와 휴대용의 盨를 만든다. 駒父여! 萬年토록 영원히 사용하여 많은 은총이 함께 하기를 (스스로 기원하노라)[133].

駒父는 南仲邦父를 경유하여 하달된 王命을 집행하기 위해 南諸侯에게로 가서 南淮夷를 시찰하고, 그들로부터 공납품이나 역을 징수하였다. 그런데 이때 그가 시찰한 南淮夷는 구체적으로 말하면 그곳에 존재한 다

---

133 집성 9.4464, 駒父盨. "唯王十又八年正月, 南仲邦父命駒父殷南諸侯, 達高父見南淮尸, 厥取厥服董尸俗. 家不敢不□兄王命逆見我 厥獻厥服, 我乃至于淮, 小大邦亡敢不□具逆王命. 四月, 還至于蔡, 乍旅盨. 駒父其萬年, 永用多休".

수의 邦을 지칭하는 것이다. 駒父盨의 명문에 언급된 것처럼 남회이에 대한 왕실의 여러 가지 요구에 응한 대상은 남회이의 '크고 작은 邦'들이었다.

위의 명문에서 특히 주목되는 사실은 駒父가 南淮夷에 대해 하달된 주왕의 명령을 집행하기 위해 南諸侯를 경유하였다는 점이다. 남제후는 이 지역에 대해 하달된 주왕의 명령을 달성하기 위해 王使의 보조자로서 그 소임을 다했다. 그런데 이처럼 특정 지역에 대해 하달된 왕명을 집행하기 위해 파견된 사신이 그 임무를 수행하기 위해 해당 지역의 제후를 활용한 사례는 駒父盨뿐만 아니라 최근 발견된 土山盤에서도 동일한 패턴으로 반복된다. 土山盤의 명문에는 이런 기록이 있다.

王 16년 6월 9일 旣生覇 甲申일, 왕께서는 周 新宮에 계셨다. 왕께서는 大室로 가서 (정해진) 자리로 나가섰다. 土山은 門으로 들어가 中廷에 서서 북쪽을 향해 섰다. 王은 作冊尹을 불러 山에게 다음과 같이 책명하였다. "葬侯에게로 가서 蟲荊方의 服, 大虘의 服, 履의 服, 六孳의 服을 거두어들이라." 葬侯와 蟲方은 (山에게) 貝와 銅을 선사하였다. 山은 절하고 머리를 조아려 天子의 크고 빛나는 은총을 널리 선양하여 文考인 釐中을 제사하기 위한 盤盂를 만든다. 山이여! 만년토록 영원히 보배롭게 사용하라.[134]

土山盤은 최근 중국국가박물관에서 입수하여 그 기형과 명문이 발표된 유물이다. 명문은 周王이 土山에게 명하여, 葬侯에게로 가서 그 지역에 있는 諸處의 服을 거두어들이게 명하였는데, 土山이 왕의 명령을 무사히

---

134 朱鳳瀚,「土山盤銘文初釋」,『中國歷史文物』2002[1], p.4 圖1. "隹王十又六年旣生覇甲申, 王才周新宮. 王各大室卽立. 土山入門, 立中廷北卿. 王乎乍冊尹冊令山曰, 于入葬侯, 徣連蟲荊方服眔大虘服履服六孳服, 葬侯蟲方賓貝金. 山拜頉首, 敢對覭天子不顯休, 用乍文考釐中寶隨般盂. 山其萬年永用."

수행하였으므로 그것을 기념하기 위해 아버지 釐中의 제기를 제작하였다는 내용을 담고 있다. 명문을 처음 해독한 朱鳳瀚에 의하면 土山盤은 厲王期의 것이다.[135] 명문 가운데 蠻荊方, 大虘, 履, 六犖 등은 모두 地名인데, 荊은 荊으로 지금의 湖北省 武漢 일대이다. '服'자는 '貢賦'라는 뜻이다.[136] 즉 土山은 지금의 호북 일대로 가서 그 지역의 제후인 莽侯의 협조를 얻어 侯의 관할 하에 있는 諸處의 貢賦를 거두어들이라는 주왕의 명령을 받은 것이다.

그런데 이 명문에 나오는 여러 지명은 단순하게 지명이라기보다는 위의 駒父盨에 보이는 것과 같은 크고 작은 방이거나 혹은 방으로 이루어진 연합체였을 것으로 추정된다. 이를테면 蠻荊方의 '方'은 어쩌면 邦을 동음의 이자로 표기한 것일 가능성이 높다. 그렇다면 土山盤의 해당 지역 제후를 경유하여 그곳에 위치한 諸邦의 공부를 징수하는 행위는 위의 駒父盨와 완전히 동일한 맥락에 속하는 것이라 할 수 있다.

최근 보고된 서주 후기의 文盨에 "(모)왕의 23년 8월, 王께서는 土智父로 하여금 남쪽의 邦君과 諸侯를 회집[殷]하게 하시고, 말[馬]을 하사하셨다…[137]"는 내용의 명문이 있다. 이 명문에 보이는 '남쪽'은 인용에서 생략한 부분에 '小南'이라 적시되어 있으며, 이때의 南 역시 호북 일대에 해당한다. 주왕이 일정한 지역의 제후 및 방의 군주[邦君]을 동시에 會集한 것은 周가 제후를 통해 봉지 인근의 지역정치체를 통치하는 데 개입하고, 이를 통해 지역 지배를 관철해 나간 주 조정의 천하 통치에 대한 주도적 입장을 입증하는 또 하나의 증거가 될 것이다.

물론 이와 같은 지역정치체 지배의 중간기지적 성격은 제후의 군사력

---

135 朱鳳瀚, 위의 논문, 2002, p.6.
136 董珊, 「談土山盤銘文의"服"字義」, 『故宮博物院院刊』 2004[1].
137 李學勤, 위의 논문, 2008. "唯王廾又三年八月, 王命土智父殷南邦君者侯, 乃易馬 …."

에 의해 보장되었을 것이다. 의후측궤의 명문에도 제후에게 수여된 군사 집단에 관한 정보가 보이지만, 沈載勳의 연구에 의하면 제후에게는 전문적인 군대나 상비군이 배치되어 있었으며, 봉지 부근에서 독자적이며 제한적인 군사활동을 전개하였다[138]. 그런데 제후의 군사 작전과 관련해서 주목해야 할 것은 서주 전기 이래에는 제후의 군사 행동에 관한 기록이 드물게 나타나며, 주방의 지배력이 크게 쇠약해진 것으로 평가되는 서주 후기에 이르러 오히려 제후의 군사활동에 관한 기록이 크게 증가한다는 점이다. 서주 후기에는 제후가 주의 상비군과 연합하여 자신의 봉지와 관계없는 지역에서 일어난 전역에 참여한 기록이 여러 차례 확인된다.

ⓚ 왕의 33년, 왕께서는 직접 東國과 南國을 遹省하셨다. … 2월 旣死覇 壬寅일, 왕께서는 나아가 동쪽으로 가셨다. 3월 方死覇, 왕께서는 □에 도착하시어, 대오[行]를 나누셨다[分行]. 왕께서는 晉侯 蘇에게 직접 명을 내리셨다. "너의 군대[師]를 이끌고 왼쪽으로 가서 䕶을 복멸하고 북쪽으로 가서 □를 복멸하여, 夙夷를 정벌하라." … 王께서는 진후 蘇의 군대[師]에 도착하셨다. 왕께서는 수레에서 내리셔서 남쪽을 향하여 섰다. (왕께서는) 晉侯 蘇에게 직접 명령하셨다. "서북쪽 모서리로부터 匓城을 敦伐하라…[139]"

ⓛ 4월 기사패, 虢仲은 柞伯에게 다음과 같이 명했다. "성스러운 너의 조부 周公은 일찍이 周邦에 공로가 있어, 그 면려함이 (다른 사람이) 미치지 못할 정도였다. (그는) 일찍이 南國을 널리 정벌한 바 있다. 지금 너는 (그와 같

---

138 沈載勳, 「金文에 나타난 西周 군사력 구성과 왕권」, 『中國史硏究』 41, 2006, pp.50~53.

139 馬承源, 「晉侯蘇編鐘」, 『中國靑銅器硏究』, 上海古籍出版社, 2002, pp.313~315. "隹王三十又三年, 王親遹省東國南國 … 二月旣死覇壬寅, 王殷往東. 三月方死覇, 王至于口, 分行. 王親命晉侯穌, 率乃𠂤, 左洀䕶, 北洀口, 伐夙夷 … 王至于晉侯𠂤, 王降自車, 位南嚮, 親命晉侯穌, 自西北隅敦伐匓城…."

은 주공의 공로를 본받아) 蔡侯를 이끌고 왼쪽으로 가서 昏邑에 진격하라."(나 柞伯은) 城을 포위하고 나서 蔡侯로 하여금 虢仲에게 (임무의) 완성을 알리게 하였던 바, 蔡侯는 虢仲에게 보고하여 이미 城을 포위하였다고 보고하였다. 虢仲이 도착하여, 辛酉일에 戎을 공격하였다. 柞伯은 성인 남성 2인을 포로 로 잡고 10개의 수급을 베었다…[140].

ⓜ 南夷 毛가 감히 非良(한 일)을 일으켜 (周의) 南國을 널리 정벌하였다. 왕께서는 應侯 見工에게 명하여 毛를 정벌하라 하셨다. 나는 命을 □하여 南夷를 정벌하여, 많은 양의 전리품을 획득하였다. 나는 나의 烈考이신 武 侯를 제사하기 위한 제기 鼎을 만든다. (이것으로) 장수와 영원한 생명을 빈 다. 자자손손 영원히 귀중하게 사용하여 祭享하라[141].

위에 인용한 3편의 명문은 ⓚ 晉侯蘇編鐘, ⓛ 柞伯鼎, ⓜ 應侯見工鼎 등으로 이들은 모두 서주 후기, 대체로 厲·宣期의 작품이다[142]. ⓚ는 모두

---

140 朱鳳瀚,「柞伯鼎與周公南征」,『文物』2006[5], pp.67~73 및 96. "隹四月旣死覇, 虢仲命柞 白曰, 才乃即且周公, 繇有共于周邦. 用昏無及, 廣伐南國. 今女其率蔡侯, 左至于昏邑. 旣圍城, 命蔡侯告徵虢中. 遣氏曰, 旣圍昏. 虢中至. 辛酉搏戎. 柞白執訊二夫, 獲虢十人 …."

141 李朝遠,「應侯見公鼎」,『靑銅器學步集』, 文物出版社, 2007, pp.286~289. "用南夷毛敢作 非良, 廣伐南國. 王令應侯見工曰, 政(征)伐毛, 我□□翯伐南夷毛. 我多孚戈. 余用作朕 剌考武侯隮鼎, 用旛暘眉壽永令, 子子孫孫其永寶用."

142 ⓚ 晉侯蘇編鐘 명문이 전하는, 晉侯 蘇가 참여한 이 원정은 서주 후기 어떤 왕의 33년에 진 행되었다. 서주 후기에 周왕실에서 33년 이상 재위한 왕은 宣王과 厲王 등 2위가 있다. 그로 말미암아 ⓚ의 이 사건이 厲王 33년에 일어난 일인지 아니면 宣王 33년의 일인지를 두고 학 계에 논쟁이 있지만, 여기에서는 더 깊이 따지지 않는다. 이 문제에 대해서는 沈載勳,「晉侯 蘇編鐘 銘文과 西周 後期 晉國의 發展」,『中國史硏究』10, 2000에 상세한 소개가 있다. ⓛ 應侯見工鼎은 몸통에 장식문양이 없고 상복부에 弦紋을 한 바퀴 두르고 있다. 복부는 비교 적 깊고 圜底에 半圓球狀이며 3足은 蹄足이다. 이런 기형은 西周 후기에 유행한 양식으로, 吳虎鼎 및 鬲從鼎에서 유사한 형태를 볼 수 있다. 吳虎鼎은 宣王, 鬲從鼎은 厲王期의 것이 므로 ⓛ 역시 비슷한 시기의 작품으로 추정된다. ⓜ 柞伯鼎은, 이 유물을 최초로 보고한 朱

16점의 鐘으로 구성된 編鐘인데 이 중 2점은 北京大學 考古學系와 山西省考古硏究所가 함께 발굴한 山西 曲沃 北趙村의 진후묘 M8에서 출토되었고, 나머지 14점은 1992년 상해박물관이 홍콩의 골동품상에게서 구매하여 수장하였다[143]. ① 柞伯鼎과 ⑩ 應侯見工鼎 2점은 모두 傳世器로 각각 2005년과 2000년에 국가박물관(당시의 역사박물관)과 상해박물관이 입수한 유물인데, 그 내력은 분명하지 않다.

ⓚ는 厲王 혹은 宣王 33년에 벌어진 周王의 '東國'과 '南國' 親征에 晉侯 蘇가 참여한 일의 전말을 전한다. 이때 진후가 참여한 전쟁은 夙夷와 鄆城 등을 주요한 戰場으로 하였다. 夙夷는 곧 『左傳』 僖公 21년에 보이는 宿夷로, 杜預는 이 기사에 "宿은 東平 無鹽縣이다(宿, 東平無鹽縣)"라고 주석을 달았다. 무염현은 현재의 산동 東平縣에 해당한다. 한편 '鄆城'의 鄆은 대부분의 연구자가 현재의 산동 鄆城縣 동쪽 일대로 그 위치를 비정한다[144]. 동평현과 운성현은 서로 인접해 있다. 당시의 晉은 현재 산서 臨汾盆地 남단의 曲沃, 翼城 양 縣의 경계지대에 위치해 있었지만, 주왕은 하남에 인접한 산동 서부 지역까지 진후의 군대를 동원하여 이 전역에 참가하게 했다.

① 柞伯鼎에는 虢仲의 명령을 받은 柞伯이 蔡侯를 인솔하고 '昏邑'을 공격한 사건에 관한 기록이 포함되어 있다. 이 전쟁은 『後漢書』 東夷傳에 전하는 厲王期의 淮夷 정벌 전쟁으로 생각되며[145], 실제로 서주 후기의 虢仲盨蓋에는 虢仲이 王命을 받들어 南淮夷를 정벌한 사건이 기록되어 있

鳳瀚이 유물의 형태 및 명문의 字體 및 장식문양 등에 의거하여 서주 후기, 특히 厲 · 宣期의 유물로 판단하였는데, 학계는 대체로 이 연대관에 동의하고 있다. 이에 대해서는 朱鳳瀚, 위의 논문, 2006 참조.

143 馬承源, 앞의 책, 2002, pp.313~315.
144 李學勤, 「晉侯蘇編鐘的時 · 地 · 人」, 『中國文物報』 1996年 12月 1日.
145 『後漢書』 권 85, 東夷傳, "厲王無道, 淮夷入寇, 王命虢仲征之, 不克."

1

2

[도면 12] 柞伯鼎과 그 명문

다[146]. 李凱는 ①에서 공격 대상이 된 '昏邑'이 ⓚ의 '旉城'과 동일한 곳을 가리킨다고 하여 ⓚ와 ①은 동일한 전쟁에 참여한 서로 다른 사람이 남긴 기록이라 주장하지만, 남회이 정벌이라면 산동 서부 지역과는 위치가 잘 부합되지 않는다. 南淮夷는 현재 江蘇 서북부의 洪澤湖 일대 혹은 安徽 중서부 六安과 桐城 일대로 비정하는 견해가 있다[147]. 그러나 禹鼎(집성 5.2833)에 南淮夷와 東夷의 영수로 등장하는 噩侯 관련 유적이 근래 호북 隨州 安居鎭 동쪽의 羊子山 일대에서 여러 차례에 걸쳐 발견되었으므로, 남회이는 이 일대에 집중적으로 분포했을 가능성이 더욱 높다[148]. 이 전쟁 에는 蔡侯가 참여하여 柞伯과 虢仲 사이의 연계를 담당하였다고 기록되 어 있다. 당시 채후는 현재의 하남 남부 上蔡縣에 위치해 있었으니,[149] 그 는 자신의 봉지에서 더 남쪽으로 내려가 이 전쟁에 참여한 셈이다.

ⓜ은 應侯 見工이 王命을 받아 南夷 毛를 정벌한 사건을 전한다. 이때 에 정벌의 대상이 된 南夷 毛는 동일한 사람이 남긴 應侯見工簋蓋에는 淮南夷 毛라고도 기록되어 있다[150]. '회남이'는 서주 금문에서는 初見이지 만 ① 작백정에 등장하는 남회이와 동일한 대상을 지칭하는 것이라 추정 된다. 응후견공정은 ①과 비슷한 시기에 제작된 것이기 때문에, 이 2편의 명문이 전하는 전쟁이 실제로는 동일한 전쟁이었을 가능성도 있다. ⓜ에 피정벌지로 등장하는 毛는 그 구체적인 지점을 알 수 없으나 회남이라면 역시 호북 중북부 일대에 위치하였을 가능성이 높다. 한편 이 전쟁에 동원 된 應侯는 관련 유적이 근래 하남 平頂山市 薛莊鄕 北滍村 서쪽 滍陽嶺

---

146 집성 9.4435, 虢仲盨蓋. "虢仲以王南征, 伐南淮夷. 才成周, 兹作旅盨. 盨友十又二."

147 沈載勳,「應侯 視工 청동기의 연대와 명문의 連讀 문제」,『中國古中世史硏究』, 28, 2012.

148 隨州市博物館,「湖北隨縣發現商周靑銅器」,『考古』1984[6], pp.512~514; 同,「湖北隨縣 安居出土靑銅器」,『文物』1982[12], pp.51~53; 張昌平,「論隨州羊子山新出噩國靑銅器」, 『文物』2011[11], pp.87~94.

149 史樹靑,「西周蔡侯鼎銘釋文」,『考古』1966[2].

150 王龍正·劉曉紅·曹國朋,「新見應侯見工簋銘文考釋」,『中原文物』2009[5].

일대에서 계속 발견되고 있으므로[151] 이 일대에 위치해 있었다고 생각된다. 平頂山市는 上蔡縣에서 서북 약 100㎞의 거리이다. 응후는 이곳에서 호북 중북부까지 진출하여 남회이 정벌에 참전한 것이다.

서주 후기에 들면 주방의 지배력이 약화되면서 지역적 소요가 빈발했다. 조정은 이를 진압하기 위해 원방에 위치한 제후들의 군사력을 동원했던 것으로 보이는데, 그것은 조정 고유의 군사적 역량이 크게 떨어진 것과 관련이 있을지도 모른다. 그럼에도 불구하고 제후들은 조정의 명령에 응하여 원방에 대한 정벌에 참여했다. 그것은 서주 후기까지 제후에 대한 조정의 통제력이 상당한 정도로 유지되었음을 암시한다. 제후의 통제를 목적으로 설치한 '監'의 존재, 제후직이 계승될 때마다 거행된 再冊封[152], 그리고 魯의 제후직의 계승에 대해 宣王이 직접 간여했음을 보여주는 설화적 전승[153] 등은 모두 조정의 통제력이 작동할 수 있는 현실적인 기반이 존재하였음을 보여주는 증거가 될 것이다. 이 가운데 監의 문제는 장을 바꾸어서 다시 논의하기로 한다.

서주의 천하에는 지역정치체인 '방'이 무수히 존재하고 있었으며, 그 가운데 하나인 周邦은 천명의 위탁을 매개로 그들에 대한 지배를 정당화하

---

151 中國社會科學院考古硏究所 편, 『中國考古學─兩周卷』, 中國社會科學出版社, 2004, pp.106~108.
152 父祖의 지위를 계승하여 습봉하는 諸侯 역시 王에게 다시 冊命을 받아야 했다. 그것은 위에 인용한 伯晨鼎의 금문을 통해 확인할 수 있다.
153 『國語』권2, 周語[上]에는 선왕이 魯의 제후직 계승 문제에 직접 개입한 사건을 전한다. "魯武公以括與戱見王, 王立戱. 樊仲山夫諫曰, 不可立也. 不順必犯王命必誅, 故出令不可不順也. 令之不行, 政之不立, 行而不順, 民將棄上. 夫下事上少事長, 所以爲順也. 今天子立諸侯, 而建其少, 是敎逆也. 若魯從之, 而諸侯效之, 王命將有所壅, 若不從, 而誅之, 是自誅王命也. 是事也, 誅亦失, 不誅亦失, 天子其圖之. 王卒立之, 魯侯歸而卒, 及魯人殺懿公, 而立伯御. 三十二年春, 宣王伐魯, 立孝公." 이 점에 대해서는 伊藤道治, 앞의 책, 1987, pp.107~108 참조.

였다. 방은 지역적 기반을 가진 자립적 정치체로서 주방의 세력 확장에 따라 그 지배를 수용하였지만 상황의 변화에 따라 복속과 이반을 반복했다. 주방은 이들을 복속시키면서 자신의 영향력을 확대하고 세력을 확장해 갔다. 주방은 군사력을 갖춘 제후를 이제 막 周邦의 영향권 아래로 들어왔거나 새로 진출하기를 희망하는 지역에 파견함으로써 해당 지역에 대한 불안정한 복속 상태를 극복하고 자신의 지배권을 관철하고자 하였다.

따라서 제후는 주방의 영향력 확대와 지역 정세의 변동에 따라 그 수요가 결정되는 존재였다. 서주 전기의 봉건 관련 금문 거의 전부에서 제후의 이봉이 관찰되는 것은 이 시기 주방의 역동적인 팽창과 영향력 확대에 따라 나타난 현상이다. 의후 측이 이제 막 주방의 영향권에 편입되어 그 지배력이 불안정한 지역으로 이봉된 것도 그 때문이다. 그런 의미에서 제후는 본래 고착적인 존재가 아니라 상황에 따라 이동해야 하는 개척자적 존재였다.

서주 중기에 들어 주의 대외적 팽창이 점차 소강상태에 접어들면서 제후의 이동도 잦아들었지만, 제후는 여전히 자신의 봉지 인근에서 수행된 국지적인 전쟁을 통해 해당 지역에 분포한 지역정치체의 저항을 극복하고 주의 지배권을 유지해 나가는 역할을 수행하였다. 그러나 정세의 변화에 따라 그들의 역할 가운데 조정에 협력하여 봉지 인근의 지역에서 공납품과 역을 징수하고, 해당 지역의 질서를 유지하는 등 주방의 천하 지배에서 중간기지적인 역할을 수행하는 것의 비중이 점차 확대되어 갔다.

그렇기 때문에 제후에게 수여된 토지와 사람은 제후가 그 직무를 수행하기 위해 필요했던 수단이었으며 제후의 본질적인 속성과 직접 연결되는 것은 아니다. 제후에게 그 고유의 성격을 부여하는 것은 그 영주적인 성격이 아니라 주왕으로부터 부여받은 지역 지배의 개척자이며 보조자로서의 소임에 있었다. 그런 의미에서 서주의 제후는 천하를 분할 통치하는 '군주'라기보다는 外官으로서의 관료적 성격을 더욱 농후하게 지니고 있었다.

제후에 대한 책명에서 그에게 분여된 토지와 사람에 대한 관심이 상대적으로 덜하였던 반면, '侯'라는 직무에 중점이 놓여진 이유도 여기에 있다.

서주 중기에 점차 확대되어 간 제후의 지역 지배 매개자로서의 기능은 시간의 흐름과 함께 그들의 관료적 성격을 희석하고 나아가 그들로 하여금 해당 지역의 직접 지배자로 변신할 수 있는 토대를 제공하였다. 그것이 언제, 그리고 어떤 과정을 통해 춘추 이후의 열국으로 발전해 나갔는지에 대해서는 별도의 대답이 필요하겠지만, 적어도 서주 후기까지 제후에 대한 조정의 지배력은 상당한 정도로 유지되었다. 서주 후기의 제후들은 주 방의 지역 진출에 따라 새로운 봉지로 옮겨가는 일은 없었지만 지역적 소요의 진압을 위해 주왕의 명령에 따라 봉지에서 아주 멀리 떨어진 곳까지 군대를 동원해 참전해야 했다.

제4장

襃封 전승과 지역정치체의 봉건

제3장에서 周邦이 四方에 대한 지배력을 관철하기 위해 각 지역에 봉건한 제후에 대해 살펴보았다. 그런데 周에서 행한 봉건은 이것이 전부가 아니다. 杜正勝은 주 조정이, 전술한 봉건과는 달리 지역의 古國, 즉 지방 토착세력을 제후로 '인정'하는 두 번째 유형의 봉건도 시행하였으며, 숫자상으로는 따지면 이것이 좀 더 커다란 비중을 차지하고 있었다고 밝힌 바 있다[1]. 增淵龍夫는 이런 형태의 봉건이 바로 주대에 행해진 '異姓封建'의 실체라고 하였지만[2], 주의 이성제후 가운데는, 姜姓의 太公을 齊에 봉건한 것과 같은 첫 번째 유형으로 간주해야 할 것 포함되어 있기 때문에 이성의 제후라 해서 모두 두 번째 유형의 봉건이라 할 수는 없다.

　　이 장에서 다루고자 하는 문제는 지역정치체로서 周邦에 신속하여 侯로 임명된 異姓의 제후에 관한 것이다. 司馬遷은 주의 공신 이외에 다른 이성의 제후들이 봉건된 것은, 그들의 조상이 이를테면 인간 세상에 큰 공로를 끼친 사람이었기 때문에 후손들이 그들에 대한 제사를 계속 지낼 수 있도록 하기 위해 '褒封'한 것이었다고 한다. 아래에서는 먼저 『史記』에서 말한 이른바 褒封의 신뢰성 여부에 대한 문제를 검토하는 것에서부터 서주의 이성제후에 대한 논의를 시작해 보고자 한다.

1　杜正勝,「周代封建的建立」,『中央研究院歷史語言研究所集刊』52, 1982, p.499.
2　增淵龍夫,「先秦時代の封建と郡縣」,『中國古代の社會と國家』, 弘文堂, 1960, pp.358~359.

제1절
褒封의 전승과 이성제후

『史記』周本紀는 武王이 商을 정복한 후에 행한 封建에 대해 다음과 같은 기록을 전한다.

(武王은) 諸侯를 봉건하고 종묘에서 사용할 제기를 나누어 주었으며 '分殷 之器物'이라는 (제목의) 誥命을 반포하였다. 武王은 선대의 성왕을 追思하여 그들의 후손을 褒封하였다. 神農의 후예를 焦에, 黃帝의 후예를 祝에, 帝堯 의 후예를 薊에, 帝舜의 후예를 陳에, 大禹의 후예를 杞에 봉건하였다. 다음 으로 공신과 謀士를 봉건하였는데 師尙父를 으뜸으로 하였다. 尙父를 營丘 에 봉건하였으니 齊요, 아우인 周公旦을 曲阜에 봉건하였으니 魯며, 召公 奭은 燕에 봉건하였다. (자신의) 아우인 叔鮮을 管에, 아우인 叔度를 蔡에 봉 건하였다. 나머지도 각각 차례대로 봉건하였다[3].

---

3 『史記』 권4, 周本紀 "封諸侯, 班賜宗彛, 作分殷之器物. 武王追思先聖王, 乃褒封神農之後 於焦, 黃帝之後於祝, 帝堯之後於薊, 帝舜之後於陳, 大离之後於紀. 於是封功臣謀士, 而師 尙父爲首封. 封尙父於營丘曰齊, 封弟周公旦於曲阜曰魯, 封召公奭於燕, 封弟叔鮮於管, 弟叔度於蔡. 餘各以次受封."

기록에 따르면, 서주 초기 武王이 행한 봉건은 크게 두 부류로 나눌 수 있다. 그 첫 번째는 神農, 黃帝, 堯, 舜, 禹 등 선대 聖王의 후손을 褒封한 것이며, 두 번째는 克商에 공로가 컸던 太公, 周公, 召公 등 공신과 謀士를 봉건한 것이다. 그런데 극상의 과정에서 공로가 있었던 신하를 봉건한 것은 일견 당연한 논공행상으로 생각할 수도 있겠지만, 전설 속에나 등장함직한 위대한 전대 성왕의 후손이 봉건된 것은 특이하다. 왜 위대한 군주의 후손을 봉건하였을까? 司馬遷은 이들 포봉된 제후 가운데, 특히 舜과 禹의 후예가 봉건되었다고 하는 陳과 杞를 위해 따로 世家 한 편을 만들고, 여기에서 다음과 같이 적고 있다.

ⓐ 陳 胡公 滿은 帝舜의 후예이다. 옛날 舜이 庶人이었을 때 堯가 두 딸을 그에게 주고 嬀汭에 거주하게 하였으므로 그 후손들이 그것을 氏姓으로 삼아 姓을 嬀氏라 하였다. 舜이 죽고 나서 천하는 禹에게 계승되었으며, 舜의 아들 商鈞은 封國의 제후가 되었다. 夏代에는 없어지기도 하고 계승되기도 하다가 周 武王이 殷의 紂를 이기고 나서 다시 舜의 후예 嬀滿을 찾아내어 그를 陳에 봉건하고 그로 하여금 舜의 祭祀를 계승하게 하였다. 嬀滿이 바로 胡公이다[4].

ⓑ 杞의 東樓公은 夏后 禹의 먼 후손이다. 殷代에는 봉건되기도 하고 단절되기도 하다가 周 武王이 殷의 紂를 이기고 나서 禹의 후예를 수소문하여 東樓公을 찾아내었다. 그를 杞에 봉건하여 夏后 禹의 제사를 받들게 하였다[5].

---

4 『史記』권36, 陳杞世家. "陳胡公滿者, 虞帝舜之後也. 昔舜爲庶人時, 堯妻之二女, 居于嬀汭. 其後因爲氏姓, 姓嬀氏. 舜已崩, 傳禹天下, 而舜子商均爲封國, 夏后之時, 或失或續, 至于周武王克殷紂, 乃復求舜後, 得嬀滿, 封之於陳, 以奉帝舜祀, 是爲胡公."
5 『史記』권36, 陳杞世家. "杞東樓公者, 夏后禹之後苗裔也. 殷時或封或絶. 周武王克殷紂, 求禹之後, 得東樓公, 封之於杞 以奉夏后氏祀."

ⓐ가 陳, ⓑ가 杞에 대한 설명이다. 이 기록에는 陳의 경우에는 조상인 舜을 제사하기 위해, 杞의 경우에도 조상인 禹를 제사하기 위해 각각 그 후손인 胡公 滿과 東樓公을 찾아 봉건하였다 한다. 舜이나 禹는 위대한 군주였으므로 그들에 대한 奉祀가 끊이지 않도록 하기 위해 그 후손을 찾아 봉건했다는 것이다.

선대 聖王의 후손을 봉건하였다는 기록은 『禮記』 樂記[6]에도 나타나고, 舜을 봉사하기 위해 그 후예를 陳에 封建했다는 전승은 『左傳』 昭公 8년[7]이나 襄公 25년[8]의 기록에도 보인다. 따라서 성왕의 후손으로 하여금 그 조상을 封祀할 수 있도록 봉건하였다는 司馬遷의 포봉론은 이미 춘추시대를 전후하여 성립된 전승에 의거한 것이라 할 수 있다. 아마도 이런 전승은 陳같은 이성의 제후국에서 자랑스럽게 선양된 데서 시작되었을 것이다. 司馬遷은 이러한 유형의 봉건을 褒賞으로서의 封建, 즉 '褒封'이라 이름하였다.

그런데 武王이 위대한 선대 군주의 제사를 위해 그 후손을 찾아 봉건하였다는 전승은 과연 사실일까?

周 왕실은 물론 춘추 열국의 공실은 대개 자신이 선대 聖王, 혹은 聖王까지는 아니라도 인류에게 크게 기여한 바가 있는 賢臣의 후손이라고 생

---

6 『禮記』 권19, 樂記. "且女獨未聞牧野之語乎. 武王克殷反商, 未及下車而封黃帝之後於薊, 封帝堯之後於祝, 封帝舜之後於陳, 下車而封夏后氏之後於杞, 封殷之後於宋. 封王子比干之墓. 釋箕子之囚, 使之行商容而復其位."

7 『左傳』 昭公 8년. "晉侯問於史趙曰, 陳其遂亡乎. 對曰, 未也. 公曰, 何故. 對曰, 陳顓頊之族也. 歲在鶉火, 是以卒滅, 陳將如之, 今在析木之津, 猶將復由. 且陳氏得政于齊, 而後陳卒亡. 自幕至于瞽瞍 無違命, 舜重之以明德, 寘德於遂, 遂世守之, 及胡公不淫, 故周賜之姓, 使祀虞帝. 臣聞盛德必百世祀, 虞之世數未也, 繼守將在齊, 其兆旣存矣."

8 『左傳』 襄公 25년. "鄭子産獻捷于晉, 戎服將事. 晉人問陳之罪. 對曰, 昔虞閼父爲周陶正, 以服事我先王. 我先王賴其利器用也, 與其神明之後也. 庸以元女大姬配胡公, 而封諸陳, 以備三恪."

각하였다. 그러한 관념은 그들의 '姓'[9]에서도 드러난다. 성은 춘추시대에는 주로 동성불혼의 필요에 따른 족외혼 단위를 구별하는 표지로 사용되었다. 열국 가운데는 물론 周 왕실과 같은 姬姓을 가진 公室도 있었지만[10], 다른 姓을 가진 것도 적지 않았다. 姓은 同生, 同血, 同祖를 의미하는 혈족집단의 표지이므로, 이성이라는 것은 곧 자신이 주 왕실과는 다른 혈통임을 말하는 것이다. 『春秋』 및 『左傳』에 나오는 성은 姜, 歸, 嬀, 己, 祁, 姑, 董, 曼, 芈, 姒, 偃, 嬴, 隗, 姚, 妘, 熊, 允, 任, 子, 曹, 風, 姬 등 모두 22개이다. 姬姓을 제외한 나머지 각 姓에 해당하는 열국과 시조를 정리하면 [표 8]과 같다[11].

[표 8]에서 보는 이들 諸姓의 시조는 후세에 대개 聖王이나 賢臣으로 추앙된 자들이다. 22개의 姓 가운데 『左傳』에 그 시조에 관한 기록이 있는 것은 姜姓의 大嶽, 嬀姓의 舜, 己姓의 少皥, 芈姓의 祝融, 姒姓의 禹, 偃姓의 皋陶, 任姓의 奚仲, 風姓의 太皥 등 모두 8姓이다[12]. 『左傳』

---

9 '姓'은 혈연집단의 標識이다. 위에 인용한 ⓐ의 사료 가운데에서 "姓을 嬀氏라 하였다"고 한 것처럼 漢代에는 姓과 氏를 동의어로 사용하였다. 이와 같은 경향은 이미 『左傳』에도 나타나는 것이지만, 春秋의 姓은 氏보다는 넓은 범위의 혈족을 포괄하는 개념이다. 이에 대해서는 江頭廣, 『姓考－周代の家族制度』, 風間書房, 1970에 상세한 설명이 있다.

10 『左傳』에 보이는 姬姓 諸國의 수는 顧東高의 「春秋列國爵姓存滅表」에 따르면 약 50개이다. 陳樂의 『春秋大事表列國爵姓及存滅表讙異』, 程發軔의 『春秋左傳地名圖考』도 거의 동일한 수의 희성 제후를 꼽고 있다. 따라서 춘추시대의 姬姓 제후국은 약 50개였다고 추정된다.

11 嬀와 姚는 通假字였던 것으로 생각되어 嬀성과 姚성은 同姓으로 간주되지만, [표 8]에서는 일단 嬀와 姚를 別姓으로 취급하였다. 이에 대해서는 江頭廣, 앞의 책, 1970, pp.29~30 참조. 諸國의 위치 비정은 楊伯峻, 『春秋左傳注』, 中華書局, 1990의 관련 기사에 따랐다.

12 『國語』 晉語 4에는 黃帝의 후손으로 姬, 酉, 祁, 己, 滕, 箴, 任, 荀, 僖, 姞, 儇, 依 등 12개 姓과 炎帝의 후손으로 姜姓을 꼽고, 또 鄭語에는 祝融의 후손으로 己, 董, 彭, 禿, 妘, 曹, 斟, 芈 등의 이른바 '祝融八姓'을 꼽고 있다. 이처럼 『國語』에는 『左傳』에는 보이지 않는 姓도 상당수 있을 뿐더러, 『左傳』에는 보이지 않는 그 시조에 대한 기록도 있어서 『左傳』의 기록을 상당 부분 보충할 수 있다. 그러나 여기에는 문제도 있다. 『國語』에서는 약 20개의 姓을 黃帝와 祝融 둘 가운데 어느 하나의 후손이라고 하지만 이것은 대단히 의심스럽다. 여기에는 聖王을 중심으로 한 인위적인 '系譜化'의 현상이 발견되기 때문이다. 白川靜, 『中國の神話』, 中央公論社, 1975, pp.246~254 참조.

[표8] 春秋 列國의 姓과 始組

번호	姓	始祖	國	위치	번호	姓	始祖	國	위치
1	姜	大嶽	姜戎					蓼	
			紀	山東 壽光縣				六	安徽 六安縣
			萊	山東 昌邑縣				舒	安徽 廬江縣
			逢					舒鳩	安徽 舒城縣
			向	山東 莒縣				舒蓼	安徽 舒城縣
			申	河南 南陽市				舒庸	
			厲	河南 鹿邑縣				英氏	安徽 金寨縣
			呂	河南 南陽市				有鬲	山東 德州市
			郹	江蘇 贛榆縣	12	嬴		葛	河南 寧陵縣
			齊	山東 淄博市				江	河南 息縣
			州	山東 安丘縣				穀	湖北 穀城縣
			許	河南 許昌市				梁	陝西 韓城縣
2	歸		胡	安徽 阜陽市				徐	江蘇 泗洪縣
3	媯	舜	遂	山東 寧陽縣				奄	山東 曲阜縣
			陳	河南 淮陽縣				秦	甘肅 天水市
			莒	山東 膠縣				黃	河南 潢川縣
4	己	少皥	昆吾	河南 許昌市	13	魄		廧咎如	
			郯	山東 郯縣				弦	河南 潢川縣
			溫	河南 溫縣	14	姚	有虞		河南 虞城縣
5	祁		鼓	河北 晉縣	15	妘		鄅	山東 臨沂縣
			唐	湖北 棗陽縣				夷	山東 即墨縣
			杜	陝西 西安市				偪陽	山東 邳縣
			鑄	山東 費城縣				檜	河南 密縣
6	結		南燕	河南 延津縣	16	熊	羅		湖北 宜城縣
			密須	甘肅 靈臺縣	17	允		陸渾之戎	
			偪					小戎	
7	董		豢夷	河南 虞城縣	18	任	奚仲	薛	山東 滕縣
8	曼		鄧	河南 鄧縣				權	湖北 當陽縣
9	芈	祝融	夔	湖北 江陵縣				譚	山東 濟南市
			楚	湖北 秭歸縣	19	子		戴	河南 民權縣
10	姒	禹	觀	山東 范縣				蕭	安徽 蕭縣
			杞	河南 杞縣				宋	河南 商丘市
			越	浙江 紹興縣				小邾	山東 滕縣
			鄫	山東 棗莊市	20	曹		邾	山東 曲阜縣
			斟灌	山東 范縣				須句	山東 東平縣
			斟鄩	河南 偃師縣	21	風	太皥	宿	山東 東平縣
			扈	陝西 戶縣				任	山東 濟寧市
11	偃	皋陶	桐	安徽 桐城縣				顓臾	山東 費縣

에는 없지만 기타의 자료에서 시조에 관한 전승을 찾아볼 수 있는 姬성의 后稷, 子성의 契, 혹은 嬴성의 大業 등도 여기에 포함될 수 있다[13]. 이들 諸姓의 시조는 예의 전설적인 聖·賢臣이었다. 춘추시대의 이성제후들은 예외 없이 자신이 위대한 성왕·현신의 후손임을 자처하고 있었던 것이다.

이성제후들이 聖王이나 賢臣의 혈연적 후손임을 주장한 것은 물론 허구이다. 成王이니 賢臣이니 하는 것은 후세에 성립된 관념적 산물에 지나지 않을 것이다. 왜냐하면 이들은 혈연적인 시조라기보다는 특정 씨족의 기원을 설명하기 위한 신화 속에 존재하는 씨족신으로 생각되기 때문이다.

중국 고대의 성왕이나 현신들이 원래는 신화적인 존재에 불과하다는 점에 대해서는 이미 적지 않은 연구가 있지만[14] 다음에서 살펴보는 강성의 大嶽과 풍성의 太皞 두 가지 사례에서는 그것이 분명하게 드러난다. 먼저 강성의 大嶽에 대해서는 『詩經』 大雅 崧高의 첫 장에 다음과 같이 기록되어 있다.

크고 높은 저 嶽은 높고 커서 하늘에 닿았네. 신령스런 기운 내려 보내 甫와 申을 낳았으니, 아아 甫와 申은 周室의 동량이라네. 四國은 번성하여 四方으로 뻗어가리[15].

---

13 『史記』에 따르면 子姓의 始祖는 契로 禹를 도와 治水에 공이 있는 자였으며(권3, 殷本紀), 姬姓의 시조는 后稷으로 堯의 農師로서 百姓에게 농업을 가르쳤고(권4, 周本紀), 嬴성의 시조는 大業인데, 大業의 아들인 大費는 禹와 함께 홍수를 다스렸다 한다(권5, 秦本紀).

14 加藤常賢, 「殷商子姓考」; 同, 「少皇韋陶嬴姓考」; 同, 「祝融と重黎」; 同, 「吳許呂姜姓考」 등. 이상 가토오의 논고는 모두 같은 이의 『中國古代文化の硏究』, 二松學舍大學出版部, 1980에 수록되어 있다. 이밖에 白川靜, 앞의 책, 1980도 참조.

15 『詩經』 大雅 崧高. "崧高維嶽, 駿極于天, 維嶽降神 生甫及申. 維申及甫, 維周之翰, 四國于蕃, 四方于宣."

崧高는 위의 제3장에서 보았듯이 申伯이 謝邑에 봉건된 경위를 노래
한 시로서, 烝民, 韓奕, 江漢편 등의 諸篇과 함께 宣王 중흥의 시대에 활
약한 호족의 공로를 칭송한 시이다. 시에서 말하는 '四國'은 시에 나오는
呂와 申에다 齊와 許를 포함하여 도합 4國으로[16], 모두 姜姓國이다. 숭고
의 첫머리에 나오는 내용은 姜姓 諸國의 기원을 노래하고 그 번영을 예축
한 것인데, 이 시에 따르면 岳이 '신령스런 기운'을 내려 보내 甫와 申 등
의 姜姓國을 낳았다고 한다. 즉 강성 제국의 시조는 '신령스런' 기운의 嶽,
즉 山神이었다[17].

『左傳』에 나오는 姜姓國은 [표 8]에 정리한 것처럼 姜戎, 紀, 萊, 逢,
向, 申, 呂, 厲, 鄣, 齊, 州, 許 등 모두 12개이다. 이 가운데 姜戎과 逢의
위치는 분명히 알려지지 않았고, 鄣은 강소 贛楡에 있었다고 하지만, 나
머지 9개는 하남 중서부와 산동 동부 두 지역에 집중적으로 분포되어 있
다. 즉 申은 하남 南陽, 厲는 하남 鹿邑, 呂는 하남 南陽, 許는 하남 許
昌에, 紀는 산동 壽光, 萊는 산동 昌邑, 向은 산동 莒縣, 齊는 산동 淄
博, 州는 山東 安丘에 각각 비정된다. 하남의 일군 가운데서는 南陽이 약
간 남쪽으로 치우쳐 있으나, 그것도 崧高에서 노래하는 것처럼 宣王期
에 남방 진압을 위해 이동한 결과에 따른 것이다[18]. 반면 산동의 제국은 서
주 전기 태공이 齊에 봉건됨에 따라 함께 이주한 것이었다고 생각된다. 따
라서 이들 강성의 제국은 원래 하남 중서부에서 기원한 씨족에서 시작되
었을 것으로 추정된다. 숭고에서 말하는 岳은 어쩌면 이곳에 있는 嵩山의

---

16 谷口義介, 「申國考―西周・春秋期におけるその消長」, 『布目潮風博士古稀記念論集 東ア
ジアの法と社會』, 汲古書院, 1990, pp.4~9.

17 白川靜, 「羌族考」, 『甲骨金文學論叢』, 朋友書店, 1973, pp.615~649.

18 申伯의 謝邑 移封에 대해서는 白川靜, 『詩經研究』, 朋友書店, 1981, pp.320~330 ; 谷口義
介, 앞의 논문, pp.4~14.

산신이었을 것이다[19].

『左傳』莊公 22년에 姜姓은 大嶽의 후손이라고 하고[20], 『國語』周語에는 四嶽의 후손이라고 하며, 이 四嶽은 禹를 도와 홍수를 진압한 자로 묘사되어 있다[21]. 『左傳』에 姜姓의 시조로 그리고 『國語』에 역사적 賢臣으로 묘사되어 있는 嶽, 大嶽, 四嶽은 모두 嵩山의 산신을 가리키는 것이며, 이 산신이 원래 이 부근에 거주하였던 姜姓 씨족의 씨족신으로 추앙되고 있었던 것이다.

다음으로 風성을 살펴보자. 風성의 太暤에 대해서는 『左傳』 僖公 21년 (전638)의 기사가 도움이 된다. 이 해에 邾가 須句를 침공한 사건이 일어났으므로, 須句의 군주는 자국 출신으로 魯 공실에 출가하여 僖公을 낳은 成風의 힘을 얻기 위해 魯로 來奔하였다. 때문에 成風이 僖公에게 須句를 구해줄 것을 요청하였다.

　　任, 宿, 須句, 顓臾는 風姓으로서 실로 太暤와 濟水의 祭祀를 담당하면서 諸夏에 服事하였다. 그런데 邾人이 須句를 滅하여 須句子가 (魯로) 來奔하였다. (魯 僖公의 어머니인) 成風에게 의지한 것이다. 成風이 그를 위해 (僖)公에게 말하였다. "신령에 대한 제사를 중시하고 소국을 보호하는 것은 周의 禮입니다. 蠻夷가 夏를 어지럽히는 것은 周의 禍입니다. 만약 須句를 封한다면 이것은 太暤와 濟水를 숭상하고 그들에 대한 제사를 정비하는 것이니 (周의) 재앙을 없앨 수 있을 것입니다[22]."

---

19 白川靜, 앞의 논문, 1973, pp.620~621.
20 『左傳』莊公 22년. "若在異國, 必姜姓也. 姜大嶽之後也, 山嶽則配天. 物莫能兩大陳袞, 此其昌乎."
21 『國語』, 권3, 周語[下]. "其後伯禹念前之非度, 釐改制量, 象物天地, 比類百則, 儀之于民, 而度之于群生, 共之從孫, 四嶽佐之, 高高下下, 疏川導滯, 鍾水豐物, 封崇九山, 決汨九川, 陂鄣九澤, 豐殖九藪, 汩越九原, 宅居九隩, 合通四海."
22 『左傳』僖公 21년. "任宿須句顓臾風姓也, 實司太暤有濟之祀, 以服事諸夏. 邾人滅須句,

成風의 말에 따르면, 任, 宿, 須句, 顓臾 등 4국은 風姓國으로서, 太皞와 濟水에 대한 제사를 담당하면서 諸夏에 服事한 중화 밖의 이족이었다. 그런데 고대 문헌에는 太皞에 관한 기록이 매우 적어서 그 면모를 잘 알기 어렵다. 太皞伏犧氏라 하여 三皇 가운데 하나인 伏犧라고 하지만, 그것은 漢代에 劉歆 등이 『周易』 繁辭傳의 伏犧를 『좌전』의 太皞에 비정한 것에 불과하다고 한다[23]. 그런데 『좌전』에는 太皞에 대한 또 다른 흥미로운 전승이 있다. 그것은 太皞가 龍의 상서로운 기운을 받아 受命하였으므로 그의 나라에서는 龍의 이름으로 관직의 이름을 정했다는 것이다[24]. 중국 고대 신화에서 물고기와 용이 水神의 現身인 것[25]을 감안하면, 太皞는 원래 강[水]과 관련된 신이었을 것이다.

風姓을 칭하는 제국으로는 앞서 본 바와 같이 任, 宿, 須句, 顓臾 4개가 있다. 任은 산동 濟寧, 宿과 須句는 산동 東平, 顓臾는 산동 費縣에 위치한 것으로 추정된다. 이중 顓臾의 費縣이 약간 동쪽으로 치우쳐 있고, 任·宿·須句와 顓臾 사이에는 魯의 봉지인 曲阜가 있지만 魯는 봉건되어 새로 진출한 이주세력이었다. 이렇게 보면 風姓의 제국은 모두 濟水 상류 유역에 위치하고 있다. 太皞가 水神이었다면 그는 濟水의 수신

須句子來奔, 因成風也. 成風爲之言於公曰, 崇明祀, 保小寡, 周禮也. 蠻夷猾夏周禍也, 若封須句, 是崇皞濟, 而修其祀, 紓禍也."

23 楊寬, 「中國上古史導論」, 『古史辨』 7[上], 上海書店, 1933, p.239.
24 『左傳』 昭公 17년. "秋, 郯子來朝, 公與之宴. 昭子問焉曰, 少皞氏鳥名官, 何故也. 郯子曰, 吾祖也, 我知之. 昔者, 黃帝氏以雲紀, 故爲雲師, 而雲名. 炎帝氏以火紀, 故爲火師, 而火名. 共工氏以水紀, 故爲水師, 而水名. 大皞氏以龍紀, 故爲龍師, 而龍名. 我高祖少皞摯之立也, 鳳鳥適至, 故紀於鳥, 爲鳥師, 而鳥名."
25 예컨대 홍수신인 禹의 원형은 물고기라고 생각된다. 이에 대해서는 白川靜, 앞의 책, 1975, pp.64~66 참조. 이밖에 『左傳』 昭公 29년의 다음 기록은 龍과 水神의 관계를 보여준다. "昔有飂叔安, 有裔子曰, 董父實甚好龍, 能求其耆欲, 以飮食之, 龍多歸之, 乃擾畜龍, 以服事帝舜. 舜賜之姓曰董, 氏曰豢龍, 封諸鬷川, 鬷夷氏其後也. 故帝舜氏世有畜龍. 及有夏孔甲, 擾于有帝, 帝賜之乘龍, 河漢各二, 各有雌雄, 孔甲不能食, 而未獲豢龍氏 … 龍水物也, 水官棄矣, 故龍不生得."

이었을 가능성이 높다. 濟水 가에 있던 風姓의 제국이 太皞와 有濟[濟水]를 봉사하였다고 하는 것은 바로 그것을 의미하는 것이다. 太皞와 有濟라고 하여 두 가지 이름을 들고 있으나 그것은 河伯과 馮夷의 관계처럼[26] 有濟는 濟水神의 通名, 太皞는 특정 神名으로 이해할 수 있다. 太皞는 濟水의 神으로서, 강성의 大嶽과 마찬가지로 부근 風姓 제국의 씨족신이었다고 생각된다.

이처럼 姜성과 風성의 시조로서 추앙된 태악이나 태호는 주변 지역에 거주하는 씨족의 씨족신으로서 원래는 자연신에서 기원하였다. 『史記』에서 襃封로 기록한 神農, 黃帝, 堯, 舜, 禹도 마찬가지였을 것이다. 祁·姒·嬴·子姓의 경우, 그 姓을 칭하는 제국의 위치가 광범위한 지역에 걸쳐 산포되어 있으므로 그들에게 姜姓이나 風姓과 같은 방식의 설명을 적용하는 것에는 어려움이 따를지도 모른다. 그러나 [표 8]에 기록된 제국의 위치는 어디까지나 춘추시대의 위치를 추정한 것에 불과하다. 게다가 서주 초 太公의 齊 봉건에 따라 姜姓의 일부가 산동으로 이주하였듯이 이 시대에는 원주지를 떠나 다른 곳으로 이주한 집단도 있었을 것이며, 吳나 越처럼 유서 깊은 姓을 차용하여[27] 모칭함으로써, 전혀 관계없는 異族이 거기에 뒤섞여 들어간 경우도 있었을 것이기 때문에 각 姓의 제국이 모두 인접한 지역에 분포해 있기를 기대하기도 어렵다.

혈족집단의 표지로서 언제부터 姓이 사용되었는지 현재로서는 분명하게 알려져 있지 않다. 다만 周代에 이르러 姓이 사용된 것만은 분명하다. 한편 주대 이후의 귀족들이 姓을 칭하고 있었던 것은 확실하지만, 당시의 계층을 막론한 모든 사람이 姓을 가지고 있었는지도 알려져 있지 않다. 그러나 춘추 열국의 公室이 사용한 姓은 원래 씨족의 표지였으며, 그 기원

---

26 白川靜, 앞의 책, 1975, pp.153~155.
27 江頭廣, 앞의 책, pp.45~50 및 pp.118~133.

에는 전설상의 聖王이나 賢臣이 자리하고 있었다.

원래는 해당 씨족에게 그들의 기원을 설명해주는 씨족신이었던 이들은 그 씨족이 성장하고 분기하며 확장됨에 따라 일정 지역에 거주하는 씨족 공통의 씨족신으로 성장하여 갔다. 이 씨족신들은 씨족사회가 해체되어 계층화된 지연사회가 성립되고 인간의 의식이 신화적인 세계관에서 점차 탈각하여 가는 서주 이후의 역사적인 흐름과 조우하면서, 한편으로는 '역사화'의 길을 걸어 인류에게 기여한 위대한 聖王이나 賢臣으로 변모하여 가고, 다른 한편으로는 지배계층의 특정한 가문에 의해 유서 깊은 혈통의 시조로 독점화되어 갔을 것이다.

司馬遷이 聖王의 제사를 계승시키기 위해 그 후예를 찾아 襃封했다고 했을 때의 聖王은 바로 그들 씨족신이 역사화한 모습일 뿐이다. 그런 의미에서 사마천의 이른바 襃封은 후대의 관념에 근거한 것에 지나지 않는다.

위의 [표 8]에서처럼 춘추시대에는 주 왕실과는 다른 혈통, 즉 이성의 제후가 상당 수 포함되어 있다. 『左傳』에는 밝은 德을 가진 자를 가려 뽑아 제후로 봉건했다고 하면서도 왕실 일족의 봉건에 대해 주로 언급하고 있다[28]. 太公과 같은 사람은 예외라 할 수 있지만, 그는 극상에 커다란 공로를 세웠던 훈신이었다. 때문에 司馬遷에게는 수많은 이족의 제후가 주의 봉건질서에 포함되게 된 것에 대한 무언가의 또 다른 설명이 필요했을지도 모른다. 그런 의미에서 포봉의 논리는 그들이 어떻게 해서 周의 봉건질서에 들어오게 되었는지에 대한 司馬遷 나름의 한 설명이라고 볼 수도 있겠다.

---

28 『左傳』定公 4년. "子魚曰, 以先王觀之, 則尙德也, 昔武王克商, 成王定之, 選建明德, 以藩屛周, 故周公相王室以尹天下, 於周爲睦 … 分康叔以 … 分唐叔以 … 三者皆叔也, 而有令德, 故昭之以分物, 不然, 文武成康之伯猶多, 而不獲是分也, 唯不尙年也."

그러나 포봉의 배경이 되는 사회적 배경을 司馬遷이 창작한 것이 아니다. 司馬遷의 설명에는 춘추시대를 전후하여 유포된, 이성제후국에 존재한 일종의 '의식'이 있었다고 생각된다. 즉 자신은 주 왕실과는 다른 혈통에 속하지만, 그럼에도 불구하고 인간 세계에 커다란 공로가 있는 위대한 조상에 의해 당당히 주의 제후가 되었다는, 자기 존재의 정당성을 자랑스럽게 설명하기 위한 논리가 그것이다.

司馬遷은 그들의 '의식'을 사실로서 '인정'하고, 봉건의 한 형태로서 포봉을 꼽았다. 그러나 포봉 자체가 '사실'이었던 것은 아니다. 왜냐하면 포봉론의 근거가 되는 성왕현신 그것이 사실이 아니기 때문이다. 여기에 '의식'과 '사실' 사이의 괴리가 보인다. 즉 누구누구의 후예를 어떠어떠한 공로로 봉건하였다는 '의식'은 사실이 아니기 때문이다. 여기에서 '사실'로 인정할 수 있는 것은 서주시대에 위에서 말한 첫 번째의 유형에 속하지 않는 이성의 제후가 존재하였다는 바로 그것일 뿐이다. 그렇다면 그와 같은 이성제후의 실체는 무엇이었을까?

제2절
이성제후와 이성의식

왜 춘추시대에는 이성제후들은 주와 다른 혈통을 가지고 있다고 생각했을까? 그들이 가진 이족의식의 근원에는 무엇이 자리하고 있었을까? 씨족의 표지인 姓이 동성불혼의 관습에 따른 족외혼 단위를 구별하기 위해 필요했다 하지만, 그것이 현실 세계의 다른 場에서는 혈통의식이 희박했다는 의미는 아니다. 아래에 인용하는 2가지 일화는 이 시대에 뿌리 깊은 혈통의식이 존재하고 있었음을 보여주는 사례이다.

ⓒ 滕侯와 薛侯가 (魯에) 來朝하여, 누가 먼저 의식을 치를 것인지 다투었다. 薛侯는 "우리가 먼저 봉건되었습니다"라고 하였다. 滕侯는 (이에 응대하여) 다음과 같이 말했다. "나는 周의 卜正입니다. (게다가) 薛은 (姬姓이 아닌) 庶姓입니다. 내가 뒤쳐질 수는 없는 노릇입니다." (隱)公이 羽父로 하여금 薛侯에게 청하여 다음과 같이 말하게 하였다. "그대와 滕의 군주는 고맙게도 저에게 손님으로 와 계십니다. 周의 속담에 말하기를 '산에 있는 나무는 工匠이 재고 손님에 관한 의례는 주인이 택한다'고 합니다. 周의 宗盟에는 異姓을 뒤로 돌립니다. 제가 만약 薛에 朝會를 간다면 감히 任姓의 여러 국가

와는 선후를 다투지 않을 것입니다. 그대께서 만약 과인을 도와주시려 한다면 滕君이 먼저 하도록 해 주십시오[29]."

ⓓ 楚人이 江을 멸했다. 秦伯이 그것으로 인해 素服을 입고, 正寢에 거처하지 않았다. 盛饌을 물리쳤으며 (예법에 정한 것보다) 과도하게 애도의 뜻을 표하였다. 大夫가 이것을 諫하였다. 公은 말하였다. "同姓이 멸망했으니 비록 구할 수는 없었다고 할지라도 슬퍼하지 않을 수야 있겠는가[30]."

ⓒ는 魯 隱公 11년(전712)에 滕侯와 薛侯가 동시에 魯에 來朝하였을 때의 일이다. 滕侯와 薛侯는 나름대로 근거를 대면서 자신이 먼저 의례를 거행해야 한다고 주장하였으나 隱公은 자신과 同姓인 滕侯에게 우선권을 주면서, 그 이유로 자신도 薛에 가서는 任姓 국가와는 선후를 다투지 않을 것이라고 하여, 그 이유를 '姓' 때문이라 하였다. 글의 내용으로 보아 춘추 열국 사이에는 同姓을 우대하는 관례가 있었고, 이를 상호 인정하고 있었던 것 같다.

ⓓ는 魯 文公 4년(전623)의 일이다. 이 해에 楚가 江을 멸하는 사건이 일어났다. 江은 河南 息縣에 있던 小國으로 당시로서는 秦과 직접적인 이해관계를 갖지 않았던 것으로 보이지만, 秦의 穆公은 江이 秦과 동성국이라고 하여 애도의 의례를 행하였다. 타국이 멸망했을 때 이를 애도하는 데에는 일정한 예의가 있었던 것 같지만, 그 관례가 구체적으로 어떠했는지 알 수 없다. 다만 哀公 20년에 越이 吳를 포위하여 吳가 멸망당할

---

29 『左傳』隱公 11년. "滕侯薛侯來朝, 爭長. 薛侯曰, 我先封. 滕侯曰, 我周之卜正也, 薛庶姓也. 我不可以後之. 公使羽父請於薛侯曰, 君與滕君辱在寡人. 周諺有之曰, 山有木, 工則度之, 賓有禮, 主則擇之. 周之宗盟, 異姓爲後. 寡人若朝于薛, 不敢與諸任齒. 君若辱貺寡人, 則願以滕君爲請."

30 『左傳』文公 4년. "楚人滅江, 秦伯爲之降服, 出次, 不擧過數. 大夫諫. 公曰, 同盟滅, 雖不能舊, 敢不矜乎, 吾自懼也."

운명에 놓이게 되자 趙孟이 '降於喪食'하는 정도였던 것을 감안하면 穆公의 행동은 좀 지나쳤던 것 같다[31]. 大夫가 간언한 것도 그 때문일 것이다. 이처럼 穆公에게는 현실을 뛰어넘는 다소 감정적인 동류의식이 흐르고 있었다.

이처럼 춘추시대에는 同姓에 대한 상당한 동류의식이 있었던 것으로 보인다. 물론 이와 같은 동류의식의 이면에서 짝을 이루는 것은 異姓에 대한 異類의식일 것이다. ⓒ에서 보았듯이 魯侯가 薛侯에게 양보를 요청한 것도 그 사례의 하나로 꼽을 수 있겠는데, 이와 같은 이족에 대한 차별의식에 관해서는 다음과 같은 일화도 보인다.

가을, (成)公이 晉에서 돌아왔다. (成公은) 楚와 맹약을 맺고 晉에 叛하고자 하였다. 季文子가 다음과 같이 말했다. "그렇게 할 수 없습니다. 晉이 비록 무도하다고는 하나 叛할 수는 없습니다. (晉은) 크고 대신들이 서로 화목하며 우리나라와도 가까운 거리에 있을 뿐만 아니라 諸侯들이 (晉의) 명령을 받들고 있으니 배반할 수는 없습니다. 史佚의 志에 말하기를 우리 종족이 아니면 그 마음이 반드시 다르다고 합니다. 楚는 비록 크다고는 하나 우리 종족이 아니니 어찌 우리를 자애롭게 대하겠습니까?" 공이 곧 그만두었다[32].

기원전 587년, 魯 成公이 晉을 예방했으나 晉 景公이 무례하게 접대하였다. 화가 난 成公은 楚와 맹약을 맺고 晉과의 동맹을 파기하고자 하였는데, 季孫行父가 이에 반대하였다. 그가 반대한 것에는 물론 인용문에 보이는 여러 가지 현실적인 이유가 고려되었겠지만, 마지막에는 혈통이

---

31 楊伯峻, 『春秋左傳注』 2, 中華書局, 1990, p.534.
32 『左傳』 文公 4년. "秋. 公至自晉. 欲求成于楚而叛晉. 季文子曰. 不可. 晉雖無道 .未可叛也. 國大臣睦. 而邇於我. 諸侯聽焉. 未可以貳. 史佚之志有之曰. 非我族類. 其心必異. 楚雖大. 非吾族也. 其肯字我乎. 公乃止."

다른 '이족'이라는 이유도 첨부되어 있다. 여기에서 '우리 종족' 운운하는 것은 姬姓을 말하는 것이다. 晉과 魯의 公室은 모두 姬姓으로 동족이지만, 楚는 羋姓으로 魯와는 이족이다. 계손행보의 말에는 '같은 종족이 아니면 마음도 다르다[非我族類 其心必異]'는 이족에 대한 이질의식이 근저에 흐르고 있다[33].

위에 인용한 기록을 보면 同姓과 異姓을 둘러싼 동질감과 이질감은 춘추시대 경에는 이미 상당히 화석화되어 다소 막연한 감정적 문제로 변화되어 있었을 수도 있다. 그러나 거슬러 생각하면 이와 같은 동류 혹은 이질의식은 역시 현실적이며 구상적인 차원에서 기원하였을 것이라고 생각된다. 姓이 同生, 同祖, 同血을 의미하는 혈족의 표지임을 감안하면, 姓의 문제는 결국 씨족과 씨족간의 同類의식이나 異類의식에 관련된 것이며, 그것은 일상생활의 차원에서는 음식, 의복, 풍습 등의 생활양식 및 언어와 같은 문화적 제 현상과 관련되어 있었을 것이기 때문이다.

이처럼 문화적 양상과 혈통을 연계하여 생각하는 사고방식은 이른바 '華夏'관념을 논하는 차원에서 나타나는 사례가 있다. 기원전 559년, 晉의 주관 하에 向에서 회합이 있었다. 이 회합에서 晉의 范匄는 연합군에 참여한 戎에게 정보 누설의 혐의가 있다고 의심해서 戎子 駒支로 하여금 회의에 참석하지 못하도록 하였다. 이에 화가 난 駒支는 다음과 같이 말하였다.

이때(전627년, 晉과 秦사이에 벌어진 殽의 전쟁)부터 우리 여러 戎族은 晉의 모든 일에 대해 늘 함께 하여 晉의 執政을 따랐습니다. 그것은 殽에서 (晉의

---

33 이와 같은 사고는 『國語』 권10, 晉語[4]의 다음과 같은 기록에도 나타난다. "異姓則異德, 同姓則同德. 同德則同心, 同心則同志. 同志雖近, 不相及. 不相及, 畏黷故也. 黷則生怨, 怨亂育災, 災育滅姓."

편에 서서) 싸웠을 때의 그 마음과 한결같은 것이었습니다. 어찌 감히 이탈하여 멀어지려고 했겠습니까? 지금 어쩌면 집정께서 실로 모자람이 있어서 제후들과 틈이 벌어졌을 지도 모르는데 어찌 우리 戎族을 탓하십니까? 우리들은 음식과 의복이 中華와 다르고 예물을 주고받는 일도 없으며 말도 통하지 않으니 어찌 나쁜 짓을 할 수 있겠습니까?[34].

句支의 말에 따르면, 그가 戎과 華夏가 다르다고 생각한 것은 서로가 갖고 있는 음식, 의복, 풍습 등의 생활양식이나 언어 등의 문화적 제 요소가 달랐기 때문이었다. 춘추시대 경에는 夷狄과 中華를 구별하는 의식이 존재하였으며, 그 구별의 기준이 이처럼 문화적 제 요소였던 것은 이미 잘 알려진 사실이다.

華夏의 諸族(諸夏)은 夏 · 商 · 周 三代의 문화로 상징되는 특정한 생활양식이나 의례, 언어를 공유하는 집단을 말하는 것이다. 그렇다고 해도 이와 같은 문화적 동질성은 혈연적 동질성과는 무관한 것이었을 뿐만 아니라 고정불변의 것도 아니었다. 이것은 중원 일대에 거주한 이른바 '諸夏'가 상호 접촉을 꾸준히 증대해 나가고 주변의 이족과 자신을 상대화 해가는 과정에서 창조해 낸 이를테면 '역사적'인 산물에 불과했다[35].

春秋時代경이 되면 諸夏는 夷狄이나 戎狄과 자신의 차이를 의식하면서 자신들 사이의 동류의식을 확대하여 갔다. 그런데 이러한 동류의식은 이윽고 同血意識으로까지 발전되어 결국 諸夏 사이에 혈연적인 계보화가 진행되기에 이르렀다. 전국시대 이후가 되면 上古의 聖王들이 黃帝를 시조로 하는 일련의 계보로 편입되어 가는 현상이 나타나는데, 이것은

---

34 『左傳』襄公 14년. "自是以來, 晉之百役, 與我諸戎相繼于時, 以從執政, 猶殽志也. 豈敢離遏. 今官之師旅, 無乃實有所闕, 以攜諸侯. 而罪我諸戎. 我諸戎飮食衣服不與華同, 贄幣不通, 言語不達, 何惡之能爲."
35 李成珪, 「戰國時代 統一論의 形成과 그 背景」, 『東洋史學硏究』 8 · 9合집, 1975.

아득히 먼 과거의 聖王·賢臣을 시조로 하는 諸姓 씨족이 모두 혈연적인 연관관계를 가지고 있다고 관념화되어 가는 것을 의미한다[36]. 그 결과 『國語』는 당시에 식별된 약 20개 정도의 姓이 모두 黃帝와 祝融 둘 가운데 어느 하나의 후손이라고 단언하기에 이르렀다[37].

이처럼 문화적 제 양상과 혈연을 연계하여 생각하는 의식은 고대의 세계에서는 일반적이었을 것이다. 고대 중국의 이족의식 역시 결국은 문화적인 차이에서 기원한 것이라고 생각된다. 그렇다면 고대 중국에서 이와 같은 이족의식의 배경이 된 문화적 차별성은 어디에 있었을까?

이 책의 제2장에서 중국의 선사문화 인식에 대한 근래의 변화에 대해 언급한 바 있다. 앞서 언급한 바 있는 요지를 옮기면 다음과 같다. 그것은 첫째 앙소·용산문화 등 중원의 신석기문화와는 전통을 달리 하는 신석기문화가 중원 이외의 여러 지역에서 자생적으로 발생하였으며, 그 시기도 중원에 비해 뒤지지 않거나 오히려 더 빠를 수도 있다는 점, 둘째, 이들 서로 다른 지역적 전통 위에 발달한 여러 유형의 신석기문화는 각각의 지역에서 나름의 문화전통을 강고하게 유지하며 계승되고 발전하여 갔다는 점, 셋째, 그리하여 중국 신석기문화는 어떤 한 중심지역에서 발생한 문화의 전파를 통해서가 아니라, 다양한 지역에서 성장한 복수의 문화전통이 영향을 주고받는 과정을 통하여 발전하여 갔다는 점 등이 그 골자이다.

신석기시대 이래로 확인되는 지역적 문화 전통은 신석기시대의 최후 단계, 즉 용산문화기에 이르면 연쇄적 문화교류를 시작하여 하나의 문화 '상호작용권(sphere of interaction)' 혹은 '지역공동전통(area cotradition)'이라 불릴만한 것을 형성하였다. 장광직은 이 상호작용의 지역 범위가 북쪽의 遼

---

36 白川靜, 앞의 책, 1975, pp.246~254.
37 『國語』 권10, 晉語[4]. "昔少典娶于有蟜氏, 生黃帝炎帝. 黃帝以姬水成, 炎帝以姜水成. 成而異德, 故黃帝為姬, 炎帝為姜, 二帝用師以相濟也, 異德之故也. 異姓則異德, 異德則異類. 異類雖近, 男女相及, 以生民也."

河 유역에서 남쪽의 타이완과 珠江 삼각주까지, 동쪽의 황해 해안에서 서쪽의 甘肅, 靑海, 四川까지에 달하여, 그 범위가 현재의 중국 內地와 대개 비슷하므로 '중국상호작용권', '중국선사상호작용권'이라 명명해도 좋을 것이라 했다[38]. 장광직의 이른바 중국상호작용권의 범위는 과대평가된 바가 없진 않으나, 이리두문화의 성립 이래 황하와 양자강 유역에서 중원지역의 문화가 점차 그 영향력을 확대해 간 것은 사실이다.

그러나 그로 인해 재지의 문화적 전통이 소멸된 것은 아니다. 이를테면 양자강 중류 지대에서 번영한 춘추시대의 楚는 그 언어가 중원의 그것과는 달랐고, 楚墓에서 발견되는 高頸壺와 '楚式鬲'은 이 지역에서 선행하여 발전한 屈家嶺文化 이래의 지역적 전통을 계승한 것이다[39]. 뿐만 아니라 山東지역에는 서주 초에 齊와 魯가 봉건됨에 따라 중원 지역의 문화가 본격적으로 침투했음에도 불구하고 山東龍山文化를 계승한 재지의 岳石文化 전통이 여전히 지속되고 있었다. 그리하여 膠萊河 이동의 교동지역에는 중원의 문화적 영향이 그다지 크지 않았으며, 膠萊河 이서에 있던 故國, 즉 莒, 邾, 薛 등의 지역정치체에서는 중원 문화의 영향이 발견되는 것이 사실이지만 악석문화적 전통도 여전히 공존하고 있다. 예컨대 王迅은 춘추 莒國의 무덤으로 추정되는 莒南縣 大店鎭 1·2호 무덤과 沂水縣 劉家店子 1·2호 묘의 매장습속이나 부장품에서 중원 문화와의 차이가 여전히 지속되었음을 발견하였다[40].

한편, 용산문화기에 발견되는 또 하나의 뚜렷한 사회적 현상으로 지목할 수 있는 것은 지역정치체의 성립이다. 역시 이 책의 제3장에서 본 것처럼, 이 시대에 접어들면 황하와 양자강 유역에서는 모두 격렬한 사회적 변

---

38 張光直, 「中國相互作用圈與文明的形成」, 『中國考古學論文集』, 三聯書店, 1999.

39 蘇秉琦·殷瑋璋, 「關于考古學文化的區系類型問題」, 『文物』, 1981[5], p.14.

40 王迅, 『東夷文化與淮夷文化研究』, 北京大學出版社. 1994, pp.96~114.

혁을 보여주는 증거가 확인된다. 생산력이 증대되고, 원시적인 청동기가 사용되기 시작하였으며, 사회가 다양한 신분으로 분해된 계층적 양상 또한 확인할 수 있다. 사회의 내적 분해는 결국 서열화 된 취락 간의 불균등한 상호관계에 입각한 지역정치체의 성립으로 연결되었다. 신석기시대 후기부터 본격적으로 축조되기 시작되는 대형 성곽취락은 그것이 구상화된 대표적인 사례일 것이다.

이 장에서 언급한 이성의식은 이처럼 지역에 뿌리내린 문화적 이질감의 또 다른 표현이었다. 주 왕실과는 계통을 달리하는 혈통임을 주장하며 자신의 유서 깊은 혈연적 전통이야 말로 제후로서의 정당성을 보증하는 원천이 된다고 생각한 이성의 제후는 다양한 지역적 문화전통 하에서 성장한 지역정치체의 후신이었다. 즉 지역적 배경을 가진 지역정치체가 주왕을 정점으로 한 통치체제에 편입됨으로써 이성의 제후가 출현하게 된 것이다.

제3절
지역정치체의 봉건

　앞의 제3장에서 商周革命의 성격을 설명하여, 상주간의 정권 교체는 殷墟의 商을 중심으로 구축된 지역정치체의 연계망이 해체되고 그것이 周롤 중심으로 재편되어 가는 간 과정이라 설명한 바 있다. 이 古公亶父에서 시작되어 穆王대가 되어서야 일단락되는 주의 팽창운동에 직면하여 저항하여 멸망한 지역정치체도 있었을 것이지만, 그러나 상당한 수는 주에 복속하여 새로운 연계망 아래에 편입되는 타협의 길을 선택하였다.

　그와 같은 사례로는 제3장의 인용한 乖伯簋(집성 8.4302)의 '괴백'같은 경우를 꼽을 수 있을 것이다. 거기에서 괴백은 그의 조상이 극상의 과정에서 세운 공로를 상찬한 데 대해 "小裔邦을 잊지 않으신 天子의 은혜"를 언급하면서, 주왕의 은총을 널리 선양하기 위해 돌아가신 아버지 '武乖幾王'을 위한 祭器를 만든다고 말하였다. 괴백의 '소예방'은 周라는 별개의 방으로서 일찍이 주가 주도하는 극상의 대업에 참여하고, 괴백이 주왕에게 상찬을 받는 그때까지도 여전히 자립적인 성격의 邦을 경영하고 있었다는 점은 이미 설명한 바와 같다.

　이처럼 서주시대의 천하에는 주에게 직접 지배를 받지 않는 자립적 성격의 邦이 적잖이 존재하였다. 그 일단에 대해서는 이 책의 제3장에서도 언급한 바 있지만, 아래에 인용하는 금문에서도 이런 성격의 邦이 남겨놓은 흔적을 확인할 수 있다.

ⓔ 19년. 王께서는 厈에 계셨다. 王姜께서 作册인 睘에게 명하여 夷伯을 安하게 하셨다. 夷伯은 (사신인 나) 睘에게 賓으로 貝布를 하사하였다. (睘은) 王姜의 은총을 널리 알려 文考인 癸를 제사하기 위한 제기를 만든다[41].

ⓕ 王께서 처음으로 成周에서 烝제사를 지내셨다. 王께서는 盂에게 명하여 鄧伯을 寧하게 하셨다. 盂는 (鄧伯에게서) 賓으로 貝를 하사받았다. (이것을 기념하기 위해) 아버지를 제사하기 위한 제기를 만든다[42].

ⓔ에는 成王의 부인인 王姜이라는 이름이 나오므로, 成王 19년에 제작된 것으로 추정된다. 명문의 내용은, 王姜이 睘에게 명령하여 夷伯에게 使者로 가서 그를 '安'하게 했던 바, 夷伯은 睘에게 賓의 의례로 貝와 布를 증정했다. 睘은 이러한 일을 하게 해준 王姜에게 감사하면서 아버지인 癸를 제사지낼 때 사용할 제기를 만들었다는 것이다. 역시 서주 전기의 작품으로 추정되는 ⓕ의 내용도 유사한데, 그것은 모왕이 盂를 鄧에 사신으로 파견하여 鄧伯을 '寧'하게 하였다. 이때 鄧伯 역시 賓의 의례로 盂에게 貝를 선물했으므로 그것을 기념하기 위해 아버지를 제사지낼 때 사용할 제기를 만들었다는 것이다.

명문에 등장하는 '賓'의 의례는 『周禮』에 국가적 典禮로 등장하는 의례

---

41 집성 10.5407, 作册睘卣. "隹十又九年, 王在厈, 王姜令作册睘, 安夷伯, 夷伯賓睘貝布, 揚王姜休, 用作文考癸寶隦器."
42 집성 14.9104, 盂爵. "隹王初烝于成周, 王令盂寧鄧伯, 賓貝, 用作父寶隦彝."

이다. 『周禮』에 따르면, 국가의 주요 전례를 주관하는 大宗伯이 주관하는 주요 의례에 吉禮, 凶禮, 賓禮, 軍禮, 嘉禮 등 5禮가 포함되어 있다. 여기에서 賓禮는 王이 '邦國'과 친목을 도모하기 위해 시행한 儀禮인데, 거기에는 다시 8개 세부항목의 의례가 포함되어 있다. "賓禮로 邦國과 친목을 도모한다. 봄에 만나는 것을 朝라 하고, 여름에 만나는 것을 宗이라 하며 가을에 만나는 것을 覲이라 하고, 겨울에 만나는 것을 遇라 한다. 때때로 만나는 것을 會라 하며 다 같이 함께 만나는 것을 同이라 한다. 때때로 사신을 파견하여 왕을 알현하는 것을 問이라 하고, 함께 알현하는 것을 視라 한다[43]"는 것이 그것이다.

그런데 같은 책의 大行人에는 "봄에 제후를 朝하여 천하의 일을 도모하고 가을에 覲하여 邦國의 功을 살피며 …"라 하므로 앞에서 말한 大宗伯의 '邦國'은 '제후국'을 가리킨다. 즉 『周禮』가 전하는 8항의 賓禮는 제후 혹은 제후가 파견한 사신이 周王을 알현하는 의례이다. 따라서 ⓔ와 ⓕ처럼 周王의 사신이 夷伯이나 鄧伯에게 사신을 보내고, 夷伯·鄧伯이 주왕의 사신을 賓禮로써 접대한 것은 『周禮』의 賓禮와는 다른 범주에 속하는 의례이다.

최근 산서 翼城縣 大河口의 서주시대 묘지에서 발견된 서주 중기의 尙盂에는 ⓔ와 ⓕ에 보이는 것과 유사한 賓禮에 관한 기록이 있다. 이 명문의 내용은 다음과 같다.

3월, 왕이 伯考로 하여금 尙의 공로를 치하하게 하고[蔑曆], 苞茅과 芳鬯을 보냈다. (일이) 잘 마무리 되었다. 尙은 절하고 머리를 조아렸다. 머리를 조아리고 나서 賓을 맞이하여 인도하였다. 賓은 虎皮를 봉헌하고 璋을 바

---

43 『周禮』春官, 大宗伯. "以賓禮親邦國, 春見曰朝, 夏見曰宗, 秋見曰覲, 冬見曰遇, 時見曰會, 殷見曰同, 時聘曰問, 殷覜曰視."

쳤다. 익일 賓에게 告하여 이르기를, "천자께서 그 臣(尙)의 공로를 치하하신 것에 머리를 조아리며, 감히 애쓰겠노라"고 하고 璋을 주었다. 賓을 돌려보내는데, (빈을) 인도하여 魚皮 한 짝을 특별히 주고 璋과 馬를 주었다. 다시 玉을 주었다. 賓이 나가자 좋은 음식으로 다시 이끌고, 伯이 다시 玉과 수레를 주었다. 賓이 나가자 伯은 賓을 郊에서 배웅하고 다시 賓에게 말을 주었다. 霸伯은 절하고 머리를 조아려 王의 하사품을 널리 알려 보배로운 盂를 만든다. 자손들은 만년토록 영원히 보배롭게 사용하라[44].

이 기록은 서주 중기의 주왕이 백고라는 자를 파견하여 패백의 공로를 치하한 내용을 담고 있는데, 여기에 '賓'이 출현한다. 다만 ⓔ와 ⓕ의 명문에서 '賓'은 사신을 대접한다는 의미의 동사로 사용되었고, 尙盂의 명문에서는 賓이 사신을 가리키는 명사로 사용된 것에서 차이가 있지만, 楊樹達이 지적한 것처럼 동사로서의 '賓'이 "'賓'을 맞이하는 의례로 선물을 수여하는 행위[45]"를 의미한다면, ⓔ, ⓕ와 尙盂는 왕실에서 사자를 파견하고 사신을 맞이한 夷伯, 鄧伯, 霸伯 등이 그 사신을 賓禮로 접대하였다는 점에서 동일한 내용을 기술하고 있는 것이라 할 수 있다. 따라서 상우는 ⓔ와 ⓕ에 간략히 언급된 賓禮의 구체적 내용을 설명하는 것이라고 할 수 있다.

그런데 흥미롭게도 상우에 기록된 빈례의 구체적 내용은 『儀禮』에서 전하는 제후국 사이에 외교활동과 대부분 일치한다. 즉 『의례』에 기록된 聘

---

44 尙盂 명문의 고석은 아래의 문헌을 참조하였음. 李學勤, 「翼城大河口尙盂銘文試釋」, 『文物』 2011[9]; 曹建敦, 「霸伯盂銘文與西周時期의 賓禮」, 復旦大學出土文獻與古文字研究中心網站論文, http://www.gwz.fudan.edu.cn/SrcShow.asp?src_ID=1560; 黃錦前·張新俊, 「霸伯盂銘文考釋」, 武漢大學簡帛研究中心網站論文, http://www.bsm.org.cn/Show_article.php?id=1494. "唯三月, 王史伯考蔑尙歴, 歸柔苞旁鬱蔵, 尙拜稽首, 既稽首, 征賓萬, 賓用虎皮稱毀, 用璋奉. 翌日, 命賓曰, 拜稽首天子蔑其臣歴敢敏. 用璋, 遣賓, 萬, 用魚皮兩側毀, 用璋先馬, 邊毀用玉. 賓出, 以組或征, 伯或邊毀, 用玉先車. 賓出, 伯遣賓于蒿, 或舍賓馬. 霸伯拜稽首, 對揚王休, 用作寶盂, 孫孫子子其萬年永寶."

45 楊樹達, 「中幾簋跋」, 『積微居金文説』 권4, 大通書局 영인본, 1974, p.103.

禮는, 어떤 제후국[聘國]의 사자, 즉 賓이 군주로부터 수여된 命, 玉圭·璋, 예물[幣] 등 3자를 휴대하고 방문국[主國]에 使行하여 그것을 전달하는 의식을 거행한 다음, 주국으로부터 返禮로서 증여된 예물과 반환된 玉圭·璋을 지참하고 귀국하여 복명하는 절차로 구성되어 있다[46]. 그런데 尙盂의 명문에서도 이 聘禮를 구성하는 절차 가운데 主國의 군주가 卿을 파견하여 사신의 노고를 치하하는 '郊勞'의 儀節을 제외하면[47], 聘國의 사신이 본국으로부터 가져온 命과 玉圭·璋을 전달하는 '聘', 예물을 증여하는 '享', 주국의 군주가 卿으로 하여금 사신이 지참하여 온 圭와 璋을 반환하는 '還玉', 주국이 빙국의 예물에 보답하기 위해 예물을 수여하는 '賄'와 '禮', 빙국의 사신이 돌아갈 때 송별하며 예물을 주는 '送賓' 등의 주요한 절차가 빠짐없이 포함되어 있는 것이다. 따라서 ⓔ와 ⓕ에 보이는 빈례 또한 『의례』의 빙례와 유사한 내용으로 구성된 것이었음을 짐작할 수 있다.

그런데 『儀禮』에 전하는 빙례의 주요 의절은, 『左傳』에 聘使가 玉圭와 예물을 휴대하고 主國을 방문하여 聘, 享 등의 의식을 행하는 史料가 적잖이 보이는 것을 통해, 춘추시대의 제후국 사이에서 실제 시행된 것이었음을 알 수 있다. 聘禮의 과정과 그 사례를 정리한 高木智見은 빙례를 구성하는 구체적 행위 각각에 보이는 예적 표현, 예물 증여에 있어서의 互酬性, 그리고 聘國과 主國 사이에 나타나는 교차 방문 등의 특징을 추출하고, 이와 같은 상호관계를 일방적·편무적인 지배·피지배의 관계가 아닌, 서로 사신을 파견하여 賓主의 입장이 교체되는 '대등'의 관계로 파악한 바 있다[48]. 즉 주왕과 夷伯, 鄧伯 그리고 霸伯 사이에서 진행된 빙례에는 빙국과 주국 쌍방의 '대등'한 관계가 이념적 기반으로 작동하고 있었던

---

46 高木智見, 「春秋時代の聘禮について」, 『東洋史硏究』 47[4], 1989, p.113.
47 이하 聘禮의 주요 절차에 대해서는 孫慶偉, 「尙盂銘文與周代的聘禮」, 復旦大學出土文獻與古文字硏究中心網站論文, http://www.gwz.fudan.edu.cn/SrcShow.asp?src_ID=1763 참조.
48 高木智見, 앞의 논문, 1989, pp.116~121.

것이다.

이처럼 서주시대의 빈례, 즉 『의례』에 보이는 빙례가 춘추시대에 제후국 사이에서 진행된 빙례와 대체로 동일하고, 그 내용에는 聘國과 主國 쌍방의 '대등'한 관계가 이념적 기반으로 작동하고 있었다면, ⓔ와 ⓕ 등에 보이는 賓禮를 관통하는 이념에 대해 일찍이 豊田久가 제시한 해석을 다시 한 번 떠올릴 필요가 있다. 그에 의하면 夷伯, 鄧伯 등이 周王의 사신을 聘禮로 맞이한 이유는 그들이 '異邦'의 사자였기 때문이다. 使者를 빈례로 맞이하고 그들에게 물품을 증여한 경우 거기에는 상대방을 존경하는 태도가 나타나 있다. 여기에서 賓禮로 매개되는 兩者의 질서는 군사적인 위협이나 일방적인 君臣관계가 아닌 상대방을 존중하고 상대방의 입장을 존중할 것을 전제로 하는 관계이기 때문이다[49].

이백과 등백은 賓禮로써 주왕의 사신을 맞이하였다. 그것의 의미는 그들이 周邦의 사신을 異邦의 사신으로 맞이하였다는 의미일 것이다. 그런 의미에서 이백과 등백은 모두 주방과는 별개의 邦임을 언명한 乖伯의 경우처럼 자립적인 지역정치체의 수장이었다고 할 수 있다. ⓔ와 ⓕ는 대체로 서주 전기의 어느 시점에 周와 관계를 맺은 것으로 보인다. 주왕이 사신을 파견하여 이백과 등백을 각각 '安'하게 하고 '寧'하게 하였다고 하였다는 것은 그 관계의 내용을 설명하는 것이다. 그렇다면 안과 녕의 의미를 구체화 할 수 있다면, 周邦과 夷伯 · 鄧伯 사이에 설정된 관계의 내용은 더욱 자명해질 것이다.

『說文解字』寧조의 段玉裁注에는 이런 설명이 보인다. "宀部에 이르기를 宓은 安의 의미이다. 오늘날에는 대부분 宓자 대신 寧자를 쓴다. 寧자가 성행하면서부터 宓자는 사라지게 되었다." 즉 寧은 원래 宓으로 쓰던 것이고 '安'의 뜻이라는 의미이다. 한편 『說文解字』에서는 '安'에 대해

---

49 豊田久, 「成周王朝と「賓」(1)」, 『鳥取大學教育學部硏究報告(人文 · 社會科學)』 43[2], p.103.

"安은 竫이다"라 하고, '竫'조에서는 다시 "淨은 亭安의 의미이다"라 하는데, 段玉裁는 여기에 주석을 달아 "亭은 백성이 安定하는 곳이다. 그러므로 安定을 亭安이라 한다"고 하였다[50]. 요컨대 安과 寧은 모두 '安定'하다, '安定'시키다는 의미인 것이다. 안정시켰다는 의미로 보면 원래 '安'과 '寧'은 모두 그들이 갖고 있는 기존의 질서를 그대로 인정하고 유지시켰다는 의미로 이해할 수 있다. 그와 같은 의미에서의 안정은 『尚書』의 多方에 다음과 같이 표현되어 있다.

  周公은 다음과 같이 말했다. "아아 너희들 四國의 多方과 너희들 殷侯와 尹民에게 고하노라." … 아아. 王께서는 다음과 같이 말씀하셨다. "… 오직 우리 周의 왕이 무리들을 잘 보호하고 능히 덕으로써 감당하여 신령스런 天을 본받았다. 天께서는 우리들에게 은총으로써 이끄셔서 殷의 命을 대신(우리에게) 주어 너희 多方을 다스리게 하였다.… 너희들은 어찌 우리 周王을 보좌하고 편안하게 하여 天命을 향수하지 않는가? 지금 너희들은 (원래) 너희들이 살던 집에 그대로 살고 너희들의 토지를 그대로 경작하면서도 어찌 王에게 순종하여 天命을 밝히지 않는가? …[51]"

多方편에 대해 『書序』는 "成王이 奄으로부터 돌아와서 宗周에서 庶邦에게 誥命을 내려 多方을 만들었다[52]"고 한다. 다방편은 成王 때에 일어난 록보와 동이의 반란을 진압하고 돌아와서 내린 포고문이다. 이 포고문

---

50 『說文解字』寧條, 段玉裁注. "盍部曰, 盍安也. 今字多假寧爲盍, 寧行而盍廢矣."; 『說文解字』安條. "安, 竫也"; 淨條. "淨 亭安"; 同, 段玉裁注. "亭者, 民所安定也. 故安定曰亭安".
51 『尚書』, 多方. "嗚呼. 王若曰…惟我周王靈承于旅, 克堪用德. 惟典神天. 天惟式敎我用休, 簡畀殷命, 尹爾多方. 今我曷敢多誥… 爾曷不夾介乂我周王, 享天之命. 今爾尚宅爾宅, 畋爾田, 爾曷不惠王熙天之命."
52 『書序』권16, 多方. "成王歸自奄, 在宗周, 誥庶邦, 作多方."

은 周公이 반포하는 형식으로 되어 있으며, 그것을 받는 자는 四國의 多方·殷侯·尹民이라 되어 있다. 四國은 四方, 殷侯는 옛 殷의 諸侯, '尹民'은 治民, 즉 君主를 의미한다. 즉 이 포고문은 주공이 옛 殷의 제후도 포함하는 諸邦의 군주에게 내린 고명으로, 위에 인용한 것은 그 중 일부이다.

多方편에서 주공은 諸邦의 군주들에게 周王이 덕치를 베풀어 천명을 받게 되었다는 것을 다시금 천명하고, 그럼에도 불구하고 그들이 반란의 와중에서 동요한 것을 힐난한다. 주공은 그들에게 천명을 받아들여 그것을 향수할 것을 권유하면서, 그 대가로 "(원래) 너희들이 살던 집에 그대로 살고 너희들의 토지를 그대로 경작"하도록 하지 않았느냐고 반문하고 있다. 이처럼 주왕은 諸邦이 周邦에 복속하는 대신 그들이 그들의 故地에 그대로 머물러 살 수 있게 하고 또 그들의 토지에 대한 권리를 그대로 인정하였다. 이와 같은 취지는 다방편에서 뿐만 아니라 『尙書』多士편에서도 다시 한 번 확인된다.

왕께서 말씀하셨다. 너희 殷의 多士들이여. 지금 나는 너희들을 죽이지 않을 것이다. 나는 이 명령을 거듭 밝히노라. 지금 내가 이 洛에 大邑을 건설한 것은 四方이 복종하지 않았기 때문이다. 너희 多士들은 복종하며 부지런히 나를 섬겨 공손히 하라. (그렇게 한다면) 너희들은 곧 너희들의 땅을 그대로 소유할 수 있을 것이며 너희들의 머무는 곳을 그대로 보전할 수 있을 것이다[53].

『尙書』多士의 '너희들의 땅을 그대로 소유할 수 있을 것이며 너희들의 머무는 곳을 그대로 보전할 수 있을' 것이라는 부분이 바로 多方편의 해

---

[53] 『尙書』多士. "王曰, 告爾殷多士. 今予惟不爾殺, 予惟時命有申. 今朕作大邑于茲洛, 予惟四方罔攸賓. 亦惟爾多士攸服, 奔走臣我, 多遜. 爾乃尙有爾土, 爾乃尙寧幹止."

당 부분과 동일한 의미이다. 그런데 多士편의 이 부분에 해당하는 원문은 "爾乃尙有爾土 爾乃尙寧幹止"라 되어 있다. 즉 다사편에는 기존의 토지와 거주지에 대한 권리를 그대로 인정한다는 것이 '有'와 '寧'으로 표현되어 있는 것이다. 위에서 설명한 바와 같이 '安'과 '寧'은 같은 의미로, 그 뜻은 '安定'이라 말한 바 있는데, 그 '안정'이란 것에는 多士편에서 보는 것처럼 기존 권리의 '유지'라는 의미가 포함되어 있다.

이처럼 周는 경우에 따라 새로 복속하게 된 지역정치체에 대해 기존의 정치·경제적 질서를 용인·보전하여 그들의 자립성을 인정한 채 간접적으로 그들을 지배하는 정책을 사용하였다. 그런데 주에 복속한 이방의 군주 가운데는 周 조정의 諸侯가 된 자도 있었다. 일찍이 增淵龍夫는 河內 溫의 근방에 있었던 己姓의 古國 蘇는 商代부터 주변의 子邑을 영유하고 商에 복속하다가 주가 상을 멸망시킨 후에는 주에 복종하여 그 고지인 溫을 중심한 諸邑에 봉건되었음을 입증한 바 있다. 서주 초에 司寇가 되었다고 하는 蘇忿生이 바로 그 被封의 주인공이다[54].

그러데 이와 같은 유형에 속하는 서주시대 제후 가운데서 특히 𢍱侯는 자신에 대한 비교적 상세한 정보를 아래와 같이 전하고 있다.

⑧ 王께서 南征하여 角敵를 정벌하시고 귀환하는 길에 坁에 머무셨다. 𢍱侯 馭方은 醴를 왕에게 바쳤다. 그리하여 그것으로 祼祀를 거행하셨다. 馭方은 왕을 侑하였다. 왕께서는 연회를 베푸셨다. 射禮를 거행하여 馭方과 왕이 合射하였다. 馭方에게 (왕의) 은총이 있었다. 왕께서는 연회를 베푸셨다. 다 마쳤다. 술을 마셨다. 왕께서는 친히 馭方에게 玉 5穀과 말[馬] 4匹, 화살[矢] 5束을 하사하셨다. 馭方은 머리를 조아려 절하고 감히 天子의 크고 빛나는 은총을 널리 알리기 위해 제사용의 鼎을 만든다. 萬年토록 子孫이

---

54 增淵龍夫, 앞의 책, 1960, pp.346~359.

영원히 보배롭게 사용하라[55].

ⓗ 噩侯는 王姑의 滕簋를 만든다. 王姑이여 만년토록 자자손손 영원히
보배롭게 사용하라[56].

ⓘ 禹는 말하노라. 크고 밝게 빛나시며 굳세신 皇祖 穆公께서는 先王을
잘 보필하사 四方을 안정시키셨다. 그리하여 武公께서도 나의 聖스러운 祖
考 幽大叔과 懿叔을 잊지 않으시고 禹에게 명하여 井邦의 政治를 행하도록
하셨다. 나 또한 감히 게을리 하지 않고 우리 주군의 명을 삼가 받들었다. 아
아. 슬프다. 하늘이 下國에 큰 재앙을 내리셨다. 이때 噩侯 馭方 또한 南淮
夷와 東夷를 이끌고 南國과 東國을 널리 침범하여 歷寒까지 이르렀다. 王
께서는 이에 西六師와 殷八師에게 명하여 말씀하셨다. "噩侯 馭方을 정벌
하여 늙은이, 어린이 가릴 것 없이 모두 남기지 말라." … 나 禹는 武公의 군
사를 이끌고서 噩에 도달하여 噩을 토벌하여 승리를 거두었으며, 그 군주인
馭方을 사로잡았다. 禹는 일을 다 이루었다[57].

ⓖ는 噩侯鼎의 명문이다. 噩侯鼎은 서주 후기, 대체로 孝夷期를 전후
하여 馭方이란 자가 제작한 것인데, 왕이 南征하여 角獻를 정벌하고 珷

---

55 집성 5.2810, 噩侯鼎. "王南征, 伐角獻, 唯還自征, 才𣎆. 噩侯馭方, 內壺于王, 乃𪏐之. 馭
方御王, 王休宴, 乃射. 馭方卿王射, 馭方休闌, 王宴. 咸酓. 王親易[方玉]五穀, 馬四匹, 矢
五[束]. 馭方拜手顔首 敢[對揚]天子不顯休, 用作鼎, 其萬年, 子孫永寶用."
56 집성 7.3928, 噩侯簋. "噩侯作王姑滕簋, 王姑其萬年, 子子孫永寶."
57 집성 5.2833, 禹鼎. "禹曰, 不顯趄趄皇祖穆公, 克夾召先王, 奠四方. 肆武公亦不叚望朕聖
祖考幽大叔懿叔, 命禹仢朕祖考, 政于井方. 肆禹亦弗敢泰共朕辟之命. 烏虖, 哀哉. 用天
降大喪于下或, 亦唯噩侯馭方, 率南淮尸東尸, 廣伐南或東或, 至于歷寒, 王迺命西六師殷
八師曰, 囗伐噩侯馭方, 勿遺壽幼. … 雩禹以武公徒, 至于噩, 臯伐噩休, 唯厥君馭方, 肆
禹又成."

로 귀환하였을 때, 噩侯가 왕을 알현한 의례를 기록하고 있다. 의례는 納醴, 祼禮, 侑, 鄕射, 燕飮 등의 순서로 진행되었다. 燕飮, 즉 향연이 끝난 다음 왕은 噩侯에게 玉 5穀과 말 4필, 화살 5束을 하사하였다. 『左傳』莊公 18년에 晉侯가 入見하였을 때 왕이 玉 5穀과 말 4필을 하사한 사례[58]가 있으므로, 噩侯에 대한 사여는 제후에 대해 규정된 定禮에 의한 것이라고 생각된다.

ⓗ는 噩侯簋인데, 이것 역시 噩侯 馭方이 만든 것이라 추정된다. 명문에 따르면 이 簋는 噩侯가 자신의 딸인 王姞이 시집갈 때 혼수품으로 마련한 媵器이다. 王姞이라는 이름은 시집간 여자를 명명하는 관례에 따라 쓴 것으로, 이 경우 '王'은 시집간 곳을 의미하며, 姞은 출신 姓을 말한다. 즉 王姞이라 하면 왕실에 시집간 姞姓 출신의 여성을 말하는 것이다. 噩侯簋를 통해서 확인되는 2가지 정보는 噩侯가 姞姓으로 周와는 異姓, 즉 이족임을 칭하였다는 것과 그가 왕실과 통혼하였다는 것이다.

ⓘ는 禹鼎인데, 이것은 噩侯가 제작한 것이 아니다. 이것은 禹라는 자가 武公의 명령을 받아 噩侯를 토벌하고 그 공로를 기록한 것이지만 여기에도 위의 馭方이 출현한다. 명문에 따르면, 어떤 일인지는 구체적으로는 알 수 없지만, 周에 커다란 재앙이 있었을 때 이에 편승해서 "噩侯인 馭方이 南淮夷와 東夷를 이끌고서 南國과 東國을 널리 침범하여 歷寒까지" 쳐들어온 사건이 일어났다. 왕은 이에 대해 "늙은이나 어린이도 남기지 말고" 그들을 섬멸할 것을 명령했다. 우여곡절 끝에 禹가 이끈 토벌군이 결국 승리하고 噩侯를 생포하였으므로, 武公은 禹를 표창하였다. 禹는 이것을 기념하기 위해 이 鼎을 제작하였다.

噩侯가 南淮夷와 東夷를 이끌고서 周를 침공한 것을 보면 그는 이 지역에서 상당한 영향력을 행사할 수 있는 지역정치체의 수장이었을 것이

---

58 『左傳』莊公 18년. "虢公晉侯朝王, 王饗禮, 命之宥, 皆賜玉五穀馬三匹, 非禮也."

다. 즉 그는 주 왕실과는 다른 姞姓을 칭하여, 자신이 주 왕실과는 다른 혈통에 속하는 것을 분명하게 천명하였다. 그의 이런 이족의식은 물론 현실적으로는 주와는 구별되는 문화적인 차이에서 출발하였을 것이다.

최근까지 噩侯의 故地에 대해서는 막연한 추정만 있었다. 그런데 2007년 湖北 隨州 安居鎭 동쪽 약 1㎞ 지점에 위치한 羊子山에서 噩侯 관련 유적이 발견됨으로써 악후의 근거지가 분명해지게 되었다. 악후 관련 유존 가운데서 특히 주목되는 것은 최근 출판된 『隨州出土文物精粹』(文物出版社, 2009)에 수록된 M4호 무덤 출토 유물이다. M4에서는 다량의 청동예기가 출토되었는데, 그것은 方鼎 2점, 圓鼎 1점, 甗 1점, 簋 3점, 爵 3점, 斝 1점, 觶 1점, 卣 2점, 尊 2점, 方罍 1점, 圓罍 1점, 盤 1점, 盉 1점 등 모두 20점으로 구성되어 있다. 출토된 유물은 모두 서주 전기의 것으로 方罍에서는 "噩侯가 보배로운 제기를 만든다(噩侯作厥寶彝)"는 명문 7자가, 卣, 圓罍, 盤 등에는 "噩侯가 휴대용 제기를 만든다(噩侯作旅彝)"는 명문 5자가 식별되었다. 부장품의 규모와 연대를 고려하면 악후는 서주 전기 이래 이 지역의 유력자로서 활약하였을 것이라 짐작된다. 그런데 이들 청동예기 가운데는 중원 지역에는 그 사례가 희박한 남방 지역 특유의 人面紋 장식 청동예기가 상당수 포함되어 있다[59].(도면 13) 뿐만 아니라 같은 유적에서 조사된 噩侯와 그 一家의 무덤은 대체로 동서향으로 묘광을 구축하였다[60]. 이것은 대부분의 경우 남북 방향으로 묘광을 구축하는 중원 지역의 묘제와는 확연히 구별하는 특징이다. 즉 서주 전기부터 호북 수주시 일대에 주방과는 구별되는 문화적 전통을 가진 해당 지역의 수장이 존재하고, 주방은 이를 제후로 봉건한 것이다.

---

59 張昌平, 「論隨州羊子山新出噩國靑銅器」, 『文物』 2011[11], pp.90~93.
60 隨州市博物館, 「湖北隨縣發現商周靑銅器」, 『考古』 1984[6], pp.512~514; 同, 「湖北隨縣安居出土靑銅器」, 『文物』 1982[12], pp.51~53.

[도면 13] 羊子山유적 M4 西周 전기 무덤 출토 人面紋 장식 청동예기

『文物』 2011[11], pp. 90~91에서 재편집

周는 적어도 서주 전기부터 噩侯 馭方의 어느 시기까지는 대체로 악후와 원만한 관계를 유지한 것으로 보인다. 그것은 ⑧와 ⓗ의 명문을 통해 짐작된다. ⑧에는 이 무렵 王이 南方을 정벌하고 귀환하던 길에 噩侯를 만나 함께 射禮를 거행한 내용이 보인다. 서주시대의 射禮는 이 의례에 참가한 자들 간의 친선·협력관계를 돈독하게 유지하기 위한 儀禮化된 활쏘기이다[61]. 게다가 ⓗ에서 보는 바와 같이 악후와 주 왕실이 통혼관계를 맺기도 하였다.

異姓의 제후국이 주 왕실과 통혼 관계를 맺는 일은 보편적이었다. 이 장의 제1절에서 인용한 『左傳』 襄公 25년의 기록에는 陳의 胡公에게 大姬를 주었다는 기록이 있었다. 周王이 同姓의 제후를 父라 하고 異姓의 제후를 舅라 한 것[62]은 周 왕실과 이성제후 사이에 통혼이 빈번하게 이루어졌음을 시사한다. 이와 관련된 사실로 商代의 婦에 관한 松丸道雄의 연구를 상기하는 것이 유용하다. 갑골문에는 '婦某'의 호칭으로 불린 자가

---

61 小南一郎, 「射の儀禮化をめぐって―その二つの段階」, 『中國古代禮制硏究』, 京都大學人文科學硏究所, 1995, pp.49~75.

62 增淵龍夫, 앞의 책, 1960, P.341.

약 80여 등장한다. 婦某의 某는 씨족명으로서, 이 씨족 출신의 여자가 상왕실에 來嫁함으로써 그 여자의 친정은 婦某라는 호칭으로 불리게 되고, 그 씨족은 그렇게 만들어진 인척관계를 매개로 商의 지배체제에 편입되게 되었다는 것이다[63]. 甲骨文에 婦某의 칭호가 80여 개 등장한다고 하는 것은 상왕실과 통혼관계에 있었던 씨족이 80여에 달했다는 뜻이다. 이것은 혼인이 고대의 세계에서 이족을 통제하기 위한 방편으로 얼마나 광범위하게 사용되었는지를 말해준다. 주와 이성제후와의 통혼관계도 이와 같은 맥락에서 이해할 필요가 있다. 통혼관계는 주 왕실과 이성제후를 연결하는 중요한 끈이었다.

그러나 주와 악후의 우호적인 관계는 일관되게 유지되지 않았다. 양자의 관계는 駁方의 어느 시점부터 파탄을 맞이하게 되었다. 噩처럼 지역정치체로서 주의 제후가 된 자는 본질적으로 주의 지배를 일방적으로 수용하였다고 생각되지 않는다. 때문에 주와의 상호관계는 噩侯 駁方이 그랬던 것처럼 그의 통제력이 이완됐을 경우 언제든지 종지될 수 있는 성격의 것이었다.

司馬遷은 周의 이성제후가 聖王이나 賢臣으로 묘사되는 위대한 조상의 공업으로 褒封되었다고 하였다. 그러나 위대한 功業은 아마도 역사화한 허구일 것이다. 그들의 이른바 위대한 조상은 해당 씨족의 씨족신이며, 그들이 聖王이나 賢臣으로 역사화하는 것은 서주보다 더 후대의 일이다. 그러므로 이런 褒封論은 周의 봉건질서 하에 상당수의 이성제후들이 있었던 것을 설명하기 위한 司馬遷의 논리적 가공에 지나지 않는다고 생각된다.

이성제후는 원래 신석기시대 후기 이래 중국 각지에서 성장한 지역정

---

[63] 松丸道雄, 「殷周國家の構造」, 『岩波講座世界歷史』 4, 岩波書店, 1970, pp.77~79.

치체의 후신이다. 이들이 가진 이성의식은 그들의 문화 전통이 주의 그것과는 달랐기 때문이다. 그러므로 주의 봉건에 다양한 이성의 제후들이 포함되어 있었다고 하면, 그것은 각 지역에서 성장한 다양한 문화적 배경의 지역정치체가 주를 중심으로 형성된 국가적 지배질서 하에 편입되었기 때문에 나타난 현상이다. 周 조정은 상주교체기의 적극적인 팽창을 통해 자신의 지배적 영향권을 확장해 가면서, 새롭게 복속하게 된 지역에 대해, 때에 따라서는 諸侯를 진출시키고, 또 때에 따라서는 재지의 기존 질서를 온존하는 정책을 구사하였다. 그 경우 주는 대체로 지역정치체가 갖고 있던 기존의 정치·경제적 제 질서를 승인하고 그들의 자립성을 인정하면서 그들과 공존했다.

이들 가운데는 주의 제후로 봉건되는 자도 포함되어 있었다. 周의 제후가 된다는 것이 그들 지역정치체에 어떠한 변화를 가져다주는 것인지에 대해서는 여기서 구체적으로 다루지 못했지만, 周 조정은 이들과 통혼을 포함한 다양한 관계를 구축함으로써, 周邦을 정점으로 한 통합적 질서 하에 묶어두고자 했다. 그렇지만 이들은 주방의 지배를 어쩔 수 없이 수용하는 입장이었고, 그런 의미에서 주에 대해 원심적인 속성을 가지고 있었다. 따라서 周와의 상호관계는, 뾰侯의 경우에서 보는 것처럼, 비교적 취약했다. 周에 대한 이들의 예속도는 대체로 제3장에서 설명한 첫 번째 유형의 諸侯보다는 훨씬 낮았을 것이다.

제5장

西周의 監과 그 기능

서주시대의 監에 대해서는 일찍이 漢代부터 經學者들이 관심을 기울여왔다. 그렇지만 그들의 관심은 사실 監의 직능과 그것이 주왕실의 지배체제에서 가지는 의의에 대한 것이라기보다, 주 초, 成王 때에 일어난 이른바 '三監의 亂'에 맞추어져 있었다.[1] 삼감의 난은 周 武王이 商을 정복한 뒤 商의 왕자인 祿父를 옛 商의 王畿에 봉건하고 자신의 동생인 管叔, 蔡叔 등을 監으로 임명하여 그를 감시하게 하였는데, 얼마 후 武王이 죽고 유년의 成王이 왕위를 계승하자, 관숙과 채숙 등이 그들의 감시 대상인 록보를 끌어들여 반란을 일으킨 사건이다.

삼감의 난은 서주의 기업을 위협한 첫 번째 대사건이기도 하지만, 여기에 각별한 관심이 쏠린 것은, 이 위기를 극복한 주역이 다름 아니라 후세 유가의 존경을 한 몸에 받은 周公이고, 또 어린 왕을 보좌한 숙부라는 테마는 그 발단과 결말을 약간씩 달리하면서도 후대 역사에서 여러 차례 반복되어, 이를테면 현실세계에서도 교훈이 될 만한 일종의 모범적 사례로 인정되었기 때문일 것이다. 그러나 이 장에서 다루고자 하는 문제는 삼감 설화 그것이 아니라, 서주의 職官인 '監'과 그 기능에 관한 것이기 때문에

---

[1] 三監의 문제에 대해서는 陳夢家,『西周銅器斷代』, 中華書局, 2004, pp.359~560; 楊寬,『西周史』, 上海人民出版社, 1999, pp.106~182에 문헌자료에 입각한 논설이 있다. 그러나 西周의 監을 전문적으로 다룬 연구는 보이지 않고, 三監의 지리적 위치와 그 군사적 의의에 대한 약간의 專論이 있을 뿐이다. 劉起釪,「周初的 '三監' 與邶、鄘、衛三國及衛康叔封地問題」,『歷史地理』2, 1982; 張新斌,「周初的'三監'與邶·鄘·衛地望研究」,『中原文物』1998[2]; 張鳳朝·史廣峰,「西周諸監的軍事地理意義」,『中國歷史地理論叢』1999[4].

전통적인 문제의식과는 출발점이 다르다. 즉 서주에 감이라는 직관이 실제 존재했을까? 그들이 담당한 역할은 무엇이며, 그것이 서주의 지배체제에서 차지하는 의의는 무엇이었을까를 생각해 보려는 것이다.

그렇지만, 이 장에서 전개할 논의 역시 삼감설화의 내용을 검토하는 데서부터 시작할 것이다. 서주시대의 관제를 전한다고 하는 『周禮』 大宰에 "방국에 법을 베풀어 그 목을 세우고 그 감을 세운다"는 기록이 있고[2], 『禮記』 王制에도 "天子는 그 大夫를 三監으로 삼아 方伯의 國을 監하게 한다. (方伯의) 國마다 三人이다"[3]라는 기사가 있어, 이들을 西周의 監에 대한 단서로 볼 수 있지만, 이것은 나름의 어떤 근거가 있는 것은 아니고, 삼감설화에 부회하여 만들어낸 이야기일 뿐이다.[4] 그러므로 현존하는 문헌 가운데 서주의 직관으로서의 감에 대한 설명은 전무하다. 따라서 삼감설화에 보이는 監의 모습을 통해 西周의 監을 살펴보는 것도 현실적인 방안이 될 것 같기 때문이다.

---

2 『周禮』 권1, 天官 大宰. "乃施典于方國而建其牧, 立其監."
3 『禮記』 王制, "天子使其大夫爲三監, 監於方伯之國, 國三人".
4 孫希旦, 『禮記集解』 上, 中華書局, 1989, 321~322쪽, "鄭氏曰, 使佐方伯領諸侯. 愚謂方伯之國設三監, 經典皆無其事, 而惟見於此篇, 豈其聞周初有三監, 監殷之事, 故欲放而設之與 …"

제1절

三監說話에 보이는 監

삼감설화를 가장 완전한 형태로 전하는 것은 고대 문헌은 아래의 2가지
이다.

　ⓐ 管叔 鮮과 蔡叔 度는 周 文王의 아들이며 武王의 아우이다 ··· 武王
은 殷의 紂 임금을 무찌르고 천하를 평정하여 功臣과 아우들을 封建하였다.
이에 叔鮮은 管에, 叔度는 蔡에 봉건하였다. 이 두 사람은 紂의 아들인 武
庚祿父를 보좌하여[相] 殷의 遺民을 통치하였다 ··· 武王이 죽은 다음 成王
은 아직 어려 周公 旦이 王室을 오로지하게 되었다. 管叔과 蔡叔은 周公의
행동이 成王에게 이롭지 않을 것을 염려하여 武庚[祿父]을 끼고 난을 일으켰
다. 周公 旦은 成王의 命을 받들어 武庚을 정벌하여 죽이고 管叔도 죽였으
며 蔡叔은 추방하여 (먼 곳으로) 옮겼다.[5]

──────────

5 『史記』 권35, 管蔡世家. "管叔鮮蔡叔度者, 周文王子而武王弟也. ··· 武王已克殷紂, 平天
下, 封功臣昆弟, 於是封叔鮮於管, 封叔度於蔡, 二人相紂子武庚祿父, 治殷遺民. ··· 武王
既崩, 成王少, 周公旦專王室. 管叔蔡叔疑周公之爲不利於成王, 乃挾武庚以作亂, 周公旦
承成王命伐誅武庚, 殺管叔, 而放蔡叔, 遷之."

ⓑ 武王은 紂를 죽인 다음 公子인 祿父로 하여금 그를 계승하게 하고, 管叔과 蔡叔으로 하여금 祿父를 감독[監]하게 하였다. (이윽고) 武王은 죽었지만 成王은 아직 어렸다. 周公은 成王을 잘 길러 召公 奭으로 하여금 (成王을) 薰陶하게 하고 자신은 (섭정의) 지위에 올라 천하의 정무를 관장하였다. 管叔은 周公을 의심하여 周公이 장차 왕에게 이롭지 않을 것이란 말을 나라에 퍼뜨렸다. 奄의 군주인 薄姑가 祿父에게 "武王은 이미 죽었고 成王은 어리며 周公은 의심을 받고 있습니다. 이것은 세상이 어지러워 질 징조입니다. 擧事하는 것이 어떻겠습니까"고 권하였다. 이후 祿父와 三監이 반란을 일으켰다. 周公은 成王의 명을 받들어 管叔을 죽이고 奄을 정벌하였다.[6]

ⓐ는 『史記』, ⓑ는 『尙書大傳』의 기사로 모두 漢代의 저술로 알려져 있다. 두 기록이 전하는 삼감설화의 윤곽은 위에서 언급한 그대로지만, 두 가지 점에서 서로 차이를 보인다.

첫째는 '三監'이란 명칭에 관련된 것이다. 三監이라면 말 그대로 3명의 監을 지칭하는 것이어야 하겠지만 『史記』에는 管叔과 蔡叔 둘만 기록되어 있고 삼감이라는 말도 없다.[7] 그런데 『尙書大傳』에는 "이후 祿父와 三監이 반란을 일으켰다"고 하여 삼감이란 명칭을 쓰고 있다.[8] '삼감'은 『書

---

6 『尙書大傳』卷4, 金縢. "武王殺紂, 而繼公子祿父, 使管叔蔡叔監祿父. 武王死, 成王幼, 周公盛養成王, 使召公奭爲傅, 周公身居位, 聽天下爲政. 管叔疑周公, 流言于國曰, 公將不利于王. 奄君薄姑謂祿父曰, 武王旣死矣, 今王尙幼矣, 周公見疑矣, 此世之將亂也, 請擧事. 然後祿父及三監叛也, 周公以成王之命, 殺祿父, 遂踐奄".

7 『史記』周本紀의 기록도 管蔡世家와 큰 차이 없다. "封商紂子祿父殷之餘民, 武王爲殷初定未集, 乃使其弟管叔鮮蔡叔度相祿父治殷. … 於是封功臣謀士, 而師尙父爲首封 … 封弟叔鮮於管, 弟叔度於蔡 … 成王少, 周初定天下, 周公恐諸侯畔周, 公乃攝行政當國. 管叔蔡叔群弟疑周公與武庚作亂, 畔周, 周公奉成王之命, 伐誅武庚管叔, 放蔡叔".

8 陳夢家에 따르면, 『尙書大傳』의 이 기사가 三監이란 어휘를 사용한 최초의 문헌사례이다. 陳夢家, 앞의 책, 3004, p.359.

序』에도 등장하여[9] 한대 전기경에는 이미 널리 통용된 '명칭'이었다고 생각된다.[10] 그러나 『尙書大傳』은 물론 『書序』에도 정작 管叔과 蔡叔 이외에 삼감의 다른 하나가 누구인지를 명시하고 있지 않으므로 이것을 두고 쟁의가 생기게 되었다.

戰國 말기의 전승에 근거하여 한대에 편찬되었다고 하는[11] 『逸周書』作雒解[12]는 그 나머지 1인으로 霍叔을 지목하였지만, 그보다 늦은 시대에 편찬된 『漢書』 地理志는 어찌된 일인지 霍叔說을 부정하고 紂의 아들인 武庚[祿父]를 삼감의 하나로 꼽고 있다. 『漢書』가 霍叔을 배제한 이유는, 王先謙의 補注에도 언급되어 있듯이,[13] 『逸周書』 등의 기록을 제외하고는[14] 문헌 기록에 霍叔의 이름이 거의 보이지 않으므로,[15] 霍叔說이 어떤

---

9 『書序』大誥序, "武王崩, 三監及淮夷叛, 周公相成王, 將黜殷, 作大誥."; 『書序』梓材序, "成王旣伐管叔蔡叔, 以殷餘民封康叔, 作康誥酒誥梓材".

10 陳夢家는 『書序』의 내용 대부분은 기원전 2세기에, 그 일부는 기원전 1세기에 작성된 것이라 한다. 반면 蔣善國은 秦末에 舊傳에 의거하여 작성되었으나 漢代에 改變, 竄入된 바가 있었다고 한다. 陳夢家, 『尙書綜述』, 上海古籍出版社, 1988, pp.61~67; 蔣善國, 『尙書通論』, 河北敎育出版社, 2000, 重印本, pp.275~317.

11 崔述, 『豊鎬考信別錄』, "周書之作, 蓋在戰國秦漢之間, 彼固取前世王侯卿大夫之行事而揣度言之, 復雜取傳記之文以附益之者." 陳夢家는 『逸周書』는 戰國 晚期의 자료를 後漢 劉向이 편집하여 만든 것으로, 다만 그 가운데 일부, 특히 克殷解와 같은 것은 周初 이래 전래된 자료를 보존하고 있다고 한다. 陳夢家, 위의 책, 1988, pp.317~332.

12 『逸周書』 권5, 作雒解, "武王克殷, 乃立王子祿父, 俾守商祀. 建管叔于東, 建蔡叔霍叔于殷, 俾監殷臣. 武王旣歸, 乃歲十二月, 崩鎬, 肂于岐周. 周公立, 相天子. 三叔及殷東徐奄及熊盈, 以略".

13 王先謙, 『漢書補注』, 中華書局, 1983, pp.846~847. "先謙曰, 陳奐云, 監者, 以監殷民. 三監者, 管蔡及武庚也. 武庚旣叛, 管蔡流言, 見於國語, 左傳, 詩序, 詩傳, 信而有徵, 惟逸周書作雒篇有霍叔監殷之說, 鄭作詩譜, 遂以管蔡霍爲三監, 始與古相背".

14 三監으로 管叔, 蔡叔, 霍叔을 드는 사례에는 이밖에 『商君書』도 있다. 『商君書』 권4, 賞刑. "昔者周公旦殺管叔, 放蔡叔, 流霍叔, 曰犯禁者也. 天下衆皆曰, 親昆弟有過不建, 而況疏遠乎. 故外不用甲兵于天下, 內不用刀鋸于周庭而海內治, 故曰明刑之猶至于無刑也."

15 비슷한 시기의 문헌인 『呂氏春秋』, 『淮南子』, 『國語』에도 霍叔의 이름은 보이지 않는다. 『呂氏春秋』 권16, 察微, "猶尙有管叔蔡叔之事, 與東夷八國不聽之謀"; 『呂氏春秋』 권21, 開春, "周之刑也, 戮管蔡而相周公."; 『淮南子』 권13, 氾論訓, "武王崩, 成王幼少, 周公繼文王之業, 履天子之籍, 聽天子之政, 平夷狄之亂, 誅管蔡之罪, 負扆而朝諸侯, 誅賞制斷, 無

지 의심스러웠기 때문일 것이다. 그러나 삼감이란 호칭 그 자체는 한대 초기부터 널리 통용되고 있었으므로 삼감의 정수를 채우기 위해 생각해 낸 것이 武庚[祿父]을 그 일원으로 충당하는 방법이었던 것 같다. 商의 유민을 감시하기 위해 商의 王子를 이용하였다는 생각은 사리에 잘 맞아 보이지 않고, 게다가 『尙書大傳』에는 록보를 제외하고 삼감이 있었다 하여 祿父說도 문제가 없는 것은 아니다.[16] 어쨌든 霍叔說이나 武庚[祿父]說이나 모두 지금은 볼 수 없는 또 다른 어떤 자료에 근거하고 있었을 가능성도 부정할 수는 없다.[17]

둘째는 기왕의 注釋家들은 그다지 주의를 기울이지 않은 것이지만, 西周의 監을 살펴보려는 본고의 입장에서는 더욱 중요한 문제이다. 그것은 감의 직무가 갖는 성격에 관한 것이다. 『史記』의 기록에는 관숙과 채숙이 각각 管과 蔡에 봉건되어 武庚祿父의 통치를 보좌하게 했다고 하는데 반해, 『尙書大傳』에서는 "管叔과 蔡叔으로 하여금 祿父를 감독하게 하였다"고 하여 管叔・蔡叔의 봉건 여부는 明言하고 있지 않다.[18] 보좌[相]나 감독[監]는 동일한 행위의 양가적 표현으로 이해할 수 있지만, 『尙書大傳』

所顧問, 威動天地, 聲慴四海, 可謂能武矣.";『淮南子』권20, 泰族訓, "周公誅管叔蔡叔, 以平國弭亂, 可謂忠臣也, 而未可謂弟也";同, "周公股肱周室, 輔翼成王, 管叔蔡叔奉公子祿父而欲爲亂, 周公誅之, 以定天下, 緣不得已也.";『國語』권17, 楚語[上], "文王有管蔡 … 是五王者, 皆有元德也, 而有姦子".

16 楊寬, 앞의 책, 1999, p.130.

17 三監의 三이라는 숫자가 본디 實數가 아니라 虛數였을 가능성도 있다. 즉 三監이 반드시 3人이어야 할 필요는 없다는 생각이다. 古代 中國에서 三이라는 숫자는 종종 허수로 사용되었으며 이 경우 三은 다수 혹은 무한을 의미하기도 하였다. 三을 허수로 볼 수 있다면 管叔과 蔡叔을 제외한 三監의 다른 1人이 누구였을까를 둘러싼 漢儒의 苦心은 불필요한 것이었을지도 모른다. 고대 중국에서 '三'이 가지는 의미에 대해서는 高木智見, 「古代中國の儀禮における三の象徵性」, 『東洋史研究』 62[3], 2003 ; 周法高, 「上古語法札記」, 『中央研究院歷史語言研究所集刊』 22, 1950 참조.

18 『左傳』僖公 24년에 제후국으로서의 管이 보이지만, 管의 봉건은 三監의 난 이후에 행해진 것이다. "周公弔二叔之不咸, 故封建親戚以蕃屛周. 管蔡郕霍…文之昭也."

에서는 감의 직무가 원래 諸侯인 그들에게 부여된 추가적인 한 직무였는지, 아니면 따로 설치된 직관으로서의 직무였는지가 분명하지 않은 것이다. 앞서 인용한『逸周書』作雒解는『史記』처럼 관숙·채숙의 봉건설을 채택하고 있지만, 삼감설화에 부회하여 만들어진 것이라 생각되는『禮記』王制에 감이 제후(원문에서는 '方伯')에게 배속되는 속관으로 기록되어 있는 것을 보면 한대에는『史記』와는 달리 감이 제후와는 별개의 한 직관이었다는 견해도 있었던 것 같다.

이처럼 전국 후기 이후 한대를 전후한 시점에 성립된 여러 고대 문헌에는 삼감이 누구를 가리키는 것인지, 그리고 그들의 직무가 어떤 것이었는지에 대해 서로 다른 생각이 존재하고 있었다. 그러면 시대를 좀 더 거슬러 올라가 보면 어떨까.

ⓒ (陳賈가) 말하였다. "周公이 管叔으로 하여금 殷을 監하게 하였는데 (그가 나중에 반란을 일으킬 줄) 알고서도 시켰다면 이것은 不仁한 것이며, 모르고서 시켰다면 이것은 不智한 것입니다." … (陳賈가) 孟子를 뵙고서 물었다. "管叔으로 하여금 殷을 監하게 하였는데 管叔이 殷과 함께 畔하였다고 하니 (그런 일이) 있었습니까?"[19]

ⓓ 管叔과 蔡叔이 商을 끌어들여 王室을 犯하고자 획책하였다. 그리하여 王은 管叔을 죽이고 蔡叔을 유배하였다.(蔡叔이 유배될 때 겨우) 수레 7대와 70인이 그를 따랐다. 그 아들인 蔡仲은 행실을 고치고 德을 준수하였으므로 周公이 그를 등용하여 자신의 卿士로 삼고 蔡를 封地로 주었다.[20]

19『孟子』권4, 公孫丑[下]. "(陳賈)曰, 周公使管叔監殷, 管叔以殷畔. 知而使之, 是不仁也, 不知而使之, 是不智也. …(陳賈)見孟子問曰, 使管叔監殷, 管叔以殷畔也, 有諸."
20『左傳』定公 4年. "管蔡啓商, 惎間王室, 王於是乎殺管叔, 蔡蔡叔, 以車七乘, 徒七十人. 其子蔡仲改行帥德, 周公擧之, 以爲己卿士, 以命之以蔡."

ⓒ는『孟子』, ⓓ는『左傳』의 기록[21]으로 이들 문헌은 전국 중기 무렵에 성립된 것으로 알려져 있다. 이 두 기사는『史記』나『尙書大傳』과는 달리 역사적 사실에 관한 설명적 기술이 아니라 글쓴이의 의도에 따른 논설적 발언의 일부이기 때문에 내용이 훨씬 소략하고 체계적이지도 않다. 때문에 이를 통해서는 삼감 혹은 서주의 감과 관련된 정보를 충분히 얻을 수 없다. 그러나『孟子』에 보이는 陳賈의 말은 일단 주목할 만하다. "周公이 管叔으로 하여금 殷을 監하게 하였"다는 그의 발언에는 霍叔은 말할 것도 없고 蔡叔이라는 이름도 나오지 않는다. 그것은 그의 지식에 삼감이란 존재하지 않고 다만 관숙만이 商의 監으로 존재하고 있었음을 보여주는 것이 아닐까.

陳賈와 같은 생각은 사실『孟子』이후의 문헌에도 계속해서 보이는 것이다. 이를테면『荀子』儒效篇[22]이나, 또는『逸周書』克殷解, 大匡解에는 같은 책의 作雒解와는 달리 관숙만이 등장하고[23] 곽숙과 채숙은 보이지 않는다. 이렇게 따져 보면 반란에 실패한 두 주역 가운데 管叔은 살해되고 蔡叔은 추방되었다는『左傳』의 전승에도 어딘지 석연치 않은 점이 있다. 왜 管叔은 살해되고 蔡叔은 추방당하였을까? 管叔은 살해되고 蔡叔은 추방되었다는 기록은 위에 인용한 바 있는『左傳』이 가장 빠른 전고이다. 지금『左傳』이 전하는 사실의 신뢰성을 무조건 의심할 수는 없지만, 삼감의 난과 직접적인 관련이 있는 인물은 관숙뿐이었을 가능성이 크다.

---

21 『左傳』에는 본문에 인용한 定公 4年의 기사 외에 昭公 元年의 다음과 같은 기사도 있다. "五月庚辰, 鄭放游楚於吳. 將行子南, 子産咨於大叔. 大叔曰, 吉不能亢身, 焉能亢宗. 彼, 國政也, 非私難也. 子圖鄭國, 利則行之, 又何疑焉. 周公殺管叔, 而蔡蔡叔, 夫豈不愛. 王室故也. 吉若獲戾, 子將行之, 何有於諸游."

22 『荀子』권4, 儒效. "武王崩, 成王幼, 周公屛成王而及武王以屬天下, 惡天下之倍周也. … 殺管叔, 虛殷國, 而天下不稱戾焉."

23 『逸周書』권4, 克殷解. "周公再拜稽首, 乃出. 立王子武庚, 命管叔相. 乃命召公, 釋箕子之囚. 命畢公衛叔出百姓之囚."; 『逸周書』권2, 大匡解. "惟十有三祀, 王在管, 管叔自作殷之監."

監의 職務에 관련된 내용은 『孟子』와 『左傳』에서는 애초부터 찾아볼 수 없다. 그러나 관숙, 관숙·채숙, 그리고 관숙·채숙·곽숙(혹은 록보)으로 三監의 구성원이 차차 성립되어 가는 흔적은 고대 중국의 전승이 대체로 그렇듯이 삼감설화도 완정한 형태를 갖춘 채 후대에 전승되고 있었다기보다는 창조적으로 확대되는 과정에 있었음을 보여주는 것이다.

결국 설화의 전승에 보이는 다소간의 혼란은 삼감설화가 지금의 형태로 완성된 무렵에는 설화의 배경이 된 역사적 사실이나 서주의 감에 대한 지식이 분명하지도 충분하지도 않았음을 암시한다. 그러므로 우리들이 문헌자료에 보이는 삼감설화를 통해 추정할 수 있는 것은 관숙 등이 제후로서 혹은 監官으로서 商의 遺民을 감시하는 역할을 담당하고 있었으리라는 것과 서주의 감은 관숙의 사례에 보이는 것처럼 특정한 집단을 감시하는 직무를 수행하였을 것이라는 다소 개괄적인 사실 정도일 것이다.

제2절
西周 金文에 보이는 監

　서주에 감이 존재하였던 흔적은 成書 연대가 서주시대까지 소급될 수 있다고 생각되는『尙書』多方편에 보인다. 多方은『書序』에 의하면 成王이 東征을 마치고 귀환한 다음 周公을 통해 반포한 誥命인데,[24] 여기에는 "아아. 너희들 方國의 多士에게, 그리고 殷의 多士에게 고하노라. 지금 너희들이 나의 監에 복종한 지 5년이 되었다"[25]라는 대목이 있다.[26] 여기에서의 監이 監官을 말하는 것인지 아니면 단순히 감시, 감독을 의미하는 것인지 논란의 여지는 있다. 또 이것이 監官을 가리키는 것이라 해도 이 기사는 정작 監의 기능과 성격에 대해서는 별다른 단서를 제공하지 않

24『書序』多方. "成王歸自奄, 在宗周, 誥庶邦. 作多方."
25『尙書』多方. "嗚呼. 猷, 告爾有方多士, 暨殷多士. 今爾奔走臣我監五祀."
26 이 기사의 監이 누구를 가리키는 것인지에 대해 三監說, 周公說, 康侯說 등이 있다. 孫星衍은 이 監이 三監을 가리키는 것이라고 하였지만, 多方편은 管叔 등의 난을 평정한 후에 발표한 誥命이라 하므로 그 시점이 맞지 않는다. 皮錫瑞는 三監이 아니라 康侯라고 하였다. 한편 屈萬里는 楊筠如의『尙書覈詁』를 인용하여 周公說을 제창하였다. 孫星衍,『尙書今古文注疏』下, 中華書局, 1986, p.466 ; 皮錫瑞,『今文尙書考證』, 中華書局, 1989, p.399 ; 屈萬里,『尙書今注今釋』, 臺灣商務印書館, 1988, p.154.

는다.[27]

위에서 본 것처럼 서주의 감에 관한 고대 문헌 관련 정보는 비록 그 절대량이 적다고는 할 수 없으나, 내용상으로는 매우 빈약하다. 그에 비하면 서주의 청동기 명문, 즉 금문은 자료의 절대량이 많지는 않다고 하더라도 서주의 감에 대한 다소 구체적인 이해에 도달할 수 있는 가능성을 제공해 준다. 먼저 아래에 인용하는 ⓔ~ⓘ를 살펴보자[28].

ⓔ 應監이 보배로운 제기를 만든다[29].

ⓕ 卣監이 보배로운 제기를 만든다[30].

ⓖ 闌監 引이 父己를 제사하기 위한 보배로운 제기를 만든다[31].

ⓗ 叔趯父가 旅㪯을 만든다. 귀중하게 사용하라. 榮監[32].

ⓘ 仲幾父는 幾로 하여금 諸侯와 諸監에게 使行하도록 하셨다. 그 예물

---

27 『尙書』梓材편에도 監에 관련된 기사가 있다. 그러나 이 기사는 전승 과정에서 와전된 것이라는 주장이 있다. 원문은 "王啓監, 厥亂爲民"인데『論衡』效力篇에서는 梓材의 이 부분을 인용하면서 "王開賢, 厥率化民"이라 적고 있어,『論衡』에는 監자가 賢자로 둔갑해 있다. 그러므로 梓材의 監에 관한 기록을 신뢰할 것인지에 대한 판단은 유보해 둔다.
28 耿鐵華,「關于西周監國制度的幾件銅器」,『考古與文物』, 1985[4], pp.57~60에 監에 관련된 금문을 소개하고 있다. 본문의 ⓕ, ⓖ, 그리고 아래에 인용하는 ⓘ는 누락되어 있는데, 그 중 ⓕ는 이 논문이 발표된 이후에 발견된 것이다.
29 집성 3.883, 應監甗. "應監作寶障彝."
30 李步青·林仙庭,「山東省龍口市出土西周銅鼎」,『文物』, 1991[5], pp.84~85. "卣監作寶障彝."
31 집성 4.2367, 闌監父己鼎. "闌監引作父己寶㸚彝."
32 羅西章,「扶風溝原發現叔趯父㪯」,『考古與文物』, 1982[4], p.106. 正面, "叔趯父作旅㪯, 其寶用"; 背面, "榮監".

[賓]을 기념하기 위해 丁을 제사하기 위한 보배로운 簋를 만든다[33].

金文에서 '監'자는 地名으로 사용되기도 하고,[34] '보다'나 '본받다' 등의
의미를 가진 동사로 사용되기도 한다.[35] 그런데 위에 열거한 금문 가운데
서 監자는 지명도 동사도 아니다. ⓔ, ⓕ, ⓖ의 某監은 모두 주어의 위치
에 사용되었으므로 人名일 가능성도 상정할 수는 있는데, 그런 것 같지
도 않다. 우선 ⓖ에 보이는 '闌監 引'의 경우, 일반적인 금문의 記名 방
식에 따르면, 引이 인명이고 闌監은 그의 호칭이다. 闌監이 그의 호칭이
라면, 여기에서의 監은 그의 職官을 의미하는 글자이다. ⓖ의 금문을 薛
侯鼎의 "薛侯 戚이 父乙을 제사하기 위한 鼎彝를 만든다[36]"는 금문과 비
교해 보면 문장에서 '闌監'이 차지하고 있는 위치와 '薛侯'가 놓인 위치가
서로 대응한다. 즉 闌監의 '監'은 薛侯의 '侯'와 마찬가지로 職官의 명칭
인 것이다.

그렇다면 監자 앞의 闌은 무슨 뜻일까? 이 글자는 금문에서 의성자로
사용되는 두어 사례를 제외하면 모두 지명으로 사용되었다. 商代 후기의
금문을 보면, 이곳에 상 왕실의 궁묘가 있었으며,[37] 상왕은 이곳에서 의례
를 거행하였다[38]. 한편 서주 무왕의 상 정벌에 관한 기록이 있는 利簋의
금문에는 商都를 정벌한 다음 8일째가 되는 날, 武王이 闌師에서 利에게

---

33 집성 7.3954, 仲幾父簋. "仲幾父使幾使于諸侯諸監, 用厥賓作丁寶簋."
34 집성 5.2596, 叔碩父鼎. "新宮叔碩父監姬作寶鼎, 其萬年子子孫孫永寶用."; 集成
8.4189, 仲爯父簋. "⋯ 作其皇祖考 王監伯簋, 用享用孝 ⋯"; 집성 15.9622, 鄧孟壺蓋. "鄧
孟作監嫚壺, 子子孫孫永寶用."
35 집성 8.4261, 天亡簋. "⋯ 文王監在上, 丕顯王作省 ⋯"; 集成 7.4030, 史臼簋. "⋯ 由于彝,
其于之朝夕監."
36 집성 4.2377, 薛侯鼎. "薛侯戚作父乙鼎彝. 史."
37 집성 5.2708, 戊嗣鼎. "丙午, 王賞戊嗣貝二十朋, 在闌宗 ⋯"
38 집성 7.3861, 作父己簋. "己亥, 王賜貝在闌 ⋯"; 집성 14.9105, 宰椃角. "庚申, 王在闌, 王
格, 宰椃從, 賜貝五朋, 用作父丁障彝, 在六月, 唯王二十祀, 翌又五, 庚冊."

寶貝를 사여하였다는 기사가 있다[39]. 于省吾는 闌은 柬聲으로 間과 同聲이며, 蕳과 管 역시 同聲이기 때문에 闌은 管의 本字라 하였다. 管은 管蔡의 管으로 지금의 하남 정주 일대이다[40].

이처럼 闌監이 '地名＋監(職名)'으로 구성된 직관의 명칭이라면, ⓔ의 應監이나 ⓗ의 榮監도 동일한 성격의 칭호라 판단된다. 그것은 應監과 榮監에 보이는 '應'과 '榮' 2자 역시 지명으로 사용되는 용례가 있기 때문이다. 應은 周의 제후로, 『左傳』 僖公 24년에 武王의 후손이 봉건되었다 전하는 바로 그 應이다[41]. 일찍이 陳夢家는 應國 관련의 傳世器를 著錄하고 『左傳』 杜注에 전하는 襄陽城 父西縣 일대, 즉 지금의 湖北 應城이 옛 應國이 있었던 곳이라 하였지만[42], 최근 하남 平頂山 부근에서 應國의 묘지가 발굴됨으로써 이제 그 위치가 확실해지게 되었다[43]. 榮은 西周의 王都인 豊鎬지역 부근으로 榮伯의 근거지였다. 郭沫若은 卯簋의 명문에 의거하여 榮이 섬서 서안의 남쪽, 戶縣의 서쪽에 있었다고 추정한 바 있다[44]. 한편 ⓕ에 보이는 向監의 向는 字書에 보이지 않는 글자로 지명이었는지 여부는 분명하지 않다. 그러나 금문의 내용 구조가 ⓔ, ⓖ와 완전히 동일하므로 역시 '地名＋監'으로 구성된 직관의 명칭이라 추정된다.

이렇게 보면, 서주에는 상당한 수의 감관이 존재하고 있었음을 일단 확인할 수 있다. ⓘ의 '諸侯와 諸監'이란 말에서의 諸監은 다수의 監을 가리키는 집합적 칭호이므로 서주에 다수의 監官이 존재하였음을 여기서도

---

39 집성 8.4131, 利簋. "武征商, 唯甲子朝, 歲鼎克聞, 夙有商, 辛未, 王在闌師, 賜又事利金, 用旃作公寶彝."

40 于省吾, 「利簋銘文考釋」, 『文物』, 1977[8], p.12.

41 『左傳』 僖公 24年, "邘晉應韓, 武之穆也."

42 陳夢家, 「西周銅器斷代(三)」, 『考古學報』 1956[1].

43 河南省文物考古研究所・平頂山市文物管理委員會, 「平頂山市北滍村兩周墓地一號墓發掘簡報」, 『華夏考古』 1988[1]；同, 「平頂山應國墓地九十五號墓的發掘」, 『華夏考古』, 1992[3]；同, 「平頂山應國墓地八十四號墓發掘簡報」, 『文物』 1998[9].

44 郭沫若, 「周公簋」, 『金文叢考』, 人民出版社, 1954, pp.318~319.

확인할 수 있다.

다음으로는 ⓔ~ⓘ의 제작연대를 살펴보자. 이들 중에서 금문의 내용을 통해 시대를 판단할 수 있는 것이 하나 있다. 그것은 ⓘ 仲幾父簋이다. 문장에 보이는 仲幾父는 幾父壺의 명문에 등장하는 幾父와 동일인일 가능성이 크다[45]. 幾父壺에 따르면 幾父는 同仲의 家臣이었는데, 同仲은 元年師兌簋에서는 師兌를 책명식장으로 인도하는 右者로 등장한다[46]. 이 책명에서 師兌는 師龢父를 보좌하여 左右走馬와 五邑走馬를 관리할 것을 명령받고 있다. 즉 幾父, 同仲, 師兌, 師龢父 등은 모두 동시기의 인물이다. 그런데 이 가운데 師龢父가 금문에 자주 보이는 인명이다[47]. 郭沫若과 陳夢家는 師龢父가 아래에 인용하는 師獸簋(집성 8.4311)에 나오는 伯龢父이며, 伯龢父는 곧 共和期의 執政이었던 共伯 和일 것이라고 하였다. 그렇다면 幾父 역시 共和年間을 전후한 시대의 인물로 추정된다. 白川靜은 伯龢父가 共伯 和인지에 대해 의문을 표시하고 있을 뿐만 아니라, 師龢父와 伯龢父가 동일인인지에 대해서도 수긍하기 어렵다는 입장이지만, 師龢父가 共和期에 활약한 인물이란 점만은 인정하고 있다. [48] 이렇게 해서 ⓘ 仲幾父簋 역시 共和年間을 전후한 시점의 것이라고 판단하게 되는 것이다.

ⓘ를 제외한 나머지는 그 내용 만으로 연대를 파악할 수 없다. 그렇다면 기형이나 문양을 통해 그 년대를 추정할 수밖에 없는데, ⓖ 闌監父己鼎과 ⓗ 叔趙父爯은 그것도 불가능하다. ⓖ는 내력이 불명한 傳世器로 上海博物館에 소장되어 있다고 하나 기형을 찾아볼 수 없었다. ⓗ는 1981년 陝西 扶風의 灰坑에서 출토된 기물로 간략한 보고가 있긴 하지

---

45 陳公柔,「記幾父壺·柞鐘及其同出的銅器」,『考古』, 1962[2], p.88.

46 집성 8.4274. "… 同仲右師兌立中 …."

47 위의 元年師兌簋 외에 三年師兌簋(집성 8.4318), 師榖簋(집성 8.4324) 등이 있다.

48 白川靜,『金文通釋』3[下], 白鶴美術館, 1971, pp.741~750.

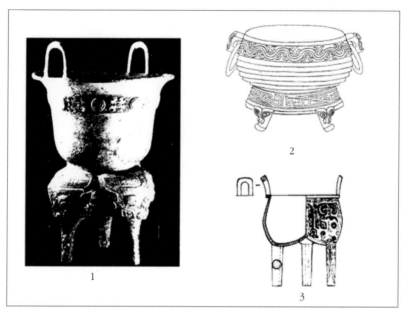

[도면 14] 監 관련 청동예기 1. 應監甗(『考古學報』 1960[1], 圖版 壹) 2. 仲幾父簋(『陶齋吉金錄』 2.5) 3. 監鼎(『文物』 1991[5], p.84 圖2)

만, 문제는 이 물건이 그다지 흔하지 않다는 것이다. 금문에서는 스스로를 '旅備'이라 부르고 있지만, 조사자인 羅西章은 이것이 칼집의 아랫단 장식에 사용된 장식, 즉 鏢라고 한다.[49] 이것은 흔히 볼 수 있는 물건이 아니어서 편년안이 아직 마련되지 않았다. 따라서 ⓗ 역시 연대 추정이 불가능하다. 이 둘을 제외한 나머지 세 점은 기형과 문양을 통한 시대 판별이 가능하다

우선 위에서 금문을 통해 共和期 전후에 제작된 것으로 판단한 ⓘ 仲幾父簋는 그 기형과 문양 역시 서주 중·후기경에 유행한 것이므로 시대판단에 상호 모순이 없다. 仲幾父簋([도면 14]-2)는 傳世器로 기형은 회화

---

49 羅西章, 앞의 보고, 1982, pp.106~107.

의 형태로 밖에 볼 수 없다. 두 귀를 가지고 있으며, 굽다리[圈足] 아래에 다시 3足을 덧붙였는데 덧붙인 3족의 높이는 그다지 높지 않다. 원래는 뚜껑이 있었던 것으로 보이나 망실된 것인지 그림에는 보이지 않는다. 구연에는 竊曲文, 몸통에는 瓦文이 장식되어 있다. 이 양식은 張長壽 등의 형식분류에 의하면 Ⅳ형 2식으로 서주 중·후기에 가장 유행한 형태이다[50].

ⓔ 應監甗([도면 14]-1)은 郭沫若이 발견 당시 서주 전기의 기형으로 판별한 바 있다.[51] 구연이 밖으로 벌어져 있고 허리가 잘록하며 다리는 袋狀이다. 甗의 다리에 장식된 수면문은 그 두 뿔이 위로 치솟은 소뿔 모양으로 陳公柔·張長壽의 수면문 분류안에 따르면 Ⅰ형 7식이다. 商 후기와 서주 초기에 가장 유행한 것으로[52], 北京 琉璃河유적에서 발견된 圉甗(M253 : 15)은 전체적인 기형이나 다리의 문양이 應監甗과 매우 흡사하다.[53] 圉甗은 서주 전기의 것으로 편년되며 따라서 應監甗도 郭沫若의 판단대로 서주 전기의 것으로 판정할 수 있다.

ⓕ 冋監鼎([도면 14]-3)은 1964년 山東 龍口에서 출토된 것이다. 그러나 이 정은 농부가 경작 중에 우연히 발견한 것이고, 출토지점의 유적 상황도 명료하지는 않다. 후대에 이곳으로 옮겨져 매장된 것 같다. 보고자는 이것을 서주 전기의 것으로 추정하였다.[54] 기형은 張長壽 등이 Ⅲ형으로 분류한 分襠鼎이다. 귀는 몸통 위에 直立하여 밖으로 약간 벌어져 있고, 몸통의 바닥부분은 圓弧形으로 3분되어 있으며, 다리는 원통형이다. 문양은 陳公柔·張長壽가 Ⅰ형 4식으로 분류한 獨立獸面文인데, 수면의 두 뿔이 안으로 휘어 雲文과 비슷한 분위기를 풍긴다. 기형이나 문양 모

---

50 張長壽 등,『西周靑銅器分期斷代硏究』, 文物出版社, 1999, pp.88~100.

51 郭沫若,「釋應監甗」,『考古學報』, 1960[1], p.7.

52 陳公柔·張長壽,「西周靑銅容器上獸面紋的斷代硏究」, 張長壽 등, 앞의 책, 1999, p.226.

53 北京市文物硏究所,『琉璃河燕國墓地 1973~1977』, 文物出版社, 1995, p.165, 圖98(A).

54 李步靑·林仙庭, 앞의 보고, 1991, p.84.

두 西周 전기에 가장 유행한 것이어서, 이것 역시 서주 전기의 것으로 판단된다.

ⓔ~ⓘ에서 연대를 판단할 수 있는 3점 가운데, ⓔ와 ⓕ는 서주 전기, ⓘ는 共和期, 즉 서주 후기의 것이다. 이것은 서주의 監이 특정한 시대에만 존재한 직관이 아니라 서주 전시기에 걸쳐 존재한 것이었음을 의미한다. 이것을 ⓘ 仲幾父簋에 보이는 監의 집합적 칭호, 즉 '諸監'과 아울러 고려하면, 서주 전시기에 걸쳐 상당한 수의 감관이 존재하였다고 추정할 수 있다.

제3절
監의 직무와 기능

  ⓔ~ⓘ의 금문은 그 내용이 매우 간단하여 이것만으로는 서주시대 監의 기능을 도저히 알 수 없다. 그렇지만 아래에 인용하는 ⓙ 頌壺나 ⓚ 善鼎을 통해서 그 기능에 대한 구체적인 단서를 얻을 수 있다. 우선 이 2개의 금문을 인용하기 전에 확인해 두어야 할 것이 있는데, 그것은 서주의 관직 명칭의 유래에 관한 일반적 이해이다.

  서주의 직관명은 그 관직이 수행하는 행위에서 유래한 것이 많다. 이를테면 제후는 그 책명금문에 보이듯이 '侯'라는 행위에서 유래한 것이다. 諸侯의 侯는 원래 관찰하다, 관망하다, 나아가 斥候하다는 의미를 갖는 동사이며, 이 점에 대해서는 앞 장에서 상세히 설명했다. 관명이 직관이 담당하는 행위에서 유래한 것은 서주 관명 가운데 빈번하게 출현하는 '史'가 제사에서 祝告하는 행위에서 유래한 것이나[55] '尹'이 '관리하다', '治理하다'는 뜻의 동사에서 유래한 것[56]에서도 볼 수 있다. 揚簋(집성 8.4294)

---

[55] 白川靜,「釋史」,『甲骨金文學論集』, 朋友書店, 1973, p.16.
[56] 집성 16.9901, 矢令方彝. "隹八月, 辰在甲申. 王令周公子明保尹三事四方 …."

에 관직명으로 등장하는 '嗣寇'는, 庚季鼎(집성 5.2781)에서는 "(王께서) 말씀하셨다. 俗父를 보좌하여 寇를 嗣하도록 하라(曰 … 用又佑俗父嗣寇)"고 하는 데에서 유래하였으므로, 여기에서 '寇를 嗣'하는 행위에서 司寇라는 관명이 성립되어 가는 과정을 볼 수 있다.[57]

금문에서 監자 역시 동사로 사용된다. 이 경우 '본받다', 혹은 '보다'라는 뜻으로 해석되며, 이들은 의미상으로 모두 자세히 관찰하다는 뜻을 내포하고 있다. 관명이라면 '본받다'는 뜻보다는 보다, 자세히 관찰하다, 즉 후대의 辭意 그대로 '감독하다', '감시하다'는 의미로 이해하는 것이 좋다. 즉 監官의 직무는 어떤 것을 감시, 감독하는 데에 있었다고 해도 큰 착오는 없을 것이다. 그렇다면 무엇을 감시, 감독한 것일까? 이 문제에 대답하는 것이 頌壺와 善鼎이다.

ⓙ 三年 五月 旣死覇 甲戌일. 王께서는 周의 康邵宮에 계셨다. 아침, 王께서는 大室에 도착하셔서 (정해진) 자리로 나아가셨다. 宰弘, 頌을 인도하여 문으로 들어가 中庭에 섰다. 尹氏가 王에게 冊命書를 전달하였다. 王께서는 史虢生을 불러 頌에게 冊命하게 하셨다. 王께서는 말씀하셨다. "頌이여. 너에게 명하노니 成周의 창고 20家를 官司하고, 새로 지은 창고를 監司하여 宮의 비용에 충당하도록 하라 …."[58]

ⓚ 十二月 初吉 丁亥일. 王께서는 宗周에 계셨다. 王께서는 大師의 宮에 도착하셨다. 王께서는 말씀하셨다. "善이여. 옛날 先王께서는 너에게 명하여 侯를

---

57 伊藤道治, 『中國古代國家의 支配-構造西周封建制度와 金文』, 中央公論社, 1987, pp.288~289.

58 집성 15.9731, 頌壺. "唯三年五月旣死覇甲戌, 王在周康邵宮. 旦. 王格大室, 卽位. 宰弘右頌入門, 立中廷. 尹氏授王令書, 王呼史虢生冊令頌. 王曰. 頌. 令汝官嗣成周貯二十家, 監嗣新造貯, 用宮御 …."

보좌하게 하셨다. 지금 나는 그 先王의 명을 계승하여 너에게 冀侯를 보좌하여 緜師의 戍를 監하게 하노라. 네 祖父의 旂를 하사하노라." 나는 감히 절하여 조아리고 天子의 커다란 恩惠를 널리 알리기 위해 宗室의 祭器를 만든다 …[59].

ⓙ 頌壺는 頌에 대한 책명문이다. 頌壺는 張長壽 등의 기형 분류에 따르면 Ⅲ형 3식으로 서주 후기에 유행한 양식인데, 厲王期 전후의 것으로 추정된다.[60] 頌은 "頌이여. 너에게 명하노니 成周의 창고 20家를 官司하고, 새로 지은 창고를 監司하여 宮의 비용에 충당하도록 하라"고 하는 데서 볼 수 있는 것처럼, 成周의 창고를 '官司'하고 새로 짓는 창고를 '監司'할 것을 명받고 있다. ⓚ 善鼎은 傳世器로 그 銘文만 전할 뿐이다. 白川靜은 명문에 보이는 述語의 형식에 근거하여 懿王期의 것으로 추정하였다.[61] 이것은 善에 행한 책명을 기록하고 있는데, 문장 가운데 "너에게 冀侯를 보좌하여 緜師의 戍를 監하게 하노라"라고 하는 것이 그 내용이다.

頌이나 善에 대한 책명에서 양자는 어떠어떠한 일을 '監司' 혹은 '監'할 것을 명령받고 있다. 이것을 위의 서주 관명의 유래에 대한 이해와 종합하여 보면, 양자는 모두 監職에 임명된 것을 알 수 있다.

다음으로 책명의 내용을 검토하여 보자. 頌의 경우에는 두 가지 일을 명령받고 있는데 그 하나는 成周의 창고 20家를 관리하는 것이고, 다른 하나는 새로 짓는 창고를 감독하는 것이었다. 왜 기존의 창고는 관리하고 새로 짓는 창고는 감독하라고 했는지는 분명치 않다. 아마도 새로 짓는 창고에는 이미 正官이 임명되어 있었으므로 그것을 감독하는 임무만이 그에게 부여되지 않았을까 생각된다. 이 두 가지 직무는 모두 財政에 관련

---

59 집성 5.2820, 善鼎. "唯十又二月初吉, 辰在丁亥, 王在宗周, 王格大師宮, 王曰, 善, 昔先王既令汝左胥侯, 今余唯肇申先王令, 令汝左胥冀侯, 監緜師戍…"

60 張長壽 등, 앞의 책, 1999, p.139.

61 白川靜, 『金文通釋』 3[上], 白鶴美術館, 1969, pp.95~100.

된 직무였던 것은 분명하며, 그 목적은 문장에 적고 있는 것처럼 宮의 비용을 충당하기 위한 것이었다.

善의 직무는 이와는 사뭇 다르다. 그의 직임은 師를 감독하는 것이었다. 商의 갑골문이나 서주의 금문에는 軍隊의 宿營地 혹은 軍隊를 師라 했다[62]. 서주의 주력군은 王都인 豐鎬 일대에 배치된 西六師와 洛陽에 배치된 成周八師이었다[63]. 이외에도 각 지방에 師가 배치되어 있었는데, 그 가운데 일부는 王室에, 일부는 諸侯에게 통할되는 것이었다[64]. 善鼎에 보이는 㝬侯의 㷉師는 제후에게 배속된 것이었다.

西周의 諸侯가 담당한 가장 중요한 직무는 封地일대의 지역정치체를 통제하는 데 있었다. 따라서 봉지 인근 지역의 邦과 마찰과 충돌이 이어졌고, 이 때문에 諸侯에게는 상당한 수의 군대가 배속되어 있었다. 실제로 의후측궤에는 1,050명의 군사가 宜侯에게 사여되었다고 되어 있고, 이것은 다른 제후들의 경우에도 유사했으리라 생각된다. 㝬侯와 宜侯 이외에도 作冊䱃鼎의 금문을 통해 康侯의 휘하에[65], 晉侯蘇編鐘의 금문을 통해 晉侯의 휘하에[66] 師가 배속되어 있었던 것을 알 수 있다. 善의 역할은 "㝬侯를 보좌하여 㷉師의 戌를 監"하는 것이었다. 즉 그 직무는 㝬侯에게 배속된 군대를 감독하는 것이었으며, 후대의 監軍과 다름이 없는 것이다.

善과 같이 諸侯의 師를 감시하는 역할을 담당한 監은 그 말고도 상당수가 존재하고 있었으리라 생각된다. ① 仲幾父簋는 그러한 사실을 암시하는 내용을 갖고 있다. ①는 幾라는 자가 仲幾父의 명을 받들어 諸侯와

---

62 白川靜, 「釋師」, 앞의 책, 1973, p.233.

63 于省吾, 「略論西周金文中的 "六師" 和 "八師" 及其屯田制」, 『考古』, 1964[3].

64 劉雨, 「西周金文中的軍禮」, 『容庚先生百年誕辰紀念文集』, 廣東人民出版社, 1998, pp.331~335.

65 집성 4.2504, 作冊䱃鼎. "康侯在柯師, 賜作冊䱃貝 用作寶彝."

66 馬承源, 「晉侯蘇編鐘」, 『上海博物館集刊』, 1996[7]. "… 王親命晉侯, 率乃師, 左復, 觀 …"

諸監에게 使行한 것을 기록하고 있다. 주의할 것은 使行의 대상에 諸侯와 諸監이 병렬되어 있는 것이다. 문장 중에서 그 使行의 목적이 무엇이었는지 분명히 밝히지 않았지만, 諸侯와 諸監에 대한 使行이 동시에 진행되었다는 사실은 諸侯와 諸監이 그 기능에 있어 동일한 성격을 가지고 있거나 아니면 그 배치된 地點이 동시 使行에 비교적 용이하였음을 암시한다. 어느 경우에나 ⓚ 善鼎에서 보는 것처럼 周王이 제후의 師에 감관을 배치하여 그것을 감독하게 했다는 사실을 전제로 한다면 비교적 용이하게 납득할 수 있는 것이다. ⓔ의 應監도 그런 바탕 위에서 이해할 수 있다. 武王의 후예가 應侯로 封建되어 있었다는 점은 위에서 언급한 바와 같다.

ⓕ의 冎監이나 ⓖ의 闌監이 수행한 직무는 지금의 자료를 가지고는 알 수 없다. ⓕ의 자는 금문 가운데는 初見의 글자이기 때문에 冎와 관련된 자료를 더 이상 추적할 수 없다. 그러나 ⓙ, ⓚ에서 볼 수 있는 서주 감의 직무 가운데 창고의 감독이나 監軍의 직무가 포함되어 있다면 ⓕ, ⓖ의 경우에도 ⓙ, ⓚ와 같은 역할이 포함되어 있었을 수 있다고 생각한다.

그리고 그 가운데 특히 ⓖ의 闌監은 善의 그것에 가까운 직무, 즉 감군의 직무를 가지고 있었으리라 추정한다. 앞서 ⓖ의 闌에 師가 있었고, 武王이 商을 정벌하고 班師하는 도중 이곳에 머물면서 利에게 賜與禮를 행한 사실을 언급한 바 있다. 闌師가 왕실에 직속된 군단이었는지 제후에게 배속된 것이었는지 분명하지 않다. 다만 利簋의 명문을 보면 이곳은 대규모 작전 수행의 중간기지로서 상당한 규모의 군사거점이었다는 점을 알 수 있다. 더군다나 于省吾의 말처럼 이곳이 현재의 鄭州라면 闌師의 중요성은 한 층 강조된다. 鄭州는 商 전기의 商 국가의 정치적 중심지가 있었던 곳이다[67]. 군사기지적 성격을 갖고 있는 闌에 배치된 監이라면 監軍

---

67 河南省文物考古研究所 편,『鄭州商城−1953年~1985年考古發掘報告』, 文物出版社, 2001.

의 직무를 갖고 있었을 가능성이 크다.

마지막으로 ⓗ의 榮監이 남았는데, 그 榮監의 직무는 어떠했을까. 이 문제 역시 현재로서는 해답을 구하기 어렵다. 그러나 榮監이 배치된 '榮'이라는 곳의 성격을 생각함으로써 다소 진전된 추론에 도달할 수 있다고 생각한다.

榮은 陝西 西安의 남쪽, 戶縣의 서쪽에 있었다는 郭沫若의 추정을 소개한 바 있다. 이 榮에는 그곳의 군주인 榮伯이 있었다. 『書序』에 成王이 榮伯으로 하여금 "賄肅愼之命"을 짓도록 하였다는 기록이 있고[68], 『史記』 周本紀는 이것을 그대로 인용하고 있다. 集解는 馬融의 설을 인용하여 "榮伯은 周와 同姓이다. 畿內의 제후로서 卿大夫가 되었다"고 한다. 周代에 '畿內諸侯'라는 명칭을 가진 자는 없었지만, 이에 따르면 서주 초기부터 榮에 周와 同姓인 榮의 군주, 즉 榮伯이 있었다.

서주 초기의 금문에도 榮伯이 보이지만 문헌에 보이는 榮伯과의 관계는 분명하지 않다. 그런데 恭王期를 전후한 때가 되면 榮伯에 관련된 금문이 급증한다. 榮伯은 王畿에 자신의 영유지[69]와 家臣團[70]을 거느리고 있었을 뿐만 아니라, 周王의 책명례에서 피임자를 인도하는 右者의 역할을 담임하기도 하고[71], 또 土地의 소유권 분쟁이 발생했을 때는 그 재판관으로 임석하기도 하는 등[72] 王朝의 重臣이었다. 이처럼 西周, 특히 그 중·후기의 금문에는 榮伯처럼 王畿에 토지를 소유하고 왕실의 명령을 받아 右者로서나 재판관으로서의 직임을 수행한 자들이 여럿 보인다. 아

---

68 『書序』賄肅愼之命條, "成王旣伐東夷, 肅愼來賀. 王俾榮伯作賄肅愼之命".

69 집성 8.4323, 敔簋. "… 奪俘人四白, 鄙于榮伯之所 …."

70 집성 8.4327, 卯簋. "唯王十又一月, 旣生覇丁亥, 榮季入右卯, 立中廷, 榮伯乎令卯曰 …"

71 집성 5.2786, 康鼎; 집성 8.4209, 衛簋; 집성 8.4257, 弭伯師耤簋; 집성 8.4270, 同簋蓋; 집성 8.4286, 輔師簋; 『文物』1998[8], 師旬簋.

72 집성 15.9456, 裘衛盉; 집성 16.10322, 永盂.

래의 ①에 보이는 伯龢父는 앞서 仲幾父簋를 설명할 때 잠시 언급한 바 있지만, 그 역시 榮伯과 유사한 성격을 가진 자였다.

　① 王의 元年 正月 初吉 丁亥日. 伯龢父께서는 이렇게 말씀하셨다. "師獸여. 너의 祖와 考는 나의 家에 功勳이 있었다. 너는 비록 小子이기는 하나 나는 너에게 나의 家를 관리하고 아울러 나의 西扁, 東扁의 僕馭, 百工, 牧, 臣, 妾 및 內外를 관리하게 하니 최선을 다하도록 하라 … [73]"

　①는 책명문이기는 하지만 周王이 아니라 伯龢父가 자신의 家臣을 책명한 금문이다. 명문에서 伯龢父는 자기의 가신인 師獸로 하여금 "나의 家를 관리하고 西扁, 東扁의 僕馭, 百工, 牧, 臣, 妾 및 內外를 관리"하도록 하였다. 그런데 여기에 보이는 '西扁', '東扁'의 扁은 古代의 군대 편성에 관한 어휘이다. 郭沫若은 『左傳』宣公 12년의 '卒偏之兩'의 偏을[74], 白川靜은 宣公 14년 이외에 昭公 元年의 '偏爲前拒'의 偏[75]을 동일한 辭例로 들고 있다. 宣公 12년의 기사는 楚의 兵制에 관한 설명인데, 楚王의 친위군이 두 개의 廣으로 구성되어 있고, 각 廣은 다시 2偏으로 조직되어 있다고 되어 있다. 그 뒤로 이어지는 문장 중에서 1廣은 戰車 30乘이라고 하므로 1偏은 15乘이다. 昭公 元年 기사의 주석에서 楊伯峻이 인용하고 있는 『司馬法』에는 戰車 25乘이 1偏이라 한다[76]. 이처럼 偏은 그 해석에 약간의 차이가 있기는 하나 古代의 군대 편제에 관련된 용어였음은 분명하다.

---

73 집성 8.4311, 師獸簋. "唯王元年正月初吉丁亥, 伯龢父若曰, 師獸, 乃祖考有勳于我家. 汝有雖小子, 余令汝死我家. 纘司我西扁東扁僕馭百工牧臣妾 董裁內外, 母敢不善…."

74 郭沫若, 『兩周金文辭大系圖錄考釋』第7冊, 科學出版社, 1958, 114쪽.

75 白川靜, 『金文通釋』3[下], 白鶴美術館, 1971, p.747.

76 楊伯峻, 『春秋左傳注』4, 中華書局, 1981, p.1216.

①는 伯龢父에게 적어도 東·西 양편으로 구성된 군사조직이 있었음을 알려주는 명문이다. 伯龢父와 유사한 성격을 가진 자들이 자신의 군사조직까지 운용한 것은 서주 후기의 금문에서 드물지 않으며, 이들은 전세에 직접적인 영향을 끼칠 정도로 戰場에서 중요한 역할을 수행하곤 하였다[77].

榮伯은 伯龢父와 거의 동일한 성격을 지닌 자였으며, 자신의 휘하에 어느 정도의 군대를 거느리고 있을 가능성이 크다. 榮에 배치된 監, 즉 榮監은 榮伯 혹은 榮伯이 관리하는 모종의 사업을 감독하는 직무를 수행하였을 것이다. 무엇을 감독하였는지 지금 분명히 말할 수는 없다. 다만 西周의 監 상당수는 監軍의 기능을 수행하였다고 추정되고, 榮伯의 휘하에 약간의 군대가 있었을 가능성을 함께 고려하면 榮監 역시 榮伯 配下의 군대를 감독하는 자였을 가능성이 있다.

서주 監官의 기능을 살펴볼 수 있는 ⓙ, ⓚ 두 금문을 제시하였지만, 사실 이 두 금문만으로 서주 감관의 기능을 묘사하기에는 부족하다. 현재의 자료가 서주 감관이 수행한 모든 직무를 보여준다고 판단할 수 있는 근거는 없기 때문이다. 그러나 현재의 자료만 가지고도 周王이 창고 관리의 재정적 사무나 아니면 군대의 감독과 같은 군사상의 문제에 監官을 임명하였다는 것 정도는 밝힐 수 있다. ⓚ 善鼎에서 보는 것처럼 監官은 그 자신이 직접 관리자로서의 성격을 갖는 직관은 아니고 正官의 副貳로서 正官을 감시·감독하는 기능을 갖고 있었다. 이러한 종류의 監官은 특히 제후의 휘하에 배속되거나 그밖의 軍師를 감독하는 데에 집중적으로 배치되었다고 생각한다. 그것은 ⓙ 善鼎이나 ⓚ 仲幾父簋에서 분명히 볼 수 있고, 또 ⓔ의 應監, ⓖ의 闌監, ⓗ의 榮監에게서도 추정되는 사실이다.

---

77 伊藤道治, 앞의 책, 1987, pp.140~141.

제6장

圖象에 보이는 상주 국가와 지역정치체

상주시대의 금문 가운데는 문자가 아닌 기호도 포함되어 있다. 이 기호는 대개 圖象[1]이라는 명칭으로 불린다. 圖象은 씨족의 표지로 알려져 있다. 도상은 특정 씨족의 표지임에도 불구하고 그 출토지가 각지에 흩어져 있는 경우가 많다. 이런 경우 동일한 도상이 발견된 곳에는 동일한 씨족의 성원이 거주하였다는 의미로 이해할 수 있다. 아래에서는 상주시대의 금문에 나타나는 다양한 도상의 분포 양상을 추적하여 상주 조정의 지역 지배 방식을 검토할 것이다. 이제 아래에서는 먼저 圖象이 씨족의 표지라는 사실을 확인하고, 이어 어떤 도상이 어떤 지역에서 발견되었을 때 그것이 어떤 의미를 가지는지에 대해 살펴보며, 마지막으로 그것을 바탕으로 하여 상주 국가의 지역정치체 지배에 관련된 의미있는 정보를 획득하려 시도할 것이다.

---

1 郭沫若은 圖象을 씨족의 표지라고 보고, 그것을 '族徽'라 불렀다. 중국학계에서는 대체로 이 용어를 사용하고 있다. 白川靜과 林巳奈夫는 그것을 각각 '圖象標識', '圖象記號'라 부르고 있다. 그림에 가까운 형태라는 의미에서 모두 '圖象'이라는 명칭을 사용하고, 그것을 글자로 보기 어렵다는 의미에서 각각 '標識', '記號'라는 용어를 사용한 것이다. 이 책에서는 우선 그것이 그림에 가깝다는 외형적인 특징만을 선택하여 '圖象'이라는 명칭으로 부르고자 한다. 郭沫若, 「長安縣張家坡銅器群銘文彙釋」, 『考古學報』, 1962[1], p.1 ; 白川靜, 『金文の世界』, 東洋文庫 184, 平凡社, 1971, pp.21~28 ; 林巳奈夫, 「殷周時代の圖象記號」, 『東方學報』京都 39, 1968, pp.1~116.

제1절
氏族 표지로서의 圖象

상주시대 金文의 내용은 매우 다양하다. 가장 발전된 형태의 금문은 서
주 중기 경의 청동예기에 나타난다. 이것은 보통 누가[作器者] 누구를 위하
여[作器對象] 이 물건을 제작하였는가, 왜 이 물건을 만들었는가 등 청동예
기 제작에 관련된 내용과, 작기자의 장수와 자손의 번창을 기원하는 축사로
구성된다. 그러나 보다 간략한 형태의 금문은 작기자와 작기대상 등만 기록
한 것도 있고, 그보다 간략한 것은 문자라기보다 그림에 가까운 기호[圖象]
한두개만으로 완결된 것도 있다[2]. 예컨대 史伐卣의 명문은 "史伐이 父壬을
위한 祭器를 만든다(史伐作父壬彝)"는 내용인데, 여기에는 이 제기를 제작
한 사람은 史伐이며, 그것은 父壬을 제사하기 위해 제작되었다는, 즉 작기

---

[2] 간단한 형태의 금문은 모두 이른 시기의 것이고 발전된 형태의 금문은 늦은 시기의 것이라는 의
미는 아니다. 예컨데 西周 초기에 臣辰이 제작한 臣辰盉에는 作器者와 作器對象, 그리고 이
동기를 제작하게 된 경위 등이 비교적 자세히 기록되어 있으나, 臣辰이 盉와 함께 제작한 簋와
鼎에는 그 내용이 대부분 생략되고 단지 作器者와 作器對象만이 기록되어 있을 뿐이다. 貝塚
茂樹, 『中國古代史學의 發展』, 中央公論社, pp.102~117 참조. 그러나 경향적으로 말하면, 수
십 글자에 달하는 긴 금문은 西周 전기 이후에 일반화되며, 商代의 금문은 대체로 作器者와
作器對象, 혹은 圖象만으로 구성되어 있다. 白川靜, 『金文의 世界』, 平凡社, 1971, pp. 15~16.

[도면 15] 商周 청동기에 보이는 각종 도상

자와 작기대상만을 밝히는 매우 간단한 정보만이 포함되어 있다.

반면 [도면 15]-1은 河南 安陽에서 출토되었다고 전하는 鼎에 새겨진 명문인데, 이것은 내용이 없이 다만 도상 하나만으로 완결되었다. 이런 단순한 도상도 때에 따라서는 보다 발전한 형태의 금문에 출현하는 경우가 있다. [도면 15]-2에서는 도상이 전체 명문의 맨 끝에 기록되어 있는데, 이 경우 도상은 전체 금문의 내용과는 관계없이 문장의 처음이나 끝에 단지 부기되어 있을 따름이다. [도면 15]-2는 員鼎의 명문으로 그 내용은 "正月 旣望 癸酉일 王께서는 眠에서 사냥하셨다. 王께서는 員에게 執犬하도록 하셨다. 일이 잘 마무리되었다. 이것을 기념하기 위해 父甲의 祭器를 만든다[3]" 는 것이다. 이 명문은 누가, 왜, 누구를 위해 동기를 제작하

---

3 집성 5.2695, 員鼎. "唯征月旣望癸酉, 王獸于眠南, 王令員執犬. 休善. 用作父甲饙彝. 析子

였는가 등의 내용으로 구성되었지만, 이것으로 그치지 않고, 문장의 맨 마지막에 이른바 '析子孫' 도상이 附記되어 있다. 이것은 명문의 전체 내용과는 아무런 관계가 없이 다만 附記되어 있는 것일 뿐이다.

지금까지 알려진 도상의 모습은 매우 다양하여 그 종류는 약 600 여종에 달한다고 한다[4]. 도상은 대체로 상 말기부터 서주 초기의 금문에 주로 나타나며, 그 이후에는 점차 사라져 간다[5].

도상이 무엇을 의미하는지에 대해서 여러 가지 견해가 있다. 郭沫若은 도상이 각 씨족의 토템에서 기원한 것으로서, 각 씨족은 그것을 자신의 휘장[族徽]으로 사용했다고 보았다. 아울러 그는 그것이 청동기에 주조된 이유는 청동기의 소유자를 표시하기 위한 것이라 했다[6]. 그렇지만 도상이 토템에서 기원하였다는 생각은 고대 중국에 토테미즘 체계가 존재하였는지를 실증하는 일 자체가 어렵고, 도상 가운데에는 [도면 15]-3, [도면 15]-4처럼 토템을 표시한다고 생각되는 날짐승이나 들짐승의 모습이 보이긴 하지만, 그것은 전체 도상 가운데서 소수에 불과하다는 점에서 반론의 여지가 있다.

한편 白川靜은 도상이 씨족의 표지라는 郭沫若의 견해에 동의하면서도, 두 가지 점에서 입장의 차이를 보인다. 첫째, 그것은 씨족의 토템이 아니라 씨족의 職能에서 기원한 것으로서, 둘째, 따라서 그것은 씨족의 상징으로 사용되었을 뿐만 아니라 특정한 직능집단이나 신분을 표시하는데도 사용되었다는 것이다. 그에 의하면 도상은 대개 사람의 어떤 행위나 물

孫圖像."
4 高明,『古文字類編』, 中華書局, 1980, pp.557~658. 이 책에 등재된 圖象은 모두 598종에 달한다. 그러나 여기에 빠진 것도 있고 신출 商·周 유물에 처음 보이는 圖象도 있기 때문에 그 수는 『古文字類編』에 실린 598종을 훨씬 상회할 전망이다.
5 林巳奈夫, 앞의 논문, 1968, pp.94~100.
6 郭沫若,「殷彝中圖形文字之一解」,『殷周青銅器銘文硏究』, 科學出版社, 1954, pp.1~10.

건을 상징하는 것이며, 이것은 그 도상을 가진 씨족이나 집단이 도상으로 상징되는 특정한 역할을 담당하거나 혹은 도상에 그려진 특정한 물건을 제작하는 데서 말미암은 것이다[7].

白川靜의 말처럼 도상 중에는 사람의 행위나 물건을 나타내는 것이 상당수에 달한다. [도면 15]-5, [도면 15]-6 등은 그 사례가 될 것이다. 그러나 도상에 나타나는 행위나 물건이 반드시 그것을 상징으로 사용하는 씨족 혹은 집단의 직능과 연관되어 있다고 보는 것은 설득력이 없다. 대표적인 예로 [도면 16]의 꺽창형[戈形] 도상을 꼽을 수 있다. 이 도상은 그의 견해대로라면 전문적으로 꺽창을 제작하거나 꺽창과 연관된 어떤 행위를 하는 집단 혹은 씨족을 의미할 것이다. 그러나 戈는 갑골문에서 地名 혹은 方國名으로 사용되기도 했다[8]. 물론 꺽창 제작을 직능으로 하는 씨족이 거주하는 곳을 戈라는 地名으로 불렀을 가능성도 있으나, 꺽창 제작이 어떤 특정한 한 곳에서만 이루어졌을 가능성이 낮은 것을 감안하면 단순히 地名일 수도 있는 것이다.

林巳奈夫는 郭沫若과 白川靜의 견해를 흡수하면서, 도상을 어떻게 이해할지에 대해 보다 폭넓은 지평을 제시하였다. 그는 도상의 모습이 좀 더 그림에 가깝지만, 도상과 甲骨文·金文을 비교하여 보면 양자의 자형이 일치하는 경우가 많다는 점을 밝혔다. 그는 또 도상과 일치하는 甲骨文·金文이 대부분 지명이며[9] 그 이외에 소수이긴 하지만 官職名이나 각 씨족

---

7 白川靜, 「殷の基礎社會」, 立命館大學人文科學硏究所, 『立命館創立五十周年記念論文集－文學篇』, 立命館, 1951, pp.260~296.

8 島邦男, 『殷墟卜辭硏究』, 中國學硏究會, 1958, p.285 및 p.357.

9 地名에서 기원한 圖象 가운데는 圖象이 나타내는 地名과 그 도상이 새겨진 청동기의 발견 지점을 연계해서 생각할 수 있는 경우도 있다. 1979년부터 1980년까지 河南 羅山縣 蟒張鄕 天湖村에서 商代 후기의 무덤 22기가 발견되었다. 여기에서는 모두 40점의 동기가 발견되었는데, 그중 9기의 무덤에서 발견된 26점의 동기에 앞에 있는 息자형의 도상이 새겨져 있었다. 동기가 발견된 羅山縣은 息縣과 인접하여 있으며, 息縣은 春秋時代 息國이 소재한 지역이다. 즉 息國의 소재지에서 息 도상이 출토

이 섬기는 神名 혹은 祖上名 둥과 일치하는 것이 있다는 사실 또한 입증하였다. 林巳奈夫는 다양한 기원을 가진 도상은 결국 일관된 맥락에서 이해할 수 있다고 보았는데, 그에 의하면, 도상은 춘추 이후에 깃발이나 기타의 물품, 혹은 사람 등에게 부착된 기호인 '物'와 같은 것으로서, 이 物이라 하는 것은 씨족의 표지에서 기원한 것이다[10]. 그러므로, 그에 따르면, 도상은 모두 씨족의 표지이다.

이상 도상에 대한 논의를 통해 가장 먼저 확인할 수 있는 것은 도상이 씨족의 표지라는 것이다. 그런데 도상의 성격을 이렇게 단정하는 데에는 우선 해결해야 할 약간의 문제가 있다. 商 · 周 청동기, 특히 예기는 대체로 무덤이나 청동기를 보관하기 위해 만든 구덩이[窖藏坑]에서 출토된다. 정식으로 조사되지 않아 그 성격이 분명하지 않은 유구에서 출토되는 것도 약간 있으나, 대개는 이 둘 가운데 어느 하나에서 출토된다. 무덤이라면 부장품으로서, 구덩이라면 그 밖의 다른 이유로 인해 그곳에 청동기가 매장되었다.

무덤에 부장품으로 매장된 청동기는 특별히 부장품으로 사용하기 위해 전문적으로 제작된 이른바 明器도 있지만, 실제 사용되던 것을 매장하는 경우가 많다. 이 부장품은 아마도 죽은 자가 속한 일가에서 마련하였을 것이다. 이제 조상신의 세계로 들어가는 死者에게 제공되는 것으로서, 그것도 死者가 조상에 대한 제례에서 늘 사용하였던 것이라면 그럴 개연성이 높다[11].

된 것이다. 息은 姬姓國이며 魯 莊公 14년에 楚에게 병탄되었다고 하나 그 전말은 자세하지 않다. 信陽地區文管會 · 羅山縣文化館, 「河南羅山縣蟒張商代墓地第一次發掘簡報」, 『考古』 1981[2]; 同, 「羅山天湖商周墓地」, 『考古學報』 1986[2]; 李學勤, 「考古發現與古代姓氏制度」, 『考古』 1987[3]; 楊伯俊, 『春秋左傳注』, 中華書局, 1990, p.78 등 참조.

10 林巳奈夫, 앞의 논문, 1968, pp.17~34.
11 林巳奈夫, 「殷周時代における死者の祭祀」, 『東洋史硏究』 55[3], 1996 참조.

청동기 교장갱에 매장된 동기도 역시 一家의 것이라 추정된다. 교장갱에서 청동예기가 발견되는 경우는 특히 섬서 중서부의 周原, 豊京, 鎬京 등 西周의 정치적 중심지로 알려진 곳에 많다[12]. 청동기가 매장된 교장갱은 대체로 잘 다듬어지지 않았고, 그곳에서는 西周 전기부터 후기까지 제작시기가 서로 다른 여러 유물이 함께 매장되어 있는 경우가 많다. 郭沫若은 周 왕실이 犬戎의 침입을 받아 동쪽으로 피난갔을 때, 지배층들이 무거운 청동예기를 가져가지 못하여 임시로 그것을 보관할 목적으로 교장갱을 팠을 것이라고 추정했다. 교장갱의 주인이 다시 이곳으로 돌아오지 못했으므로 지하에 매장된 채 오랜 시간을 보내다가 지금에 와서야 발견되었다는 것이다[13]. 근래에서 周原 일대에서 발견되는 교장갱은 대개 주거지 부근에서 발견되기 때문에, 청동기를 소유하던 일가가 그것을 보관하기 위해 자신의 집 주변에 구덩이를 팠다는 견해도 제기되었다[14].

앞서 살펴본 바와 같이 도상은 씨족을 상징하는 것이며, 무덤이나 교장갱에 매장된 청동이기가 一族의 소유라면, 무덤이나 교장갱 등 동일한 단위 유구에서 함께 출토되는 청동예기에는 모두 동일한 도상이 있어야 마땅하다. 그러나 그런 경우가 많긴 하지만 그렇지 않은 경우도 상당히 있다. 이런 현상은 무덤의 경우에 특히 심한데, 심지어 하나의 무덤에서 7가

---

12 周原은 아래 3장에서 설명하듯이 陝西省 鳳翔, 岐山, 扶風, 武功 4현을 중심으로 한 渭水 북부 지역을 말한다. 이곳에서 발견된 청동기에 대해서는 陳全方, 『周原與周文化』, 上海人民出版社, 1988, pp.14~16에 자세하다. 특히 주원지역의 害藏靑銅器에 대해서는 丁乙, 「周原的建築遺存和銅器客藏」, 『考古』[4], PP.398~401을 참조할 수 있다. 灃鎬地區는 文‧武 두 왕의 도읍지로 알려진 豊京, 鎬京지역으로, 灃水를 사이에 둔 長安縣 일대를 말한다. 이곳에서 발견된 청동기 害藏에 대해서는 다음의 여러 報告를 참고할 수 있다. 西安市文物管理處, 「陝西長安新旺村馬王村出土的西周銅器」, 『考古』 1974[1]; 盧連成‧羅英杰, 「陝西武功縣出土楚簋諸器」, 『考古』 1981[2] 中國社會科學院考古研究所灃西發掘隊, 「陝西長安新旺村新出西周銅鼎」, 『考古』 1983[3]; 麟遊市博物館, 「陝西省麟遊縣出土商周靑銅器」, 『考古』 1990[10].
13 郭沫若, 앞의 논문, 1962, p.1.
14 丁乙, 앞의 보고, 1982, pp.398~401.

지의 도상이 함께 출토되는 경우도 있다[15]. 도상은 씨족의 표지일지 그렇지 않은지에 대해 판단을 내리기 어려운 것이다.

이런 현상에 대해 혹자는 다양한 도상의 청동기는 우연한 과정을 거쳐 함께 매장되었기 때문이라 주장한다. 예컨대 다른 씨족을 공격하여 약탈한 청동예기를 무덤에 함께 매장하였다든지, 피지배 씨족에게서 증여받은 것을 매장하였다든지, 상위자에게서 상품으로 받은 것을 함께 매장하였다는 견해이다[16]. 이것은 다양한 도상의 동기는 이를테면 우연한 계기로 함께 모이게 되었다고 생각하는 것이다. 이런 경우가 없지는 않았을 것이다. 특히 중원의 예제가 수용되지 않은 지역에서는 청동예기가 단순한 전리품으로 취급받는 경우가 없지 않다[17].

그러나 중원의 예제가 수용된 지역이라면 상황은 좀 다르다. 왜냐하면 이것은 청동예기에 대한 당대인의 시각과 배치되는 것이기 때문이다. 白川靜의 말을 빌면, "商周를 통해 제사의례는 씨족의 祖靈과 씨족원이 교섭하는 場이었고, 제기는 제사지내는 자와 제사받는 자 사이의 매개물이라는 기본적 성격에는 커다란 변화가 없었다." 더욱이 "이기는 본래 제기이며 家廟에서 사용하는 것이었다. 神은 異類를 흠향하지 않으므로 제기는 멋대로 다른 곳으로 옮겨서는 안 되는 것[18]"이었다[19].

---

15 1976년 河南 安陽 殷墟에서 발견된 5號墓(76AXTM5)는 일반적으로 武丁의 부인 가운데 하나인 婦好의 무덤으로 간주되는데, 이 무덤에서 7가지의 서로 다른 圖象을 가진 청동기가 함께 발견되었다. 中國社會科學院考古研究所安陽工作隊, 「安陽殷墟五號墓的發掘」, 『考古學報』 1977[2].

16 예컨대 中國社會科學院考古研究所安陽工作隊, 「安陽小屯村北的兩座殷代墓」, 『考古學報』 1981[4], pp.512~517.

17 김정열, 「요서지역 출토 상·주 청동예기의 성격에 대하여」, 이청규 등, 『요하유역의 초기 청동기문화』, 동북아역사재단, 2009.

18 白川靜, 「金文學史その一」, 『金文通釋』 5, 白鶴美術館, 1975, pp.10~12.

19 춘추시대에는 傳世되는 宗廟의 祭器를 강대국에 賂物로 바치는 일이 종종 나타난다. 이러한 일은 和平을 구하거나 服從을 서약하는 이를테면 항복의례로서의 의미를 가지는 것이라 생각된다. 齋藤道子, 「春秋時代における統治權と宗廟」, 『中國の歷史と民俗』, 第一書房, 1991,

그렇다면 그럼에도 불구하고 하나의 무덤이나 구덩이에서 각기 다른 도상을 가진 청동기가 함께 발견되는 이유는 무엇일까? 이들은 정말 약탈이나 증여 등 우연한 계기를 거쳐 함께 매장된 것일까?

1971년 섬서 涇陽 高家堡에서 서주시대 무덤 1기가 발견되었다. 이 무덤에서는 모두 14점의 청동예기가 출토되었다. 그 가운데 명문이 새겨져 있는 동기는 尊, 卣, 盉, 觶 등 모두 5점이며, 이들 명문에는 모두 도상이 있다[20].

이곳에서 발견된 盉[도면 16]-1과 卣[도면 16]-2에는 모두 꺽창형[戈形] 도상이 있다. 그런데 같은 유구에서 출토된 尊[도면 16]-3에는 이와는 다른 도상 $\mathcal{S}$이 새겨져 있다. 즉 형태를 달리하는 별개의 도상이 동일한 유구에서 발견된 것이다. 그러나 이처럼 서로 다른 도상을 가진 두 청동기가 같은 무덤에 매장된 것은 우연한 일은 아니었다고 생각된다. 왜냐하면 卣[도면 16]-4의 뚜껑과 저부에는 서로 다른 도상이 새겨져 있는데, 그것이 바로 $\mathcal{S}$와 戈이기 때문이다. 이 卣의 뚜껑과 본체는 보고서의 사진으로 식별컨대 본래 하나의 세트이다. 그렇다면 원래부터 $\mathcal{S}$와 戈形 도상은 동일한 청동기의 서로 다른 부위에 따로 배치된 것이며 따라서 양자 사이에는 모종의 내적인 상관관계가 있는 것이다.

殷墟 西區의 사례도 서로 다른 도상이 하나의 유구에서 출현하는 현상을 이해하는 데 도움이 된다. 은허 서구는 安陽 小屯에서 서쪽으로 약 1.5km 가량 떨어진 白家墳, 梅園莊, 北辛莊, 孝民屯 일대 지역을 가리키는 것이다. 1969년부터 1977년에 걸쳐 이곳에서 939기의 商代 무덤과

<hr>

pp.246~250. 왕권의 상징으로서 三代에 걸쳐 寶器가 遞傳되었다는 설화도 이러한 배경에서 나왔을 것이다. 傳世의 器를 신성시하는 意識은 당시의 靑銅器文化가 점차로 조상과 후손을 이어주는 靈的 매개물로서의 彝器(祭器)的인 본질에서 벗어나서 實用的인 성질을 더해간 것 때문이었을 것이다.

20 陝西省考古硏究所,『高家堡戈國墓』, 三秦出版社 1994, pp.11~35.

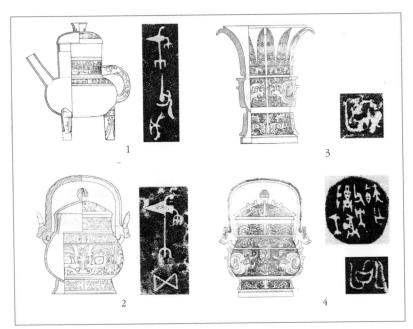

[도면 16] 경양 고가보 M1호 무덤 출토 청동예기와 도상

車馬坑이 발굴되었다[21]. 이들 무덤 중 일부에서는 상당한 양에 달하는 有銘靑銅器가 출토되었는데, 어떤 경우에는 涇陽 高家堡와 마찬가지로 서로 다른 도상이 새겨져 있는 청동기 수점이 하나의 유구에서 공반하여 출토하는 현상이 보였다. 이를 세심하게 관찰한 버나드는 동일한 유구에서 발견된 서로 다른 수종의 도상들 사이에는 무엇인가의 연관관계가 있다는 결론을 내렸다[22]. [도면 17]는 은허 서구의 무덤에서 발견된 도상의 상호관계를 보여주는 것이다.

---

21 中國社會科學院考古硏究所安陽工作隊, 「1969~1977年殷墟西區墓葬發掘簡報」, 『考古學報』 1979[1], pp.27~146.

22 Noel Barnard, "The Study of Clan-Sign Inscriptions of Shang", *Studies of Shang Archaeology*, Yale Univ. Press, 1986, pp.150~152.

[도면 17]에서 볼 수 있는 것처럼 무덤 M271(우측 하단에서 두 번째)에서는 한 손에는 꺽창[戈], 다른 한 손에는 방패를 들고 있는 사람 모습의 도상과, 십자가 형태의 이른바 '束' 도상[23]이 함께 발견되었다. 서로 다른 도상이 새겨진 청동예기가 한 무덤에서 함께 출토된 것이다. 그런데 [도면 17]의 화살표가 지시하듯이 전자는 그에 인접한 M1125과 M284에서도, 후자는 역시 인접해 있는 M1116에서 각각 발견되었다. 한편 M152(우측 상단)에서는 두 손으로 그릇을 받치는 모습의 도상이 발견되었는데, 같은 모습의 도상은 M907(중앙)에서도 발견되었다. 또 그릇을 받치고 있는 모습의 이 도상은 M907에서 발견된 다른 亞字形의 複合圖象[24] 안에서 그것을 구성하는 하나의 요소가 되어 있다. M271은 M1125, M284, M1116

---

23 鍾柏生,「釋 '束'及其相關問題」,『中央研究院歷史語言研究所集刊』58[1], 1987, pp.83~103.

24 複合圖象은 개별적으로 사용되는 단위도상 수개가 조합되어 하나의 복합적인 도상을 구성한 것을 말한다. 복합도상에 관련되어 파생되는 문제는 매우 다양하다. 복합도상을 구성하는 단위도상 가운데는 여러 개의 복합도상에서 공통으로 사용되는 것들이 있다. 예컨대 '子形', '析子孫形', '冊形', '亞字形' 등으로 불리는 것들이 대표적이다. 복합도상 중에는 그와 같은 공통요소로는 자주 사용되지 않는 개별도상 몇 개가 모여 하나의 복합도상을 구성하는 경우도 있지만, 상당수는 이와 같은 공통의 요소를 가지고 있다. 白川靜은 이들 공통요소가 商 왕조 하에서의 특수한 身分 혹은 職能을 상징한다고 생각했다. 예컨대 '子形'은 왕자의 신분을, '析子孫形' 도상은 군사적인 직능을, '亞形'도상은 政治的・儀禮的인 직능을 상징한다는 것이다. 그러므로 그는 이와 같은 공통의 구성요소를 갖는 복합도상은 원래 특정한 도상을 가지고 있던 씨족의 일부가 다른 어떤 직무에 종사하게 됨에 따라 새로운 직능의 씨족으로 전화하거나, 혹은 어떤 씨족이나 그 씨족의 일부가 다른 직무에 종사하던 씨족과 결합함으로써 그 양자를 상징하는 각각의 도상을 결합하여 만들어낸 것이라고 이해했다. 그러나 도상이 地名, 官名, 神名 등에서 기원한 '氏'의 상징이라는 林巳奈夫의 견해 역시 복합도상에 대한 설명에도 유용하게 적용될 수 있다. 예컨대 地名을 상징하는 도상과 官名을 상징하는 도상이 결합하여 하나의 복합도상을 구성하였다면, 그것은 어떤 지역에 살던 씨족 혹은 씨족 일부가 어떤 특정한 직무를 맡게 되면서 자신들을 상징하는 새로운 도상으로 고안한 것이다. 또 2개 이상의 地名을 표시하는 도상이 조합되어 하나의 복합도상이 완성되었다면, 이것은 어떤 한 씨족이 분열하여 그 일부가 다른 지역에 정착함으로써 그들 고유의 도상과 신정착지의 地名을 상징하는 도상을 결합하여 새로운 도상을 만든 것이다. 이상 복합도상의 해석 문제에 대해서는 林巳奈夫, 앞의 논문, 1968 및 白川靜, 앞의 논문, 1951 참조.

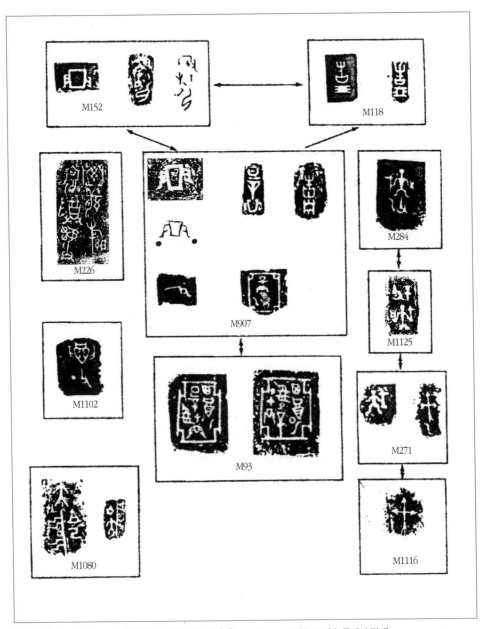

[도면 17] 은허 서구 묘지에 보이는 도상의 상호관계(Novel Barnard, 각주 22의 논문에서 전재)

과, M907은 M152과 서로 인접해 있다. 즉 M271과 M907에서는 서로 다른 도상이 새겨진 청동기가 함께 출토되었지만, 그 각각의 도상은 인접한 다른 무덤에서 발견되는 것이기도 하다는 점에서 주목할 필요가 있다. 이와 같은 현상은 이들 수기의 무덤을 조영한 사람들이 청동예기를 주고받는 관계에 있었던 것을 의미하며, 따라서 약탈, 공납, 賞賜와 같은 우연한 계기로 이루어진 일이라고는 이해할 수 없다.

이처럼 涇陽 高家堡의 서주시대 무덤이나 안양 은허 서구의 상대 무덤에서는 서로 다른 수개의 도상이 동일한 유구에서 발견되는 경우가 있지만, 이들은 우연한 이유로 이곳에 함께 매장되었다고는 볼 수 없다. 도상이 출토된 상황으로 보아, 이들 사이에 무언가의 내재적인 관계가 있는 것이 분명하다. 그렇다면 '연관관계'란 어떤 내용의 것일까?

먼저 지적할 수 있는 것은 동일한 유구에서 출토된 여러 가지 도상은, 그 무덤을 조성한 어떤 특정 씨족의 것과 그 씨족에 인접하여 거주한 또 다른 씨족의 것이었다는 점이다. 이것은 陝西 寶鷄市 부근에서 발견된 夨族과 弭族의 경우를 통해 알 수 있다.

夨族은 고대 문헌에는 나오지 않지만, 대대로 전해지는 서주 청동기 가운데는 夨族의 유물이 많다. 근래 夨族의 유물이 과학적 발굴을 통해 출토되기 시작하면서 그들의 거주지가 점차 분명해지게 되었다. 夨族의 유물은 陝西 隴縣과 寶鷄 부근에서 주로 출토되었는데, 1974년 7월 隴縣 曹家灣 南坡에서 발굴된 서주시대 무덤 4기 가운데 LNM6에서 출토된 戈에서 '夨中'이라는 명문이 확인되었으며, LNM2에서 출토된 當盧에서도 '夨'이라는 명문이 발견되었다. 같은 해 보계 賈村公社 上官村에서는 '夨王이 奠姜을 위해' 제작했다는 명문이 주조된 夨王簋蓋가 출토되었으며, 1974년 10월에는 동일한 지점에서 일군의 차마기가 출토되었는데, 여기에서도 '夨' 명문이 있는 銅泡가 확인되었다. 그리고 上官村에서 약 10리가량 떨어진 寶鷄 鬪鷄臺 溝東區 무덤 B3에서도 '夨'자가 있는 서주 전기의 當盧가 출토되었다는 보고가 있다[25].

弢族도 고대 문헌에는 보이지 않지만, 근래에 들어 관련 유물이 출토되기 시작하였다. 1974년 12월 陝西 寶鷄 益門 茹家莊에서 서주 중기의 무덤 2기(BRM1·BRM2)와 馬坑·車馬坑 각 1기가 발굴되었다. 이 가운데 BRM1의 묘실 구조는 목판을 이용하여 2개의 墓室을 구축한 특이한 사례로서, 각 묘실에는 死者가 1인씩 매장되었다. 이것을 일러 각각 Ml甲, Ml乙이라 한다. 그런데 Ml乙에서 출토된 동기 중 8점에는 弢伯이 스스로 만든 그릇이라는 요지의 명문이 있으며, BRM2에서 출토된 圓鼎 등 동기 6점에도 弢伯이 井姬를 위해 만든 그릇이라는 내용의 명문이 확인되었다[26]. 1980년 寶鷄市博物館이 寶鷄 益門 竹園溝에서 18기의 무덤과 3기의 馬坑을 발굴하였는데, 그 중 BZM4에서 수점의 청동예기가 발견되었다. 이 청동예기들은 여러 사람들에 의해 제작된 것으로, 瓿(4.14)은 '伯'이, 尊(4.2)·卣(4.1)는 弢季가, 鬲(4.75)은 '夨仲'이, 爵(4.6)과 盤(4.7)은 '季'가, 그리고 觶(4.3)는 '夌伯'이 제작하였다[27]. 이 여러 인명 가운데서 '弢季'와 '季'는 동일인일 가능성이 높다. 이렇게 BMZ4에서 발견된 청동예기 가운데 弢季와 季가 제작한 동기가 큰 비중을 차지하는 것을 보면 BMZ4는 弢季, 즉 弢族에 속하는 자의 것이라 생각된다.

이상에서처럼 夨·弢 양 씨족의 동기가 출토된 지점을 잘 관찰하면, 서주시대에 夨族과 弢族은 현재의 寶鷄를 사이에 두고 渭水 양안에 인접하여 거주한 것을 알 수 있다.

그런데 1981년 寶鷄 紙坊頭에서 발견된 서주 전기 무덤 1기의 출토유물에서 이 양자의 상호관계를 알려주는 흥미로운 현상이 확인되었다.

---

25 夨族의 출토 유물에 대해서는 盧連成·尹盛平, 「古夨國遺址墓地調查記」, 『文物』 1982[2]; 王光永, 「寶鷄縣賈村振發現夨王簋蓋等靑銅器」, 『文物』 1984[6] 참조.

26 寶鷄班家莊西周墓發掘隊, 「陝西省寶鷄市節家莊西周墓發掘簡報」, 『文物』 1976[4].

27 寶鷄市博物館, 「寶鷄竹園溝西周墓地發掘簡報」, 『文物』 1983[2].

이 무덤에서 출토된 유명청동기 6점 중 1호 鼎에서는 "伯이 만든다"는 내용의 명문이, 11·12호 鬲에는 "矢伯이 휴대용의 鼎을 만든다"는 명문이, 6·7호 簋에서는 "弭伯이 보배로운 제기를 만든다"는 명문이 발견되었다. 즉 이 무덤에서 출토된 鬲과 簋는 각각 矢伯과 弭伯에 의해 제작된 것이다[28]. 이 紙坊頭의 무덤이 矢族의 것인지 아니면 弭族의 것인지는 분명히 알 수 없지만, 그것이 矢族과 弭族의 근거지인 寶鷄에서 발견된 것으로 보면 양 씨족 가운데 어느 하나의 것일 가능성이 높다. 寶鷄 紙坊頭 무덤의 경우, 그 墓主가 어느 씨족에 속하였던지를 막론하고 무덤에서 함께 출토된 청동기는 어떤 한 씨족에 속하는 자의 무덤에 인근에 거주하는 다른 한 씨족의 것까지 매장된 것임을 알 수 있다.

이처럼 紙坊頭 무덤에서는 서로 다른 복수의 씨족에 의해 제작된 청동기가 동시에 출토되었지만, 그들은 인접해서 거주한 두 씨족 사이의 교류를 통하여 함께 매장되기에 이르렀다고 보는 것이 타당할 것이다. 이것은 앞에서 언급한 은허 서구의 경우도 마찬가지다. 은허 서구에는 중·소형 무덤이 집중적으로 분포하여, 부근에 거주하던 주민들이 공동묘지로 사용한 장소라 추측된다. 씨족 표지로서 고유한 도상을 가지고 근린에서 생활하던 주민들은 '교류'를 통해 서로의 동기를 공유하게 되고, 그로 말미암아 다양한 도상을 가진 청동기가 하나의 무덤에서 동시에 출토되었다고 생각된다.

그렇다면 이제 씨족 사이의 '교류'는 무엇을 매개로 해서 이루어졌는지를 따져보아야 할 차례이다. 이 문제에 대한 검토는 散氏盤의 명문에서부터 시작해 보기로 하자. 散氏盤은 서주 중기경에 제작된 것으로서 350자에 달하는 긴 명문을 가지고 있지만, 그 가운데 필요한 부분만을 소개하면 아래와 같다.

---

28 胡智生 등, 「寶鷄紙坊頭西周墓」, 『文物』 1988[3].

矢이 散邑을 침탈했기 때문에 散에게 耕作地로 배상한다. (배상하는 토지의 영역은 다음과 같다. 먼저) 瀗으로부터 … 邝莫까지를 경계로 한다. (다음) 井(邢)邑의 田은 根木道로부터 왼쪽으로 井邑道에 이르러 여기에 경계표시를 하고 …[29].

散氏盤의 내용은, 矢이 散의 경작지를 침해한 사건이 있었으므로, 矢이 소유한 眉地의 일부 및 邢邑의 토지를 散氏에게 변상하는 것을 밝히고, 그 변상하는 토지의 구획을 명시한 것이다. 명문에는 "矢이 散邑을 침탈했기 때문에 散에게 耕作地로 배상한다"고 하므로 散은 단순한 個人名이 아니라 邑名에서 유래한 이름이다. 商代의 경우와 마찬가지로 地名이 개인의 이름으로 사용된 것이다. 이런 경우 散은 地名이면서 씨족명, 동시에 개인명이다. 그렇다면 矢 역시 氏族의 이름이었으리라 생각된다. 위에서 본 '矢伯'이라는 칭호는 이 씨족의 수장에 대한 칭호였을 것이다. 산씨반의 명문에는 矢이 散邑을 침탈했다고 하므로 矢과 散은 서로 인접하여 있었음을 알 수 있다.

섬서 扶風 法門 莊白에서 발견된 청동기 교장갱에서 散伯車父가 제작한 청동기 십여점이 출토되었다. 그것은 散의 수장인 車父가 자신의 가족을 위해 제작한 것인데[30], 散伯의 청동기 교장갱이 扶風縣 法門鄉에서 확인된 것은 散族이 이 근처에 거주하였음을 의미한다. 앞서 말한 바와 같이 矢族의 동기는 寶鷄 부근에서 주로 출토된다. 寶鷄와 扶風은 渭水를 사이에 두고 서로 인접해 있으므로 散族 역시 矢族과 인접하여 거주한 씨족임을 알 수 있다. 산씨반의 명문은 서로 인접해 거주한 散族과 矢族이

---

29 집성 16.10176, 散氏盤. "用矢蹼散邑, 迺卽散用田眉. 自瀗…至于莫. 眉井邑田, 自根木道, 左至于井邑, 封…." 해석은 李學勤, 「西周金文中的土地轉議」, 『新出靑銅器硏究』, 文物出版社, 1990, pp.106~109 참조.

30 史言, 「扶風莊白大隊出土的一批西周銅器」, 『文物』 1972[6], pp.30~32.

경지문제로 쟁의가 생겨 결국 矢이 散에게 경지의 일부분을 변상한 일을 기록한 것이다.

그런데 散氏盤의 명문에는 矢이 散에게 양도하는 토지의 경계를 표시하면서 그 표지로 '邢邑道', 즉 '邢邑으로 향하는 길'을 들고 있다. 그렇다면 이 邢邑도 矢과 散에 인접한 곳에 위치하였을 것이다. 이 邢邑에는 邢族이 거주하였을 것이므로, 矢族과 散族 부근에는 邢族 또한 거주하고 있었음을 알 수 있다. 이미 언급했듯이 矢族과 인접한 씨족에는 強族도 있었으므로, 矢·強·散·邢族은 지금의 陝西 寶鷄, 扶風 양 현 일대에 함께 거주하고 있었던 셈이다.

그런데, 앞서 말한 것처럼, 寶鷄市 益門 茹家莊의 強族 무덤 BRM2에서 발견된 청동기 가운데 6점에는 "伯이 邢姬를 위해 만든 그릇"라는 명문이 있다. 邢姬는 邢族 출신의 여자를 말하므로, 이 명문에 의하면 強伯이 邢族의 딸과 혼인한 일이 있었음을 알 수 있다. 한편 散伯簋(집성 7.3779)에는 "散伯이 矢姬를 위해 보배로운 簋를 만든다. 만년토록 영원히 사용하라"는 명문이 있다. 이것은 散伯이 자신의 처인 矢姬를 위해 제작한 것이므로, 散伯이 矢族의 딸과 혼인한 사실이 있었음을 알려주는 사례이다. 즉 矢族과 邢族, 散族과 矢族은 서로 인접해 거주하면서 통혼하고 있었던 것이다.

개별 무덤이나 청동기 교장갱에서 수종의 도상이 주조된 청동기가 함께 출토되는 현상은, 도상을 씨족의 표지라 했을 때 잘 납득되지 않는 일이다. 그러나 동일한 유구에서 여러 씨족의 청동기가 함께 출토된다고 해도, 그것은 서로 인접한 여러 씨족들의 청동기가 함께 매장된 것이며, 이들 인접하여 거주한 씨족들은 矢族과 邢族, 散族과 矢族처럼 통혼관계를 맺는 일이 빈번하게 일어났다고 추정된다. 이것을 고려하면 인접한 여러 씨족이 혼인을 계기로 서로의 청동기를 교환하고, 그것이 하나의 무덤이나 청동기 저장구덩이에 동시에 매장되기에 이르렀다고 판단할 수 있다.

이것은 후대에 媵器라 불리는 혼수품의 관행과도 연관이 되는 것이라 생각되는데, 즉 혼수품으로 제작된 청동예기를 지참함으로써 상이한 씨족의 청동기가 뒤섞여 출토되는 현상이 나타나게 된 것이다.

이상과 같이 도상의 성격을 검토하다보면 도상은 씨족의 표지이며, 통혼 등의 관계에 따라 왕왕 수종의 도상이 섞여 동일한 유구에서 출토되는 일도 있었음을 알 수 있다. 그렇다면 다음과 같은 추론도 성립될 것이다. 즉 우선 특정한 도상이 새겨진 청동기는 특정한 씨족에 속하는 사람이 만들었다. 특정한 도상이 새겨진 청동기가 어떤 지점에서 출토된다면, 그 도상을 사용한 특정한 씨족(혹은 그 일부)이 그곳에 거주하였거나 적어도 그곳에서 멀지 않은 곳에 거주하였을 가능성이 높다. 때문에 특정한 도상을 사용한 씨족의 원 거주지가 어딘지 알 수 있다면, 특정한 도상의 청동기가 그 씨족의 원주지와는 다른 곳에서 출토될 경우, 그 도상을 사용하는 씨족 혹은 그 일부가 그 청동기가 출토된 곳으로 이동하였다고 추정할 수 있다. 이제 아래에서 이와 같은 추론을 바탕으로 商周 조정이 행한 지역정치체 지배정책의 한 단면을 살펴보자.

제2절
殷墟에서 발견된 圖象

殷墟는 商의 정치적 중심지로서 왕과 귀족이 집거한 지역이고 따라서 이곳에서 출토되는 청동기의 양이 막대한 수량에 이른다는 사실은 그리 놀랄만한 일이 못된다. 그러나 현재의 관심에서 주목되는 것은 이곳에서 발견된 도상의 종류 또한 다른 지역과는 비교될 수 없을 정도로 많다는 점이다. 은허에서 출토된 도상의 종류는 관련 보고를 일별해도 약 72종에 달한다[31]. 앞서 말한 바와 같이 도상이 氏族의 표지라는 점을 상기하면, 商都에는 상당한 수에 달하는 씨족 출신의 사람이 함께 모여 살고 있었다는 뜻이 될 것이다.

상 국가가 은허를 중심으로 중원 지역에서 번영하고 있었을 때, 그 주변에 상당한 수의 지역정치체가 발전하고 있었던 것은 이 책의 제2장에서

---

[31] 이 글을 작성하는 과정에서 『文物』(『文物參考資料』포함) 1950년~1990년; 『考古』1956~1991년; 『考古學報』1936~1991년(『田野考古報告』및 『中國考古學報』포함) 등에 수록된 발굴보고를 검색하였다. 위의 정기간행물에 실린 보고서류 외에 다음의 論考類도 참조하였다. 殷捧境 · 曹淑琴, 「光族銅器群初探」, 『考古』1990[5]; 同, 「靈石商墓與丙國銅器」, 『考古』1990[7]; 張長壽, 「山東益都蘇掉屯墓地和"亞醜"銅器」, 『考古學報』1977[2]; 鄒衡, 「論先周文化」, 『夏商周考古學論文集』, 文物出版社, 1980.

이미 언급했다. 상은 본질적으로 이들 지역정치체와의 불안정한 상호관계의 질서 위에서 통치권을 행사했다. 상 조정은 이들 사이에 형성된 지배·예속관계는 군사적인 그리고 경제적인 권리와 의무를 매개로 실현되었다. 商은 이와 같은 권리와 의무로 구성된 국가질서를 유지하기 위해 몇 가지 정책을 구사하였는데 거기에는 군사적 혹은 경제적 요충에 지배 거점을 건설하여 해당 지역을 통제하는 방법이 포함되어 있다[32]. 상 조정은 그뿐만 아니라 각 씨족이 신봉하는 고유의 씨족신을 왕실의 공적 제사체계 안에 포함시켜 이를 봉사함으로써 각 씨족에 대한 종교적 우위를 확보하기도 하였다[33]. 그런데 이와 같은 시책 이외에도 상 조정이 국가의 정책을 결정하고 이를 실행하는 과정에서 지방정치체를 참여시킨 것 역시 상과 그

---

32 이 문제와 연관하여 가장 활발하게 논의가 진척된 문제는 '子某'에 관한 것이다. 갑골문에는 子商, 子漁, 子央 등 子+某로 구성된, '子某' 형식의 인명이 있다. 子某는 상 국가의 전쟁과 제사에 참여하는 등 중요한 역할을 담당하였다. 周의 諸侯에 公, 侯, 伯, 子, 男 등 다섯 등급이 있었다는 『孟子』 萬章[下]의 문헌 기록에 입각하여 子를 제후의 한 '등급'으로 이해하는 견해가 있었으나, 지금 그렇게 생각하는 연구자는 드물다. 子某의 子는 문자 그대로 해석하면 '아들'이기 때문에 商 왕실의 왕자로 해석되기도 한다(董作賓, 「五等爵在殷商」, 『中央研究院歷史語言研究所集刊』 6, 1936, pp.420~429). 그러나 子가 과연 상왕의 實子를 의미하였는지에 대해 다른 견해도 있다. 그렇게 해석할 경우, 상왕 武丁에게는 적어도 71명의 아들이 있었다고 보아야 한다. 島邦男이 검색한 제1기 갑골문에 나타나는 子某의 호칭이 71개에 달하기 때문이다(島邦男, 앞의 책, 1956, pp.442~446). 이것은 상식에 어긋한다. 뿐만 아니라 子某라는 호칭은 개인의 이름이 아니라 氏族의 이름으로 사용되는 경우도 있었다(林巳奈夫, 앞의 논문, 1968, pp.50~66). 그러므로 子는 商王의 실제 아들인 '子'가 아니라 상 왕실의 族姓인 '子'를 표시한 것이며, 子某는 상 왕실과 동일한 혈통에 속하는 자들을 지칭한다는 견해도 나왔다(島邦男, 위의 책, 1956, pp.442~452). 상 왕실의 姓은 子로 알려져 있기 때문에 이 견해에는 수긍할 만한 점이 있다고 생각된다. 이와는 달리 각 씨족의 족장이 商王과 의제적 부자관계를 맺음으로써 子某라는 칭호를 사용하게 되었다는 견해도 있다(松丸道雄, 「殷周國家の構造」, 『岩波講座世界歷史』 4, 岩波書店, 1970, pp.60~80).

33 赤塚忠, 「殷王朝における河の祭祀とその起源」, 『中國古代の宗敎と文化』, 角川書店, 1977, pp.27~73; 同, 「殷王朝における「岳」の祭祀」, 같은 책, pp.75~176 참조. 赤塚의 논문은 각각 1956, 58년에 처음 발표되었는데, 그의 견해는 伊藤道治, 「宗敎の政治的意義」, 『中國古代王朝の形成』, 創文社, 1976, pp.55~85와 武者章, 「卜辭に見える咸戊と咸」, 『史學』 47[4], pp.25~34 등에서 계승되었다.

들의 통합을 유지하는 중요한 방법이었다. 그것은 이른바 貞人과 그 밖의 官僚에게서 확인된다.

우선 貞人의 경우부터 살펴보자. 貞人은 王을 대신하여 점을 치고 점복의 결과를 기록하는 직무를 수행한 자를 말한다. 상 조정이 중요한 國事를 모두 占卜에 의탁하여 결정한 것은 널리 알려진 사실이다. 이때 占卜의 길흉을 최종 판정할 권리는 王에게 있었지만, 점복의 실행자인 貞人 또한 정책결정 과정에서 영향력을 행사하였다. 饒宗頤는 商代의 貞人에 대한 그의 종합적 연구에서 商의 전 시기에 걸쳐 모두 118인의 貞人이 있었다고 하지만, 실제로는 이보다 더 많은 수의 貞人이 있었을 가능성도 있다[34].

주목되는 것은 이들 정인의 이름 상당수가 청동기에 새겨진 도상과 일치하는 형태를 보이고 있는 점이다. 앞서 설명한 바와 같이 圖象은 지명에서 기원한 경우가 많기 때문에, 그것은 貞人의 이름 가운데 상당한 수가 地名과 동일한 명칭을 가지고 있다는 것을 의미한다. 饒宗頤 역시 貞人의 이름 가운데는 邑의 이름, 즉 地名과 같은 것이 많다는 점을 지적하였다[35]. 林巳奈夫는 貞人의 이름과 일치하는 도상으로 62개의 사례를 꼽았는데, 그 가운데 甲骨文에서 地名으로 사용된 용례가 있는 것은, 확인할 수 있는 것만 해도, 28개에 달한다[36].

商代에 특정 지역과 그곳에 거주한 씨족, 그리고 그 씨족의 성원이 동일한 이름으로 불렸다는 점은 이미 앞에서 설명했다. 따라서 지명과 일치하는 이름을 가진 貞人들은 대체로 그 이름이 표시하는 지명 출신이라고

---

34 饒宗頤,『殷代貞卜人物通考』上·下, 香港大學出版社, 1959. 현재 자료로 이용할 수 있는 갑골은 전체의 일부에 지나지 않을 것이므로, 이보다 더 많은 수의 貞人이 있었을 것이라 추정된다.

35 饒宗頤, 앞의 책, 下, 1959, pp.1198~1290.

36 林巳奈夫, 앞의 논문, 1968, pp.44~45 및 도표 21·22.

생각된다. 물론 그들은 그들의 이름이 표시하는 지역의 지배층에 속하는
자들이었을 것이다. 그들이 小屯으로 와서 貞人의 직무를 담당한 것은 그
것을 배경으로 하여 비로소 가능하게 되었을 것이기 때문이다[37].

　다음으로 官僚의 경우를 보자. 상대 관료기구의 구성 원리나 편제에 대
해 자세한 정보를 전하는 자료는 보이지 않는다. 이 시대의 역사를 연구
하는 데 가장 중요한 1차 사료가 되는 甲骨文은 대부분 점복의 내용을 기
록한 비교적 간단한 것이기 때문에, 이것을 바탕으로 해서 상의 관료기구
전체를 복원하는 것도 현실적으로는 매우 어렵다. 지금은 갑골문에 출현
하는 官名과 그 관명을 가진 사람이 실제 수행한 역할 등 단편적인 사실
만을 확인할 수 있는 정도이다. 陳夢家는 상대의 관료를 臣正系列과 武
官系列, 史官系列로 나누고, 臣正系列로는 臣, 正, 小臣 등을, 武官系
列로는 馬, 亞, 箙, 射, 衛, 犬, 戍 등을, 그리고 史官系列로는 尹, 作冊,
卜, 工, 史 등을 꼽은 바 있다[38].

　甲骨文에 官僚의 이름은 '官名+個人名'의 양식으로 기록되는 것이 일
반적이다. 예컨데 '小臣'의 직위를 가진 이름이 '中'인 자는 '小臣中'(합집
3,5575)으로, '亞'의 직위에 있는 이름이 '雀'인 자는 '亞雀'(합집 7,21624)으
로 그 이름이 기록된다. 한편 갑골문에는 관명 없이 개인명만 기록된 사람
도 많다. 이들도 비록 그 직책은 분명하지 않다고 해도 商의 관료 혹은 관
료로서의 자격을 갖춘 자였을 것이라 생각된다. 갑골문의 내용은 주로 상
왕실에 관련된 것이며, 여기에 등장하는 사람들은 대부분 商王의 명령을

---

37 張秉權, 「卜辭中所見殷商政治統一的力量及其達到的範圍」, 『中央研究院歷史語言研究所
　　集刊』 50[1], 1979, pp.199~206.
38 陳夢家, 『殷墟卜辭綜述』, 中華書局, 1988, pp.503~522. 한편 島邦男은 商의 官僚를 크게
　　內服·外服의 官으로 나누고 외복의 관으로는 侯, 白, 服을, 內服의 관으로는 亞, 尹, 君, 臣
　　등 24개의 官名을 꼽고 있다. 島邦男, 앞의 책, 1958, pp.461~475.

받들어 조정의 직무를 수행한 자이기 때문이다[39].

그런데, 관명과 함께 기록되었던지 혹은 그렇지 않던지를 막론하고, 개인명은 貞人의 경우처럼 단순히 개인의 이름으로만 보기 어려운 경우가 많다. 그것은 동일한 이름이 여러 세대에 걸쳐 장기간 사용되기도 하고, 또 지명과 일치하는 인명 또한 적지 않게 등장하기 때문이다[40]. 이 경우에는 그것을 단순한 인명이 아닌 출신씨족명으로 간주하는 것이 타당하다. 바꾸어 말하면 상 조정에 관료로 복무하고 있던 관료에는 각 씨족 출신의 사람들이 두루 포함되어 있었던 것이다. 아래에서 몇 가지 사례를 살펴보자.

1965년과 66년 두 해에 걸쳐 山東省博物館은 益都縣 동북 20km 지점에 위치한 蘇阜屯에서 商代 묘지를 조사하고, 무덤 4기를 발굴하였다[41]. 이 가운데 1호 무덤은 사방에 墓道를 갖춘 亞字形의 대형 무덤으로 그 규모도 규모이지만 48인에 달하는 순장인으로 널리 알려져 있다. 이 대형 무덤은 은허 武官村에서 발견된 王陵을 제외하면 동시대의 가장 큰 무덤이다. 보고자는 이 무덤을 '方伯'의 것이라 추측했다[42]. 그 규모로 보면 아마도 이 지역에서 번영한 지역정치체의 수장을 위해 영조된 무덤일 것이다.

1호 무덤은 도굴되어 발견된 유물은 매우 적지만, 그 중에 이른바 '亞醜形' 도상이 새겨진 청동도끼가 출토되었다. 이 蘇阜屯유적은 일찍이 1931년에도 발굴된 바 있다. 그때 蘇阜屯 동쪽 웅덩이와 동북쪽 斷崖에서 발

---

39 甲骨文에 기록된 占卜의 내용은 주로 商王을 중심으로 한 것이다. 陳夢家, 위의 책, 1988, pp.42~43.

40 그 사례로는 雀, 單, 京, 止 등을 꼽을 수 있다. 이들은 1기와 4기의 갑골문에 모두 관직을 역임하였으며, 그들의 이름은 地名으로도 사용되었다. 島邦男, 앞의 책, 1958, pp.461~475; 陳夢家, 위의 책, 1988, pp.503~522.

41 山東省博物館, 「山東益都蘇阜屯第一號奴鍊殉葬墓」, 『文物』 1972[8].

42 보고자가 말하는 '方伯'은 『禮記』 王制에 천자가 다스린다고 하는 '王畿千里' 이외의 八州에 '設方伯'하였다고 할 때의 방백을 의미하는 것이다.

견된 무덤에서 각각 동기가 출토된 바 있었는데, 특히 단애에서 발견된 銅
觶에서도 '亞醜形' 도상이 발견되었다[43]. 그러므로 이 지역에는 亞醜形 도
상을 씨족의 표지로 하는 지역정치체가 거주하고 있었던 것으로 판단된
다. '亞醜形'의 도상은 '亞'자와 '醜'자가 결합된 복합도상이며, 이중 '亞'는
특정한 職能과 관계되어 있다고 추정된다. 따라서 蘇阜屯에 거주한 씨족
의 원래 명칭은 직능표시인 '亞'를 제외한 '醜'일 것이다.

그런데 갑골문에는 '醜'(합집 16.36824)라는 地名도 보이지만 '小臣醜'(합
집 12.36419)라는 인명이 있다. 전자의 '醜'는 蘇阜屯에서 발견된 도상과
같은 자형이므로, 소부둔 지역을 가리키는 地名이라고 보아도 무방하다.
동시에 이것은 그곳에 거주한 씨족의 이름이며 그 씨족에 속한 사람의 이
름이기도 하였다. 그러므로 후자의 '小臣醜'는 小臣의 직무를 담당한 醜
族 출신의 사람을 가리킨다. 즉 醜族 출신의 사람이 왕조의 관료로서 商
에 臣事하고 있었던 것이다. 陳夢家에 의하면 小臣은 臣正계열의 관료
로 왕의 명령을 받들어 정벌에 종사하고 車馬를 장만하며 卜事를 담당하
기도 한 관직이다[44].

亞醜形 도상이 새겨진 청동기는 지금까지 모두 56점이 알려져 있다.
그 가운데 출토지점을 알 수 있는 것은 모두 9점인데, 그 가운데 7점은 소
부둔에서 발견되었고, 1기는 河南에서 출토되었다고 전해지며, 그 나머지
1점인 亞醜方鼎은 은허에서 출토되었다고 한다[45].

醜族에 이어 살펴보게 될 사례는 沚族이다. 아래에 인용하는 글은 沚
族과 관련된 사실을 전하는 합집 3.6057反의 갑골문이다.

---

43 祁延霈, 「山東益都蘇埠屯出土銅器調査記」, 『中國考古學報』 2, 1948.

44 陳夢家, 앞의 책, 1988, pp.504~507.

45 張長壽, 앞의 논문, 1977, pp.23~33.

5일째가 되는 丁酉日에 정말로 재앙이 생겼다. (재앙은) 서쪽으로부터 왔다. 沚馘가 와서 "土方이 우리 東鄙를 쳐서 2邑에 재앙을 입혔으며, 舌方도 우리 西鄙의 농토에 와서 가축에게 풀을 뜯게 했다"고 알렸다.

甲骨文의 내용은 沚馘라는 자가 소문으로 와서, 舌方과 土方이 자신의 거주지 부근 작은 취락[小邑]을 침탈한 사실을 알린 것이다. 沚馘는 伯馘라 불리기도 했는데(합집 3.5945), 伯은 정치체의 수장을 의미한다. 沚는 地名으로 사용된 사례가 있으며(합집 8.24349; 합집 6.18805; 합집 4.1053) 역시 氏族名일 것이다. 島邦男에 의하면 沚는 지금의 陝西 혹은 山西 북부에 위치하였다고 한다[46]. 異族인 舌方·土方의 침입을 상 조정에 보고한 것으로 보아 沚에 거주한 氏族은 商에 복속한 상태에 있었다고 생각된다. 甲骨文에는 '臣沚'라는 자가 보인다(합집 1.707 ; 합집 1.3972). 沚에 거주한 氏族의 구성원은 모두 '沚'로 불리웠을 것이므로, 臣沚는 沚族 출신으로 왕조에서 臣職을 담당한 자이다. 臣의 직무는 분명치 않으나 대체로 小臣의 그것과 유사하였을 것이다.

마지막으로 드는 사례는 丙族이다. 丙族에 관계된 갑골문은 많지 않지만[47] 합집 7.20619에는 "묻습니다. 丙에서 婦好를 위해 御제사를 지낼까요?"라 하여 丙에서 婦好를 위해 御제사를 지낼지 여부를 점복한 기사가 있다. 여기에서 丙은 地名으로 사용되었다. 婦好는 武丁의 부인이다. 근래에 婦好 무덤이 도굴되지 않은 완전한 상태로 발견되었는데[48], 이 무덤에서는 정교하게 제작된 200여 점의 청동예기가 발견되어 '婦好'가 상당한 지위

---

46 島邦男에 의하면 工方의 위치는 은허의 서북에 해당되며, 대개 陝西의 북부에서 오르도스에 이르는 지역 일대라고 추정된다. 沚의 위치 또한 그 부근이었을 것이다. 島邦男, 앞의 책, 1956, pp.385~388.

47 丙族에 관한 갑골문은 殷瑋璋·曹淑琴, 앞의 논문, 1990, p.630 참조.

48 中國社會科學院考古研究所安陽工作隊, 「安陽殷墟五號墓的發掘」, 『考古學報』 1977[2], pp.57~96.

에 있었음을 추측하게 한다. '御'는 禁禦한다는 뜻으로, 주로 질병 등 신상의 해악을 막기 위해 거행하는 제사의 이름이다[49]. 부호는 1만 3,000여 병사를 이끌고 羌方을 정벌하는 전쟁에 참가한 바 있는데(합집 13.39902), 그녀를 위한 제사가 丙에서 행해진 것은 羌方을 정벌하는 과정에서 그녀가 이곳에 주둔하였기 때문일 것이다. 또 합집 1.348에는 '子丙'이란 이름도 있다. 즉 商 왕실은 이곳에 同姓의 친척을 파견하여 지배거점을 확보하고 있었을 가능성도 있다. 합집 2.2478에는 "庚申일에 점쳐서 㕚이 묻습니다. 王이 丙에게 … 하도록 할까요"라 하여 王이 丙에게 모종의 명령을 수행하게 할지를 점치고 있다. 이 경우 丙은 인명으로 사용되었는데, 역시 '丙族 출신의 사람'을 의미한다. 㕚은 1기 武丁대의 貞人이므로, 丙族 출신의 사람이, 그 직위는 분명하지 않지만, 商王 武丁의 명령을 수행하고 있었던 것이다[50].

丙族의 소재지는 산서 靈石縣에 비정된다. 그 근거는 두 가지이다. 첫째, 이곳에서 조사된 무덤 3기의 무덤에서 丙 도상을 가진 청동기가 집중적으로 출토한 바 있다. 둘째, 위에서 언급한 합집 13.39902의 갑골문은 婦好가 羌方을 정벌하는 도중 丙에서 御제사를 지낼지 여부를 점친 것이다. 이 기사를 보면 丙과 羌方은 서로 인접한 곳에 위치한 것으로 추정된다. 그런데 靈石縣에서 조사된 1호 무덤에서 羌方의 것으로 추정되는 圖象이 새겨진 爵 1점이 丙族의 도상이 새겨진 청동기와 함께 출토된 바 있다[51]. 인접한 씨족이 통혼을 통해 서로의 동기를 공유하는 경우가 있었으므로, 이것을 보아도 丙과 羌方은 서로 인접한 씨족이었음을 알 수 있다. 羌方은 은허의 서북방에 자리한 것으로 알려지고 있다. 丙이 羌方과 인

---

49 島邦男, 앞의 책, 1956, pp.331~333.

50 殷瑋璋・曹淑琴, 위의 논문, 1990, p.630.

51 戴尊德, 「山西靈石縣旌介村商代墓和靑銅器」, 『文物資料叢刊』 3, 1980; 山西省考古研究所・靈石縣文化局, 「山西靈石旌介村商墓」, 『文物』 1986[11].

접해 있었다면, 丙 또한 은허의 서북방에 자리하였을 것이다. 靈石縣은 이에 잘 부합되는 위치이다.

이상에서 살펴본 것처럼 각 지역에서 파견된 각 씨족의 유력자들이 상의 조정에서 貞人 혹은 官僚로서의 직무를 수행하고 있었다. 이들 중 상당수는 그것을 계기로 商都에 이주하게 되었을 것이다. 이 장의 첫머리에서 설명한 것처럼, 다양한 도상이 새겨진 청동기가 은허에서 출토된 현상은 이곳에 여러 씨족 출신의 사람이 집주하였음을 알려주는 증거이다. 이 도상들은 은허에 거주하면서 王朝에 臣事한 각 씨족 출신의 자들이 소지하고 있었던 청동기에 새겨진 것이다. 殷墟에서 검색된 72개의 도상은 이런 배경에서 은허에 모인 각 씨족 고유의 씨족표지였을 것이다.이들 72개의 도상 가운데 현재 地名과 일치하는 것으로 확인할 수 있는 것은 21례이며, 이들 도상을 가진 청동기의 출토 지점을 검색하여 정리한 것이 [표 9]이다.

상왕실은 자신의 영향권에 포함된 지역정치체의 지배자들을 貞人이나 官僚로서 왕조의 정책결정과 수행에 참여시켰다. 이들은 다양한 직무를 수행하면서 왕조에 봉사하였고, 이를 계기로 하여 은허에 거주하게 되었다. 이렇게 하여 은허에 모인 다양한 씨족 출신의 자들은 그들 자신의 제례에 사용할 청동제기를 만들고, 거기에 씨족의 표지인 도상을 새겨넣었다. 이들 씨족 가운데는 원주지가 은허 부근인 씨족이 있었을 가능성도 있지만, 앞서 살펴본 醜나 丙, 그리고 戈처럼 그들의 소재지가 商都에서 멀리 떨어진 경우도 있었다.

그렇다면 商 왕실이 지역정치체 지배층 일부를 은허로 이주시켜 거주하게 하면서 王朝의 貞人이나 官僚로서 服事하게 한 이유는 어디에 있을까? 이 문제를 체계적으로 설명하는 자료는 지금 찾을 수 없지만 이러한 정책을 통해서 商 조정은 크게 두 가지의 효과를 얻을 수 있었을 것이라 생각한다. 첫째, 商 왕실은 그 정책의 결정이나 실행에 지역정치체

[표 9] 殷墟에서 발견된 地名과 일치하는 도상

圖象	甲骨文용례	器名	時期	出土地點	報告
	方名	爵		河南 安陽 大司空村 M304	考古學報 9, p.48
	方名·地名	罍		陝西 長安 普渡村 鬪門鑛	考古學報 1957[1], p.79
		簋		陝西 武功 柴家咀	文物 1963[3] p.50
		卣	殷墟 후기	湖南 寧鄉 黃材公社	文物 1972[1], p.72
		盃·觶·卣	西周 전기	陝西 涇陽 高家堡	文物 1972[7], p.6
		簋		陝西 銅川 紅土鑛	考古 1982[1], p.107
		觶	殷墟 4期	河南 安陽 郭家莊 M1	考古 1988[10], p.877
	侯名	戈		河南 安陽 殷墟西區 M727	考古學報 1979[1], p.83
		戈		山西 石樓 義牒公社 裙家峪	文物 1981[8], p.50
	地名·人名·侯名	觶	殷墟 2期	河南 安陽 (傳)	使華 14
		爵	殷墟 후기	河南 安陽 (傳)	嚴窟吉金圖錄[上] 26
		簋	殷墟 후기	河南 安陽 (傳)	廉窟吉金圖錄[上] 62
		卣	殷墟 후기	河南 安陽 (傳)	嵌窟吉金圖錄[上] 22
		爵	殷墟 후기	河南 安陽 (傳)	鄭中片羽 二集[上] 32
		卣	西周 早期	河南 洛陽 (傳)	善齋彝器圖錄 22
		簋	西周 早期	河南 洛陽 (傳)	頌齋吉金圖錄 續錄 29
		簋	西周 早期	河南 洛陽 (傳)	頌齋吉金圖錄 續錄 30
		觶	西周 早期	河南 洛陽 (傳)	善齋彝器圖錄 137
		爵	西周 早期	河南 洛陽 (傳)	善齋彝器圖錄 6.13
		爵	西周 早期	河南 洛陽 (傳)	善齋彝器圖錄 6.14
		爵	西周 早期	河南 洛陽 (傳)	善齋彝器圖錄 158
		爵	西周 早期	河南 洛陽 (傳)	善齋吉金錄 7.30
		方鼎	西周 早期	河南 孟縣 (傳)	博古圖錄 3.5
		方鼎	西周 早期	河南 孟縣 (傳)	考古圖 4.9
		甗	西周 早期	河南 孟縣 (傳)	考古圖 4.13
		簋	西周 早期	河南 孟縣 (傳)	考古圖 4.11
		盉	西周 早期	河南 孟縣 (傳)	考古圖 4.12
		盉	西周 早期	河南 孟縣 (傳)	博古圖錄 19.34
		觚	西周 早期	河南 孟縣 (傳)	考古圖 4.10
		鼎	西周 早期	甘肅 靈臺 百里公社 M2	考古 1981[6], p.558
		卣	殷墟 후기	河南 安陽 梅園莊 M92	考古 1991[2], p.133
		?		陝西 鳳翔 郭店 丁家溝	考古 1990[5], p.457

圖象	甲骨文용례	器名	時期	出土地點	報告
	伯·貞人·人名	觚, 鐃	殷墟 2期	河南 安陽 大司空村 M663	考古 1988[10], p.871
	地名·人名	觶	殷末周初	河南 魯山 倉頭村	文物 1958[5], p.73
		爵		河南 安陽 殷墟西區 M697	考古學報 1979[1], p.83
	地名·人名	觶		河南 安陽 殷墟西區 M793	考古學報 1979[1], p.83
	地名·人名·貞人名	簋		湖北 京山 蘇家壟	文物 1972[2], p.48
		爵		河南 安陽 殷墟西區 M271	考古學報 1979[1], p.81
		觚		河南 安陽 殷墟西區 M1116	考古學報 1979[1], p.81
		鼎·方鼎	西周 早期	陝西 長安 鬭門鎭 長花 M3	文物 1986[1], p.11
		壺,方壺, 郖	西周 早期	陝西 長安 鬭門鎭 長花 M17	文物 1986[1], pp.13-15
	地名	戈		河南 安陽 武官村大墓 副葬坑 N4	中國考古學報 5, 도판 45
	地名	卣	殷墟 후기	河南 安陽 (傳)	郭中片羽 初集[上] 19
		尊	殷墟 2期	河南 安陽 (傳)	郭中片羽 三集[上] 18
		爵	西周 早期	陝西 輝縣	文物 1956[11], 封底
		爵	殷墟 후기	安徽 親上 王尚	文物 1985[10], p.38
	地名·人名	爵	殷墟 후기	河南 安陽 梅園莊 M59	考古 1991[2], p.133
	地名	爵	殷墟 3期	河南 安陽 豫北訪織康	文物 1986[8], p.79
	地名	戈		河南 安陽 (傳)	巖窟吉金圖錄[下].32
		甗		陝西 涇陽 (傳)	論先周文化, p.316
		罍		陝西 寶鷄 (傳)	美帝 A785
		甗		山西 益城 城關公社	文物 1963[4], p.51
	國名	爵		河南 安陽 四盤磨 SPM8	中國考古學報 5, 도판 45
	地名	觚	殷墟 晚期	河北 磁縣 下七垣村	文物 1974[11], pp.93-94
		方彝	殷墟 2期	安陽 小屯 M5	考古學報 1977[2], p.66
	地名·人名	鼎·鐃	殷墟 2期	安陽 小屯 M5	考古學報 1977[2], p.66
	國名	觚	殷墟 후기	河南 安陽 梅園莊 M92	考古 1991[2], p.133

圖象	甲骨文용례	器名	時期	出土地點	報告
(圖象)	地名	觚	殷墟 후기	河南 安陽 梅園莊 M20	考古 1991[2], p.133
(圖象)		爵	殷墟 후기	河南 安陽 (傳)	郭中片羽 三集[上].45
		觚·爵			文物資料叢刊 3
		爵	殷墟 후기	河南 安陽	全國基本建設工程中出土 文物展覽圖錄 140左
		卣	殷墟 후기	河南 安陽	日本蒐儲支那古銅精華 1.38
		卣		河南 洛陽 (傳)	三代 13.38.5-6
		?	西周 早期	河南 安陽 (傳)	考古圖 4.5
		爵	西周 早期	陝西 長安 澧西公社 馬王村	考古 1963[8], p.413
		甗	商末周初	陝西 扶風 建和公社 東橋	文物 1974[11], p.89
		爵	殷墟 4期	河南 安陽 殷墟西區 M613	考古學報 1979[1], p.83
		爵	西周 早期	陝西 長安 張家坡 M80	考古學報 1980[4], p.468
		鼎	殷墟 2期	河南 安陽 殷墟 M17	考古學報 1981[4], p.512
		觚		陝西 長安 張家坡 M106	考古 1984[9], p.786
		甗 鼎 爵	殷墟 후기	山西 靈石 旌介村 M1	文物 1986[11], p.7
		鼎 簋·番·觚·爵	殷墟 후기	山西 靈石 旌介村 M2	文物 1986[11], p.14
(圖象)	子某	爵	殷墟 4期	河南 安陽 郭家莊 M274	考古 1986[8], p.715
(圖象)	地名·人名	觶		山東 益都 蘇阜屯	考古學報 2
		鉞		山東 益都 蘇阜屯	文物 1972[8], p.21

* 時期란에 표기된 청동기의 제작 시기는 보고자의 견해에 따랐으며, 그 시기가 추정되지 기재되지 않은 것은 공란으로 두었다. [표 10]도 같다.

의 유력씨족을 참여시킴으로써 정책의 결정이나 수행에 정당성을 부여하고, 각 지역정치체가 그것에 동참하도록 유도할 수 있었을 것이다. 둘째, 商 조정은 그 지역정치체의 지배층 일부를 은허로 이주시켜 그들을 직접 統制하에 둠으로써, 그들이 商邑을 중심으로 형성된 지배와 예속의 관계에서 이탈하지 못하도록 할 수도 있었을 것이다.

제3절
周原과 豊·鎬京에서 발견된 도상

　기원전 11세기 후반의 어느 해, 周는 은허를 점령하여 중원의 주인이 되었다. 周가 은허를 정벌함으로써 商을 중심으로 구축되었던 정치질서는 파탄을 맞이하고, 이제 그것은 주를 중심으로 재편되어 갔다.

　周族이 어느 곳에서 기원하였는지는 분명하지 않다. 周族의 행적이 분명하게 나타나기 시작하는 것은 文王의 조부인 古公亶父 때부터인데, 그는 씨족을 이끌고 岐山 남쪽의 이른바 '周原'에 정착하였다 한다[52]. 古公亶父가 도래한 '周原'이 지금의 어느 곳인지에 대해서 여러 가지 견해가 있으나, 대개 북으로 岐山, 남으로 渭河, 서로 汧河, 동으로 漆水河에 둘러싸인 지역, 즉 섬서 중서부의 鳳翔, 岐山, 扶風, 武功 등 4縣의 대부분

---

[52] 『詩經』 大雅 綿. "… 古公亶父, 來朝走馬, 率西水滸, 至于岐下, 爰及姜女, 車來胥宇, 周原膴膴, 菫茶如飴, 爰始爰謀, 爰契我龜, 曰止曰時, 築室于玆." 鄭玄은 『毛詩正義』에서 "廣平曰原"이라 하였으니, '原'은 지세를 설명하는 말이다. 따라서 周原은 '周'와 주위의 넓고 평탄한 지대를 함께 일컫는 말일 것이다. 따라서 古公亶父가 정착한 곳은 엄밀하게 말하면 '周'라는 이름을 가진 지역일 것이나, 國名으로 사용되는 '周'와의 혼동을 피하기 위해 周原이라 쓴다.

과 寶鷄, 眉縣, 乾縣 일부분을 포괄하는 지역으로 추정한다[53].

　古公亶父 이후, 周族은 점차 세력을 확장하여 동쪽으로 진출하여 갔다. 그에 따라 文王은 周族의 본거지를 澧水 서편의 豊京으로 옮겼으며 이어 武王대에는 澧水를 건너 그 동쪽에 鎬京을 건설하였다[54]. 豊京과 鎬京의 정확한 위치도 지금 분명하지 않다. 漢·唐 이래의 기록은 豊京과 鎬京의 위치를 澧水, 鄗水, 滈池, 昆明池 등 부근 지형이나 漢·唐의 長安城, 鄠縣 등 주변 주요 도시를 기준하여 설명하였다. 그러나 이곳은 漢代 이후 지형이 심하게 변모하여, 宋代에 이르러서는 이미 豊·鎬京의 위치를 정확히 알 수 없게 되었다. 출토자료를 보면 澧水의 서쪽, 客省莊과 張家坡에 걸친 약 6만㎡ 범위에 서주시대 유적이 밀집 분포되어 있다. 또 澧水의 동쪽, 昆明池 서북쪽의 洛水村, 上泉村, 普渡村, 花園村과 鬪門鎭 일대 약 4만㎡ 범위에서도 서주 유적이 집중 확인된다. 이 두 곳은 기록으로 전하는 豊·鎬京의 위치와 대체로 일치하므로, 바로 이곳이 豊·鎬京이 있었던 자리라 추정한다[55]. 이곳은 西安 서남부의 澧水 중류 지역, 현재의 長安縣 일대이다.

　武王은 商을 정벌한 이후 지금의 洛陽市 부근에 새로운 도시 成周를 건설하여 중원 통치에 임하려 하였고, 후계자인 成王은 武王의 뜻을 이어 잠시 成周로 근거를 옮겼다[56]. 成王은 이후 다시 鎬京으로 되돌아왔다. 그 이유는 분명치 않으나, 서주시대 내내 宗周, 즉 鎬京은 왕의 居城으로서 정치적인 중심지, 澧水의 대안에 위치한 豊京은 조상을 奉祀하는 제

53 陳全方, 『周原與周文化』, 上海人民出版社, 1988, pp.5~20.
54 『詩經』大雅 文王有聲. "… 文王受命 有此武功 旣伐于崇 作邑于豊 文王烝哉 … 考卜維王 宅是鎬京, 維龜正之, 武王成之, 武王烝哉."
55 豊京과 鎬京의 현재 위치에 대해서는 胡謙盈 「豊鎬地區諸水道的踏察－兼論周都豊鎬位置」, 『考古』 1963[4], pp.188~197 및 保全, 「西周都城豊鎬遺址」, 『文物』 1979[10], pp.68~70.
56 伊藤道治, 「西周王朝と雒邑」, 『中國古代國家の支配構造 －西周封建制度と金文』 中央會論社, 1987, pp.395~412.

사의 중심지로 기능하였다[57]. 그밖에 古公亶父가 정착했었던 周原도 여전히 번성하였다. 이곳에서 발견된 청동기 교장갱이나 무덤에서는 청대 이후만 해도 무려 1,000여 점에 달하는 주대 청동기가 출토되었다는 통계가 있다[58]. 이들 청동기의 명문에 의하면, 청동기를 제작한 자들 중에는 조정의 관료를 역임하거나 王에게서 賞賜를 받은 경우가 적지 않아, 周原에는 상당수의 貴族들이 거주하였다고 여겨진다. 王이 이곳에서 의례를 행한 사실을 전하는 금문도 드물지 않으며, 근래에는 대규모 지상 건축물 유적이 발견되기도 하였다[59].

그러므로 豊・鎬京 지역은 물론 주원까지도 幽王이 洛陽으로 쫓겨갈 때까지 서주의 정치적 중심지였다고 생각된다. 이곳에서는, 서주의 정치적 중심지였던 만큼, 역시 상당한 양의 청동기가 출토되었다. 그리고 은허의 경우와 마찬가지로, 발견된 청동기 중에는 도상이 새겨진 것이 적지 않고 그 종류 또한 다양하다. 이 지역에서 출토된 청동기에서 검색된 도상은 36종에 달한다. 다시 그 각각의 도상이 새겨진 청동기의 출토지점을 정리하면 [표 10]과 같다.

앞 절에서 殷墟에서 다양한 종류의 도상이 발견되는 점에 주목하고, 그것이 商의 지역정치체 통합의 한 면을 보여주는 것이라 설명한 바 있다.

---

57 白川靜, 「西周史略」, 『金文通釋』, 6, 白鶴美術館, 1980, p.50~55

58 陳全方, 앞의 책, 1988, p.14.

59 1976년부터 시작된 岐山 鳳雛村, 扶風 召陳村・雲塘村의 西周文化 유적에 대한 발굴을 통해, 鳳雛村에서는 대형 建築遺址 한 곳이, 召陳村에서는 서로 연관을 맺고 있는 것으로 보이는 建築 유적 15곳이 발굴되었다. 전자는 克殷 이전에 건립되어 西周 만기까지 사용된 것으로 보이며, 후자는 그 지층에 따라 다시 하층(F7, F9)・상층(F1-6, F8, F10-15)으로 나뉘어지는데, 下層은 西周 전기, 上層은 西周 중기에 사용되었다. 유적의 성격에 대해서는 여러 견해가 있다. 鳳雛村의 것을 貴族의 宗廟, 召陳村의 곳을 王宮이라 보는 견해가 있는가 하면, 두 유적 모두 다 貴族의 宅院으로 보는 견해도 있다. 발굴 보고는 陝西周考古隊, 「陝西岐山鳳雛村西周建築基址發掘簡報」, 『文物』1979[10]; 同, 「扶風召陳西周建築群基址發掘簡報」, 『文物』1981[3]이며, 유적의 성격에 대해서는 陳全方, 『周原與周文化』, pp.63~67 참조.

[표 10] 周原, 豊·鎬京에서 발견된 圖象

圖象	器名	時期	出土地點	報告
	爵	殷墟 전기	河南 安陽 梅園莊 M92	考古 1991[2], p.133
	鼎		陝西 乾縣	商周葬器通考 38
	甗	西周 전기	河南 濬縣 辛村 M60	田野考古報告 1, p.187
	甗 鼎	西周 전기	湖北 江陵縣	文物 1963[2], p.54
	卣	商末周初	湖南 寧鄉 黃材公社	考古 1963[12], p.646
	鼎	商末周初	湖南 寧鄉 黃材公社	考古 1963[12], p.646
	鼎	商末周初	遼寧 喀左縣 北洞村	考古 1974[6], p.366
	爵	商末周初	山東 膠縣 張家屯公社 西菴	文物 1977[4], 69
	尊		陝西 長安 張家坡 M87	考古學報 1980[4], p.468
	爵	殷墟 2期	河南 安陽 小屯 76AXTM17	考古學報 1981[4], p.512
	爵	殷墟 전기	陝西 寶鷄 上王公社 强家莊	文物 1981[12], p.88
	爵	殷墟 2期	湖北 鄂城縣 沙窩公社	考古 1982[3], p.210
	卣	西周 전기	河南 信陽縣 湖河港鄉	考古 1989[11], p.18
	枓		河南 安陽(傳)	鄴中片羽 初集 上.31
	爵	殷墟 전기	山東 青州	三代 15.36.2
	觚	西周 전기	陝西 耀縣	文物 1956[11], 封底
	罍	商末周初	遼寧 喀左縣 山灣子村	文物 1977[12], p.29
	觚	殷墟 전기	山東 泗水縣 張莊公社	考古 1986[12], p.1139
	簋		陝西 長安 普渡村 無量廟	考古學報[8], 도판 15
	爵		山東 蒼山縣 層山公社	文物 1965[7], p.27
	鼎		河南 安陽 殷墟西區 M284	考古學報 1979[1], p.81
	爵		河南 安陽 殷墟西區 M1125	考古學報 1979[1], p.81
	觚		河南 安陽 殷墟西區 M271	考古學報 1979[1], p.81
	觚		河南 安陽 (傳)	美帝 A473-R77
	斝		河南 安陽 (傳)	郭中片羽 三集 上.35
	罍	殷墟 전기	河南 安陽 (傳)	郭中片羽 二集 上.37
	匕		河南 安陽 (傳)	鄭中片羽 二集 上.39
	簋		陝西 武功 游鳳鎭	論先周文化, p.317
	斝	殷末周初	四川 彭縣 竹瓦街	文物 1961[11], p.5
	爵	殷墟 3期	山西 太原 東壽陽縣 紫金山	考古圖 5.4
	鼎	西周 전기	河南 洛陽	滕稿 3

圖象	器名	時期	出土地點	報告
	鼎	西周 전기	河南 洛陽	縢稿 4
	卣	西周 전기	陝西	陝圖釋 51
	卣	西周 전기	河南 濬縣	美帝 A615-R254
	盉	西周 전기	遼寧 喀左縣 山灣子	文物 1977[12], p.29
	甗	西周 穆共期	陝西 扶風 法門公社 黃堆村	文物 1979[11], p.3
	觶		陝西 寶鷄市 益門公社 竹園溝村 BMZ4	文物 1983[2], p.5
	方鼎, 盃, 觶, 觚, 角		山東 益都 蘇阜屯	中國考古學報
			陝西 寶鷄市 峪泉公社	文物 1975[5]
	爵		甘肅 慶陽縣 溫泉公社	考古 1985[9], p.854
	觶		陝西 麟游縣 九成官鎭	考古 1990[10], p.881
	觚		陝西 扶風 法門公社 黃堆村	文物 1972[7], p.11
	壺	周 전기	陝西 扶風 法門公社 召李村	文物 1976[6], p.65
	角	西周 康王期	甘肅 靈臺 白草坡 M1	考古學報 1977[2]
	簋		陝西 長安縣 灃西公社 馬王村	考古 1984[9], p.789
	鬲	西周 전기	陝西 扶風 齊家村	文物 1959[11], p.73
	盡	西周 전기	陝西 長安 潏西公社 齊家村	考古 1963[8], p.414
	盤	西周 전기	陝西 扶風 齊家村	文物 1963[9], p.65
	墓		陝西 長安 普渡村 無量廟 M2	考古學報 8, 삽도 14
	爵	西周 成康期	陝西 寶鷄市 竹園溝村 BMZ1	考古 1978[5], p.292
	爵		陝西 長安 張家坡 M106	考古 1984[9], p.786
	卣		陝西 長安 張家坡 M87	考古學報 1980[4], p.468
	鼎	西周 전기	陝西 長安 新旺村	考古 1983[3], p.245
	鼎		陝西 長安 張家坡 M54	考古學報 1980[4], p.468
	鼎		陝西 麟游縣 九成官鑽	考古 1990[10], p.881
	?		陝西 麟游縣 九成官鑽	考古 1990[10], p.881
	鼎, 尊	西周 전기	北京市 房山縣 琉璃河鎭 M52	考古 1974[5], p.314
	尊	西周 康王期	甘肅 靈臺 白草坡 M1	考古學報 1977[2]
	鼎 등 28점	殷墟 전기	山東 費縣	文物 1982[9], pp.39-42
	尊	西周 전기	陝西 長安 灃西公社 太原村	文物 1986[1] p.45

圖象	器名	時期	出土地點	報告
	角	殷墟 전기	陝西	十六長樂堂古器款識考 1.9
	鼎	商末周初	陝西 扶風 任家村	陝圖釋 71
	瓿	西周 早期	陝西 岐山 賀家村 M1	考古 1976[1], p.34
	卣	西周 康王期	甘肅 靈臺 白草坡 M1	考古學報 1977[2]
	甗	商末周初	陝西 扶風 法門公社 楊家堡	文物 1977[12], p.84
	簋	商末周初	遼寧 喀左縣 山灣子	文物 1977[12], p.29
	觶	西周 成康期	陝西 長安 澧西公社 張家坡	考古 1986[3], p.199
	圓泡	西周 전기	陝西 寶鷄市 益門公社 BZM1	考古 1978[5], p.292
	鼎	西周 전기	陝西 長安 新旺村	考古 1983[3] p.218
	觶		陝西 長安 張家坡 M28	考古學報 1980[4], p.468
	簋	西周 전기	陝西 寶鷄 淸姜河 桑園村	文物 1959[11], p.72
	盤		陝西 寶鷄 益門公社 竹園溝	文物 1983[2], p.5
	鼎	西周 1期	陝西 長安 澧西公社	考古 1984[9], p.782
	觥		河南(傳)	美帝 A657
	尊		陝西 涇陽 高家堡	文物 1972[7], p.6
	尊	西周 전기	河南	滕稿 31
	爵	先周 2期	山西 靈石 旄介村	論先周文化, p.339
	簋	西周 武王期	陝西 岐山	論先周文化, p.338
	觶	商末周初	陝西 寶鷄 戴家溝	美帝 A532-R94
	方彝, 方尊, 觥	西周 전기	陝西 扶風 法門公社 齊家村	考古 1963[8], p.414
	鼎	殷墟 3期	陝西 綏德 義合公社 焉頭村	文物 1975[2], p.86
	簋	西周 전기	陝西 長武縣 丁家公社	文物 1975[5], p.90
	卣	殷墟 전기	廣西 興安縣 土産公社	文物 1978[10], p.94
	爵		陝西 長安 張家坡 M16	考古學報 1980[4], 468
	卣	殷墟 3·4期	河南 羅山縣 蟒張公社 M1	考古 1981[2], p.114
	爵	殷墟 3·4期	河南 羅山縣 蟒張公社 M5	考古 1981[2], p.114
	爵	設墟 3·4期	河南 羅山縣 蟒張公社 M6	考古 1981[2], p.114
	鼎		陝西 長安 張家坡 M106	考古 1984[9], p.786

圖象	器名	時期	出土地點	報告
	觥·尊	成康期	陝西 扶風縣 法門鄉	
	簋		陝西 岐山(傳)	美帝 A147
	簋		陝西 岐山 賀家村 M1	考古 1976[1], p.34
	簋		陝西 長安 張家坡 M86	考古學報 1980[4], p.468
			표 9-2와 같음	
			표 9-4와 같음	
			표 9-8과 같음	
			표 9-10과 같음	
			표 9-13과 같음	
			표 9-19와 같음	

그 요지는 다음과 같다. 商 조정은 그 지배 질서에 편입된 지역정치체의 지배층을 貞人이나 官僚로서 조정의 정책결정과 실행에 참여시킴으로써 한편으로 그들과의 유대관계를 공고히 하고 다른 한편으로는 그들을 통제하려 하였다. 그리하여 각 씨족의 지배층 일부는 은허에 이주하여 거주하게 되었고, 다양한 도상이 새겨진 청동기를 그곳에 남겨놓게 되었다.

周原과 豊·鎬京지역에서도 다양한 종류의 도상이 발견된다. 西周의 중심지에도 여러 씨족 출신의 사람들이 함께 거주하고 있었다는 뜻이다. 그렇다면 西周에서도 商과 유사한 지역정치체 통합의 시스템이 작용하였다고 유추해 볼 수 있지 않을까?

1. 史牆家의 사례

1976년 12월 陝西省 扶風縣 法門鄉에서 청동기 저장 구덩이 한 곳이 발견되었다. 이곳에서는 모두 103점의 동기가 출토되었다. 청동기는 한 가문에 속하는 여러 세대의 사람들이 제작한 것이다. 이들 청동기 가운데 가장 인상적인 것은 단연 284자에 달하는 긴 명문을 가진 史牆盤이다.

　傳統을 잘 계승하신 文王께서는 비로소 지극히 훌륭하고 화합된 정치를 행하시니, 上帝께서는 커다란 德과 도움을 주시었다. (文王께서는) 上下를 잘 어루만져 다스리셨으며, 萬邦을 會受하시었다. 곧고 굳세신 武王께서는 四方을 通征하시며 殷의 唆民을 정벌하시어 영원토록 두려움이 없게 하시었다. 虘와 戲를 치시었으며 夷와 東을 정벌하시었다. 審思聖達하신 成王께서는 왼편으로 오른편으로 暴戾한 자들을 잘 길들이시어 비로소 周邦을 다스리셨다. 깊고 밝으신 康王께서는 나라의 紀綱을 잘 계승하여 바로잡으셨다. 넓고 큰 昭王께서는 멀리 楚荊을 치셨으며 南道를 개척하시었다. 神意를 삼가 잘 살피신 穆王께서는 (先王의) 宏謨를 본받으셔서 (지금의) 天子를 거듭 平安하게 하시었다. (지금의) 天子(共王)께서는 文王과 武王의 성대한 功業을 삼가 계승하셨다. 天子께서는 힘써 그침이 없으시며 上下를 寒祁하며 桓謀를 크게 밝히시니 넓고 빛나 허물이 없으시다. 上帝께서도 편안히 여기셔서 天子의 永命을 지켜주시니 두터운 福이 함께하며 蠻夷도 戜見하지 않는 자 없다.
　조용하고 그윽하신 高祖께서는 戲땅의 신령스런 곳에 사셨다. 武王께서 殷을 정벌하시자 戲의 史였던 剌(烈)祖께서는 武王께 來見하시었다. 武王께서는 周公으로 하여금 周(原)에 거처를 내려주게 하사 그곳에 머물도록 하시었다. 勔惠한 乙祖(祖乙)께서는 天子를 보필하시며 遠謀를 도와 心腹의 臣下가 되시었다. 蕁明하신 亞祖 祖辛께서는 자손을 훌륭히 기르시어

多子多福하시며 繁猷多犛(의미불명)하시니, 마땅히 帝에 配祀될만 하시다. 麩遲하신 文考乙公께서는 조상의 功業을 본받아 純함을 얻으시며, 農墻을 가혹하게 거두어 들이지 않으시며 戎犕하는 자를 辟治하시었다. 효성스러우며 우애로운 나 史牆은 아침 저녁으로 제사를 폐하지 않아 날마다 蔑曆받노라. 나 牆(作器者)은 감히 廢하지 못하고, 天子의 크고 빛나는 休命에 對揚하여 寶障彝를 만드니, 剌祖와 文考께서는 반드시 갸륵하게 여기시어 커다란 복을 내려주실 것이다. 福懷觠彔(의미불명)하고 길이 長壽하여 임금을 잘 섬길 수 있게 되기를 바라노라. (後孫들은 이 그릇을) 만년토록 寶用토록 하라.[60]

史牆은 史의 직책을 가진 자로서 이름이 牆이다. 史牆盤 銘文의 내용은 매우 이채롭다. 명문의 전반부에서는 文·武·成·康·昭·穆王과 당대의 왕인 共王의 대표적인 공적을 각각 서술하고, 후반부에서는 이에 대응하는 형식으로 자기 조상의 행적을 기록하였다.

명문에는 史牆의 高祖가 원래 㣤땅에 살았다 했다. 周가 은허를 정벌하여 천하의 지배자가 된 이후, 高祖의 아들인 剌祖는 무왕에 '來見'하였다. 來見의 '見'은 謁見을 뜻하는 것으로 복종의 의사를 표시하는 행위이다[61]. 이에 武王은 周公으로 하여금 剌祖에게 周, 즉 周原에 거처를 내려

---

60 집성 16,10175, 史牆盤. "曰古文王, 初戮龢于政. 上帝降懿德大愕. 匍有上下. 迨受萬邦. 㽙圉武王, 遹征四方, 達殷畯民, 永不恐. 狄虘㣤, 伐尸童. 富聖成王, 左右綬會剛鯀, 用肇徹周邦. 睿哲康王, 遂尹㫲彊. 弘魯邵王, 廣敤楚刑, 隹奐南行. 祇覡穆王, 井帥宇誨醻寧天子. 天子圖㝅文武長剌. 天子眉無勾寨祁上下. 亟獄逗慕, 昊昭亡斁. 上帝后□尤保受天子縮令, 厚福豐年, 方蠻亡不覯見. 青幽高且, 才㣤霝處, 雩武王旣伐殷, 㣤史剌且迺來見武王. 武王則令周公舍禹于周, 卑處. 甬叀乙且逮匹氒辟, 遠猷腹心子㞷, 㞷明亞且且辛. 蠚彔子孫, 繁猶多犛, 楅角熾光, 義其禋祀. 麩遲文考乙公遽爽, 得屯無諫, 農嗇戎犕, 隹辟孝友. 史牆夙夜不彖, 其日蔑曆, 牆不敢趄. 對揚天子不顯休令, 用作寶障彝, 剌且文考弋寵受牆爾龘福裒猶彔, 黃耈彌生, 龕事氒辟. 其萬年永寶用."
61 見이 謁見이며, 복종을 의미하는 것임은 다음의 몇 가지 사례에서 확인된다. 麩鐘(집성 1.260)

주어 그곳에 거주하게 하였다. 乙祖는 이어 천자를 보필하여 그 심복이

되었다고 하나, 그가 王을 위하여 구체적으로 어떠한 일을 하였는지는 명

문에 기록되지 않았다.

史牆盤이 출토된 구덩이에서 함께 출토된 청동기는 103점인데, 그중

명문이 있는 것은 77점이다. 동기를 제작한 사람은 史牆 이외에도 商, 折,

陵, 豊, 癲, 白先父 등 여러 명이 있다. 그런데 史牆盤을 포함하여 이들

이 제작한 동기의 명문을 비교해 보면, 이들은 대개 한 가문에 속하는 사

람들이었음을 알 수 있으며, 그들 상호간의 혈연적 계승관계, 그리고 각자

가 활동한 시기도 파악할 수 있다. 이 문제에 대해서는 이미 여러 논고에

서 취급하였으므로[62] 여기에서 다시 설명할 필요가 없겠다. 그들 연구 결

과에 따라 그 家譜와 활동시기를 소개하면 다음과 같다.

에는 "王께서는 비로소 文王·成王께서 개척하신 疆土를 通省하셨다. 南國艮子는 감히 나의
땅을 陷虐하였다. 王께서는 敦伐하여 이곳에까지 이르셔서 그 마을들을 戡伐하셨다. 艮子는
곧 사절을 파견하여 와서 昭王을 맞이하였다. 南夷·東夷의 26邦이 具見하였다"라는 명문이
있다. 宗周鐘의 '具見'은 문맥을 보아 26邦의 投降禮인 것으로 생각된다. 다음, 1965년 陝西
長安縣 澧西公社에서 출토된, 西周 초기의 子尊-명문으로 보아 似員尊이라 명명하는 것이
옳겠지만-에는 "乙卯일 子(黃)는 大室에서 見하였다. 白□ 하나, 耴琅 하나, 百牢를 바쳤다.
王께서는 子黃에게 鬲 하나와 貝 100朋을 하사하셨다. 子(黃)께서는 似員에게 크게 상을 내리
셨다. 그것을 기념하여 己□盤을 만든다. 析子孫形圖象"라는 銘文이 있다. 명문에는 子黃이
大室에서 王을 '見'한 사실이 기록되어 있다. 子黃같은 子某 호칭은 상 왕실의 동성혈연자로
서 祭祀나 軍事에 참여한 商의 유력자이므로, 銘文의 見은 알현을 통한 복종의 의례였을 것
이다. 陳賢芳, 「父癸尊與子尊」, 『文物』 1986[1] 참조.

62 史牆家器群에 관한 중국학계의 연구는 비교적 활발한 편이어서 상당한 양의 論考가 발표되
어 있다. 앞에 인용한 李學勤의 글을 비롯하여 모두 15편의 논문이 尹盛平 主編, 『西周微氏
家族青銅器群研究』, 文物出版社, 1992, 附錄에 수록되어 있다. 日本學界의 연구는 伊藤道
治, 『中國古代國家의 支配構造』, 中央公論社, 1987, pp.112~145; 武者章, 「三式癲鐘銘よ
り見た西周中期社會의 一動向」, 『中國의 歷史와 民俗』, 伊藤淸司先生退官記念論文集編集
委員會, 第一書房, 1991 등을 참고할 수 있다.

[표 11] 史牆의 가계

```
高祖 ── 刺祖    ── 乙祖 ──┬── 陵
         (武王)            │
                          └── 祖辛(折) ── 乙公(豊) ── 丁公(史牆) ── 瘐
                              (成·康)                    (共王)        (懿王)
```

刺祖가 武王에게 來見, 복종의 뜻을 표시하고, 그의 아들인 乙祖가 周에 臣事한 것은 史牆盤의 명문에 보인다. 그러나 史牆盤에는 乙祖의 아들이며 史牆의 할아버지인 祖辛 이래의 행적에 대해서는 수사적인 어휘만이 구사되어 있을 뿐이어서 을조 이래의 행적은 분명히 알 수 없다. 그러나 그들의 행적은 같은 구덩이에서 출토된 기타 청동기의 명문을 통해 보충할 수 있다.

ⓐ 五月 王께서는 斤에 계셨다. 戊子일 作冊 折에게 명을 내려 相侯에게 望土를 주게 하셨다. 金과 臣을 (相侯로부터) 받았다. 王의 아름다운 은혜를 對揚하여 王 19年에 父乙의 祭器를 만든다. 장차 永寶하기를. 木羊兩冊形圖象.[63]

ⓑ 六月 既生霸 乙卯日, 王께서는 成周에 계셨다. (王께서는) 豊으로 하여금 大矩에게 殷禮를 베풀게 하셨다. (그 일이 훌륭하게 완수된 것을 기념하기 위해) 父辛을 기리기 위한 제기를 만드노라. 木羊兩冊形圖象.[64]

ⓒ (今王이 즉위하신지) 4년, 二月 既生霸 戊戌日. 王께서는 周에 있는 師

---

63 집성 15.9303, 作冊折觥. "隹五月, 王才斤, 戊子. 令作冊折兄望土于相侯. 易金易臣. 揚王休. 隹王十又九祀. 用作父乙隩, 其永寶. 木羊兩冊形圖象."

64 집성 11.5995, 豊尊. "隹六月既生霸乙卯. 王才成周, 令豊殷大矩. 大矩易豊金貝, 用作父辛寶隩彝. 木羊兩冊形圖象."

枭의 宮에 계셨다. (王께서는) 大室로 나오셔서 (王의 자리에) 임석하셨다. 嗣馬인 共이 痹을 인도하였다. 王께서는 史인 年을 불러 (나에게) 冊命을 내리게 하고 □㡇과 虢市와 攸勒을 사여토록 하셨다. (나 痹은) 감히 天子의 은혜를 널리 알려 文考를 기념하기 위한 寶簋를 만든다. 痹이며, 앞으로 만년토록, 자자손손 영원히 寶用토록 하라.[65]

ⓓ (今王이 즉위하신지) 13년, 九月 初吉 戊寅日, 王께서는 成周에 있는 嗣土 淲의 宮에 계셨다. (왕께서는) 大室로 나오셔서 (王의 자리에) 임석하셨다. 㣙父가 痹을 인도하였다. 王께서는 作冊尹을 불러 나 痹에게 冊命을 내리고 畵㡇와 牙僰, 그리고 赤舃을 하사하도록 하셨다. (나 痹은) 머리숙여 절하고 감히 王의 은혜를 널리 알리노라. 痹이여, 앞으로 만년토록, 영원히 寶用하도록 하라.[66]

ⓐ는 乙祖의 아들이자 史牆의 조부인 折(祖辛)이, ⓑ는 절의 아들이자 史牆의 아버지인 豊(乙公)이, ⓒ, ⓓ는 史牆의 아들인 痹이 만든 것이다. 명문을 보면 折은 作冊으로서 相侯에게 영토 수여의 책명을 내리라는 왕명을 수행하였다. 豊은 大矩에게 殷禮를 베풀었다. ⓑ의 첫머리에 "王께서는 成周에 계셨다"고 밝혀놓은 것으로 보아, 豊은 成周에서 행해진 殷禮에 참여하여 大矩라는 자에게 殷禮를 베푼 것이다. 殷禮는『周禮』大宗伯에서 "殷見曰同"이라 하는 殷同의 예로, 일정한 년차를 두고 행해지

---

65 집성 9.4462, 痹盨. "隹四年二月旣生覇戊戌, 王才周師彔宮. 各大室, 卽立. 嗣馬共右痹. 王乎史年冊易赦冟虢市攸勒. 敢對揚天子休, 用作文考寶簋. 痹其萬年子子孫孫其永寶. 木羊兩冊形圖象."

66 집성 15.9723, 十三年痹壺. "隹十又三年九月初吉戊寅, 王才成周嗣土淲宮. 各大室, 卽立. 㣙父右痹. 王乎作冊尹, 冊易痹畵冟牙僰赤舃. 痹拜諨首. 對揚王休. 痹其萬年永寶. 木羊兩冊形圖象."

는 會同의 의례이다[67].

ⓐ에서 折은 자신을 "作冊 折"이라 부르고 있다. 作冊은 神官인데,[68] 作冊의 冊은 祝禱의 글을 의미하는 것으로, 作冊은 널리 제사나 의례에 관한 일을 관장한 것으로 보인다. 作冊과 유사한 직무를 수행한 것이 史이다. 史의 글자형은 祝禱의 글을 담은 그릇을 들고 있는 모습에서 나온 것이다. 이것으로 미루어 보면 史도 역시 神官이었을 것이다. 作冊과 史의 직무가 어떻게 구별되는지는 분명하지 않지만, 西周 중기 이후에는 作冊이라는 직명이 사라지고 그 직무는 史에게로 통합되어 간다. 이것을 보면 양자의 직무는 서로 유사한 것이었으리라 추정된다.

作冊과 史는 대대로 세습되었다. 史牆盤의 명문에 의하면 折의 조상인 高祖도 㲀의 史였다. 折의 아들인 豊은 成周에서 거행된 殷禮에 참여하였는데, 作冊과 史의 직무 가운데 하나가 殷禮에 참여하는 것이었다. 그러므로 豊도 作冊이거나 史였을 가능성이 높다[69]. 史牆盤의 작기자는 史牆으로, 그 역시 史를 칭하고 있다. 이렇게 보면 史牆의 가문도 대대로 作冊 혹은 史 등 神官의 직무를 수행한 것으로 보인다. ⓐ와 ⓑ 명문의 끝에는 이른바 '木羊兩冊形'도상이 있다. 이 도상의 구성요소 가운데는 '冊'이 들어 있다. 이 도상은 아마도 折과 豊의 직무, 즉 作冊에서 유래

---

67 『周禮』春官, 大宗伯. "以賓禮親邦國, 春見曰朝, 夏見曰宗, 秋見曰覲, 冬見曰遇, 時見曰會 殷見曰同." 鄭玄은 注에서 "殷은 衆의 뜻이다. 12년 동안 王이 巡狩하지 않으면 六服이 모두 朝會한다. 조회의 禮가 끝나면 王은 (특별한 일이 생기면 제후를 소집하는 時見 때와 마찬가지로) 역시 壇을 만들어 諸侯를 모아 命을 내린다. 명령하는 施政의 내용은 巡狩 때와 같다. 殷見은 四方의 제후가 각각 四時로 나뉘어져 오므로 일년이 소요된다"고 하였다.

68 이하 作冊과 史에 대해서는 白川靜, 「作冊考」, 『甲骨金文學論叢』2, 1955.

69 예컨데 土上卣(집성 10.5421)에 "王이 宗周에서 大禴을 행하시고 이어 豊京에서 祼禮를 행하신 해. 五月 旣望 辛酉일. 王께서는 土上과 史黃에게 成周에서 殷禮를 행하게 하셨다"고 하여 史黃이 殷禮에 참여하였음을 알 수 있다. 또 作冊翩卣(집성 10.5400)에 "明保께서 成周에서 殷禮를 행하신 해. 公께서는 作冊翩에게 鬯酒와 貝를 내려주셨다. 翩은 公의 은혜를 널리 알려 父乙을 제사하기 위한 제기를 만든다"고 하는데, 作冊翩은 殷禮에 무언가의 공로가 있어 明保에게서 표창받았을 것이다.

하였을 것이다.

그런데 史牆의 아들인 瘷의 경우는 약간 다르다. ⓒ와 ⓓ는 모두 瘷이 제작한 것이다. 이들 청동기는, 아마도 懿王 4년과 13년에, 瘷이 모종의 책명을 받고 그것을 기념하기 위해 제작한 것이라 생각된다. 각각의 책명을 통해 瘷이 어떤 직무를 수행하게 되었는지 명문에는 기록되지 않았다. 그러나 4년에 행해진 책명은 師彖의 집에서 詞馬共을 右者(피책명자를 의례장소로 인도하는 자)로 하여 치뤄졌다. 13년에 행해진 冊命은 詞土인 淲의 집에서 행해졌다.

원래 책명의례는 王의 宗廟에서 행해지는 것이 원칙이었다. 그런데 西周 중기 경에 이르면 책명의 내용에 따라 책명장소나 右者가 변경되는 일이 빈번하다. 즉 책명의례가 거행되는 장소나 右者는 被冊命者와 유사한 직무를 수행한 자의 집이나 사람으로 선정된다[70] 4년에 거행된 책명의례가 師, 즉 軍職을 담당한 彖의 집에서, 詞馬共을 右者로 하여 이루어진 것을 보면, 4년의 책명에서 瘷은 軍事와 관련된 직무를 맡게 되었을 것으로 짐작된다. 사실 師彖의 집에서 詞馬共을 우자로 하여 거행된 책명은 瘷의 경우 이외에도 3가지 사례가 더 있는데, 被冊命者 3인 가운데 2인은 師를 칭하고 있다[71]. 13년의 冊命은 司土의 집에서 거행되었다. 이 경우에도 瘷은 司土나 그에 관련된 직무를 수행하게 되었을 것으로 추측된다.

史牆家의 청동기 명문을 종합하여 살펴보면 史牆家의 역사를 다음과 같이 정리할 수 있다. 史牆의 가문은 원래 散 출신이었다. 史牆의 高祖는 散에 거주하였으며, 高祖의 아들 剌祖는 散의 史였다. 商·周는 아직 祭政이 분리되지 않은 사회였고, 神官의 지위가 세습되었음을 감안하면 高

---

70 伊藤道治, 앞의 책, 1987, p.147~160.

71 師彖의 집에서 司馬共을 右者로 하여 집행된 책명의 사례에는 이밖에도 師兪簋(집성 8.4277), 師晨鼎(집성 5.2817), 諫簋(집성 8.4285) 등이 있다. 이 가운데 師兪簋의 師兪, 師晨鼎의 師晨은 모두 이름 앞에 '師'를 붙이고 있다. 白川靜, 앞의 논문, 1980, p.380 참조.

祖와 剌祖는 微의 支配層에 속하였을 것이다. 散의 이 가문이 상 조정에서 어떤 활동을 하였는지는 알 수 없으나, 剌祖 때에 중원의 정치적 환경에 커다란 변화가 생겼다. 바로 周가 商을 대신하여 중원의 지배자가 된 것이다. 이에 대응하여 剌祖는 武王을 알현하여 복종의 뜻을 표시하였다.

武王은 周原에 거처를 마련하여 그곳에 剌祖를 거주하게 하였다. 史牆家의 청동기가 扶風縣 法門鄕, 즉 周原에서 출토된 것을 보면, 剌祖 이래 周, 즉 周原에 거주하게 된 史牆家는 剌祖 이래 西周 말까지 계속하여 이곳에 살았다고 생각된다. 剌祖의 後孫은 周에서 神官의 직무를 계승하였다. 折·豊·史牆은 作冊이거나 혹은 史였다. 사장의 아들인 瘋은, 그 직무가 분명하지 않지만, 軍事나 土地 관리에 관한 일을 수행하게 된 것으로 짐작된다.

史牆家는 周原으로 이주하게 되었지만, 여전히 散지역과 유대를 가지고 있었다. 史牆家 諸器 가운데는 史牆의 아들인 瘋이 제작한 청동기가 41점으로, 전체 有銘器의 반 이상을 차지한다.[72] 그중 微伯瘋簠(집성 9.4681)에는 "散伯瘋이 簠를 만드노라. 만년토록 영원히 寶用하라(微伯瘋作簠. 其萬年永寶)"는 명문이 있고, 微伯瘋匕(집성 3.972)에는 "散伯瘋이 匕를 만드노라(微伯瘋作匕)"는 명문이 있다. 瘋은 자신 스스로를 '散伯', 즉 微地의 首長이라 부르고 있다. 史牆盤에는 史牆의 高祖가 散에 거처하였다고 하고, 剌祖는 散의 史였다고 한다. 剌祖가 散의 史였다면, 제정이 분리되지 않은 고대의 사회적 환경에서, 그 역시 散伯이었을 가능성이 있다. 그리고 剌祖보다 5세대 뒤, 懿王代의 瘋도 여전히 散의 首長으로 불렸다.[73] '伯'이라는 칭호는 史牆의 家門이 이미 周原으로 이주한지 6세대

---

72 瘋대에 이르러 靑銅器 製作이 현저하게 증가한 배경에 대해서는 武者章, 앞의 논문, 1991,, p.33~337.

73 史牆家 諸器에는 그밖에도 "散伯이 □鬲을 만든다"는 명문을 가진 微伯鬲(집성 3,516) 7점이 있다. 명문의 내용이 간략하기 때문에, 여기에서 微伯을 칭한 자가 史牆家의 누구였는지는

가 지난 만큼 실질적인 斂의 수장을 의미하는지 단언할 수 없다. 그렇다고 해도 그가 여전히 斂伯이라 하여 斂를 冠稱하고 있었던 것은 史牆家와 斂 사이의 유대관계가 꾸준히 유지되고 있었음을 보여주는 것이다.

斂가 지금의 어느 곳인지는 분명하게 알 수 없다. 李學勤은 商周之際에 두 곳의 斂가 있었다고 한다. 商의 末帝인 射, 즉 帝辛의 형, 微子 啓가 통치하던 곳으로 전해지는 微와 周 武王을 도와 商 정벌에 참여한 微가 그것이다. 전자는 지금의 山西省 潞城縣 일대로 추정되며[74], 후자는 白川靜에 따르면 지금의 湖北省 부근에 비정된다[75]. 丁山의 地理 고증에 의하면 이 이외에 또 한 곳의 微가 있다. 『左傳』 莊公 28년에 "冬築郿"란 기사가 있다. 公羊傳에는 郿를 微라 적고 있어, 이곳도 斂라 불렸을 가능성이 있다. 이곳은 山東 壽張縣 부근이다[76].

2. 기타의 사례

앞에서 周原, 豊·鎬京 등 周의 중심지에서 36종에 달하는 다양한 종류의 圖象이 발견된 것을 지적하고, 그러한 현상은 은허에서 볼 수 있는 현상과 유사하다는 점에 주목한 바 있다. 그러한 유사성이, 지역정치체의 지배층 일부를 정치적 중심지로 이주시켜 국가의 통치기구에 참여하게 함으로써 그들에 대한 통합을 도모한 상 국가의 지배책이 周에서도 계승되었기 때문에 나타나는 현상이라는 추정도 함께 제시하였다.

분명하지 않다. 史牆家 제기를 취급한 여러 論考에서는 대체로 癔의 것이었으리라 보고 있다.

74 李學勤, 「論史牆盤及其意義」, 『考古學報』 1978[2], pp.81~82.

75 白川靜, 앞의 논문, 1980, pp.341~348.

76 丁山, 『甲骨文所見氏族及其制度』, 中華書局, 1988 중판, pp.87~89.

앞에서 살펴본 史牆家의 역사는 그 경위를 비교적 자세히 전하는 한 사례이다. 상주혁명을 계기로 散에 거주하였던 史牆의 剌祖는 周原으로 이주하였다. 이래 史牆家는 주원에 거주하면서 주 조정에서 神官職이나 行政職을 수행하였다. 武王은 來附한 史牆의 剌祖에게 토지를 수여하여 周原에 거처하게 하였다. 史牆의 高祖와 剌祖는 散의 수장이었으며, 그 지위는 史牆의 아들인 瘨에게도 계승되었다.

史牆家와 같은 경우는 이외에도 상당수 존재하였을 것이라고 생각한다. 서주의 여러 정치적 중심지에서 발견되는 다양한 도상 역시 그렇게 해서 서주의 중심지로 이주한 여러 씨족 출신의 자들이 남겨 놓은 것이라 판단된다. 여기에서는 그들 가운데 束 · 丙 · 戈族 등 3씨족의 사례를 살펴보고자 한다.

우선 束의 경우부터 살펴보자. 束는 갑골문에서 地名으로 사용된 용례가 있다(합집 3.5127 ; 합집 3.5129). 4기 甲骨文에는 束族의 성원이 王의 행차를 수행한 예(합집 11.33203), 南鄙를 시찰한 예(합집 4.9636) 등이 있다. 이들 사례를 보면 束族은 商의 武乙 · 文丁期에 상의 대외정벌이나 內政에 참여한 顯族이었다. 앞서 적은 바와 같이, 安陽 殷墟 西區의 무덤 M2와 M1116에서 束族의 爵과 觚가 각각 출토한 것을 보면 그들 씨족의 일부가 은허에 거주하였음을 알 수 있으나[77], 그들의 故地가 어디인지는 알 수 없다. 商代와 마찬가지로 周代의 束族도 비교적 많은 정보를 남겨 놓았다. 다음에 인용하는 두 개의 청동기 명문은 西周 초기 束族의 활동을 알 수 있는 자료이다.

ⓔ 王이 成周에 臨御하신 해. 厚趠은 溓公에게서 賞를 받았다. 趠은 그

---

77 束族에 대해서는 鍾柏生, 「釋「束」及其相關問題」, 『中央研究院歷史語言研究所集刊』 58[1], 1987, pp.83~103 참조.

것을 기념하기 위해 아버지 父辛을 제사하기 위한 鼎을 만든다. 子子孫孫
영원히 보배로 사용하라.[78]

　ⓕ 八月 乙亥일. 王께서는 豊京에 계셨다. 王께서는 歸妘에게 進金을 내
리셨다. 이에 王의 은혜를 드러내어 아버지 父辛을 제사하기 위한 鼎을 만든
다.[79]

　ⓔ는 厚趠이라는 사람이 제작한 것이다. 方鼎의 명문 이외에는 그에
관련된 다른 자료가 없기 때문에, 그에 대해서는 더 이상 자세히 알 수 없
다. 그러나 명문의 끝에 있는 도상으로 미루어 보아 그는 束族 출신이었
다고 생각된다. ⓔ에서 厚趠에게 상을 내린 溓公은 笪鼎과 䕂鼎에도 보
이는 인물이다. 䕂鼎은 成王 때에 제작된 것이기 때문에[80] 厚趠方鼎도 成
王기에 만들어진 것이다. 償은 무엇을 의미하는 글자인지 알 수 없다. 郭
沫若는 償를 '遺', 즉 賜與品이라 이해 하여 '사여품을 받았다'고 해석하였
으나, 白川靜은 그것이 軍禮에 관계된 일종의 행위였을 것이라 추측하여
溓公의 인도 하에 償라는 의례를 치른 것이라 보았다[81]. 그렇게 본다면 ⓔ
의 명문은 厚趠이 成周에서 행해진 軍禮에 참여하여 溓公에게 표창받은
사실을 기록한 것이라 할 수 있다.

　ⓕ는 長安縣 鬪門鎭에서 발견된 서주 무덤 長花M15에서 출토된 동기
가운데 하나이다. 歸妘方鼎의 정확한 제작시기는 알 수 없으나, 方鼎의
형태로 보아 서주 전기의 것이라 추측된다. 명문의 '王'은 정확히 어떤 왕

78 집성 5,2730, 厚趠方鼎. "隹王來各于成周年. 厚趠又償于溓公. 趠用作乍文考父辛寶障鼎.
其子孫孫永寶. 束字形圖象."
79 집성 5,2725, 歸妘方鼎. "隹八月, 辰才乙亥. 王才豊京. 王易歸妘進金. 緐對揚王休, 用作
父辛寶障. 束字形圖象."
80 陳夢家, 「西周銅器斷代(一)」, 『考古學報』 9, 1955, p.174.
81 白川靜, 「再論蔑曆」, 『中央研究院歷史語言研究所集刊』 51[3], 1980, pp.337~347.

인지는 알 수 없다. 豊京은 이미 적은대로 灃水 西岸에 위치한 邑으로서 武王이 강 맞은편의 鎬京으로 근거지를 옮긴 이후에도, 여기에서 王室의 주요 의례가 행해졌다.

명문에 따르면 方鼎은 王이 進金을 사여한 것을 기념하여 제작된 것이다. 豊京에서 어떤 의례가 행해졌을 때 齹妘에게 공로가 있어 王이 進金을 하사했을 것이다. 進金이 어떤 물건인지는 분명하지 않지만, 金의 일종이라 생각된다. 金은 西周 초기에서 中期에 걸쳐 자주 하사되었으며 '金', '赤金', '白金' 등이 하사된 사례가 있다. 長花 M15에서는 方鼎 이외에도 같은 도상을 가진 鼎 2점이 출토되었으며, 인접하여 발견된 서주 무덤 長花 M17에서도 같은 도상을 가진 壺 2점과 甗 1점이 발견되었다.

束族의 한 성원인 厚趠이나 齹妘은 각각 成周와 豊京에서 행해진 儀禮에 참여하여 각각 濂公과 王으로부터 표창을 받거나 혹은 進金을 하사받았다. 厚趠方鼎이 출토된 곳은 분명하지 않지만, 齹妘方鼎은 鎬京의 故地로 생각되는 陝西 長安 鬪門鎭에서 출토하였다.

두번째로는 丙을 보자. 丙族은 앞에서 밝힌 것처럼 山西 靈石 부근을 그 원주지로 하였다. 서주시대 丙族의 동향은 아래에 적는 嗣鼎을 통해 그 일단을 추측할 수 있다. 嗣鼎은 成王대의 작품이며 다음과 같은 명문을 가지고 있다.

王께서 처음으로 成周에서 □恒하였다. 濂公이 嗣를 蔑曆하고 馬□□□를 내려주었다. 嗣는 □□의 은혜를 드러내어 父□□□의 祭器를 만든다. 丙[82].

82 집성 5.2659, 嗣鼎. "王初□恒于成周, 濂公蔑嗣曆. 易馬□□□. 嗣□□休. 用作父□□□. 丙字形圖象."

명문의 일부는 그 글자를 확인할 수 없다. 濂公은 앞의 ⓔ에도 나타나며, 成王 때의 인물이다. 따라서 명문의 '王'은 成王을 가리킬 것이다. 蔑歷은 일반적으로 軍功을 표창하는 행위[83]이나, 군사에 관한 일만이 아니라 제사 등에 관련된 공을 표창할 때도 행해졌다[84]. 王이 成周에서 어떤 의례를 행하는 과정에서 嗣에게 공이 있었으므로 濂公이 그를 표창하였으므로, 嗣가 그것을 기념하기 위해 이 鼎을 만든 것이다. 嗣鼎은 1929년 洛陽에서 출토되었다 전한다. 嗣는 成周에 거주한 丙族의 일원이었을 것이다.

丙의 도상이 새겨진 청동기는, 成周에서 발견된 嗣鼎 외에, 長安 灃西 馬王村과 張家坡 서주 무덤 M80, M106에서 발견된 爵과 觚, 그리고 扶風 建和公社 東橋에서 발견된 罍가 있다. 丙族 도상의 청동기가 출토된 지점을 보면 丙族 중에는 嗣처럼 成周에 거주한 자 이외에도 豊京, 鎬京, 그리고 周原지역으로 이주한 사람도 있었다.

세번째로 戈의 경우를 보자. 위에서 언급한 것처럼 戈族의 원주지는 河南 中東部에 비정된다. 서주시대 戈族의 행적을 분명히 알려주는 자료는 없다. 그러나 다음의 자료를 통해 약간의 추측은 가능하다. 1954년 長安 普渡村에서 西周시대 무덤이 발견 조사되었다. 이 무덤에서는 다수의 토기와 玉石器 이외에 靑銅器 27점이 발견되었는데, 그중 9점에는 銘文이 있다[85]. 이 가운데 하나인 繁罍는 西周 초기에 제작된 것인데[86], 거기에는 "繁은 祖乙에게 제사지내기 위한 尊彝(祭器)를 만든다. 子子孫孫 영원히 寶用하라. 戈"라는 명문이 새겨져 있다. 명문의 맨 뒤에는 戈形 도상이 부기되어, 繁이 戈族의 일원이었음을 알 수 있다. 그러므로 가능하

83 白川靜, 앞의 논문, 1980, pp.337~347.
84 白川靜, 『金文通釋』1[上], 白鶴美術館, 1964, p.364.
85 陝西省文物管理委員會, 「長安普渡村西周墓的發掘」, 『考古學報』 1957[1], pp.75~85.
86 陳夢家, 「西周銅器斷代(五)」, 『考古學報』 1956[3], pp.121~127 참조.

다면 繁을 통해서 戈族의 동정을 살펴볼 수 있을 것이지만, 繁에 관계된 다른 자료도 없을 뿐더러, 繁矗의 명문 자체는 지나치게 간략하다.

그런데 이 무덤에서는 矗의 작기자인 繁 이외에 長由(盃, 簋 2점, 盤), 伯憲父(卣)가 제작한 청동기도 함께 출토되었다. 그 중 長由이 제작한 盃 는 穆王期에 제작된 것으로서 비교적 긴 銘文을 가지고 있다.

三月 初吉 丁亥日 穆王께서는 下減의 行宮에 계셨다. 穆王께서는 饗體 를 베푸셨다. 大祝이 井伯에게 나아가서 활쏘기 하였다. 穆王께서는 長由의 공을 蔑歷하시고 井伯에게 나아가서 (大祝과) 함께 활쏘기하게 하셨다. 井伯 이 그 활쏘기 의례를 관장하여 어긋남이 없었다. 長由은 (그 의례에 참여한 공 으로 王에게서) 蔑歷 받았다. 감히 天子의 크고 빛나는 은혜에 보답하여 처음 으로 제기를 만든다[87].

盃는, 長由이 穆王이 직접 임석한 饗禮에 참여하여 그 공로로 왕에게 서 蔑歷을 받고 그것을 기념하여 제작한 것이다. 繁, 長由, 白憲父 등 수 명이 제작한 청동기가 무엇을 계기로 같은 무덤에 함께 부장되었는지 분 명치 않으나, 이들의 동기가 같은 무덤에서 발견된 것으로 보아 작기자들 은 동일한 가계에 속한 사람들이었을 가능성이 있다. 戈族의 靑銅器는 長安縣에서 출토된 繁矗 이외에 陝西 武功, 涇陽, 銅川에서도 출토된 사례가 있다. 長安 普渡村은 鎬京, 武功은 周原에 해당한다. 즉 戈族의 일부가 호경과 주원에 거주하였던 것이다.

이상에서 살펴본 바와 같이 束, 丙, 戈族는 亞, 束, 醜, 沚, 丙族이 商 에서 그랬던 것처럼 西周에 다양한 職務로 臣事하였으며, 그 지배층 일

87 집성 15.9455, 長由盃. "隹三月初吉丁亥, 穆王才下減应. 穆王卿豊, 卽井白大祝射. 穆王蔑 長由, 以逆卽井白. 井白氏彊不姦. 長由蔑歷. 敢對揚天子不杯休, 用肇作障彝."

부는 西周의 중심지에 거주하였다. 앞 절에서 설명한 상 국가에서의 그 것과 동일한 양상이 확인되는 것이다. 西周의 중심지에서 발견된 다양한 도상은 은허의 그것과 같은 이유로 이곳에 이주된 각 씨족이 남겨놓은 것 이다.

商·周 국가는 혈연공동체의 씨족적 질서를 바탕으로 하여 자율적으로 기능한 개개의 지역정치체가 일련의 지배·예속 질서로 묶여진 특수한 국 가 형태를 가지고 있었다. 商·周의 국가 권력은 아직 이들 지역정치체들 을 직접 지배할 만큼 성장하지 못하였으므로, 지배·예속의 질서를 유지 하기 위한 여러 가지 독특한 기제가 발전하였을 것으로 예측된다.

여기에서는 우선 圖象이 '氏'를 표시하는 것이라 생각하고, 어떤 도상 을 가진 청동기가 어떤 지점에서 출토된다면, 그 도상을 사용한 氏族 혹 은 그 일부가 그곳에 거주하였거나 적어도 그 인근에 거주하였을 것이며, 특정한 도상을 사용한 씨족의 原住地가 어딘지 알 수 있다면, 그 씨족 혹 은그 일부의 이동 상황을 파악할 수 있을 것이라는 전제로부터 논의를 진 행하였다.

당시의 다양한 도상이 새겨진 청동기의 출토 지점을 검색한 결과, 殷墟 나 周原·豊·鎬 등 商·周의 정치적 중심지에서 다양한 도상이 출토되 는 것에 주목할 수 있었다. 바꾸어 말하면 商·周의 政治 중심지에는 수 많은 씨족이 함께 거주하고 있었던 것이다. 이어 商·周의 정치 중심지에 서 발견된 도상을 표지로 하는 씨족들 가운데 商代의 醜 ·沚·丙族, 周 代의 束·丙·戈族 등의 활동을 살펴 보았다. 그 결과 이들 각 씨족의 일 부는 商·周에서 각각 왕조에 貞人 혹은 관료로서 臣事하고 있었음을 확 인할 수 있었다. 그들은 지역정치체의 지배층으로서 商·周 조정에 봉사 하였던 것이다.

이상의 사실에 입각하여 다음과 같이 추론한다. 商·周 왕실은 지역정치체의 지배층 일부를 그 정치 중심지로 이주시키고, 이들을 王朝의 정책 결정과 집행에 참여시킴으로써, 한편으로는 각 지역과의 유대를 강화하고, 다른 한편으로는 그들을 직접적으로 통제할 수 있는 계기를 만들었다. 물론 이것은 자립적 속성의 지역정치체를 국가의 지배·예속 질서 속에 편입시키고, 나아가 그들의 이탈을 방지하는데 기여했을 것이다.

| 제7장 |

결 론

이 책의 첫머리에서, 서주 국가의 통치체제를 다룬 이전의 연구가 서주 조정이 국가 통치를 위해 시행한 능동적인 역할에 큰 관심을 가지지 않았으며, 국가의 지배대상이 되는 지역정치체에 대한 구체적인 이해도 부족하여, 그들이 단지 수동적인 지배의 대상으로만 취급되어 왔다는 점을 지적하였다. 이 책은, 굳이 따지자면, 그 가운데서 주로 첫 번째 문제에 대한 해명을 위해 준비된 것이다. 바꾸어 말하면, 서주 국가는 국가 조직의 기층단위가 되는 지역정치체를 통합하기 위해, 그리고 그 통합을 유지해 나가기 위해 어떤 노력을 기울였는지에 대한 문제를 천착하는 것이 이 책의 목표였던 셈이다.

　여기에서 말하는 지역정치체란 일찍이 松丸道雄이 제기한 '邑制國家' 개념을 제한적으로 수용한 것이다. 제한적이라 말한 까닭은, 그가 개별 읍제국가의 중심으로 상정한, 씨족공동체에 의해 점유되어 혈연적인 원리에 의해 규율되었다고 하는 이른바 '族邑'에서 그 씨족적 성격을 유보하고 외형적인 형태만을 수용하였다는 의미이다. 즉 이 책에서 말한 지역정치체는 각 지역에서 자연발생적으로 형성된 중심취락과 그 주변에 산포되어 있는 예속 취락이 정치적 통합을 달성하고, 중심취락이 자신의 상위에 위치한 서주 국가에 대해 종속적인 위치에 위치해 있으면서도 강고하게 자립적 성격을 유지해 나간 정치적 공동체를 의미한다. 그런 의미에서, 이 책에서 해명하고자 한 것은 서주 국가가 각 지역에 산포한 자립적인 속성의 지역정치체를 국가 질서 내에 수렴하고 통합하는 방법에 대한 것이었다고 할 수 있다.

신석기시대의 최후 단계, 즉 기원전 3000년기 후반의 龍山文化期에 이르면 黃河와 揚子江의 중·하류 일대를 포함한 현 중국의 인구 밀집 지역 거의 전역에서 성곽으로 둘러싸인 취락이 속속 등장하였다. 이때에 들어 활발하게 축조된 성곽과 그 성곽으로 보호되는 대형 취락은 그 무렵에 들어 현재화된 일련의 사회변동을 상징적으로 보여주는 결정체이다. 그것은 생산력의 증가와 사회 구성원의 계층분화, 그리고 취락과 취락 사이의 서열화 및 중심취락과 주변취락의 분리, 권력자와 권력기구의 등장이라는 거대한 사회적 변동 속에서 비로소 탄생할 수 있었다. 간단하게 말하면 대체로 2,000㎢ 전후로 추정되는 공간 범위에서 정치적 통합을 달성한 지역정치체가 본격적으로 등장하기 시작한 것이다.

그 중에서도 일부 지역, 예컨대 山西, 浙江, 湖北 등에서는 陶寺유적, 良渚유적, 石家河유적 등에서 볼 수 있는 것처럼 지역정치체의 통합 수준을 뛰어넘어 보다 광역에 걸친 정치적 통합을 달성한 정치체의 흔적 또한 발견할 수 있다. 이들 유적에 보이는 기념비적인 규모의 성곽이나 祭壇 혹은 기타의 인공구조물 등은 그것의 건설을 가능하게 할 수 있을 정도의 공공적 재부는 물론 거대한 토목공사를 기획하고 실천할 수 있는 강력하고 조직화된 권력을 상정하지 않고는 설명할 수 없다. 그와 같은 광역적인 통합의 기반을 제공한 것은 해당 지역 내의 사람들이 공유한 종교적 신념이었다. 양저유적이나 석가하유적에서 祭儀의 중심지이면서 동시에 제의 물품 생산과 그 유통 중심지로서의 기능을 담당하였음을 추정하게 하는 유존이 풍부하게 확인되는 것이 바로 그 뚜렷한 증거이다.

중국에서 등장한 최초기의 국가, 즉 夏商周 삼대의 국가 또한 신석기시대의 최후기에 등장한 광역적인 지역정치체 통합의 연장선상에 위치한다. 고고학적인 증거는 물론 甲骨文 등의 문자자료를 통해 그 역사를 비교적 구체적으로 복원할 수 있는 상 국가는 그것을 분명하게 보여주는 하나의 사례이다. 은허에서 발견된 거대 규모의 무덤과 주택, 화려하면서도 정치하게 제작된 출토 유물로 말미암아 일견 중원을 물론 그 외연을 포함하는 광대한 지역에 걸쳐 강력한 권력을 행사한 것으로 보이는 상 국가도 그 실질적인 지배력이 미치는 범위는 殷墟를 중심으로 한 河南과 山東 일부의 좁은 지역에 불과하였으며 그조차 지역과 시간에 따라 매우 불안정한 상태에 머물러 있었다.

상 국가의 주변에는 지역적 문화전통을 배경으로 성장한 지역정치체가 여전히 번성하고 있었으며, 이들은 재지에서 자립적 성격을 유지하면서 때에 따라 상에 대한 복속과 이반을 반복하였다. 상 국가는 본질적으로 이들 지역정치체와의 사이에 구축된 불안정한 상호관계 위에서 그들에 대한 지배력을 행사함으로써 국가적 통합을 달성한 연합체적 성격의 국가였다.

周 왕실이 商 왕실을 전복하고 중원의 패권을 차지하게 된 '商周革命'은 周의 군대와 商의 군대, 양군 사이에서 치러진 牧野의 전투를 통해 판가름났지만, 그렇다고 해서 그것이 단지 이 건곤일척의 일전에 의해 완성된 것은 아니다. 목야의 전쟁은 상 조정과 그에 복속한 지역정치체 사이의 상호관계망에서 그 정점을 파괴한 상징적인 사건에 지나지 않는다. 周原에 정착한 주 武王의 증조부, 古公亶父 때부터 西周 전기의 昭穆期까지 진행된 주의 지속적인 팽창으로 인해 상 조정을 중심으로 한 지배와 예속의 상호관계망은 해체되어 갔으며, 그와 동시에 주 조정을 정점으로 한 새로운 관계망이 형성되어 갔다. 즉 주 국가의 성립은 은허를 중심으로 한 상 조정과 지역정치체 사이의 상호관계망을 파괴되어 가면서 동시에 성립되어가는 이중적이며 동시진행형의 것이었다.

서주시대의 지역정치체가 현재화 한 모습은 金文과 古典에 邦이라 표기되는 바로 그것이다. 周人의 세계관에 의하면 당대의 천하는 周邦과 四方 등 2개의 영역으로 구성되었으며, 四方에는 무수히 많은 邦이 존재하였다. 邦은 그 규모에 따라 대소의 차이가 있지만, 일정한 행정조직과 관료조직을 운용했다. 그들은 주 조정에 복종하면서도, 자신을 주와는 별개의 邦으로 인식하였으며 때때로 자신의 통치자를 王이라는 존호로 부르기도 하는 등 자립적 지향을 가지고 있었다. 그들은 주방의 세력이 폭발적으로 확장되는 현실적 조건에 순응하여 그 지배를 수용하였지만, 상황의 변화에 따라 언제든 복속과 이반을 반복할 가능성을 내포하고 있었다. 따라서 周의 天下 소유는 周邦이 자립적인 지향을 가진 지역정치체[邦]에 대해 행사한 영향력을 그 본질적인 특징으로 하고 있다. 그런 의미에서 주국가는 뚜렷하게 구별되는 공간적 경계를 가진 영토국가는 아니었다.

상주혁명을 통해 주가 천하를 지배하게 되었다고 할 때, 그 지배의 구체적인 내용은 이제 상을 대신하여 주 조정이 지역에 산포한 다수의 지역정치체를 자신의 지배체제 하에 수용하여 새로운 지배와 예속의 시스템을 구축하여 간 것이라고 정의할 수 있다. 주 조정은 그것을 목적으로 하여 다양한 통합의 방법을 동원하였다. 그 방법은 복수이며 상보적으로 기능할 수 있도록 설계된 것이었지만, 그 가운데 핵심적인 위치를 차지한 것이 바로 '봉건'이다.

'봉건'이란 술어는 중국의 고대 문헌 『左傳』에서 비롯되었지만, 근대 학문의 도입기에 그것이 중세 유럽의 사회형태 혹은 정치제도를 서술하는 'feudalism'의 역어로 채택하면서, 서주의 그것과 중세 유럽의 그것을 혼동하는 일이 왕왕 발생하였다. 이를테면 지금까지 학계에서 주도적인 지위를 차지하고 있는 봉건에 대한 해석, 즉 주왕이 제후에게 일정한 공간적 영역을 분여하고, 주왕을 대신하여 이를 통치하게 한 것이라는 견해는 중세 유럽의 봉건제의 주요한 내용으로 이해되는 은대제와 지행제가 중국에서도 시행되었다고 이해하는 것이다. 그러나 서주의 봉건은 이처럼 일종의 사회적, 정치적 시스템과는 직접적인 비교의 대상이 되지 않는 별개의 범주에 속하는 것이다. 그것은 서주 국가에서 지역정치체를 통치하기 위해 고안한 일종의 지방통치책으로 이해하는 것이 옳다.

문헌자료와 함께 동 시대의 금문을 통해 주 조정이 행한 '봉건'이라는 행위를 분석하면 주의 봉건은 제후에게 봉지와 그곳에 거주하는 사람을 분여하고 그에 대한 지배를 허락하는 행위로 구성되어 있는 것을 알 수 있다. 이렇게 보면 주의 봉건에서 국토의 분할 통치와 제후에 의한 대리 지배라는 전통적인 봉건 이미지와 별다른 차이점을 볼 수 없다. 그러나 그와 같은 이해에 적합하지 않은 몇 가지 사실에도 주목할 필요가 있다. 그것은 첫째 봉건의 개별 사안을 검토할 때, 제후의 영지가 일정한 영역이 아닌 막연한 공간 범위로 지시되었다는 것, 둘째, 적어도 서주 전기의 경우, 거의 모든 제후가 봉지의 이전, 즉 이봉을 경험한 적이 있다는 사실이다. 만약 봉건이 제후에게 토지와 사람을 수여하고 일정한 지역에 대한 통치권을 주는, 이를테면 제후에게 영주적 성격을 부여하는 행위라면, 모호한 봉지의 지정이나 봉지의 변경은 제후는 물론 주 조정의 통치에 불가피하게 일정 정도의 혼란을 가져다주었을 것이다.

무엇보다 봉건의 본질을 잘 설명하는 것은 제후를 책명하는 장에서 제후에게 낭독된 임명의 말, 즉 '某地에 侯하라'는 것이며, '侯'의 의미는 '관찰하다', '관망하다'는 뜻이다. 즉 제후에게 부여된 직임은 관찰과 관망에 있다고 할 수 있다. 뿐만 아니라 宜侯와 燕侯의 경우에서 볼 수 있는 것처럼 봉건은 주의 영역 확대에 따라 이루어졌다. 의후의 봉건은 康王으로 추정되는 周王이 선왕이 개척한 商의 외곽지역을 순시하는 과정에서 이루어졌으며, 연후의 봉건은 成王期에 三監의 亂으로 촉발된 화북평원 일대의 대규모의 소요사태를 진압하여 召公의 일족이 지금의 북경 부근으로 진출하는 과정에서 이루어졌다. 또한 제후의 봉건에는 일정한 규모의 군단이 배속된 흔적도 보인다. 예컨대 의후의 경우에는 鄭의 7伯과 甬 1,050夫로 구성된 전차군단이 의후와 함께 봉지로 향하였다. 따라서 제후는 새롭게 주의 영역 혹은 영향권에 편입된 지역으로 이동하면서 그곳에서 해당 지역의 지역정치체를 감시하고 통제한 역할을 수행한 자라고 할 수 있다.

侯에게 부여된 관찰과 관망의 직임이 현실세계에서 체현되는 방식은 다양하겠지만, 가장 두드러진 것은 그들이 지역정치체에 대한 주 조정의 통치에서 중간기지적 역할을 수행했던 것이다. 예컨대 駒父盨에서 駒父는 王命을 집행하기 위해 南諸侯에게로 가서 南淮夷를 시찰하고, 그들로부터 공납품이나 역을 징수하였다. 최근 보고된 文盨에는 주왕이 일정한 지역의 제후 및 지역정치체의 수장을 회집하여 제후의 지역 지배에 직접 개입하였던 사실도 확인된다. 제후가 가진 중간기지적 성격은 제후의 군사력에 의해 보장되었다. 제후에게는 상비군이 배치되어 임지 부근에서 독자적이며 제한적인 군사활동을 전개하기도 하고 때로는 주 조정의 상비군과 연합하여 임지 밖에서 치러진 대규모 전쟁에 동원되기도 하였다.

그렇기 때문에 제후에게 수여된 토지와 사람은 제후가 그 직무를 수행하기 위해 필요했던 수단이었으며 제후의 본질적인 속성과 직접 연결되는 것은 아니다. 제후에게 그 고유의 성격을 부여하는 것은 그 영주적인 성격이 아니라 왕으로부터 부여받은 지역 지배의 개척자이며 보조자로서의 소임에 있었다. 그런 의미에서 서주의 제후는 천하를 분할 통치하는 '군주'라기보다는 '外官'으로서의 관료적 성격을 더욱 농후하게 지니고 있었다.

게다가 제후는 周邦의 영향력 확대와 지역 정세의 변동에 따라 그 수요가 결정되는 존재였다. 서주 전기의 봉건 관련 금문 거의 전부에서 제후의 이봉이 관찰되는 것은 이 시기 주방의 역동적인 팽창과 영향력 확대에 따라 나타난 현상이다. 따라서 제후는 본래 고착적인 존재가 아니라 상황에 따라 이동해야 하는 존재이기도 하였다. 서주 중기에 들면서부터 주의 팽창이 소강상태에 접어들고 이에 따라 제후가 특정 지역에 고착됨으로써 그들의 지역 지배 매개자로서의 성격은 점차 희석되고, 그들은 결국 임지의 직접 지배자로서 전신하는 계기를 획득하게 되었다.

주 조정은 四方의 지역정치체에 대한 지배력을 관철하기 위해 각 지역에 제후를 봉건하였지만, 이 시대에는 그와는 다른 성격의 봉건 또한 존재했다. 그것은 각 지역 유력 지역정치체의 수장을 제후로 '인정'한 것이다. 이것을 주 왕실의 구성원에 대한 봉건이 아니라는 점에서 '異姓封建'이라 부르기도 하지만, 당대에 행해진 이성봉건 가운데는 齊에 봉건된 姜姓의 太公처럼 제일 유형의 봉건 사례로 이해해야 할 것도 포함되어 있기 때문에 제후가 이성이라고 해서 모두 두 번째 유형의 봉건이라고 단정할 수 없다.

司馬遷은 이들 이성의 제후들이 봉건된 이유를, 그들의 조상이 이를테면 인간 세상에 큰 공로를 끼친 聖王이나 賢臣이었기 때문에 후손들이 그들을 奉祀할 수 있도록 배려한 것이라고 설명하였다. 『史記』에 보이는 '襃封'이 바로 그것을 의미하지만, 사마천의 포봉론은 사실이 아니다. 왜냐하면 성왕이나 현신으로 찬양되는 자들은 중국 고대 유력 씨족의 신화적 조상신이 역사화 한 허구이며, 이 같은 성격의 역사화가 진행된 것은 서주보다 훨씬 후대의 일이기 때문이다.

주의 성장과 함께 각지의 지역정치체는 周에 저항하여 멸망에 처하는 운명 대신, 주를 정점으로 한 새로운 지배와 예속의 연계망 아래에 편입되는 타협의 길을 선택하였다. 주 조정은 이처럼 새로 자신의 통치 연계망에 복속한 지역정치체에 대해 기존의 정치·경제적 질서를 용인함으로써 그들의 자립성을 인정하고 그들과 공존하는 방법을 모색하였다. 이성제후는 이와 같은 과정에서 탄생하였다. 그들이 가진 이성의식은 각자의 문화 전통이 주의 그것과는 달랐기 때문이다. 따라서 주의 봉건에 다양한 이성의 제후들이 포함되어 있었다고 하면, 그것은 각 지역에서 성장한 다양한 문화적 배경의 지역정치체가 주를 중심으로 하여 구축된 국가적 지배질서 하에 편입되었기 때문에 나타난 현상이다. 이성제후는 지역의 유력 정치체가 서주 국가의 지역 지배에서 중간자적인 역할을 담당하는 일이 있었음을 보여주는 증거가 된다.

그들이 주의 제후가 된다는 것이 그들 지역정치체의 성격에 어떤 변화를 가져다주는 것인지에 대해서는 구체적으로 다루지 못했지만, 주 조정은 이들과 통혼을 포함한 다양한 관계를 구축함으로써, 국가의 통치질서 하에 묶어두고자 했다. 그렇지만 이들은 현실적인 역학관계에 의해 주의 지배를 수용하는 피동적 입장에 처해 있었으며, 그런 의미에서 주 조정에 대해서는 원심적인 속성을 가지고 있었다. 따라서 주 조정과 그들 간의 연계는 비교적 취약했으며, 경우에 따라서는 주에 대한 예속에서 벗어나려는 적극적인 시도로 연결되기도 하였다.

주 조정과 제후의 관계를 살펴볼 때 또 하나 주목되는 것에 '監'이 있다. 이 시대의 監에 대해서는 漢代부터 경학자들이 관심을 기울여왔지만, 그들의 관심은 監의 직능과 그것이 주 국가의 지배체제에서 가지는 의의에 대한 것이라기보다, 成王 때에 일어난 이른바 '三監의 亂'에 맞추어져 있었다. 전통사회에서 삼감의 난에 특별한 관심이 쏠린 것은, 그 위기를 극복한 주역이 다름 아니라 유가의 존경을 한 몸에 받은 주공이고, 또 어린 왕을 보좌한 숙부라는 테마는 그 발단과 결말을 약간씩 달리하면서도 후대 역사에서 여러 차례 반복되어, 이를테면 그것이 현실세계에서도 교훈이 될 만한 일종의 모범적 사례로 인정되었기 때문일 것이다.

그러나 감은 서주 초기의 특정한 상황에서만 출현한 것이 아니며, 서주 전기에서부터 후기까지 지속적으로 확인된다. 그것은 게다가 '諸監'이라는 집합적 호칭에서도 볼 수 있듯이 상당한 숫자가 존재하였다. 따라서 감은 이 시대에서 널리 확인할 수 있는 비교적 보편적인 직관이었다고 할 수 있다. 감의 기능과 역할에 대한 정보는 아직 충분하지 않지만, 주 조정은 재정적 사무나 군대의 감독과 같은 군사적인 임무를 위해 監을 임명하였다. 감은 그 자신이 직접 관리자로서의 성격을 갖는 직관이 아니고 正官의 副貳로서 정관을 감시 · 감독하는 기능을 갖고 있었는데, 특히 제후 혹은 유력 가문 등 직접 군대를 옹유한 자에 대한 군사적인 감시의 역할이 두드러진다. 감의 존재는 周에 예속된 제후들이나 유력 가문이 주 국가의 지배체제에서 이탈하는 것을 방지하기 위해 마련한 감시 시스템의 일단을 보여주는 것이다.

封建과 監官이 주 조정을 정점으로 구성된 지역정치체의 통제를 위해 고안된 복합적인 장치라면, 지역정치체의 지배자를 국가의 정책 결정이나 집행 과정에 참여시킨 것은 그들을 주 국가의 지배체제에 적극적으로 동원함으로써 체제의 응집력을 강화하기 위한 정책으로 이해할 수 있다. 이 것은 비단 주 국가에서만 그랬던 것은 아니며 상대부터 존재해 온 일종의 전통적인 수단이기도 했다.

상주시대의 금문 가운데는 문자가 아닌 기호가 포함되어 있으며, 이것을 이 책에서는 '圖象'이라는 이름으로 불렀다. 圖象은 특정 씨족 고유의 표지이기 때문에 특정한 도상이 새겨진 청동기는 특정한 씨족에 의해 소유된 것으로 이해할 수 있다. 또 특정한 도상이 새겨진 청동기가 발견되는 곳은 그 도상을 표지로 하는 씨족의 구성원이 그곳에 거주하였다는 의미로 이해할 수 있다. 그런데 상주시대의 청동기 명문에 보이는 각 도상의 출토지점을 정리하면 흥미로운 현상을 발견할 수 있다. 그것은 상과 주 국가의 정치적 중심지, 즉 殷墟나 周原, 豊·鎬京 등지에서 다른 곳에서는 유례를 볼 수 없을 정도로 다양한 종류의 도상이 발견되는 것이다. 이런 현상은 상주의 政治 중심지에는 서로 다른 도상으로 표기되는 수많은 씨족이 同居하고 있었음을 의미한다.

다양한 씨족 출신의 사람들이 상주의 정치적 중심지에 집거한 이유는 이들이 당시의 서울 부근에 거주하면서 국가의 관료로 봉사하였기 때문이다. 상대의 갑골문을 검토하여 보면 다양한 씨족 출신의 사람들이 은허에 거주하면서 상 조정에서 정인으로 활약하거나 관료로서 다양한 직무에 종사하고 있었음을 확인할 수 있는데, 이것은 주의 경우에도 마찬가지였다.

그 대표적인 사례로 周原에 일가의 청동기 103점을 남겨놓은 史牆家의 역사를 꼽아볼 수 있다. 史牆家는 史牆의 烈祖 대에 散에서부터 周原으로 이주한 가문이다. 史牆의 열조는 商周 왕조의 교체라는 정치적 변화에 대응하여 周 武王을 알현하여 복종을 표시하였으며, 武王은 그에게 周原에 거처를 주어 거주하게 하였다. 이때부터 史牆家는 주 조정에서 神官 혹은 行政官으로 봉사하였다. 사장의 아들인 瘺의 세대까지도 그 가문의 영수가 '微伯'이란 칭호로 불렸던 것을 보면 사장의 가문은 미의 지역정치체를 대표하는 자로서, 주 국가의 지배기구에서 일정한 영향력을 행사하고 있엇던 것이다.

이처럼 商·周 조정이 지역정치체의 지배층 일부를 그 정치적 중심지로 이주시키고, 이들을 관료로 임명하여 왕조의 정책 결정과 집행에 참여시킨 사실은 단순한 관료 임명을 뛰어넘는 그 이상의 무엇으로 기능했을 것이다. 그것은 한편으로는 각 지역 지역정치체와의 유대를 강화하고, 다른 한편으로는 그들의 지배자를 조정의 수중에 직접 장악하여 해당 지역정치체를 직접 통제할 수 있는 수단을 확보하는 데 기여했을 것이다.

이상, 이 책에서는 시주 국가의 천하 통치가 본질적으로 지역정치체의 통합을 바탕으로 한 것이었으며, 따라서 그 지배체제를 이해하기 위해서는 주 조정이 이들 지역정치체를 어떤 방법으로 수렴하여 일정한 질서로 통제할 수 있었는지를 검토하여야 한다는 전제에 서서, 서주 조정이 시행한 몇 가지의 구체적인 방법을 검토하였다. 그것은 요컨대 봉건을 통한 지역정치체의 감시와 통제, 유력 지역정치체의 봉건을 통한 상호관계 구축, 감관의 설정을 통한 감시와 통제, 그리고 지역정치체의 정치기구 참여 등으로 요약할 수 있겠다. 즉 서주 국가의 지역정치체 통합은 통제와 협력을 두 개의 축으로 하여 구축되고 운용되었다는 결론을 얻을 수 있다.

서주 국가의 천하 통치가 본질적으로 지역정치체와의 상호관계 속에서 규정된다는 인식에 따르면, 서주 국가의 국가 구조를 더 잘 이해하기 위해서는 조정에 의해 진행된 아래로의 기능은 물론 개별 지역정치체에 의한 위로의 역할까지 충분히 검토해야 한다. 각 지역정치체가 해당 지역의 취락과 사람들을 어떻게 통합하였는지, 지역정치체는 서주 국가에서 어떤 기능과 역할을 감당하였으며, 그들이 서주사의 전개에 미친 영향은 어떤 것인지, 이들이 이후 주 조정의 통제가 이완되었을 때 어떻게 그에 대응하였으며 그것이 춘추 열국의 성립 과정에서 어떤 결과를 야기하였는지 등의 문제 등이 향후 관련된 문제로 제기될 수 있을 것이다. 이제부터의 연구를 기약한다.

:: 참고문헌

1. 文獻史料

屈萬里, 『尙書今註今譯』, 臺灣商務印書館, 1988.

金啓華, 『詩經全譯』, 中華書局, 1986.

段玉裁, 『說文解字注』, 上海古籍出版社, 1981.

孫星衍, 『尙書今古文注疏』, 中華書局, 1986.

孫希旦, 『禮記集解』3책, 中華書局, 1989.

楊伯峻, 『孟子譯注』, 中華書局, 1984.

楊伯峻, 『春秋左傳注』修訂本, 4책, 中華書局, 1990.

王國維, 『今本竹書紀年疏證』, 新世紀萬有文庫本, 1997.

王夫之, 『讀通鑒論』, 中州古籍出版社, 1974.

王先謙, 『漢書補注』, 中華書局, 1983.

朱右曾 輯, 王國維 校補, 『古本竹書紀年輯校』, 新世紀萬有文庫本, 1997.

陳奇猷, 『韓非子新校注』, 上海古籍出版社, 2010.

皮錫瑞, 『今文尙書考證』, 中華書局, 1989.

黃懷信 등, 『逸周書彙校集注』, 上海古籍出版社, 1995.

『國語』, 上海古籍出版社本, 1988.

『孟子』, 中華書局 十三經注疏本, 1980.

『史記』, 中華書局 點校本, 1982.

『尙書大傳』, 上海商務印書館 四部叢刊本, 1936.

『尙書』, 中華書局 十三經注疏本, 1980.

『詩經』, 中華書局 十三經注疏本, 1980.

『逸周書』, 臺灣中華書局本, 1980.

『左傳』, 中華書局 十三經注疏本, 1980.

『周禮』, 中華書局 十三經注疏本, 1980.

『漢書』, 中華書局 點校本, 1982.

2. 출토 문자자료 및 考釋

高明, 『古文字類編』, 中華書局, 1980.

郭沫若, 「釋應監甗」, 『考古學報』, 1960[1].

郭沫若, 「長安縣張家坡銅器群銘文彙釋」, 『考古學報』 1962[1].

郭沫若, 「矢墓銘考釋」, 『考古學報』 1956[1].

郭沫若, 『金文叢考』, 人民出版社, 1954.

郭沫若, 『兩周金文辭大系圖錄考釋』, 科學出版社, 1958.

唐蘭, 「宜侯矢墓考釋」, 『考古學報』 1956[2].

馬承源, 『商周靑銅器銘文選』 4冊, 文物出版社, 1988.

白川靜, 『金文通釋』 6冊, 白鶴美術館, 1964~1980.

史樹靑, 「西周蔡侯鼎銘釋文」, 『考古』 1966[2].

楊樹達, 『積微居金文說 · 甲文說』, 大通書局 영인본, 1974.

姚孝遂 주편, 『殷墟甲骨刻辭類纂』 3冊, 中華書局, 1992.

于省吾 주편, 『甲骨文字詁林』 4冊, 中華書局, 1996.

于省吾, 「利簋銘文考釋」, 『文物』, 1977[8].

李學勤, 「文盨與周宣王中興」, 『文博』 2008[2].

李學勤, 「翼城大河口尙盃銘文試釋」, 『文物』 2011[9].

朱鳳瀚,「公篹與唐伯侯于晉」,『考古』2007[3].

朱鳳瀚,「士山盤銘文初釋」,『中國歷史文物』2002[1].

朱鳳瀚,「柞伯鼎與周公南征」,『文物』2006[5].

陳公柔,「記幾父壺‧柞鐘及其同出的銅器」,『考古』, 1962[2].

陳夢家,『西周銅器斷代』2冊, 中華書局, 2004.

陳邦福,「夨墓考釋」,『文物參考資料』1955[5].

黃錦前‧張新俊,「霸伯盂銘文考釋」, 武漢大學簡帛研究中心網站論文, http://
　　　www.bsm.org.cn/Show_article.php?id=1494.

3. 발굴보고

1) 단행본

江西省博物館 등,『新干商代大墓』, 文物出版社, 1997.

盧連成‧胡智生,『寶鷄弻國墓地』, 文物出版社, 1988.

北京市文物硏究所,『琉璃河西周燕國墓地 1973-1977』, 文物出版社, 1995.

山東省文物考古硏究所,『大汶口續集-大汶口遺沚第2‧3次發掘報告一』, 科學
　　　出版社, 1997.

山東省文物管理處‧濟南市博物館,『大汶口』, 文物出版社, 1974.

石家河考古隊,『蕭家屋脊』, 文物出版社, 1999.

石家河考古隊,『鄧家灣』, 文物出版社, 2003.

浙江省文物考古硏究所,『良渚遺址群』, 文物出版社, 2005.

中國社會科學院考古硏究所 등,『夏縣東下馮』, 文物出版社, 1988.

中國歷史博物館考古部 등,『垣曲商城-1985~1986年勘察報告書』, 科學出版社,
　　　1996.

河南省文物考古硏究所 등,『鄭州商代靑銅窖藏』, 科學出版社, 1999.

河南省文物考古硏究所 편,『鄭州商城-1953年~1985年考古發掘報告』3冊, 文
　　　物出版社, 2001.

河北省文物硏究所,『藁城臺西商代遺址』, 文物出版社, 1985.

湖北省文物考古研究所,『盤龍城-1963年~1994年考古發掘報告』2冊, 文物出版社, 2001.

黃石市博物館,『銅綠山古礦冶遺址』, 文物出版社, 1999.

2) 비단행본

葛今,「涇陽高家堡早周墓葬發掘記」,『文物』1972[7].

甘肅省博物館文物隊,「甘肅靈臺白草坡西周墓」,『考古學報』1977[2].

江蘇省文物管理委員會,「江蘇省丹徒縣煙墩山出土的古代靑銅器」,『文物參考資料』1955[5].

岡村秀典 등,「河南省焦作市府城遺址の研究」,『中國古代都市の形成』, 2000.

岡村秀典 · 張緖球 편,「湖北陰湘城遺址研究(I)-1995年日中聯合考古發掘報告」,『東方學報』京都 69, 1996.

喀左縣文化館 등,「遼寧省喀左縣山灣子出土殷周靑銅器」,『文物』1977[12].

慶陽地區博物館,「甘肅慶陽韓家灘廟嘴發縣一座西周墓」,『考古』1985[9].

高至喜,「湖南寧鄉黃材發現商代銅器和遺沚」,『考古』1963[12].

郭德維 · 陳賢一,「湖北黃陂盤龍城商代遺址和墓葬」,『考古』1964[8].

郭寶鈞,「1950年春殷墟發掘報告」,『中國考古學報』5, 1951.

郭寶鈞,「濬縣古殘墓之淸理」,『田野考古報告』1, 1936.

岐山縣文化館 등,「陝西省岐山縣董家村西周銅器窖穴發掘簡報」,『文物』1976[5].

祁延霈,「山東益都蘇埠屯出土銅器調查記」,『中國考古學報』2, 1947.

戴尊德,「山西靈石縣旌介村商代墓和靑銅器」,『文物資料叢刊』3, 1980.

銅川市博物館,「陝西銅川發現商周靑銅器」,『考古』1982[1].

東下馮考古隊,「山西夏縣東下馮龍山文化遺沚」,『考古學報』1983[1].

羅西章 등,「陝西扶風出土白諸器」,『文物』1976[6].

羅西章 등,「陝西扶風縣召李村一號周墓淸理簡報」,『文物』1976[6].

羅西章,「扶風溝原發現叔趙父爯」,『考古與文物』, 1982[4].

羅西章,「陝西扶風發現西周厲王胡篇」,『文物』1979[4].

羅西章,「陝西扶風縣北橋出土一批西周靑銅器」,『文物』1974[11].

羅平, 「河北磁縣下七垣出土殷代靑銅器」, 『文物』 1974[11].

雒忠如, 「扶風縣又出土了商代銅器」, 『文物』 1963[9].

藍蔚, 「湖北黃陂盤龍城發現古城遺址及石器」, 『文物參考資料』 1955[4].

梁景津, 「廣西出土的靑銅器」, 『文物』 1978[10].

梁星彭·馮孝堂, 「陝西長安扶風出土西周銅器」, 『考古』 1963[8].

盧連成·羅英杰, 「陝西武功縣出土楚簋諸器」, 『考古』 1981[2].

盧連成·尹盛平, 「古夨國遺址墓地調查記」, 『文物』 1982[2].

劉得禎, 「甘肅靈臺兩座西周墓」, 『考古』 1981[6].

琉璃河考古工作隊, 「北京附近發現的西周奴隷殉葬墓」, 『考古』 1974[5].

琉璃河考古隊, 「北京琉璃河1193號大墓發掘簡報」, 『考古』 1990[1].

李發旺, 「翼城縣發現西周銅器」, 『文物』 1963[4].

麟遊市博物館, 「陝西省麟遊縣出土商周靑銅器」, 『考古』 1990[10].

臨沂文物收集組, 「山東蒼山縣出土靑銅器」, 『文物』 1965[7].

馬得志 등, 「1953年安陽大司空村發掘報告」, 『考古學報』 9, 1955.

盤龍城發掘隊, 「盤龍城一九七四年度田野考古紀要」, 『文物』 1976[2].

裴琪, 「魯山縣發現一批重要銅器」, 『文物』 1958[5].

寶鷄市博物館, 「寶鷄竹園溝西周墓地發掘簡報」, 『文物』 1983[2].

寶鷄市博物館·渭濱區文化館, 「寶鷄竹園溝等地的西周墓」, 『考古』 1978[5].

寶鷄茹家莊西周墓發掘隊, 「陝西省寶鷄市茹家莊西周墓發掘簡報」, 『文物』 1976[4].

保全, 「西周都城豊鎬遺址」, 『文物』 1979[10].

阜陽地區博物館, 「安徽親上王崗·趙集發現商代文物」, 『文物』 1985[10].

北京大學考古系 등, 「石家河遺址群調查報告」, 『南方民族考古』 第5輯, 四川科學技術出版社, 1992.

北京市文物管理處, 「北京地區的又重要考古收獲」, 『考古』 1976[4].

北京市文物管理處, 「北京平谷縣發現商代墓葬」, 『文物』 1977[11].

史言, 「扶風莊白大隊出土的一批西周銅器」, 『文物』 1972[6].

山東省文物考古硏究所 등, 「山東陽谷縣景陽崗龍山文化城址調查與試掘」, 『考古』 1997[5].

山東省博物館, 「山東益都蘇埠屯第一號奴隸殉葬墓」, 『文物』 1972[8].

山東省昌濰地區文物管理組, 「膠縣西菴遺址調查試掘簡報」, 『文物』 1977[4].

山西省考古研究所・靈石縣文化局, 「山西靈石旌介村商墓」, 『文物』 1986[11].

西安市文物管理處, 「陝西長安新旺村馬王村出土的西周銅器」, 『考古』 1974[1].

石興邦, 「長安普渡村西周墓葬發掘記」, 『考古學報』 8, 1954.

陝西省考古研究所 등, 「陝西眉縣楊家村西周靑銅器窖藏」, 『考古與文物』
　　　2003[3].

隨州市博物館, 「湖北隨縣發現商周靑銅器」, 『考古』 1984[6].

隨州市博物館, 「湖北隨縣安居出土靑銅器」, 『文物』 1982[12].

信陽地區文管會・羅山縣文化館, 「羅山天湖商周墓地」, 『考古學報』 1986[2].

信陽地區文管會・羅山縣文化館, 「河南羅山縣蟒張商代墓地第一次發掘簡報」,
　　　『考古』 1981[2].

信陽地區文管會・信陽縣文管會, 「河南信陽縣獅河港出土西周早期銅器群」,
　　　『考古』 1989[1].

鄂城縣博物館, 「湖北鄂城縣沙窩公社出土靑銅器」, 『考古』 1982[3].

安陽市博物館, 「安陽郭家莊的一座殷墓」, 『考古』 1986[8].

楊貴金 등, 「焦作市府城古城遺址調查簡報」, 『華夏考古』 1994[1].

楊紹舜, 「山西石樓楮家峪・曹家垣發現商代銅器」, 『文物』 1981[8].

吳大焱 등, 「陝西武功縣出土駒父盨蓋」, 『文物』 1976[5].

吳鎭烽・雒忠如, 「陝西省扶風縣强家村出土的西周銅器」, 『文物』 1975[8].

王家祐, 「記四川彭縣竹瓦街出土的銅器」, 『文物』 1961[11].

王桂枝・高次若, 「陝西寶鷄上王公社出土三件西周銅器」, 『文物』 1981[12].

王光永, 「寶鷄縣賈村塬發現矢王墓蓋等靑銅器」, 『文物』 1984[6].

王月前・佟偉華, 「垣曲商城遺址的發掘與研究-紀念垣曲商城發現20周年」, 『考
　　　古』 2005[11].

王毓彤, 「江陵發現西周銅器」, 『文物』 1963[2].

袁廣闊 등, 「河南焦作府城遺址發掘報告」, 『考古學報』 2000[4].

袁廣闊 등, 「河南焦作市府城遺址發掘簡報」, 『華夏考古』 2000[2].

李德保・趙霞光, 「焦作市發現一座古城」, 『文物參考資料』 1958[4].

李步靑·林仙庭,「山東省龍口市出土西周銅鼎」,『文物』, 1991[5].

朝松 等,「陝西藍田縣新出土的應侯鐘」,『文物』1975[10].

張映文·呂智榮,「陝西淸澗縣李家崖古城址發掘簡報」,『考古與文物』1988[1].

田學樣·張振華,「陝西長武縣文化大革命以來出土的幾件西周銅器」,『文物』
    1975[5].

浙江省文物考古研究所,「余杭遙山良渚文化祭壇遺址發掘簡報」,『文物』
    1988[1].

浙江省文物考古研究所·余杭市文物管理委員會,「浙江余杭匯觀山良渚文化祭
    壇與墓地發掘簡報」,『文物』1997[7].

浙江省文物考古研究所反山考古隊,「浙江余杭反山良渚墓地發掘簡報」,『文物』
    1988[1].

丁乙,「周原的建築遺存和銅器窖藏」,『考古』1982[4].

程長新 等,「北京揀選一組二十八件商代帶銘銅器」,『文物』1982[9].

鄭超雄,「山東泗水發縣一批商代銅器」,『考古』1986[12].

鄭學華,「寶鷄扶風發現西周銅器」,『文物』1959[11].

趙永福,「1961-62年灃西發掘簡報」,『考古』1984[9].

中國歷史博物館考古部·山西省考古研究所,「1988~1989年山西垣曲古城南關
    商代城址發掘簡報」,『文物』1977[10].

中國歷史博物館考古部·山西省考古研究所,「1991~1992年山西垣曲商城發掘
    簡報」,『文物』1997[12].

中國社會科學院考古研究所山東工作隊,「山東臨胊西朱封龍山文化墓葬」,『考
    古』1990[7].

中國社會科學院考古研究所山西工作隊·臨汾地區文化局,「1978-1980年山西
    襄汾陶寺墓地發掘簡報」,『考古』1983[1].

中國社會科學院考古研究所山西隊 等,「山西襄汾縣陶寺城址發現陶寺文化大
    型建築基址」,『考古』2004[2].

中國社會科學院考古研究所山西隊 等,「山西襄汾陶寺城址2002年發掘報告」,
    『考古學報』2005[3].

中國社會科學院考古研究所山西隊,「晉南考古調查報告」,『考古學集刊』6, 1989.

中國社會科學院考古硏究所山西隊·山西省臨汾行署文化局,「山西襄汾縣陶寺遺址 II 區居住地1999~2000年發掘簡報」,『考古』2003[3].

中國社會科學院考古硏究所山西第二工作隊 등,「2002年山西襄汾陶寺城址發掘」,『中國社會科學院古代文明研究中心通訊』5, 2003.

中國社會科學院考古硏究所安陽工作隊,「1969–1977年殷墟西區墓葬發掘簡報」,『考古學報』1979[1].

中國社會科學院考古硏究所安陽工作隊,「1987年安陽梅園莊南地殷墓的發掘」,『考古』1991[2].

中國社會科學院考古硏究所安陽工作隊,「1987年夏安陽郭家莊東南殷墓的發掘」,『考古』1988[10].

中國社會科學院考古硏究所安陽工作隊,「安陽大司空村東南的一座殷墓」,『考古』1988[10].

中國社會科學院考古硏究所安陽工作隊,「安陽小屯村北的兩座殷代墓」,『考古學報』1981[4].

中國社會科學院考古硏究所安陽工作隊,「安陽殷墟五號墓的發掘」,『考古學報』1977[2].

中國社會科學院考古硏究所安陽工作隊,「洹北商城的考古新發現」,『中國社會科學院古代文明研究中心通訊』5, 2003.

中國社會科學院考古硏究所安陽工作隊,「河南安陽市洹北商城宮殿區 I 號基址發掘簡報」,『考古』2003[5].

中國社會科學院考古硏究所安陽工作隊,「河南安陽市洹北商城的勘察與試掘」,『考古』2003[5].

中國社會科學院考古硏究所河南一隊 등,「河南焦作地區的考古調查」,『考古』1996[11].

中國社會科學院考古硏究所澧西發掘隊,「1967年長安張家坡西周墓葬的發掘」,『考古學報』1980[4].

中國社會科學院考古硏究所澧西發掘隊,「陝西長安縣新旺村新出西周銅鼎」,『考古』1983[3].

中國社會科學院考古硏究所澧鎬發掘隊,「長安澧西早周墓葬發掘記略」,『考古』

1984[9].

中國社會科學院考古硏究所灃西發掘隊,「1979-1981年長安灃西灃東發掘簡
報」,『考古』1986[3].

中國社會科學院考古硏究所灃西發掘隊,「陝西長安新旺村新出西周銅鼎」,『考
古』1983[3].

中美兩城地區聯合考古隊,「山東日照兩城地區的考古調査」,『考古』1997[4].

中美兩城地區聯合考古隊,「山東日照地區系統區域調査的新收獲」,『考古』
2002[5].

昌濰地區文物管理組·諸城縣博物館,「山東諸城呈子遺址發掘報告」,『考古學
報』1980[3].

寵懷淸 等,「陝西省岐山縣董家村西周銅器害穴發掘簡報」,『文物』1976[5].

河南省文物考古硏究所,「鄭州商城外郭城的調査與試掘」,『考古』2004[3].

河南省文物考古硏究所·平頂山市文物管理委員會,「平頂山市北滍村兩周墓地
一號墓發掘簡報」,『華夏考古』1988[1].

河南省文物考古硏究所·平頂山市文物管理委員會,「平頂山應國墓地九十五號
墓的發掘」,『華夏考古』, 1992[3].

河南省文物考古硏究所·平頂山市文物管理委員會,「平頂山應國墓地八十四號
墓發掘簡報」,『文物』1998[9].

河南省文物硏究所 等,「登封王城崗遺址的發掘」,『文物』1983[3].

河南省文物硏究所 等,「河南淮陽平粮臺龍山文化城址發掘簡報」,『文物』
1983[3].

賀梓城,「耀縣發縣一批周代銅器」,『文物』1956[11].

陝西省文物管理委員會,「西周鎬京附近墓葬發掘報告」,『文物』1986[1].

陝西省文物管理委員會,「長安普渡村西周墓的發掘」,『考古學報』1957[1].

陝西省博物館·陝西省文物管理委員會,「陝西岐山賀家村西周墓葬」,『考古』
1976[1].

陝西周原考古隊,「陝西岐山鳳雛村西周建築基址發掘簡報」,『文物』1979[10].

陝西周原考古隊,「陝西扶風齊家十九號西周墓」,『文物』1979[11].

陝西周原考古隊,「扶風召陳西周建築群基泚發掘簡報」,『文物』1981[3].

陝西周原扶風文管所,「周原發現師同鼎」,『文物』1982[12].

湖南省文物考古硏究所 등,「岳陽市郊銅鼓山商代遺址與東周墓發掘簡報」,『湖
　　　　南考古集刊』5, 1989.

湖南省文物考古硏究所 등,「澧縣城頭山屈家嶺文化城址調査與試掘」,『文物』
　　　　1993[12].

湖北省博物館 등,「盤龍城1974年度田野考古紀要」,『文物』1976[2].

湖北省博物館,「1963年湖北黃陂盤龍城商代遺址的發掘」,『文物』1976[1].

湖北省博物館,「盤龍城商代二里岡期的靑銅器」,『文物』1976[2].

湖北省博物館,「湖北京山發現曾國銅器」,『文物』1972[2].

湖北省荆門市博物館 등,「荆門馬家院屈家嶺文化城址調査」,『文物』1997[7].

胡智生 등,「寶鷄紙坊頭西周墓」,『文物』1988[3].

黑光·周捷元,「陝西綏德墕頭村發現一批害藏商代銅器」,『文物』1975[2].

荆州市博物館 등,「湖北石首市走馬嶺新石器時代遺址發掘簡報」,『考古』
　　　　1998[4].

3. 硏究論著

1) 단행본

加藤常賢,『中國古代文化の硏究』, 二松學舍大學出版部, 1980.

江頭廣,『姓考−周代の家族制度』, 風間書房, 1970.

顧棟高,『春秋大事表』3冊, 中華書局, 1993.

谷口義介,『中國古代社會史硏究』, 朋友書店, 1988.

郭沫若,『十批判書』, 東方出版社, 1996.

郭沫若,『中國古代社會硏究』, 人民出版社, 1977.

堀敏一,『中國古代の身分制−良と賤』, 汲古書院, 1987.

堀敏一,『中國と古代東アジア世界−中華的世界と諸民族』, 岩波書店, 1993.

宮崎市定,『アジア史硏究』, 同朋社, 1957.

김경호 등,『하상주단대공정−중국 고대문명 연구의 허와 실』, 동북아역사재단,
　　　　2008.

島邦男, 『殷墟卜辭研究』, 中國學研究會, 1958.

杜金鵬 · 王學榮 주편, 『偃師商城遺址研究』, 科學出版社, 2004.

劉殿 주편, 『中國古代軍制史』, 軍事科學出版社, 1992

李峰, 『西周的政體-中國早期的官僚制度和國家』, 三聯書店, 2010.

李成珪, 『中國古代帝國成立史研究-秦國齊民支配體制의 形成』, 一潮閣, 1984.

李學勤 주편, 『中國古代文明與國家形成研究』, 雲南人民出版社, 1997.

馬承源, 『中國靑銅器硏究』, 上海古籍出版社, 2002.

文物編輯委員會 편, 『文物考古工作十年 1979-1989』, 文物出版社, 1990.

飯島武次, 『中國新石器文化研究』, 山川出版社, 1991.

飯島武次, 『夏殷文化の考古學研究』, 山川出版社, 1985.

白壽彝 總主編, 徐喜辰 등 主編, 『中國通史』 3, 上海人民出版社, 1994.

白壽彝 總主編, 蘇秉琦 主編, 『中國通史』 2, 上海人民出版社, 1994.

白川靜, 『甲骨金文學論叢』, 朋友書店, 1973.

白川靜, 『金文の世界-殷周社會史』, 東洋文庫 184, 平凡社, 1971.

白川靜, 『詩經研究』, 朋友書店, 1981.

白川靜, 『中國の神話』, 中公文庫, 中央公論社, 1975.

范文瀾, 『中國通史簡編』 上, 河北敎育出版社, 2000.

北京大學歷史系考古敎硏室商周組, 『商周考古』, 文物出版社, 1979.

北京市文物研究所 편, 『北京考古四十年』, 北京燕山出版社, 1990.

西嶋定生, 『中國古代帝國の形成と構造』, 東京大學出版會, 1961.

席龍飛, 『中國造船史』, 湖北敎育出版社, 2000.

小澤正人 등, 『中國の考古學』, 同成社, 1999.

宋新潮, 『殷商文化區域研究』, 陝西人民出版社, 1991.

楊寬, 『西周史』, 上海人民出版社, 1999.

嚴文明, 『史前考古論集』, 科學出版社, 1998.

呂振羽, 『史前期中國社會研究; 殷周時代的中國社會』, 湖南敎育出版社, 2009.

葉達雄, 『西周政治史研究』, 明文書局, 1982.

王國維, 『觀堂集林』 4冊, 中華書局, 1959 重印本.

王迅, 『東夷文化與淮夷文化研究』, 北京大學出版社, 1994.

外村直彦, 『比較封建制論』, 勁草書房, 1991.

饒宗頤, 『殷代貞卜人物通考』 2冊, 香港大學出版社, 1959.

容庚 · 張維持, 『殷周靑銅器通論』, 文物出版社, 1983.

尹盛平 주편, 『西周微氏家族靑銅器群硏究』, 文物出版社, 1992.

伊藤道治, 『中國古代國家の支配構造−西周封建制度と金文』, 中央公論社, 1987.

伊藤道治, 『中國古代王朝の形成』, 創文社, 1975.

李伯謙 편, 『商文化論集』 2冊, 文物出版社, 2003.

李峰 저, 徐峰 역, 『西周的滅亡−中國早期國家的地理和政治危機』, 上海古籍出版社, 2007.

李朝遠, 『靑銅器學步集』, 文物出版社, 2007

張光直 저, 毛小雨 역, 『商代文明』, 北京工藝美術出版社, 1999.

張光直 저, 尹乃鉉 역, 『商文明』, 民音社, 1984.

張光直, 『中國考古學論文集』, 三聯書店, 1999.

張光直, 『中國靑銅時代』, 三聯書店, 1999.

張光直, 『中國靑銅時代』, 平凡社, 1989.

張聯芳 주편, 『中國人的姓名』, 中國社會科學出版社, 1992.

張緒球, 『長江中游新石器時代文化槪論』, 湖北科學技術出版社, 1992.

蔣善國, 『尙書通論』, 河北敎育出版社, 2000.

張長壽 등, 『西周靑銅器分期斷代硏究』, 文物出版社, 1999.

赤塚忠, 『中國古代の宗敎と文化』, 角川書店, 1977.

丁山, 『甲骨文所見氏族及其制度』, 中華書局, 1988.

朱乃誠, 『中國文明起源硏究』, 福建人民出版社, 2006.

朱鳳瀚, 『古代中國靑銅器』, 南開大學出版社, 1995.

朱鳳瀚 · 張榮明 편, 『西周諸王年代硏究』, 貴州人民出版社, 1998.

中國社會科學院考古硏究所 편, 『中國商文化國際學術討論會論文集』, 中國大百科全書出版社, 1998

中國社會科學院考古硏究所 편저, 『中國考古學−兩周卷』, 中國社會科學出版社, 2004.

中國社會科學院考古硏究所 편저,『中國考古學－夏商卷』, 中國社會科學出版社, 2003.

中國社會科學院考古硏究所 편저,『新中國的考古發現和硏究』, 文物出版社, 1984.

增淵龍夫,『中國古代の社會と國家』, 弘文堂, 1960.

陳夢家,『尙書綜述』, 上海古籍出版社, 1988.

陳夢家,『殷墟卜辭綜述』, 科學出版社, 1956.

陳偉湛,『甲骨文田獵刻辭硏究』, 廣西敎育出版社, 1995.

陳恩林,『先秦軍事制度硏究』, 吉林文史出版社, 1991.

陳全方,『周原與周文化』, 上海人民出版社, 1988.

陳漢平,『西周冊命制度硏究』, 學林出版社, 1985.

鄒衡,『夏商周考古學論文集』, 文物出版社, 1980.

貝塚茂樹,『中國古代史學の發展』, 中央公論社, 1986.

貝塚茂樹,『中國古代の社會制度』, 中央公論社, 1977.

貝塚茂樹,『中國の古代國家』, 中央公論社, 1976.

夏商周斷代工程專家組,『夏商周斷代工程1996—2000年階段成果報告』, 世界圖書出版公司, 2000.

韓建業,『北京先秦考古』, 文物出版社, 2011.

許倬雲,『西周史』, 三聯書店, 1994.

黃展岳,『古代人殉人牲通論』, 文物出版社, 2004.

侯外盧,『中國古代社會史論』, 人民出版社, 1955.

Kwang–chih Chang, *Early Chinese Civilization: Anthropological Perspective*, Harvard Univ. Press, Cambridge, 1976.

Kwang–chih Chang, *Shang Civilization*, Yale Univ. Press, 1980.

Kwang–chih Chang, *The Archaeology of Ancient China*, 4th ed., Yale Univ. Press, 1986.

2) 논문

甲元眞之,「長江と黃河－中國初期農耕文化の比較硏究」,『國立歷史民俗博物館研究報告』40, 1992.

岡村秀典, 「區系類型論とマルクス主義考古學」, 考古學研究會 편, 『展望考古學
　　－考古學研究會40周年紀念論集』, 考古學研究會, 1995.

岡村秀典, 「王墓の成立とその祭祀」, 初期王權研究委員會 편, 『古代王権の誕
　　生』, 角川書店, 2003.

岡村秀典, 「長江中流域における城郭集落の形成」, 『日本中國考古學會會報』7,
　　1997.

岡村秀典, 「中國新石器時代の戰爭」, 『古文化談叢』, 30[下], 1993.

江鴻, 「盤龍城與商朝的南土」, 『文物』1976[2].

耿鐵華, 「關于西周監國制度的幾件銅器」, 『考古與文物』, 1985[4].

高木智見, 「古代中國の儀禮における三の象徵性」, 『東洋史研究』62[3], 2003.

高木智見, 「春秋時代の聘禮について」, 『東洋史研究』47[4], 1989.

高山節也, 「西周國家における'天命'の機能」, 松丸道雄 편, 『西周靑銅器とその國
　　家』, 東京大學出版會, 1980.

高偉 등, 「關于陶寺墓地的幾個問題」, 『考古』1983[6].

谷口義介, 「中國考－西周・春秋期におけるその消長」, 『布目潮風博士古稀記念
　　論集 東アジアの法と社會』, 汲古書院, 1990.

曲英杰, 「論龍山文化時期古城址」, 中國社會科學院考古研究所 편, 『中國原始
　　文化論集－紀念尹達八十誕辰』, 文物出版社, 1989.

郭沫若, 「殷彝中圖形文字之一解」, 『殷周靑銅器銘文研究』, 1954.

宮本一夫, 「琉璃河墓地からみた燕の政體と遼西」, 『考古學研究』46[1], 1999.

宮本一夫, 「長江中流域の新石器文化と城址遺跡」, 委員會 편, 『福岡からアジア
　　へ』3, 西日本新聞社, 1995.

今井晃樹, 「良渚文化の地域間關係」, 『日本中國考古學會會報』7, 1997.

記者, 「北京琉璃河出土西周有銘銅器座談紀要」, 『考古』1989[10].

吉本道雅, 「西周冊命金文考」, 『史林』74[5], 1991.

김정열, 「기억되지 않은 왕들－서주시대의 지역 정치체에 대한 연구」, 『崇實史學』
　　25, 2010.

김정열, 「西周의 監에 대하여」, 『崇實史學』17, 2004.

김정열, 「燕侯封建考」, 『崇實史學』 10, 1997.

김정열, 「요서 지역 출토 상·주 청동예기의 성격에 대하여」, 이청규 등, 『요하유역의 초기 청동기문화』, 동북아역사재단, 2009.

김정열, 「殷周支配體制의 一面−圖象에 나타나는 殷·周國家의 氏族支配」, 『金文經敎授停年退任紀念 동아시아사연구논총』, 혜안, 1996.

김정열, 「宜侯矢簋를 통하여 본 西周 前期 封建制度」, 『崇實史學』 7, 1992.

김정열, 「二里岡文化期 성곽취락 연구」, 『崇實史學』 19, 2006.

김정열, 「諸侯와 邦君−금문 자료를 통해 본 서주 국가의 지배체제」, 『東洋史學研究』 106, 2009.

김정열, 「橫北村과 大河口−최근 조사된 유적을 통해 본 西周時代 지역 정치체의 양상」, 『東洋史學研究』 120, 2012.

金正耀, 「論商代靑銅器中的高放射性因鉛」, 『考古學集刊』 15, 2004.

金正耀, 「晩商中原靑銅的礦料來源」, 杜石然 主편, 『第三屆國際中國科學史討論會論文集』, 科學出版社, 1990.

金正耀, 「中國古代文明をさぐる−鉛同位體比法による硏究を中心に」, 馬淵久夫 편, 『考古學と化學をむすぶ』, 東京大學出版社, 2000.

金正耀 등, 「江西新干大洋洲商代大墓靑銅器的鉛同位素比値硏究」, 『考古』 1994[8].

金正耀 등, 「廣漢三星堆遺物坑靑銅器的鉛同位素比値硏究」, 『文物』 1995[2].

金正耀 등, 「中國兩河流域靑銅文明之間的聯系−以出土商靑銅器的鉛同位素比値硏究結果爲考察中心」, 中國社會科學院考古硏究所 편, 『中國商文化國際學術討論會論文集』, 中國大百科全書出版社, 1998.

段紹嘉, 「介紹陝西省博物館的幾件靑銅器」, 『文物』 1963[3].

唐際根, 「中商文化硏究」, 『考古學報』 1999[4].

唐際根·難波純子, 「中商文化の認識とその意義」, 『考古學雜誌』 84[4], 1999.

渡邊芳郎, 「墓地における階層性の形成−大汶口·山東龍山文化を中心として」, 『考古學雜誌』 80[2], 1993.

陶正剛, 「山西出土的商代銅器」, 『中國考古學會第四次年會論文集』, 文物出版社, 1985.

董珊, 「略論西周單氏家族窖藏靑銅器銘文」, 『中國歷史文物』 2003[4].

董珊, 「談士山盤銘文的"服"字義」, 『故宮博物院院刊』 2004[1].

董作賓, 「五等爵在殷商」, 『中央研究院歷史語言研究所集刊』 6, 1936.

佟偉華, 「商代前期垣曲盆地的統治中心−垣曲商城」, 『商文化論集』 下, 文物出版社, 2003.

佟柱臣, 「中國新石器時代文化的多中心發展論−論中國新石器時代文化發展的規律和中國文明的起源」, 『文物』 1986[2].

杜金鵬, 「良渚神祇與祭壇」, 『考古』 1997[2].

杜正勝, 「關於周代國家形態的蠡測−'封建城邦'說芻議」, 『中央研究院歷史語言研究所集刊』 57[3], 1986.

杜正勝, 「周代封建的建立」, 『中央研究院歷史語言研究所集刊』 52, 1982.

杜正勝, 「周代封建制度的社會結構」, 『中央研究院歷史語言研究所集刊』 50[3], 1979.

羅新慧, 「說"西周封建論"」, 『學習與探索』 2011[3].

量博滿, 「新石器時代研究の展開」, 唐代史研究會 編, 『中國歷史學界の新動向』, 刀水書房, 1982.

盧連成, 「扶風劉家先周墓地剖析−論先周文化」, 『考古與文物』 1985[2].

劉軍社, 「渭水流域出土的商代靑銅器研究」, 『中國考古學會第九次年會論文集 1993』, 文物出版社, 1997.

劉起釪, 「周初的 '三監' 與邶·鄘·衛三國及衛康叔封地問題」, 『歷史地理』 2, 1982.

劉緒·趙福生, 「琉璃河遺址西周燕文化的新認識」, 『文物』 1997[4].

劉詩中 等, 「江西銅嶺銅鑛遺址的發掘與研究」, 『考古學報』 1998[4].

劉雨, 「西周金文中的軍禮」, 『容庚先生百年誕辰紀念文集』, 廣東人民出版社, 1998.

劉一曼, 「安陽殷墓靑銅禮器組合的幾個問題」, 『考古學報』 1995[4].

凌純聲, 「卜辭中社之研究」, 杜正勝 편, 『中國上古史論文選集』 下, 華世出版社, 1979.

李權生, 「山東龍山文化の編年と類型−土器を中心として」, 『史林』 75[6], 1992.

李零,「讀楊家村出土的虞逑諸器」,『中國歷史文物』2003[3].

李明和,「吳立國과 靑銅文化」,『梨花史學研究』22, 1995.

李伯謙,「覜公簋與晉國早期歷史若干問題的再認識」,『中原文物』2009[1].

李伯謙,「先商文化探索」,『慶祝蘇秉琦考古五十五年論文集』, 文物出版社, 1989.

李成九,「春秋戰國의 國家와 社會」, 서울大學校東洋史學研究室 편,『講座中國史』I, 지식산업사, 1989.

李成珪,「戰國時代 統一論의 形成과 그 背景」,『東洋史學研究』8·9합집, 1975.

李成珪,「中國文明의 起源과 形成−先史文化에서 商·周文明으로」, 서울大學校東洋史學研究室 편,『講座中國史』I, 지식산업사, 1989.

李學勤,「考古發現與古代姓氏制度」,『考古』1987[3].

李學勤,「略論微氏家族窖藏靑銅器群的重要意義」,『文物』1978[3].

李學勤,「論史牆盤及其意義」,『考古學報』1978[2].

李學勤,「北京·遼寧出土靑銅器與周初的燕」,『考古』1975[5].

李學勤,「西周金文中的土地轉讓」,『新出靑銅器研究』, 文物出版社, 1990.

李學勤,「晉侯蘇編鐘的時·地·人」,『中國文物報』1996年 12月 1日.

林巳奈夫,「殷周時代における死者の祭祀」,『東洋史研究』55[3], 1996.

林巳奈夫,「殷周時代の圖象記號」,『東方學報』京都 39, 1968.

立湖,「中國古史分期問題討論概述」,『歷史敎學問題』, 1983[2].

武者章,「三式鐘銘より見た西周中期社會の一動向」,『中國の歷史と民俗』, 伊藤淸司先生退官記念論文集編集委員會, 第一書房, 1991.

白川靜,「殷の基礎社會」,『立命館創立五十周年記念論文集−文學篇』, 1951.

白川靜,「再論蔑曆」,『中央研究院歷史語言研究所集刊』51[3], 1980.

傅斯年,「大東小東說−兼論魯燕齊初封在成周東南後乃東遷」,『國立中央研究院歷史語言研究所集刊』2[1], 1932.

謝保成,「學術史視野下的社會史論戰」,『學術研究』2010[1].

尙志儒,「試論西周金文中的人鬲問題」,『西周史研究』, 人文雜志叢刊 第2輯, 1984.

徐錫臺,「早周文化的特點及其淵源的探索」,『文物』1979[10].

小南一郎,「射の儀禮化をめぐって-その二つの段階」,『中國古代禮制研究』, 京都大學人文科學研究所, 1995, pp.49~75.

蘇秉琦・殷瑋璋,「關于考古學文化的區系類型問題」,『文物』1981[5].

孫慶偉,「卲盂銘文與周代的聘禮」, 復旦大學出土文獻與古文字研究中心網站論文, http://www.gwz.fudan.edu.cn/SrcShow.asp?src_ID=1763.

孫華,「關中商代諸遺址的新認識-壹家堡遺址發掘的意義」,『考古』1993[5].

宋國定,「1985-1992年鄭州商城考古發現綜述」,『鄭州商城考古新發現與研究 1985~1992』, 中州古籍出版社, 1993.

松丸道雄,「殷周國家の構造」,『岩波講座世界歷史』4, 岩波書店, 1970.

松丸道雄,「殷墟卜辭中田獵地のについて-殷代國家構造研究のために」,『東京大學東洋文化研究所紀要』31, 1963.

沈載勳,「金文에 나타난 西周 군사력 구성과 왕권」,『中國史研究』41, 2006.

沈載勳,「상쟁하는 고대사 서술과 대안 모색:『詩經』"韓奕"편 다시 읽기」,『東方學志』137, 2007.

沈載勳,「서주 청동예기를 통해 본 중심과 주변, 그 정치 문화적 함의」,『東洋學』51, 2012.

沈載勳,「應侯 視工 청동기의 연대와 명문의 連讀 문제」,『中國古中世史研究』28, 2012.

沈載勳,「晉侯穌編鐘 銘文과 西周 後期 晉國의 發展」,『中國史研究』10, 2000.

安金槐,「試論鄭州商代遺城址-隞都」,『文物』1961[4・5].

安志敏,「良渚文化及其文明諸因素的剖析」,『良渚文化研究』, 科學出版社, 1999.

安志敏,「中國文明起源于二里頭文化」,『尋根』1995[6].

楊寬,「釋"臣"和"鬲"」,『考古』1963[12].

楊權喜,「湖北商文化與商朝南土」, 中國社會科學院考古研究所 편,『中國商文化國際學術討論會論文集』, 中國大百科全書出版社, 1998.

楊升南,「商代的財政制度」,『歷史研究』1992[5].

嚴文明,「鄧家灣考古的收獲」, 北京大學考古文博學院 편,『考古學研究』5[上], 科學出版社, 2003.

嚴文明,「良渚隨筆」,『文物』1996[3].

嚴文明,「論中國的銅石竝用時代」,『史前研究』1984[1].

嚴文明,「中國史前文化的統一性與多樣性」,『史前考古論集』, 科學出版社, 1998.

王勁 등,「試論商代盤龍城早期城市的形態與特徵」,『商文化論集』下, 文物出版社, 2003.

王貴民,「試論貢·賦·稅的早期歷程−先秦時期貢,賦,稅源流考」,『中國經濟史研究』1988[1].

王貴民,「就甲骨文所見試說商代的王室田莊」,『中國史研究』1980[3].

王龍正 등,「新見應侯見工簋銘文考釋」,『中原文物』2009[5].

王培眞,「金文中所見西周世族的產生和世襲」,『西周史研究』, 人文雜志叢刊 第二輯, 1984.

王睿,「垣曲商城的年代及其相關問題」,『考古』1998[8].

王長坤 등,「中國古代社會性質問題研究綜述」,『唐都學刊』2005[5].

姚孝遂,「商代的俘虜」,『古文字研究』1, 中華書局, 1979.

于省吾,「略論西周金文中的"六師"和"八師"及其屯田制」,『考古』, 1964[3].

袁靖,「論中國新石器時代居民獲取肉食資源的方式」,『考古學報』1999[1]

俞偉超,「周代用鼎制度研究」,『先秦兩漢考古學論集』, 文物出版社, 1985.

尹盛平·任周芳,「先周文化的初步研究」,『文物』1984[7].

殷瑋璋,「新出土的太保銅器及其相關問題」,『考古』1990[1].

殷瑋璋·曹淑琴,「光族銅器群初探」,『考古』1990[5].

殷瑋璋·曹淑琴,「靈石商墓與丙國銅器」,『考古』1990[7].

伊藤道治,「裘衛諸器考−西周期土地所有形態に關する私見」,『東洋史研究』31[1], 1978.

佚名,「無產階級文化大革命期間出土文物展覽簡介」,『文物』1972[1].

任式楠,「長江中游文明起源探索−以屈家嶺·石家河文化爲中心」, 中國社會科學院歷史研究所 편,『華夏文明與傳世藏書』, 中國社會科學出版社, 1996.

任式楠,「中國史前城址考察」,『考古』1998[1].

張岱海,「陶寺文化與龍山時代」,『慶祝蘇秉琦考古五十五年論文集』, 文物出版
　　社, 1989.

張秉權,「卜辭中所見殷商政治統一的力量及其達到的範圍」,『中央研究院歷史
　　語言研究所集刊』50[1], 1979.

張鳳朝・史廣峰,「西周諸監的軍事地理意義」,『中國歷史地理論叢』1999[4].

張緒球,「屈家嶺文化古城的發現和初步研究」,『考古』1994[7].

張緒球,「石家河文化的陶塑品」,『江漢考古』1991[3]

張緒球,「長江中游史前城址與石家河聚落群」, 嚴文明・安田喜憲 主편,『稻作・
　　陶器和都市的起源』, 文物出版社, 2000.

張新斌,「周初的'三監'與邶・鄘・衛地望研究」,『中原文物』1998[2].

張亞初,「太保罍・盉銘文的再檢討」,『考古』1993[1].

張弛,「中國史前農業・經濟的發展與文明的起源－以黃河, 長江下游地區爲核
　　心」, 北京大學中國考古學研究中心・北京大學古代文明研究中心 편,
　　『古代文明』1, 文物出版社, 2002.

張長壽,「山東益都蘇埠屯墓地和"亞醜"銅器」,『考古學報』1977[2].

張政烺,「卜辭裒田及其相關諸問題」,『考古學報』1973[1].

張昌平,「論隨州羊子山新出噩國靑銅器」,『文物』2011[11].

張忠培,「良渚文化的年代和其所處社會階段－五千年前中國進入文明社會的例
　　證」,『文物』1995[5].

張學海,「東土古國探索」,『華夏考古』1997[1].

張學海,「論莫角山古國」, 浙江省文物考古研究所 편,『良渚文化研究』, 科學出
　　版社, 1999.

張學海,「試論山東地區的龍山文化城」,『文物』1996[12].

齋藤道子,「春秋時代における統治權と宗廟」,『中國の歷史と民俗』, 第一一書房,
　　1991.

丁乙,「周原的建築遺存和銅器窖藏」,『考古』1982[4].

曹建敦,「覇伯盉銘文與西周時期的賓禮」, 復旦大學出土文獻與古文字研究中心
　　網站論文, http://www.gwz.fudan.edu.cn/SrcShow.asp?src_ID=1560.

曹兵武,「從垣曲商城看商代考古的幾個問題－垣曲商城 1985~1986年度勘查報

告」讀後」,『文物』1997[12].

鍾柏生,「釋'束'及其相關問題」,『中央研究院歷史語言研究所集刊』58[1], 1987.

朱乃誠,「太湖及杭州灣地區原始稻作農業的發展及其對文明起源的作用」, 上海
　　　博物館 編,『長江下游地區文明化進程學術研討會論文集』, 2004.

周法高,「上古語法札記」,『中央研究院歷史語言研究所集刊』22, 1950.

朱紹侯,「中國古史分期討論與中國史研究」,『史學月刊』1998[6].

中村愼一,「玉の王權-良渚文化期の社會構造」, 初期王權研究委員會 編,『古代
　　　王權の誕生』I, 角川書店, 2002.

中村愼一,「長江下流域新石器文化の研究」,『東京大學文學部考古學研究室研
　　　究紀要』5, 1986.

中村愼一,「中國新石器時代の玉琮」,『東京大學文學部考古學研究室研究紀要』
　　　8, 1989.

增淵龍夫,「先秦時代の封建と郡縣」,『中國古代の社會と國家』, 弘文堂, 1960.

陳夢家,「宜侯夨墓和他的意義」,『文物參考資料』1955[5].

陳邦懷,「克縛簡介」,『文物』1972[6].

秦穎 등,「安徽淮北部分地區出土青銅器的銅礦來源分析」,『東南文化』2004[1].

秦穎 등,「皖南古銅礦冶煉産物的輸出路線」,『文物』2002[5].

陳平,「克罍 · 克盉銘文及其有關問題」,『考古』1991[9].

陳賢芳,「父癸尊與子尊」,『文物』1986[1].

蔡蓮珍 등,「碳十三測定和古代食譜研究」,『考古』1984[10].

彭邦炯,「卜辭"作邑"蠡測」, 胡厚宣 등,『甲骨探史錄』, 三聯書店, 1982.

彭邦炯,「商國家的土地關係」,『早期奴隸制社會比較研究』, 中國社會科學出版
　　　社, 1996.

彭裕商,「覺公簋年代管見」,『考古』2008[10].

彭子成 등,「贛鄂皖諸地古代礦料去向的初步研究」,『考古』1997[7].

彭適凡 · 楊日新,「江西新干商代大墓文化性質芻議」,『文物』1993[7].

豊田久,「成周王朝と'賓'(1)」,『鳥取大學敎育學部研究報告(人文 · 社會科學)』
　　　43[2], 1992.

馮天瑜,「中國社會史論戰中的兩種"封建"觀」,『學習與實踐』2006[2],

何努,「史前古城與社會發展階段的關系」,『中國文物報』2002년 11월 1일.

何努,「荊南寺遺址夏商時期遺存分析」,『商文化論集』下, 文物出版社, 2003.

鶴間和幸,「中華の形成と東方世界」,『岩波講座世界歷史』3, 岩波書店, 1999.

韓建業,「試論豫東南地區龍山時代的考古學文化」, 北京大學考古系 編,『考古學研究[三]』, 科學出版社, 1997.

奕豊實,「論城子崖類型與後岡類型的關係」,『考古』1994[5].

胡謙盈,「豊鎬地區諸水道的踏察−兼論周都豊鎬位置」,『考古』1963[4].

湖北省博物館,「盤龍城商代二里岡期的靑銅器」,『文物』1976[2].

胡厚宣,「中國奴隷社會的人殉和人祭[下]」,『文物』1974[8].

黃宣佩,「良渚文化分布範圍的探討」,『文物』1998[1].

後藤健,「山東省における新石器時代の集落−城址を中心として−」,『史觀』139, 1998.

David N. Keightley, "Shang China is Coming of Age−A Review Article", JAS, XLI[3], 1982.

Li Liu and Xingcan Chen, "Cities and Towns: The Control of Natural Resources in Early States", Glenn Storey ed, Population and Preindustrial Cities: A Cross−Cultural Perspective, University of Alabama Press, 2001.

Noel Barnard, "The Study of Clan−Sign Inscriptions of Shang", Studies of Shang Archaeology, Yale Univ. Press, 1986.

:: 찾아보기

서주 국가의 지역정치체 통합 연구

2012년 10월 2일 초판 1쇄 인쇄
2012년 10월 5일 초판 1쇄 발행

지은이 김정열
펴낸이 김선경
펴낸곳 도서출판 서경문화사

주소 서울시 종로구 동숭동 199-15(105호)
전화 02-743-8203, 8205
팩스 02-743-8210
E-mail sk8203@chollian.net
출판등록 300-1994-41호
인쇄처 한성인쇄

ISBN 978-89-6062-100-8 93900

ⓒ 김정열, 2012

값 24,000원